普通高等教育“十三五”规划教材

工程经济学

闫　波　赵秋红　杨宇杰　主编

化学工业出版社

·北京·

内容提要

《工程经济学》系统全面地介绍了工程经济学的基本原理和基本方法、现金流量与资金时间价值、工程项目经济评价指标与工程项目多方案评价方法、风险与不确定性分析、工程项目资金的筹集、工程项目财务评价、工程项目费用效益分析、工程项目可行性研究、设备更新分析、价值工程等内容。

《工程经济学》在取材上保持与国际惯例接轨，并与我国全新相关政策结合，适合作为高等院校理工类专业及经济管理类专业本科生的工程经济学课程教材，也可作为研究生入学考试以及工程人员参加各类考试的参考用书。

图书在版编目（CIP）数据

工程经济学/闫波，赵秋红，杨宇杰主编．—北京：化学工业出版社，2020.9（2024.11重印）
普通高等教育“十三五”规划教材
ISBN 978-7-122-37041-9

Ⅰ.①工… Ⅱ.①闫… ②赵… ③杨… Ⅲ.①工程经济学-高等学校-教材 Ⅳ.①F062.4

中国版本图书馆 CIP 数据核字（2020）第 084357 号

责任编辑：满悦芝　　文字编辑：刘厚鹏　陈小滔
责任校对：王素芹　　装帧设计：张　辉

出版发行：化学工业出版社（北京市东城区青年湖南街 13 号　邮政编码 100011）
印　　装：涿州市般润文化传播有限公司
787mm×1092mm　1/16　印张 19　字数 467 千字　2024 年11月北京第 1 版第 4 次印刷

购书咨询：010-64518888　　售后服务：010-64518899
网　　址：http://www.cip.com.cn
凡购买本书，如有缺损质量问题，本社销售中心负责调换。

定　　价：59.00 元

《工程经济学》编写人员名单

主　　编：闫　波　赵秋红　杨宇杰

编写人员：闫　波　赵秋红　杨宇杰　徐丹丹　张　于

唐明丽　姜佩含　周宏谦

前　言

工程经济学是一门工程技术科学与经济科学相结合的交叉学科。旨在培养学生运用工程经济的基本理论分析问题、解决问题的能力，同时帮助学生树立经济意识，学会如何对工程技术方案进行经济分析与评价，选择技术上先进、经济上合理的最佳方案。

本书系统全面地介绍了工程经济学的基本原理和基本方法、现金流量与资金时间价值、工程项目经济评价指标与工程项目多方案评价方法、风险与不确定性分析、工程项目资金的筹集、工程项目财务评价、工程项目费用效益分析、工程项目可行性研究、设备更新分析、价值工程等内容。本书在取材上保持与国际惯例接轨，并与我国全新相关政策结合，适合作为高等院校理工类专业及经济管理类专业本科生的工程经济学课程教材，也可作为研究生入学考试以及工程人员参加各类考试的参考用书。

本书由长春建筑学院八位教师共同完成，闫波、赵秋红、杨宇杰三位教师担任主编。具体分工如下：第一章、第十二章由张于编写，第二章、第六章由徐丹丹编写，第三章、第九章由唐明丽编写，第四章、第五章由赵秋红编写，第七章、第八章由杨宇杰编写，第十章由周宏谦编写，第十一章由闫波编写，第十三章由姜佩含编写，全书由闫波统稿。

躬行实践，合力致远。八位教师丰富的从教经验为本书的编写打下了扎实的基础。与此同时，也要感谢学校为本书的出版提供了良好的平台，使数月以来的努力成果得到保障。

本书编写过程中参考了有关专家、学者的部分文献与相关资料，在此谨对有关作者表示由衷的感谢。由于时间原因，编写较为仓促，如有纰漏，恳请广大读者指正批评。

编者

2020 年 8 月

目　录

第一章　工程经济学概论

本章学习目标：

（1）了解工程经济学的产生与发展；

（2）了解工程经济学的相关概念；

（3）熟悉工程经济分析基本步骤；

（4）掌握工程经济学的特点及研究方法；

（5）掌握工程经济分析的基本原则。

人类社会发展的标志是经济发展，而经济发展依附于科学技术的进步。任何技术的产生与使用以及更新都必须消耗一定的资源。然而资源是有限的，不同的资源用途也不同，如何将资源有效地、合理地配置到人类的生产经营活动中去，达到资源使用效率最大化是伴随着人类社会经济发展存在的问题，也是工程经济学这门学科一直研究的问题。

第一节　工程经济学的产生与发展

一、国外工程经济学的产生与发展

1. 工程经济学的产生阶段（1887～1930年）

工程经济学的产生与形成历经40多年，1887年美国的土木工程师亚瑟·M. 惠灵顿出版的《铁路布局的经济理论》一书是产生的标志。惠灵顿在书中首次将成本分析方法应用于铁路的最佳长度和路线的曲率选择问题，并提出了工程利息的概念，开创了经济评价工作在工程领域应用的先河。他将工程经济学描述为“一门少花钱多办事的艺术”。这也是工程经济学的萌芽，后来的工程经济学家都承袭着惠林顿的精辟理论。

20世纪初，斯坦福大学教授菲什出版了第一部《工程经济学》。该书将投资模型与证券市场有效联系在一起，其分析内容包括投资、利率、初始费用与运营费用、商业组织与商业统计、估价与预测、工程报告等。

1920年，戈尔德曼教授在其《财务工程学》中指出“有一种奇怪而遗憾的现象，在许多工程著作中，没有或很少考虑成本问题。实际上，工程师最基本的责任是考虑成本，以便取得真正的经济效益，即赢得最大可能数量的货币，获得最佳的财务效率”。同时，戈尔德曼提出了决定相对价值的复利模型，人们可以通过用复利法计算，确定各个拟定方案的比较价值，从而为工程经济学中许多经济分析原理的产生奠定了基础。

1930年，美国工程经济学家格兰特教授，出版了《工程经济学原理》。格兰特教授指出了古典工程经济的局限性，同时以复利为基础讨论了投资决策的理论与方法，讨论了判别因子和短期投资评价的重要性，以及与资本长期投资的一般比较。这本书作为教材被广泛使用，他的许多理论贡献获得了社会认可，被誉为“工程经济学之父”。《工程经济学原理》先后经历过六次再版，也被誉为工程经济学的经典之作，格兰特教授成为了工程经济学这门系统学科的奠基人。由此，从惠林顿到格兰特，历经多年的探索，一门独立的系统化的工程经济学就此形成。

2. 工程经济学的发展阶段（1950～1990年）

第二次世界大战结束之后，受到凯恩斯主义经济理论的影响，工程经济学的研究内容从单纯的工程费用效益分析扩大到市场供求和投资分配方面，从而取得重大进展。这些进展与管理经济学和公司理财学两门学科的快速发展有关。

1951年，乔尔·迪安教授出版的《管理经济学》著作，开创了应用经济学新领域。虽然20世纪初就有企业财务管理学存在，但公司理财学在20世纪50年代发生了重要变化。这两门学科在对公司资产投资的研究方面，都把计算现金流的现值方法应用到资本支出的分析上，在投资收益与风险分析上起了重要作用。更重大的转折发生于1961年，因为乔尔·迪安教授的《资本预算》一书不仅发展了现金流量的贴现方法，而且开创了资本限额分配的现代分析方法。

20世纪60年代以后，工程经济学的研究以美国学者为主，主要代表人物有德加莫、卡纳达和塔奎因教授。德加莫教授在1968年出版《工程经济》一书，以投资形态和决策方案的比较为研究，将工程经济学应用于公用事业，德加莫教授的研究侧重于企业的经济决策分析；卡纳达教授在1980年出版《工程经济学》一书，其理论侧重于外部经济因素和风险性投资分析；塔奎因教授等人的理论则强调投资方案的选择与比较，他们提出的如利润、成本与服务年限的评价原则，盈亏平衡原则和债务报酬率分析等经济评价原则，成为美国工程经济学教材中的主要理论。该时期的工程经济学研究主要集中在风险投资、决策敏感性分析和市场不确定性因素分析等方面。

二、我国工程经济学的产生与发展

我国20世纪50年代从苏联引进建设项目技术经济分析方法，其在我国经历了产生、停滞和全面发展三个时期。

1. 工程经济学的产生时期

新中国成立后到改革开放前这段时间，中国处于计划经济时期，指导经济实践的基本经济理论是基于“苏联范式”的马克思主义政治经济学。在这样的背景下所诞生的技术经济学要服务于计划经济体制下的经济实践，因而带有浓厚的政治经济学色彩。

工程经济学最早在我国被称为技术经济学。技术经济学这门学科是在1963年中共中央和国务院批准的我国第二个科学技术发展规划纲要中诞生的。技术经济学从1963年开始正式研究，一直到1966年前，是第一个发展时期，也是这门新学科的创建时期。20世纪60年代初是我国国民经济调整时期，当时有了第一个五年计划，比较注意技术和经济相结合的正面经验，深感生产技术和发展必须考虑经济规律，技术和经济必须结合。为此有必要建立一门专门研究技术和经济相结合的学科，研究技术经济问题的学科，这就是我国技术经济学产生的历史背景。1980年，中国第一部技术经济学专著《技术经济学概论》出版了，标志着技术经济学基本框架已经形成。

2. 工程经济学的停滞时期

第二个时期由于历史原因技术经济学的研究工作暂时停止。

3. 工程经济学的全面发展阶段

从党的十一届三中全会以后，技术经济学获得了新生，进入到历史上最好的发展时期。1978 年 11 月成立了中国技术经济研究会，现在许多省市和部门也都成立了技术经济研究会；1980 年中国社会科学院成立了全国第一个技术经济研究所，很多部门相继成立了技术经济研究机构；许多理工科大学开设了技术经济课程，不少文科大学也开设了技术经济课。一些大学和研究机构专门培养了技术经济专业博士生、硕士生和本科生。这个时期，技术经济学理论方法体系得到了不断的改进和完善。在社会主义市场经济条件下，技术经济这门学问越来越重要，研究工作正向深度和广度发展。技术经济学在实际中应用越来越广泛，技术经济学分支学科也越来越多。

三、工程经济学发展新趋势

20 世纪 90 年代以来，技术经济分析论证工作在经济建设中普遍展开，工程经济学的研究范围一方面丰富和完善了微观层次的理论和方法，另一方面将研究领域扩展到中观和宏观的层次，同时借鉴了国外工程经济学、价值工程、可行性研究、预测和决策理论方法，丰富了工程经济学的内容，促进了学科的进一步发展。

第二节　工程经济学的基本概念

学习工程经济学应首先了解工程、技术、经济的含义以及技术与经济之间的关系，这对工程经济学概念的理解有一定的基础作用。

一、工程、技术、经济及其关系

（一）工程

工程不同于科学，工程也不同于技术。科学是人类探索自然和社会现象并取得认识的过程和结果，本质上属于认识世界的范畴；技术是人类活动的技能和人类在改造世界的过程中采用的方法与手段，本质上属于改造世界的范畴。而工程一般是指将数学、物理、化学、生物学等自然科学和经济、地理等社会科学的理论与在长期生产和生活实践中所积累的技术经验相结合，通过开发、设计、制造产品或解决工艺等技术手段，不断发展形成的门类繁多的专业工程。如土木工程、水利工程、冶金工程、机电工程、交通工程、航空航天工程、纺织工程、食品工程等。工程在本质上是人们改造客观世界的社会实践活动。

工程是人们综合应用科学的理论和技术的手段去改造客观世界的具体实践活动所取得的实际成果。一个工程项目必须具备技术上的可行性和经济上的合理性才会被人们所接受和使用。技术上不可行的项目是不存在的，但只追求技术上的可行性而忽略经济上合理性的项目可能存在成本过高，经济效果低的风险，也不易被人们所接受。一般来说，先进的技术会产生较高的经济效果，但不能脱离经济合理性而一味地采用先进的技术，技术的先进与经济的合理是具有一致性的。因此，无论何种类型的工程项目，为保证更好的服务与经济，最大限度地满足社会需求，就必须研究、寻找技术与经济的最佳结合点，在明确的目标条件下，取得投入产出的最大效益。

（二）技术

通常认为技术是人类在利用自然过程中积累起来的，在生产劳动过程中总结的经验和知识，是人类改造自然的方法和手段。由于技术应用的广泛性，人们对其概念的定义也不同。法国启蒙主义思想家、唯物主义者狄德罗认为："技术是为某一目的共同协作组成的各种工具和规则的体系。"这也是最早的"技术"的定义。苏联学者认为："技术是社会生产体系中的劳动手段。"我国通常认为："技术是根据生产实践经验和自然科学原理而发展成的各种工艺操作方法和技能"。

长久以来科学与技术的关系是一直在讨论的话题，从一般意义上来说，科学是对大自然的最基础的探索和研究，是人们对客观规律的认识和总结；而技术是在科学的基础上用于改造自然界和人类社会的方法和手段，是应用各种科学所揭示的客观规律进行各种产品的开发、设计和制造所采用的方法、措施、技巧等水平的总称。二者的概念不同，但又是密切联系的。科学是技术存在的前提，技术是科学的具体应用。一项工程项目的建设是人们运用科学知识和技术手段共同创建的。

（三）经济

"经济"一词在西方语言中源于希腊文，原意是家计管理。古希腊科学家亚里士多德定义"经济"为谋生手段的意思。古希腊哲学家色诺芬在著作《经济论》中论述了以家庭为单位的奴隶制经济的管理，这与当时的经济发展状况是适应的。我国古代"经济"一词有"经邦济世""经国济民"之意，到了近代有"治国平天下"拯救庶民的意思。现代汉语中"经济"一词源于 19 世纪后半叶，由日本学者将英文"Economy"翻译成汉字"经济"沿用至今。

经济一词有宏观经济和微观经济两个层面，主要包括以下 4 个含义。

(1)"经济"是社会生产关系。指人类社会发展到一定阶段的社会经济制度，是政治、法律、艺术、思想意识等上层建筑赖以建立起来的基础，是研究生产关系规律，在物质资料生产过程中形成的，与一定的社会生产力相适应的生产关系的总和。

(2)"经济"是国民经济的总称，或指国民经济的各个部门。其包括全部物质资料生产部门及其活动和部分非物质资料生产部门及其活动，如农业经济、工业经济、运输经济等经济含义。

(3)"经济"是社会物质资料的生产和再生产，包括生产力和生产关系两方面，主要指生产力。也指物质资料的生产、交换、分配、消费的活动，如国民经济、部门经济等。

(4)"经济"是节约或节省。节约指在生产或生活中资金、资源、时间等的有效配置，以最少投入获得最大的社会产出，也就是人们所说的经济实惠。节省指个人或家庭在生活消费上精打细算，生活节俭。

（四）技术与经济的关系

技术和经济是人类社会进行再生产活动不可缺少的两个方面。经济发展是技术进步的动力，技术进步是推动经济发展的重要条件和手段。技术进步推动经济发展，经济发展是技术进步的归宿和基础。二者是相互联系、相互依存、相互促进、相互制约的辩证统一关系。

技术进步是经济发展的重要条件和物质基础，技术包括自然技术和社会技术两方面。自然技术是根据生产实践经验和自然科学原理而发展形成的各种工艺操作方法、技能和相应的生产工具及其他物质装备。社会技术是指组织和管理生产，即流通的技术。由这两部分组成的技术，是变革物质代谢过程的手段，是科学与生产联系的纽带，是改造自然、变革自然的手段和方法。技术和经济的关系是处于不断发展变化中的。任何技术的应用，都应以提高经济效益为前提，要因地、因时处理好技术和经济之间的关系。

二、工程经济学的概念

工程经济学（Engineering Economics）是微观经济学的一个特殊领域，它是研究工程实践活动经济效果的学科，涉及工程和经济两个领域之间的关系。工程经济学中的“工程”涵盖了一般概念中的工程和技术，不仅包括相应的物质设备、生产工艺过程或作业程序方法，同时也包括生产工具、生产技术、管理技术等应用技术。工程经济学中的“经济”涵盖了社会经济制度、生产关系、国民经济的总称、社会物质资料的生产与再生产的经济效益和资源的节约与有效利用。

工程经济学是工程与经济的交叉学科，是对工程技术问题进行经济分析的系统理论与方法。其是在资源有限的条件下，运用工程经济学分析方法，对能够完成工程项目预定目标的各种可行技术方案进行技术经济论证。计算、比较技术方案的成本以及目标实现的程度，并在此基础上寻求实现目标的最有效途径，设计和选择最佳的实施方案，从而为实现正确的投资决策提供科学依据。

第三节　工程经济学的研究对象及特点

一、工程经济学的研究对象

工程经济学是研究工程技术实践活动经济效果的学科，其研究对象是技术经济分析的最一般方法，也称为工程经济分析。即为了实现工程中资源的合理配置和有效使用，达到技术上可行、经济上合理的工程技术方案与经济效益的最佳结合点，从而建立的技术经济理论体系、方法体系和指标体系。工程经济学运用所建立的知识体系为具体工程项目分析提供方法基础，而工程经济分析的对象是具体的工程项目。其不仅指固定资产建造和购置活动中的具有独立设计方案、能够独立发挥功能的工程整体，而且更主要的是指投入一定资源的计划、规划和方案并可以进行分析和评价的独立单元。

二、工程经济学的特点

工程经济学是介于自然科学和社会科学之间的边缘科学。在这门学科中，经济处于支配地位。因此，它的性质属于应用经济学的一个分支。工程经济学具有如下特点。

1. 综合性

工程经济学以微观经济学为基础，应用管理经济学方法、费用效益分析方法和可行性研究方法等对工程技术方案进行比较分析，为工程项目的决策服务。工程经济学的研究领域非常广泛，科学方法多，在工程经济学中融入了经济学、财务会计学、数学和管理学等理论基础知识，是一门综合性很强的学科。

2. 系统性

系统是由相互作用又相互依赖的若干个组成部分结合而成，具有特定功能，处于一定环境中的有机集合体。工程技术发展与经济发展的关系及其最佳结合的相关因素繁多，它们是一个相互关联、相互制约和相互促进的复杂系统。因此，必须运用系统工程的理论方法进行全面的系统分析和论证，将影响其效果的全部因素纳入一个系统中综合考虑，才能全面揭示出所研究问题的实质，所以工程经济学研究经济效果必须体现较强的系统性。

3. 实践性

工程经济学是一门应用学科，它研究的内容来源与社会实践、经济建设有着直接的联系。对一个工程项目的建设方案与投资决策进行经济分析，都必须经过有丰富的实际经验的工程技术人员在通过研究大量的已完项目的原始数据和相关资料的基础上，并且与社会经济情况、物质技术条件、自然资源等紧密结合，才会得出准确合理的结论进行决策。因此，工程经济学的基本理论和方法是实践经验的总结和提高，它的研究结论也直接应用于实践并接受实践的检验，具有明显的实践性。

4. 预测性

工程经济学研究的问题，一般是在工程项目建设之前或项目决策前对其项目进行可行性研究，采用科学的方法对工程项目的市场需求、原料供应价格、风险估计等方面进行全面的工程经济论证。

工程经济的预测性主要有以下两个特点：

(1) 尽可能准确地预见某一经济事件的发展趋势和前景，充分掌握各种必要的信息资料，尽量避免由于决策失误而造成的经济损失。

(2) 预测性包含一定的假设和近似性。因此，只能要求对某项工程或其方案的分析结果尽可能地接近实际，而不能要求其绝对的准确。

5. 比较性

在对工程方案取舍之前，都应找出可以类比的方案。任何一项工程项目，可有若干种不同的技术方案、建设条件。因此，选择某一最优方案时，需综合各方面的因素进行比较，分析它们的技术经济指标及实现条件尽可能带来的经济成果。所以工程经济学研究与分析的过程就是方案比较和优选的过程。在实际工作中一般只能做到使方案经济效果影响较大的主要方面达到可比性要求，包括产出成果使用价值的可比性；投入相关成本的可比性；时间因素的可比性；价格的可比性；定额标准的可比性；评价参数的可比性。

6. 定量分析与定性分析相结合

工程经济学以财务分析、效益分析的定量分析为主，凡可以量化的要素都应做出量的表述，随着自然科学与社会科学的交叉与融合，使过去只能定性分析的因素，现在可以定量化分析。但是，工程项目评价仍存在大量无法定量化的因素，如项目可行性研究中的资源评价，建设规模与产品方案、实施进度等。在国民经济评价中考虑技术性外部效果，大型建设项目对区域经济与社会的影响存在大量无形效果和非经济效果，只能进行定性分析。因此，在工程经济分析中必须注意定量分析与定性分析的结合应用。

第四节　工程经济分析的一般流程

工程经济分析主要是对各种备选的技术方案、工程项目进行综合分析、计算，比较和评价，全面估算经济效益，预测面临的风险，以便做出最佳选择，为项目决策提供科学依据，其一般流程如下。

1. 确定目标和评价标准

确定目标是建立实施方案的基础，依照分析对象的不同，确定具体的分析目标。目标一般可分为国家目标、地区或部门目标、项目目标或企业目标，目标内容可以是项目规模、设备选择或技术改造等。

工程经济分析的目的在于寻求各方案之间优劣比较后的最优方案，其中方案比较是以项目经济目标为导向的评判。目标明定以后，评价指标也就能够明确、具体化，随后开展的方案比较就有了评价标准。

2. 调查研究、收集资料

目标确定后，要对实现技术目标和经济目标所需的信息资料进行调查研究，收集有关技术、经济、财务、市场、政策法规等资料。

3. 拟订备选方案

工程经济分析的重要内容是方案的比较。在调查研究、收集资料的基础上，对这些信息资料进行归类整理，鉴别筛选，研究分析。根据确定的目标集思广益，尽可能收集各种可能的信息和方案，从中筛选出所有可能的方案。从国家目标出发，兼顾企业目标，拟定技术经济分析指标，分析各方案的利弊得失以及影响技术经济效果的内外因素。

4. 比较评价备选方案

从工程技术角度提出的备选方案往往是技术上可行的，但实现技术目标的途径有很多，备选方案有若干，它们是否都能够满足经济目标，有待于进一步的检验。各种技术方案的经济评价是考查所有备选方案必须达到的条件，即方案是否满足项目经济目标的评价标准，如是否满足内部收益率、投资回收期、净现值等评价指标的要求，在满足这些要求的方案中，比较选择最优方案。

5. 方案决策

决策是在若干方案中选择确定最优方案的过程。方案决策对技术项目、工程项目的经济效益有决定性的影响。在决策时，工程技术人员、经济分析人员和决策人员应特别注重信息的交流和沟通，减少由于信息的不对称所产生的分歧，使各方人员充分了解各方案的工程经济特点和各方面的效果，提高决策的科学性和有效性。

6. 方案决策的判断

对方案决策的判断有满意和不满意两种结果。当结果为满意时，则该方案进入下一步方案实施；当结果为不满意时，则需要重新进行方案的构思、确定经济目标与评价标准。在对各种方案重新进行分析计算的基础上，再对其进行定量和定性的综合比较，选出最优方案，对其进行判断，重复上述过程，直至满意为止。

7. 方案实施

最后将选定的方案与既定的所有目标进行比较，符合要求就予以采纳，付诸实施。

第五节　工程经济学的研究方法及与相关学科的关系

一、工程经济学的研究方法

1. 方案比较法

方案比较法是贯穿于工程经济分析始终的基本方法。通过技术方案比较与选择，采用合理的分析方法计算评价指标，选取最优的技术方案，可提高项目决策的科学性。

2. 静态与动态分析法

根据需要对项目进行静态与动态分析。静态分析指在不考虑资金的时间价值的前提下对项目经济评价指标进行计算和考核；动态分析是在考虑资金的时间价值和项目发展过程中环境条件变化的前提下计算项目的经济评价指标。静态分析法主要用于确定项目的投资机会的研究和比选，为了更合理地反映项目投入产出关系则必须采用动态分析法。所以，动态分析法是工程经济分析的最基本方法。

3. 定性与定量相结合的方法

工程经济学既要运用定量方法进行工程项目的经济评价、项目不确定性分析、项目财务评价与国民经济评价、设备更新的经济分析等，又要运用定性方法对项目后评价、项目可行性研究中的资源评价、建设规模与产品方案、实施进度、无形效果等非经济效果内容进行分析研究。

4. 系统分析与平衡分析法

一个工程项目由多个单项工程组成，一个单项工程由多个单位工程组成，一个单位工程由多个分部分项工程组成，并且每个项目都具有从投资决策、施工建设、投产运营、项目后评价的独立全寿命周期，所以工程经济分析方法必须采用系统分析法。虽然工程经济分析的过程需要计算成本、收益和费用，但工程经济分析的最终目的是寻求工程技术与经济效益的最优平衡点，体现了平衡分析法的运用。

5. 统计预测与不确定性分析法

对工程项目进行经济分析，期初投资、成本、收益等数据一般依靠预测来获得。评价结论的准确性与预测数据的可靠性有着密切关系。统计预测方法包括因果关系分析以及时间序列分析来推算相应的数据指标。由于影响未来的因素众多，许多因素在不断地变化发展，因此还需要对项目的经济指标做不确定性分析。

二、与相关学科的关系

由于工程经济学是一门边缘交叉学科，它与微观经济学、技术经济学、投资项目评估学、财务管理学、投资效果学等有着密切的联系，具体如下。

1. 工程经济学与微观经济学

微观经济学是工程经济学的理论基础，工程经济学是微观经济学的重要应用领域，是微观经济学的具体化和延伸。工程经济学研究回答的是微观经济学中“生产什么？如何生产?”的问题。微观经济学中的要素：成本、收益、利润、商品价格、供给与需求等都是工程经济学分析工程项目经济效果的工具。

2. 工程经济学与技术经济学

（1）工程经济学与技术经济学的共性表现为：

① 两者都是一门介于技术科学与经济科学之间的交叉学科；

② 两者都要研究技术方案、技术项目的经济效益；

③ 在评价具体项目时，两者都采用方案比较法和复利计算方法，选择最优方案；

④ 两者也是研究技术与经济相互关系及其对立统一关系的科学，都在寻求技术先进与经济合理的最佳结合。

（2）工程经济学与技术经济学的主要区别表现为：

① 范围不同。工程经济学研究的范围涉及技术方案和技术措施，也可以涉及工程项目问题；而技术经济学的研究对象不仅包括上述技术问题，还有各种不同的技术政策、技术进步，其对象范围比工程经济学更宽。

② 研究层面不同。工程经济学主要研究微观层面的问题，如：单个技术方案、工程项目的经济效益与社会效益。技术经济学除了微观层面，还需要研究宏观层面的问题。如：技术经济政策的制定及实施措施，确定要发展哪些新技术和怎样发展这些新技术，要限制、禁止或淘汰哪些落后技术。

3. 工程经济学与投资项目评估学

工程经济学是对工程技术问题进行经济分析的系统理论与方法，实质是方法论科学，其研究侧重于经济分析方法，虽然也涉及工程项目评价，但对项目的社会评价、管理评价内容涉及相对较少。投资项目评估学侧重实质性科学，具体研究投资项目应具备的条件。工程经济学为投资项目评估学提供了分析的方法和依据。

4. 工程经济学与财务管理学

工程经济学和财务管理学都是采用使用资金的时间价值进行分析、研究投资决策，采用财务报表进行项目财务预测与评价，但二者在研究范围上有所不同。工程经济学的研究对象主要是具体的工程项目、技术决策。财务管理学既要研究工程项目，还要对企业经营项目(对外投资与融资等)、企业资本结构、股息策略进行决策。财务管理学是从企业财务角度参与企业经营决策。财务管理学比工程经济学的研究范围更大一些。

5. 工程经济学与投资效果学

投资效果学研究投资效益在宏观和微观上的不同表现形式和指标体系。工程经济学与投资效果学采用的经济指标存在着很大区别。前者为一般经济指标，且这些指标一般均不含对比关系，如果有对比关系，也只是一种绝对对比关系；后者必须在同一指标中包含投入与产出的内容，以反映投入与产出的相对对比关系。

第六节　工程经济分析的基本原则

1. 工程技术与经济相结合的原则

从技术发展的各个阶段来看，先进的技术会带来很好的经济效果，在生产实践中得到了广泛的采用和推广，推动了国民经济的发展，促进了社会进步。同时，经济的快速发展也促进新技术的产生与应用，经济发展的需要成为推动技术进步的动力。但有时受到外界因素的干扰，技术的先进性和经济的合理性之间存在着一定的矛盾。例如：英法两国共同研制的超音速客机-协和式飞机，由于成本高昂被评价为“成功的技术，失败的经济”。因此，技术和经济的关系是一种既相互统一又相互矛盾的辩证关系，在进行工程经济分析时，既要求技术上的先进性，又要分析经济上的合理性，力求做到两者的统一。

2. 宏观经济效益和微观经济效益相结合的原则

宏观经济效益是指国民经济效益或社会经济效益，微观经济效益是指一个企业或项目的具体经济效益，两者实质上是整体利益和局部利益的关系。一般来说，宏观经济效益和微观经济效益是一致的，但有时也会出现矛盾。从一个企业、一个部门来看是有利的，但从整个国民经济的角度考察是不利的，或者从整个社会来看有利，而对一个企业或一个部门的利益不大。此时，就需要局部利益服从整体利益。从整个国民经济的利益出发，选择宏观经济效益好的方案。

3. 可持续发展的原则

我国的经济体制是社会主义市场经济，其生产的目的是满足人们日益增长的物质文化生活需要，近期的经济效益和长远的经济效益从根本上是保持一致的，但有时两者之间也会出现矛盾。这时进行经济评价不仅要考虑近期的效益，还要分析和考察长远效益。以生产性建设项目为例，既要考察生产施工过程的经济效益，也要考察投入使用以后的经济效益。从而为社会主义经济持续发展创造良好的条件。

4. 可比性原则

工程经济分析的可比性原则，是指为完成某项工程建设任务所提出的各种可行的技术方案，在进行经济比较时，必须具备一定的共同的比较前提和基础。

（1）满足需要的可比性。各个技术方案必须满足相同的需要，即各方案实现后具有相同的功能，都生产相同产品，产能相等，产品质量、品位相同，才具有满足需要的可比性。否则，必须进行换算处理，才能对各方案的经济效益进行比较。

（2）价格的可比性。各个技术方案的投入与产出值的计算价格必须是统一的价格。如都采用现行价格、都采用国内市场价格或国际市场价格、都采用影子价格计算投资与收益，才具备价格的可比性。

（3）时间的可比性。指各个技术方案经济效益的计算周期相同和计算基准时间相同。技术方案的计算周期又称服务年限，不同年限的方案提供的效用不同，不能进行直接比较，必须换算成相同年限后才能比较它们的经济效益。否则，各方案经济效益的比较结果缺乏科学性。

（4）消耗费用的可比性。指在计算各方案消耗费用时，计算口径必须一致。如各方案都计算直接投资与间接投资，都考虑设备的购置费用和运行费用等。

5. 直接经济效益与间接经济效益相结合的原则

经济评价除考虑项目自身的经济效益外，还要考虑本项目给其他相关项目和部门的发展创造的有利条件及其经济效益。间接效益在经济评价中有时是很重要的，尤其是当间接效益比较高或是直接效益虽然好，但妨碍了其他相关项目或部门的发展及效益的提高。在这种情况下更需要考察间接效益，以得到全面、正确的评价结论。

6. 以定量分析为主，与定性分析相结合原则

在工程经济分析中，项目的效果因素有可定量因素和不定量因素两部分，所以项目的经济效果也存在两方面。工程项目的经济分析主要是通过效益费用的分析给出明确的数量概念，凡是量化的经济因素都应作出量的表述，应尽量通过计算定量指标将隐含的经济价值揭示出来。然而，对不可定量效果因素的分析也很重要，需要从定性方面分析经济效益的优劣，并使两者有机地结合，以利于正确选择最优方案。

7. 以动态分析为主，与静态分析相结合原则

在方案评价时，要考虑投入产出的时间价值，进行动态的价值判断，即将项目建设和生产不同时间段上资金的流入、流出折算成同一时间点的价值，变成可加性函数，从而为不同项目或方案的比较提供同等的基础。

8. 经济效益评价与综合效益评价相结合的原则

经济效益评价是分析经济合理性的，但对技术方案的评价和优选也不能单从经济因素这一方面做出最终结论。在此过程中，还要从社会因素、政治因素、自然资源、生态环境等诸方面进行分析，并以国家政治经济形势和政策要求为依据，针对技术方案自身的技术经济特点，做出综合的效益评价，从而为正确进行决策提供全面的、客观的依据。

本章小结

(1) 1887 年美国的土木工程师亚瑟・M. 惠灵顿出版的《铁路布局的经济理论》一书是产生的标志。惠灵顿在书中首次将成本分析方法应用于铁路的最佳长度和路线的曲率选择问题，并提出了工程利息的概念，开创了经济评价工作在工程领域应用的先河。他将工程经济学描述为“一门少花钱多办事的艺术”。这也是工程经济学的萌芽。

(2) 工程经济学是工程与经济的交叉学科，是对工程技术问题进行经济分析的系统理论与方法。其是在资源有限的条件下，运用工程经济学分析方法，对能够完成工程项目预定目标的各种可行技术方案进行技术经济论证。计算、比较技术方案的成本以及目标实现的程度，并在此基础上寻求实现目标的最有效途径，设计和选择最佳的实施方案，从而为实现正确的投资决策提供科学依据。

(3) 工程经济学是介于自然科学和社会科学之间的边缘科学。工程经济学具有综合性、系统性、实践性、预测性、比较性、定量分析与定性分析相结合的特点。

(4) 工程经济学一般流程是确定目标和评价标准；调查研究、收集资料；拟订备选方案；比较评价备选方案；方案决策；方案决策的判断；方案实施。

(5) 工程经济分析基本原则是工程技术与经济相结合；宏观经济效益和微观经济效益相结合；可持续发展；可比性；直接经济效益与间接经济效益相结合；以定量分析为主，与定性分析相结合；以动态分析为主，与静态分析相结合；经济效益评价与综合效益评价相结合。

练　习　题

简答题

1. 简述工程经济学的概念。
2. 简述技术与经济之间关系如何？
3. 简述工程经济学的研究内容及特点。
4. 简述工程经济分析的步骤。
5. 简述工程经济学与相关学科关系。
6. 简述工程经济学的研究方法。
7. 简述工程经济分析的基本原则。

第二章　现金流量与资金的时间价值

本章学习目标：

（1）掌握现金流量的概念及现金流量图的绘制方法；

（2）熟悉资金时间价值及资金等值的概念；

（3）掌握资金时间价值的单利、复利基本计算公式及资金等值的计算；

（4）理解名义利率与实际利率的含义及计算。

第一节　现金流量

一、现金流量的概念

对任何经济主体的生产经营都可从物质形态和货币形态两个方面进行分析。从物质形态，首先要通过交换获得生产或经营所需要的工具、设备、材料、能源和动力等生产资料，经过组织、生产向社会提供产品或服务；从货币形态，经济主体要先投入资金、花费成本，才能最终获得销售收入、获得利润。在进行工程经济分析时，一般将所考察的对象视为一个特定的系统，这个系统可以是一个工程项目、一个企业、一个地区、一个行业或者一个国家。而在这个特定系统中所发生的资金投入、成本消耗及收益获取均可看成是以货币形式体现该系统的资金流出或资金流入。

在工程经济分析中，把考察对象在一定时期各个时间点上实际发生的资金流出或资金流入称为现金流量，其中流出系统的资金称为现金流出（Cash Output，CO_t），流入系统的资金称为现金流入（Cash Input，CI_t），现金流入与现金流出之差称为净现金流量（Net Cash Flow，NCF），用符号 $(CI-CO)_t$ 表示。

现金流出量（CO_t）：指在整个计算期内各时间点上所发生的实际现金支出。如固定资产投资、投资利息、流动资金、经营成本、税金及附加、所得税、借款本金偿还等。

现金流入量（CI_t）：指在整个计算期内各时间点上所发生的实际现金流入。如产品的销售收入、固定资产报废时的残值以及项目结束时回收的流动资金等。

净现金流量（NCF）：同一时间点上的现金流入与现金流出之差（或其代数和）。

这里“现金”的含义是广义的，是指各类货币资金或非货币资产的变现价值。为便于分析，通常将整个计算期分成若干期，并假定现金流入和现金流出是在期末发生的，常以一年为一期，即把一年中所有产生的现金流入和流出累积到相应年末。

二、现金流量的构成

对于建设工程项目而言，其在实施过程中的投资、成本、收入、税金及利润等指标是构成现金流量的基本要素，也是进行工程经济分析的重要数据。

1. 固定资产投资及其借款利息

一般来说，固定资产投资在建设期就已全部投入使用，固定资产投资所产生的借款利息也会随着资金的投入而逐步转为本金投入系统。因此，在工程经济分析和财务评价过程中应将固定资产投资及建设期借款利息作为系统的现金流出项进行计算。

2. 流动资金投资

流动资金投资是在项目建成投产后向系统投入流动资金，以保证生产经营活动的正常进行。因此，在工程经济分析和财务评价时应将流动资金投资作为现金流出项进行计算。

3. 经营成本

经营成本是指在项目建成投产后，为生产产品或提供劳务而发生的经常性成本费用支出。因此，在工程经济分析和财务评价中应将经营成本作为现金流出项进行计算。

4. 销售收入

销售收入是指项目建成投产后出售商品或提供劳务所获得的货币收入，其直接反映了项目收益情况。因此，在工程经济分析和财务评价中应将销售收入作为现金流入项进行计算。

5. 利润

利润是指收入与支出之差，其是反映项目最终财务成果的重要指标。如利润总额为正，表示项目盈利；若利润总额为负，则表示项目亏损。因此，在工程经济分析和财务评价中，应将利润作为重要的现金流入项进行计算。

6. 税金

在工程经济分析中，对项目进行工程经济分析和财务评价时，将税金作为重要的现金流出项计算；但进行国民经济评价时，企业缴纳的税金并未减少国民收入，也未发生社会资源的变动，只是相应资源的分配使用权从项目转移到政府手中，是整个国民经济系统的内部转移支付，不是经济费用，故在国民经济评价中既不是现金流出又不是现金流入。

7. 补贴

项目的补贴是与企业缴纳税金相反方向的一种货币流动。如果专为鼓励或扶持项目系统而发生的补贴，那么工程经济分析和财务评价时应作为现金流入项进行计算。如果补贴是体现在价格税收等方面，那么补贴效益已体现在项目收入的增加或支出的减少。因此，工程经济分析和财务评价时就不必再单列为现金流入或现金流出项进行计算。对项目进行国民经济评价时，由于补贴既未增加社会资源，也未减少社会资源，仅是货币在项目与政府之间的一种转移。因此，在国民经济评价过程中，补贴既不作为现金流入项进行计算，也不作为现金流出项进行计算。

8. 新增固定资产投资与流动资金投资

在项目建成投产后运营过程中，若需要增加投资，则新增加的固定资产投资和流动资金投资项目，在工程经济分析和财务评价中均作为现金流出项进行计算。

9. 回收固定资产净残值

回收固定资产净残值是指项目达到经济寿命周期后固定资产报废时的残余价值扣除清理费用之后的余额，即为固定资产的净残值。在工程经济分析和财务评价时，应将回收固定资产净残值作为现金流入项进行计算。

10. 回收流动资金

回收流动资金是指在达到项目经济寿命周期后停止生产经营活动时，回收投产时或投产后投入的流动资金金额。在工程经济分析和评价中，应将回收流动资金作为现金流入项进行计算。

三、现金流量的表示方法

在工程经济分析过程中，应借助相应的处理工具表示工程实施各阶段的成本费用情况，以便正确的对工程项目的经济性进行分析。通常，现金流量的表示方法主要包括现金流量表和现金流量图两种方法，具体如下。

1. 现金流量表

现金流量表是反映工程项目计算期内各年的现金流入、现金流出和净现金流量的表格。现金流量表的纵列主要由建设期、投产期、达产期、回收期等阶段现金流量项目所组成。横行是项目寿命期内各计算周期现金流量项目的基本数据及计算结果。现金流量表可以从横向得出现金的流动变化情况，从纵向得出各计算周期现金流入与流出情况，如表 2-1 所示。

表 2-1 现金流量表

序号	项目	计算期					合计
		1	2	3	…	n	
1	现金流入						
1.1	…						
1.2	…						
2	现金流出						
2.1	…						
2.2	…						
3	净现金流量						

2. 现金流量图

对于一个特定的经济系统，其现金流量的流向、数额和发生时点都不尽相同，为了更为清晰的表示系统内现金运动情况可以借助现金流量图来进行分析。现金流量图是能够清晰地描述工程项目在寿命期或计算期内各个时点上现金流入、流出及其发生时点对应关系的数轴图形，准确地反映了工程项目在寿命周期内资金运动状况。一般来说，现金流量图包括现金流量大小(资金数额)、方向（现金流入或流出）及作用点（资金发生变化时点）三个基本要素。

为保证现金流量表绘制的准确性，在绘制过程中应遵循相应规则和方法，具体如图 2-1 所示。

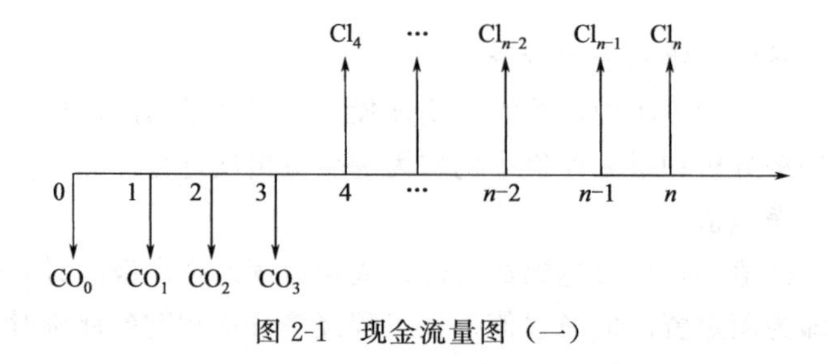

图 2-1 现金流量图（一）

(1) 以横轴为时间轴，向右延伸表示时间的延续，轴上每一刻度表示一个时间单位。时间单位一般可取年、半年、季或月等，零表示时间序列的起点。如图中 0 点表示第一年年初；1表示第一年年末，第二年年初；2表示第二年年末，第三年年初。3表示第三年年末，第四年年初，以此类推。

(2) 相对于时间坐标的垂直箭线代表不同时点的现金流量，在横轴上方的箭线表示现金流入，即表示效益；在横轴的下方的箭线表示现金流出，即表示费用或损失。箭线的长短与现金的流入量和流出量的大小成正比例，即箭线越长现金流入量或流出量数额越大，箭线越短现金流入量或流出量数额越小。但在实际工作中往往由于现金流量数额差距较大，无法成比例进行绘制，故在现金流量图绘制过程中箭线的长短只是示意性的体现各个时点现金流量数额的差异，同时在箭线上方标注现金流入或流出数额。

(3) 现金流量的方向是对特定的系统而言的。贷款方的流入就是借款方的流出，反之亦然。

(4) 箭线与时间轴的交点即为现金流量发生的时点，在进行现金流量图绘制过程中应明确时间单位，避免时间单位不统一而导致绘制错误。

【例2-1】 某建设工程项目，建设期为4年，生产期为6年。建设项目总投资为8000万元，项目拟于项目建设初期投入资金2000万元，其余资金于项目建设期分别按照30%、40%、30%比例与第2年年初、第3年年初及第4年年初进行分批投入。项目第5年年初开始投入生产使用，使用初期需投入流动资金500万元（流动资金于项目寿命期终止后全额回收），项目投产后预计每年获销售收入为4000万元（收入发生在年末），年经营成本及税金合计800万元（经营成本及税金发生在年末），项目寿命期终止后预计回收固定资产残值约200万元。试分别采用现金流量图及现金流量表法表示该项目资金流动情况。

解：(1) 采用现金流量图法绘制项目现金流量图（图2-2）。

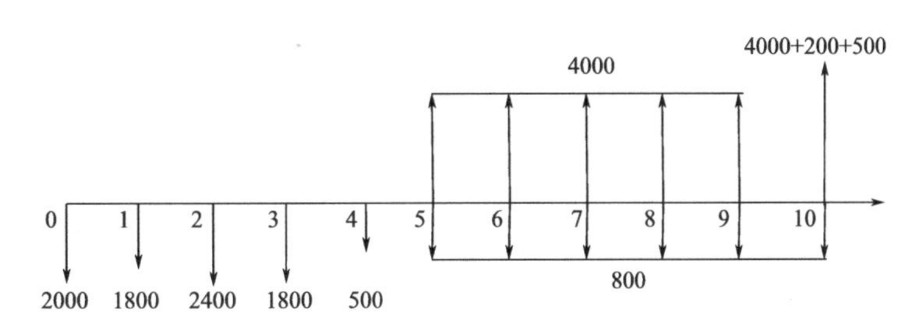

图2-2　现金流量图（二）

(2) 现金流量表法（表2-2）。

第2年年初投资＝(8000－2000)×30%＝1800(万元)

第3年年初投资＝(8000－2000)×40%＝2400(万元)

第4年年初投资＝(8000－2000)×30%＝1800(万元)

表2-2　项目投资现金流量表　　　　单位：万元

序号	项目	计算期										
		0	1	2	3	4	5	6	7	8	9	10
1	现金流入						4000	4000	4000	4000	4000	4700
1.1	销售收入						4000	4000	4000	4000	4000	4000
1.2	回收流动资金											500
1.3	回收固定资产											200

续表

序号	项目	计算期										
		0	1	2	3	4	5	6	7	8	9	10
2	现金流出	2000	1800	2400	1800	500						
2.1	建设投资	2000	1800	2400	1800							
2.2	流动资金投入					500						
2.3	经营成本及税金						800	800	800	800	800	800
3	净现金流量	−2000	−1800	−2400	−1800	−500	3200	3200	3200	3200	3200	3900

第二节　资金时间价值

一、资金时间价值的概念

在工程经济计算中，无论是技术方案所发挥的经济效益，还是其所消耗的人力、物力和资源，最后都会以货币形态（资金形态）表现出来。资金运动反映了物化劳动和活劳动的运动过程，而这个过程也是资金随时间运动的过程。因此，在进行工程经济分析过程中，不仅应关注资金量的大小，也要考虑资金发生的时间。资金的运动价值是时间的函数，会随着时间推移而增值，增值的这部分资金就是原有资金的时间价值。资金时间价值的实质是资金作为生产经营要素，在扩大再生产及流通过程中随时间周转使用的结果。资金的增值过程是生产、流通相互作用的结果，如果没有二者的相互结合作用，资金是不可能产生增值的，具体如图 2-3 所示。

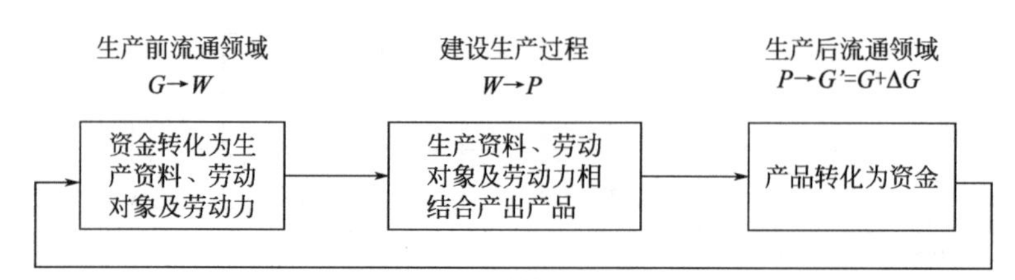

图 2-3　资金增值过程示意图

同样，对于资金的时间价值概念，也可从以下两个方面进行理解。

首先，资金会随时间的推移而逐步增加其价值，这种现象叫资金的增值。资金是属于商品经济范畴的概念，在商品经济条件下，资金的运动会伴随着生产与交换的进行，生产与交换活动会给投资者带来利润，表现为资金的增值。资金增值的实质是劳动者在生产过程中创造了剩余价值。从投资者的角度来看，资金的时间价值体现在资金的增值部分。

其次，资金一旦用于进行投资活动，就不能用于消费。投资者牺牲现期消费是为了能在将来得到更多的消费，个人储蓄的动机和国家积累的目的都是如此。从消费者的角度来看，资金的时间价值体现为投资者放弃现期消费所获得的必要补偿。

通过对资金时间价值概念的了解，下面举例对资金时间价值进行说明。

【例 2-2】 某投资企业现有 A、B 两种投资方案，寿命期为 2 年，A、B 方案初始投资为 8000 万元，A 方案投产后第一年收益为 6000 万元，第二年收益为 5000 万元。B 方案投产后第一年收益为 5000 万元，第二年收益为 6000 万元。两种方案年收益率均为 10%，其他条件均相同，该投资企业应选择哪种方案作为投资方案。

解：A 方案：总收益＝第一年收益＋第一年收益所产生的增值＋第二年收益

＝6000＋6000×10％＋5000＝11600（万元）

B 方案：总收益＝第一年收益＋第一年收益所产生的增值＋第二年收益

＝5000＋5000×10％＋6000＝11500（万元）

由于二者初始投资均为 8000 万元，所以该投资公司应选择收益较高的 A 方案作为投资方案。

二、资金时间价值的影响因素

影响资金时间价值的因素很多，其中主要有以下几点。

1. 资金的使用时间

在单位时间资金增值率一定的基础上，如资金使用时间越长，资金的时间价值则越大；资金使用时间越短，资金的时间价值则越小。

2. 资金数量的多少

在其他条件不变的情况下，资金数额越高，资金的时间价值则越大；资金数额越低，资金的时间价值则越少。

3. 资金投入和回收的特点

在总资金一定的情况下，前期投入的资金越多，资金的负效益越大；反之，后期投入的资金越多，资金的负效益越小。而在资金回收额一定的情况下，离期初时间点越近回收的资金越多，资金的时间价值则越多；反之，离初期时间点越远回收的资金越少，资金的时间价值则越少。

4. 资金周转的速度

资金周转速度越快，在一定的时间内等量资金的周转次数越多，资金的时间价值越大；反之，资金的时间价值越小。

综上所述，资金时间价值是客观存在的，在进行生产经营过程中应充分利用资金的时间价值并最大限度地获取时间价值，加快资金周转速度、尽早回收资金、不断从事利润较高的投资活动，任何资金的闲置，都是损失资金的时间价值。

三、利息与利率

1. 利息与利率的概念

（1）利息。利息是指在借贷活动过程中，债务人支付给债权人超过原借贷金额的部分，它是衡量资金时间价值的绝对尺度。也可理解为债务人为获得借款资金使用权而付出的相应费用或债权人放弃现期消费所获得的必要补偿。利息计算公式，即：

$$I=F-P \tag{2-1}$$

式中　I——利息；

F——债务人应付（或债权人应收）总金额，还本付息总额；

P——原借贷金额，常称为本金。

在工程经济分析过程中，利息常被看作为资金的一种机会成本。这是因为如果放弃资金的使用权利，就会丧失取得收益的机会，也就间接的等于付出了一定的代价。事实上，投资的本质就是为了在未来获得更大的收益而对当前的所拥有资金进行某种安排。如投资人未来投资收益大于当前的投资，取得一定的经济效益才能刺激人们进行投资活动，进而促进国民经济的发展。因此，在工程经济分析中，利息常被看作占用资金所付的代价或者放弃使用资金所得的补偿。

（2）利率。在经济学中，利率的定义是从利息的定义中衍生出来的。也就是说，在理论上先承认了利息，再以利息来对利率进行解释。而在实际计算中，则应根据利率来进行利息的确定。利率是指在一定周期内投入资金所得利息额与原投入资金的比例，其反映了资金随时间变化的增值率，是衡量资金时间价值的相对尺度，一般用百分数来进行表示，即：

$$i=\frac{I}{P}\times 100\% \tag{2-2}$$

式中 i——利率；

I——单位时间内所获得的利息；

P——原借贷资金。

用于表示计算利息的时间单位称为计息周期，计息周期通常以年、半年、季度、月、周及天为单位。

利率的确定是在完全的市场经济条件下，由借贷双方竞争解决的，即市场利率。在计划经济或有计划的商品经济条件下，主要由国家根据经济发展的需要来进行制定。由国家制定的利率，应遵循“平均利润和不为零”原则，“平均利润和不为零”是指借方所获得的平均收益与贷方所获得的平均利润之代数和不为零，即借方借用货币资金所获得的利润不可能将其全部以利息的形式交给贷款者，而贷方因为放弃了货币资本能够增值的使用价值，因而利息不能为零，更不能为负数。

利率是各国发展国民经济的杠杆之一，利率的高低一般由以下因素决定。

① 利率的高低取决于社会平均利润率，并随之变动。通常，社会平均利润率是利率的最高界限。如果利率高于利润率，则借款者就会因无利可图而放弃借款。

② 在平均利润率不变的情况下，利率的高低取决于金融市场上借贷资本的供求情况。借贷资本供过于求，则利率下降；借贷资本供小于求，利率便会上升。

③ 借出资本要承担一定的风险，而风险大小也影响利率的波动。风险越大，利率也就越高；风险越小，利率也就越低。

④ 通货膨胀对利率的波动有直接影响，资金贬值会使利率在无形中成为负值。

⑤ 借贷期限的长短。贷款期限越长、不可预见因素越多、风险越大，利率则越高；反之，贷款期限越短、不可预见因素越少、风险越小，则利率就越低。

此外，借贷资本利率的高低还受商品价格水平、银行费用开支、社会习惯、国家利率水平、国家经济政策及货币政策等因素的影响。

工程经济分析中，利息与盈利、收益，利率与盈利率或收益率是不同的概念，应注意其相互区分。在分析资金信贷时，所使用的是利息或利率的概念；在进行某项投资的经济效果研究时，则常使用收益或收益率的概念。项目投资活动通常要求其收益大于其所支付的利息，即收益率大于利率。

2. 利息与利率在工程经济活动中的作用

① 利息和利率是以信用方式筹集资金的动力。以信用方式筹集资金的特点是自愿性，这种自愿性的动力在于资金提供者获得利息和利率的意愿。比如，一个投资者在投资前首先要考虑该投资项目所得到的利息是否比将这笔资金投入其他项目所得的利息多。如果比将这

笔资金投入其他项目所得的利息多，那么就可将资金投入到这个项目投资中；如果所得的利息达不到其他项目的利息水平，他就可能不在这个项目投资。

② 利息促进投资者经济核算水平的提高。投资者在使用借款的过程中需要支付相应的利息，这就促使投资者必须精打细算，将所借资金合理进行使用，避免无谓的资金浪费，提高资金的使用效率。

③ 利息和利率是宏观经济管理的重要杠杆。国家在不同时期所制定的利息政策各不相同，对于不同地区、不同行业，国家会根据实际情况制定不同的利率标准。如对于限制发展的行业，利率规定的会高一些；对于提倡发展的行业，利率规定的会低一些，从而引导行业和企业生产经营规模的壮大。

④ 利息和利率是金融企业经营发展的重要条件。金融机构作为盈利性企业，其最终目的是获得利润。由于金融机构存放款利率不同，其差额成为金融机构业务的收入，此款扣除业务费后就是金融机构的利润，所以利息和利率能刺激金融企业的经营发展。

3. 利息的计算

利息计算一般有单利和复利之分。当计息周期在一个周期以上时，就需要考虑“单利”与“复利”的区别。

① 单利。单利是指在计算利息时，仅考虑最初的本金而不将各个周期所产生的利息计入下一计息周期，即“利不生利”的计息方法。其计算式如下：

$$I_t = P \times i_{单} \tag{2-3}$$

式中 I_t——代表第 t 计息周期的利息额；

P——代表本金；

$i_{单}$——计息周期单利利率。

而 n 期末单利本利和 F 等于本金加利息总利息，即：

$$F = P + I_n = P(1 + n \times i_{单}) \tag{2-4}$$

式中 I_n——代表 n 个计息周期所付或所收的单利总利息，即：

$$I_n = \sum_{i=1}^{n} I_t = \sum_{i=1}^{n} P \times i_{单} = P \times i_{单} \times n \tag{2-5}$$

在以单利计息的情况下，总利息与本金、利率以及计息周期数成正比关系。此外，在计算本利和 F 时，应注意计息周期的一致性。如利率为年利率，那么计息周期单位应该为年；利率为月利率，那么计息周期就应该以月为单位。

【例 2-3】 某建筑施工企业以单利方式借入 100 万元资金，年利率为 8%，借款期为 3 年，试计算各年的本利和。

解：在本题计算前应充分了解掌握单利的概念及注意事项，具体详见表 2-3。

表 2-3 单利年末本利和计算表

借款期限/年	年初款额/万元	年末利息/万元	年末本利和/万元
1	100	100×8%=8	108
2	108	100×8%=8	116
3	116	100×8%=8	124

由表 2-3 可看出，单利的年利息额仅由借款本金所产生，其借款利息不加入本金产生利息，即“利不生利”。由此可见采用单利法计算利息不符合客观的经济发展规律，不能准确

地反映资金随着时间增值的理念，也没有正确反映资金的时间价值。因此，在工程经济分析中单利使用较少，通常只适用于短期投资或短期贷款。

② 复利。复利是指在计算某一计息周期利息时，将前一期的本金和利息作为下一期的本金来计算下一期的利息，即“利生利”的计息方式。其表达式如下：

$$I_t=F_{t-1}\times i \tag{2-6}$$

式中 F_{t-1}——表示第（$t-1$）期末复利本利和；

i——计息周期复利利率。

第 t 期末复利本利和的表达式为：

$$F_t=F_{t-1}\times(1+i) \tag{2-7}$$

【例 2-4】 某建筑施工企业以复利方式借入 100 万元资金，年利率为 8%，借款期为 3 年，试计算各年的本利和。

解：在本题计算前应充分了解掌握复利的概念及注意事项，具体详见表 2-4。

表 2-4 复利本利和计算表

借款期限/年	年初款额/万元	年末利息/万元	年末本利和/万元
1	100	100×8%=8	108
2	108	108×8%=8.64	116.64
3	116.64	116.64×8%=9.3312	125.9712

从表 2-4 可以看出，借款数额及计息周期相同的一笔资金，采用复利计算出的利息金额比用单利计算出的利息金额多。这说明本金越大，利率越高：当计息周期越多时，二者差距就越大。复利计息比较符合资金在社会再生产过程中运动的实际状况，因此在工程经济分析中一般采用复利的方法进行计算。

采用复利法进行计算时，有间断复利和连续复利之分。按期（年、半年、季、月、周、日）计算复利的方法称为间断复利（即普通复利）；按瞬时计算复利的方法称为连续复利。在实际使用中都采用间断复利，一方面是出于习惯，另一方面是因为会计通常在年底结算一年的进出款，按年支付税金、保险金和抵押费用，因此采用间断复利考虑问题更为适宜。

四、资金时间价值的计算

1. 资金时间价值的相关术语

（1）时值（time value）与时点：资金的数值数额会随时间的延长而增值，在每个计息期期末的数值是不同的。资金在某个时间节点上的数值称为时值。现金流量图上，时间轴上的某一点称为时点。

（2）现值（present value，P）：资金发生在某一特定时间序列起点的价值。在工程经济分析中，它表示在现金流量图中 0 点的投资数额或投资项目的现金流量折算到 0 点时的价值。

（3）终值（future value，F）：第 n 期末的资金在某一特定时间序列终点的价值。

（4）折现与折现率（i）：将时点处资金的时值折算为现值的过程称为折现。折现计算法是评价投资项目经济效果时经常采用的一种基本方法。折现又称贴现，贴现是银行的放款业务之一、票据持有者为了取得现金以未到期的票据（包括期票和汇票）向银行融通资金，申请贴现。银行按一定的比例，扣取自贴现日至到期日的利息，然后将票面余额以现金的形式支付给持票人。期票到期时，银行持票据向最初发票的债务人兑取现金，这就是贴现。贴现值是票面金额扣除利息后的余额，即资金在某一时点的时值折算到零点时的值。在经济分析中，把未来的现金流量折算为现在的现金流量时所使用的利率称为折现率。

（5）年金或年值（annuity，A）：年金是指一定时期内每期（不包括零期）有相等金额的收付款项，表示各年等额收入或支付的金额，即在某一特定时间序列期内，每隔相同时间收支的等额款项。

年金有普通年金（年值）、预付年金和延期年金之分。

① 普通年金（后付年金）：每期期末收款、付款的年金。

② 预付年金（先付年金）：每期期初收款、付款的年金。

③ 延期年金：距今若干期以后发生的每期期末收款、付款的年金。

普通年金是每期期末收付的年金，是最常用的年金形式。预付年金是每期期初等额收付的款项，所以预付年金计算要以普通年金为基础，并考虑款项提前收付的时间差异。延期年金是距今若干期以后等额收付的款项，所以计算时要考虑款项延期收付时间对货币资金价值的影响。

（6）计息次数（N 或 n）：指投资项目从开始投入资金到项目的寿命周期终结为止的期限内，计算利息的次数，通常以“年”为单位。

2. 资金时间价值计算的基本公式

（1）一次支付类型的计算。一次支付是指现金流量的流入或流出均在某个特定时点一次发生。对于特定的系统，资金时间价值的条件下，现金流入恰恰能够补偿现金的流出。

① 一次支付复利终值公式。现有资金数额为 P，年利率为 i，按照复利进行计算，n 年后的本利和 F 为多少？根据复利定义可得本利和 F，详见表 2-5。

表 2-5　复利终值计算表（一）

计息期 t	期初金额(1)	本期利息额(2)	期末本利和 $F_t=(1)+(2)$
1	P	$P\cdot i$	$F_1=P+P\cdot i=P(1+i)$
2	$P\cdot(1+i)$	$P(1+i)\cdot i$	$F_2=P(1+i)+P(1+i)=P(1+i)^2$
3	$P\cdot(1+i)^2$	$P\cdot(1+i)^2\cdot i$	$F_3=P(1+i)^2+P(1+i)^2\cdot i=P(1+i)^3$
…	…	…	…
n	$P\cdot(1+i)^{n-1}$	$P\cdot(1+i)^{n-1}\cdot i$	$F_n=P(1+i)^{n-1}+P(1+i)^{n-1}\cdot i=P(1+i)^n$

由表 2-5 可知，一次支付 n 年末终值 F 的计算公式为：

$$F=P(1+i)^n=P(F/P,i,n) \tag{2-8}$$

式中，P 为现值；F 为终值；i 为利率；n 为计息周期。其表示在利率为 i、计息周期为 n 的条件下，终值 F 和现值 P 之间的关系。$(1+i)^n$ 称为一次性支付终值系数，用（$F/P,i,n$）表示。在一次性支付终值系数（$F/P,i,n$）中，括号内斜线上方的符号为未知数，斜线下方的符号表示已知数。$(F/P,i,n)$ 表示在已知 P、i、n 的条件下求解 F 的终值。

【例 2-5】　某建筑企业为扩大规模向金融机构借款 2000 万元，年利率为 10%，试问按复利计算第 5 年末该建筑企业须一次性向金融机构还款本利和为多少。

解：通过对该题目进行分析可知：$P=2000$，$i=10\%$，$n=5$。根据式(2-8) 可得

$$F=2000(1+10\%)^5=3221.02(万元)$$

② 一次支付复利现值公式。已知未来第 n 年末将需要或获得的资金 F，利率为 i，求期初所需的投资 P。

已知终值 F 求现值 P，是一次支付终值公式的逆运算。即：

$$P=\frac{F}{(1+i)^{n}}=F(1+i)^{-n} \tag{2-9}$$

式中，$(1+i)^{-n}$ 称为一次支付现值系数，用符号 $(P/F,i,n)$ 表示。因此，一次支付终值公式也可采用 $P=F(P/F,i,n)$ 进行表示。

计算现值 P 的过程称为“折现”或“贴现”，其所使用的利率称为“折现率”或“贴现率”。故 $(1+i)^{-n}$ 或 $(P/F,i,n)$ 也可叫折现系数或贴现系数。

【例 2-6】 某企业为 5 年后获得 100 万元资金购买设备，年利率为 10%，试问按复利计算该企业目前需存款数额为多少。

解：通过对该题目进行分析可知：$F=100$，$i=10\%$，$n=5$。根据一次支付复利现值公式(2-9) 可得：$P=100(1+10\%)^{-5}=62.09$（万元）

从以上内容可知，现值与终值的计算方法互为相反过程。在 P 一定，n 相同时，i 越高，F 越大；在 i 相同时，n 越长，F 越大；在 F 一定，n 相同时，i 越高，P 越小；在 i 相同时，n 越长，P 越小。

在工程经济评价中，由于现值评价常常是选择现在为同一时点，把技术方案预计的不同时期的现金流量折算成现值，并按现值之代数和大小作出决策。因此，在工程经济分析时应当注意以下两点：

一是正确选取折现率。折现率是决定现值大小的一个重要因素，必须根据实际情况进行灵活选用。

二是要注意现金流量的分布情况。从收益方面来看，获得的时间越早、数额越多，其现值也越大。因此，应提高技术的实施效率，尽早实现生产，进而获得最佳经济效益。从投资方面看，在投资额一定的情况下，投资支出的时间越晚、数额越少，其现值也越小。因此，应合理分配各年投资额，在不影响技术方案正常实施时前提下，尽量减少建设初期投资额，加大建设后期投资比重。

(2) 多次支付类型的计算。多次支付类型的计算是指现金流量序列所发生的收入与支出是以年金的形式出现的复利分析与计算。在前面介绍过关于年金有普通年金、延迟年金、预付年金之分，它们的计算是以普通年金的计算为基础的，通过普通年金的计算可以推算出延迟年金和预付年金的计算结果。只是在实际计算时，一定要注意年金的类型。现分别对等额支付和不等额支付的计算进行分析。

① 等额支付。等额支付的计算主要包括：等额支付年金终值计算、等额支付年金现值计算、等额支付偿债基金计算及等额支付资金回收计算。

a. 等额支付年金终值公式(已知 A，求 F)。等额支付年金终值计算是指在一个利率为 i 的时间序列中，如每个计息期的期末连续收入或支出一笔等额的资金 A，求 n 年后由各年的本利和累积而成的总额 F，即已知 A、i、n，求 F，如图 2-4 所示。

通过年金终值概念可对各期期末年金 A 相对于第 n 期期末的本利和 F 进行推导，具体详见表 2-6。

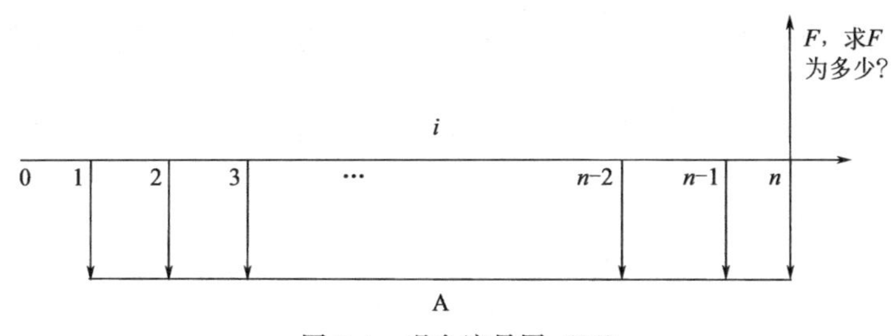

图 2-4　现金流量图（三）

表 2-6　复利终值计算表（二）

期数	1	2	3	…	$n-1$	n
每期末年金	A	A	A	…	A	A
第 N 期末年金终值 F	$A(1+i)^{n-1}$	$A(1+i)^{n-2}$	$A(1+i)^{n-3}$	…	$A(1+i)$	A

即：

$$F=A(1+i)^{n-1}+A(1+i)^{n-2}+A(1+i)^{n-3}+\cdots+A(1+i)+A$$

根据等比数列求和公式可知可求得

$$F=A\times\frac{(1+i)^n-1}{i} \tag{2-10}$$

也可表示为 $F=A(F/A,i,n)$。其中$\frac{(1+i)^n-1}{i}$或（$F/A,i,n$）称为年金复利终值系数，简称年金终值系数。

【例 2-7】 若某家庭为 10 年后购买一套房产，现每年末存入银行 10 万元，年利率为 8%，求该家庭 10 年后购置房产总额为多少。

解：由题目可知 $A=10$ 万元，$i=8\%$，$n=10$ 年，求 F，如图 2-5 所示。

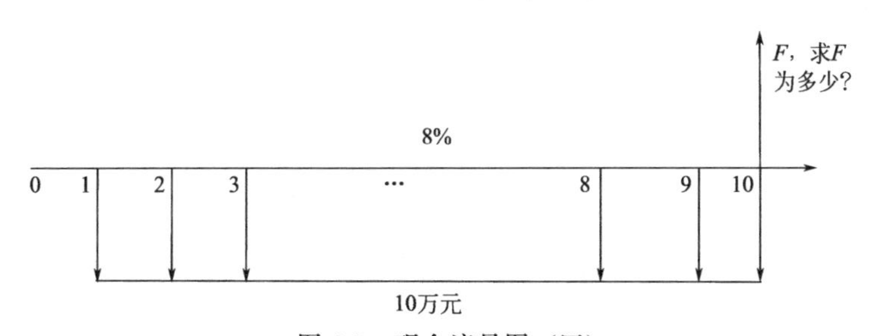

图 2-5　现金流量图（四）

第一年存入银行 10 万元，第 10 年的终值为：$10(1+8\%)^{10-1}$

第二年存入银行 10 万元，第 10 年的终值为：$10(1+8\%)^{10-2}$

第三年存入银行 10 万元，第 10 年的终值为：$10(1+8\%)^{10-3}$

以此类推，

第九年存入银行 10 万元，第 10 年的终值为：$10(1+8\%)^{10-9}$

第十年存入银行 10 万元，第 10 年的终值为：$10(1+8\%)^{10-10}$

通过等比数列求和公式可知可得，家庭十年后购置房产总额为：

$$F=10\times\frac{(1+8\%)^{10}-1}{8\%}=144.87(\text{万元})$$

本题为年金终值公式 $F=A\times\frac{(1+i)^n-1}{i}$在实际应用中的具体推演，在解题过程中可直接采用年金终值公式 $F=A\times\frac{(1+i)^n-1}{i}$进行具体题目的解答。

b. 等额支付年金现值公式(已知 A，求 P)。等额支付年金现值计算是指在一个利率为 i 的时间序列中，如每个计息期的期末连续收入或支出一笔等额的资金 A，求该等额年金收支的现值总额，即已知 A、i、n，求 P，如图 2-6 所示。

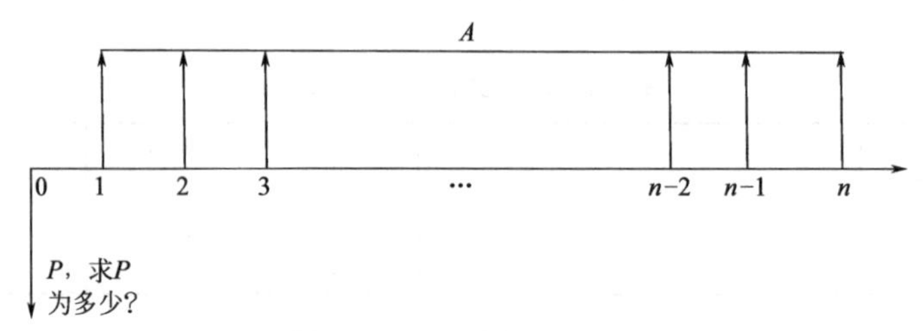

图 2-6 现金流量图（五）

等额支付年金现值公式推导过程如下：

通过 $F=A\times\frac{(1+i)^n-1}{i}$及 $F=P\times(1+i)^n$ 可得：

等额支付年金现值公式

$$P=A\cdot\frac{(1+i)^n-1}{i}\cdot\frac{1}{(1+i)^n}=A\cdot\frac{(1+i)^n-1}{i(1+i)^n} \tag{2-11}$$

也可表示为 $P=A(P/A,i,n)$。其中$\frac{(1+i)^n-1}{i(1+i)^n}$或（$P/A$，$i$，$n$）称为年金现值系数。

【例 2-8】 某投资项目预计在未来 5 年内每年年末可等额回收资金 1000 万元，在年利率为 10%的情况下，在项目开始时应投资多少。

解：根据题意绘制现金流量图，如图 2-7 所示：

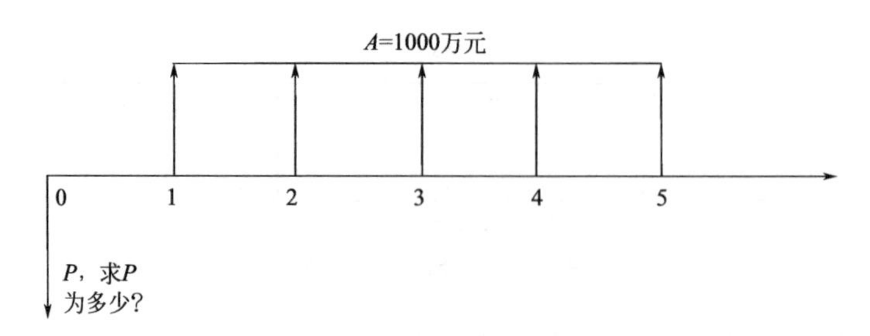

图 2-7 现金流量图（六）

$$P=A\times\frac{(1+i)^n-1}{i(1+i)^n}=1000\times\frac{(1+10\%)^5-1}{10\%(1+10\%)^5}=3790.8(\text{万元})$$

c. 等额支付偿债基金公式(已知 F，求 A)。等额支付偿债基金是指在一个利率为 i 的时间序列中，为了筹集未来 n 年后所需的一笔资金 F，求每个计息期末应等额存入的资金额 A，即已知 F，i，n，求 A，如图 2-8 所示。

通过等额支付年金终值公式（2-11)，推导可知等额支付偿债基金公式为：

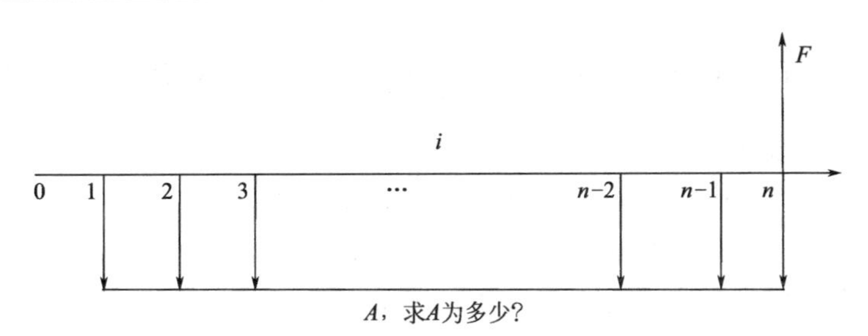

图 2-8　现金流量图（七）

$$A=F\times\frac{i}{(1+i)^{n}-1} \tag{2-12}$$

也可表示为 $A=F(A/F,i,n)$，其中$\frac{i}{(1+i)^{n}-1}$或（$A/F,i,n$）称为偿债基金系数，它与年金终值系数互为倒数。

【例 2-9】 某企业为在 5 年后获得 400 万元用于设备更新改造，若银行利率为 8%，每年需存入银行多少资金才能满足设备更新改造需求。

解：根据题意绘制现金流量图，如图 2-9 所示。

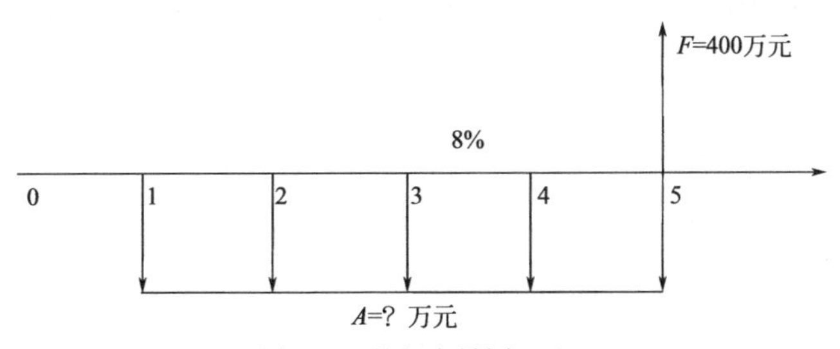

图 2-9　现金流量图（八）

$$A=F\times\frac{i}{(1+i)^{n}-1}=400\times\frac{8\%}{(1+8\%)^{5}-1}=68.183(\text{万元})$$

d. 等额支付资金回收公式(已知 P，求 A)。等额支付资金回收是指在一个利率为 i 的时间序列中，为了回收期初所投入的资金 P，求未来 n 年内每年应等额回收的资金A，即已知 P,i,n，求 A，如图 2-10 所示。

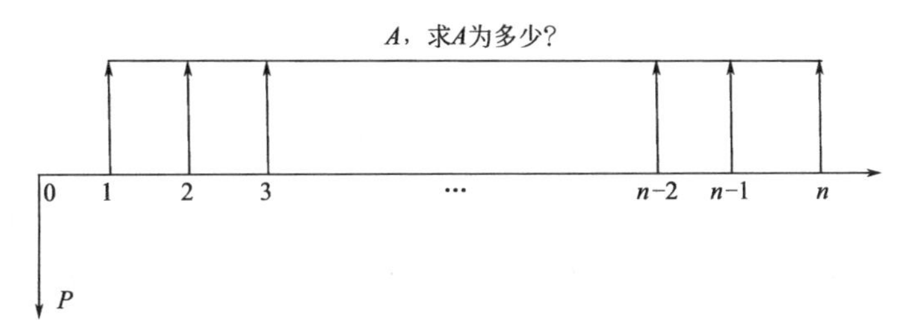

图 2-10　现金流量图（九）

通过等额支付年金现值公式（2-12），推导可知等额支付资金回收公式为：

$$A=P\times\frac{i(1+i)^{n}}{(1+i)^{n}-1} \tag{2-13}$$

也可表示为 $A=P\ (A/P,\ i,\ n)$。其中$\dfrac{i\ (1+i)^n}{(1+i)^n-1}$或 $(A/P,\ i,\ n)$ 称为资金回收系数，它与年金现值系数互为倒数。

【例 2-10】 某企业投资一盈利性项目，项目初始投资 1000 万元，年投资收益率为 15%，项目周期为 5 年，试计算该企业每年净收益至少为多少才能保证不亏本。

解：根据题意绘制现金流量图，如图 2-11 所示。

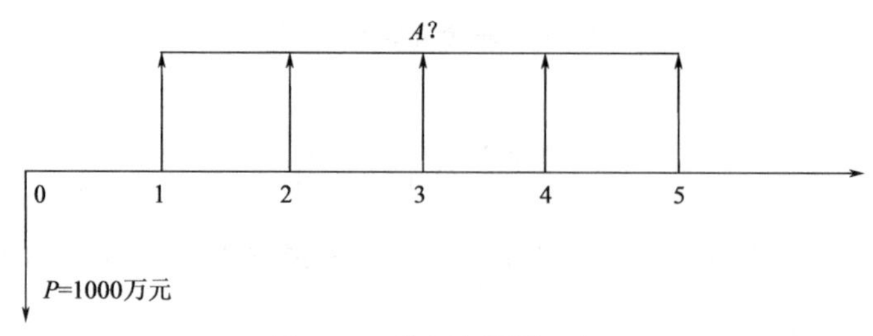

图 2-11　现金流量图（十）

$$A=P\times\frac{i(1+i)^n}{(1+i)^n-1}=1000\times\frac{15\%(1+15\%)^5}{(1+15\%)^5-1}=298.31(\text{万元})$$

e. 即付年金终值和现值的计算。即付年金终值（已知 A 求 F），即付年金是指一定时期每期期初等额发生的系列收付款项，如图 2-12 所示。

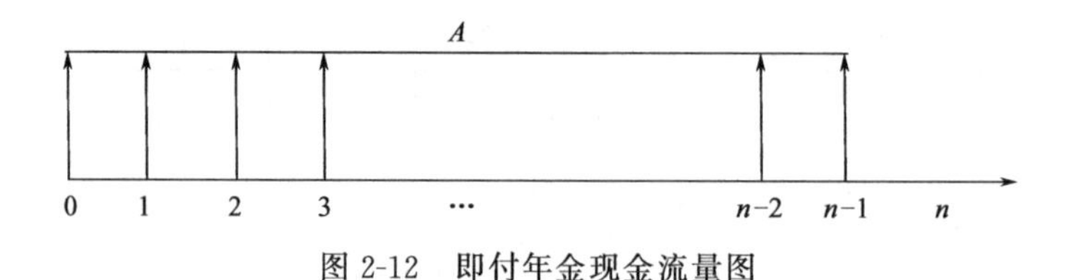

图 2-12　即付年金现金流量图

即付年金是一定时期内每期期初等额收付款项的复利终值之和，如 2-13 图所示。

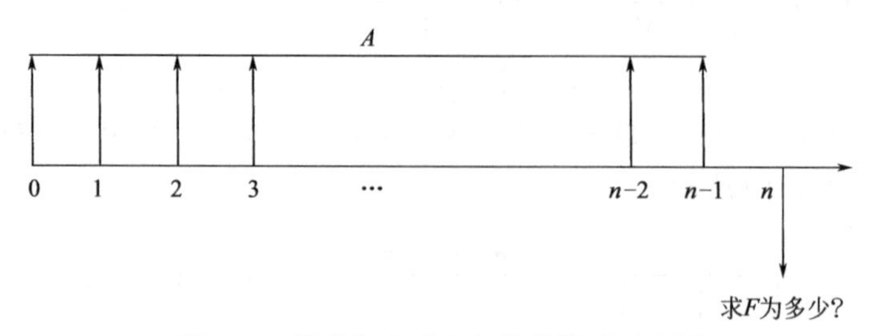

图 2-13　即付年金现金与终值关系示意图

即付年金终值的计算公式可以利用多次收付款项终值的基本方法推导出来，即对每一个 A 逐个计算终值，然后计算这些终值的代数和；还可借助把即付年金转化成普通年金的方法计算其终值，转化过程如图 2-14 所示。

如图 2-14 所示，即付年金计算终值时，即付年金若转化为普通年金，时间上需往前虚拟 1 期，且在最后一期要虚拟又发生一个 A，则转化后有 $n+1$ 期且有 $n+1$ 个发生在各期期末的 A。此时计算终值可先利用普通年金的终值公式，然后把最后一期虚拟的 A 减掉即为原即付年金终值。如此便可推导出即付年金的终值公式，如下：

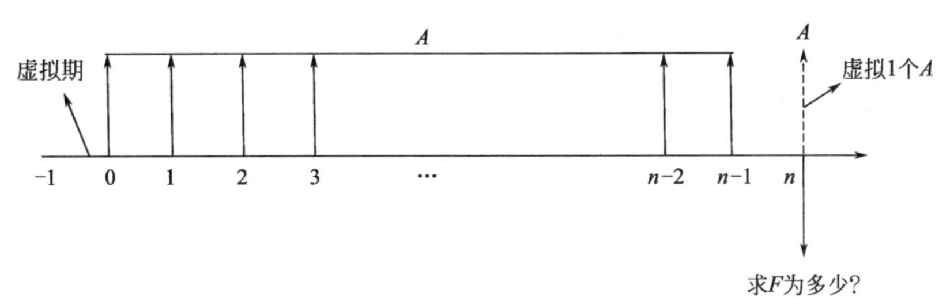

图 2-14　即付年金计算终值时转化为普通年金示意图

$$F=A\times\left[\frac{(1+i)^{n+1}-1}{i}-1\right] \tag{2-14}$$

可见，即付年金终值系数要在普通年金终值系数的基础上“期数加 1，系数减 1”。由于年金终值系数表和年金现值系数表是按常见的普通年金编制的，在利用这种后付年金系数表计算先付年金的终值和现值时，可在计算普通年金的基础上加以适当调整。

【例 2-11】 每年年初存入银行 4000 元，年利率为 6%。5 年后的本利和为多少?

解： $F=4000\times\left[\frac{(1+6\%)^{5+1}-1}{6\%}-1\right]=4000\times(6.9753-1)=23901.20$（元）

即付年金现值（已知 A 求 P），即付年金现值是一定时期内每期期初收付款项的复利现值之和，如图 2-15 所示。

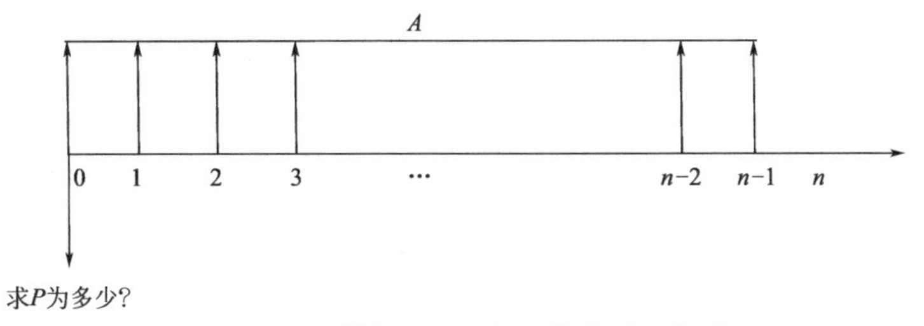

图 2-15　即付年金现金与现值关系示意图

即付年金现值的计算公式可以利用多次收付款项现值的基本方法推导出来，即对每一个 A 逐个计算现值，然后计算这些现值的代数和；还可借助将即付年金转化成普通年金的方法计算其现值，转化过程如图 2-16 所示。

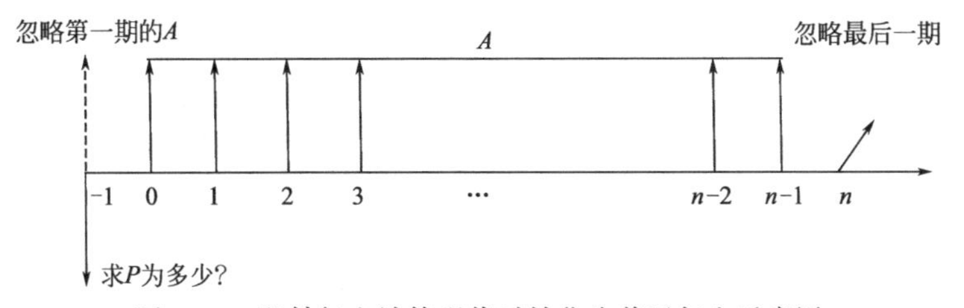

图 2-16　即付年金计算现值时转化为普通年金示意图

如图 2-16 所示，即付年金计算现值时，即付年金若转化为普通年金，先在时间上忽略最后 1 期，同时忽略第 1 期的 A，则转化后有 $n-1$ 期且有 $n-1$ 个发生在各期期末的 A。此时计算现值可先利用普通年金的现值公式，然后把忽略第 1 期的 A 加上还原即为原即付年金的现值。如此便可推导出即付年金的现值公式如下：

$$P=A\times\left[\frac{1-(1+i)^{-(n-1)}}{i}+1\right] \tag{2-15}$$

可见，即付年金现值系数要在普通年金现值系数的基础上“期数减 1，系数加 1”。

【例 2-12】 每年年初支付设备租金 4000 元，年利率为 6%，则 5 年中租金的现值为多少?

解：$P=4000\times\left[\frac{1-(1+6\%)^{-4}}{6\%}+1\right]=4000\times(3.4651+1)=17860.40$（元）

f. 递延年金终值和现值的计算。递延年金是指不是从第一期发生的年金，如图 2-17 所示，m 表示递延期。

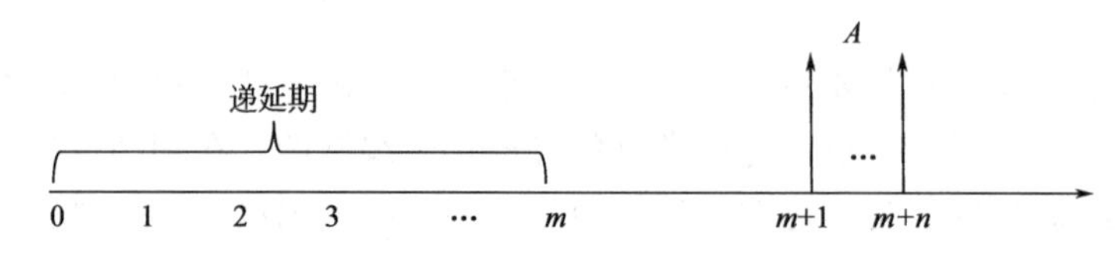

图 2-17 递延年金现金流量图

如图 2-18 所示，递延年金的终值计算与普通年金终值计算相同，在此不再赘述。

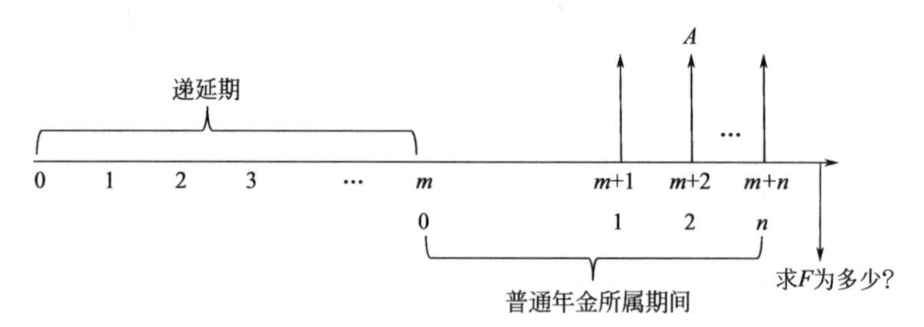

图 2-18 递延年金终值计算示意图

递延年金的现值 P 计算方法有如下两种。

Ⅰ. 把递延年金视为 n 期普通年金，求出递延期末的现值 P_m，然后再将此现值调整到第一期期初，如图 2-19 所示。

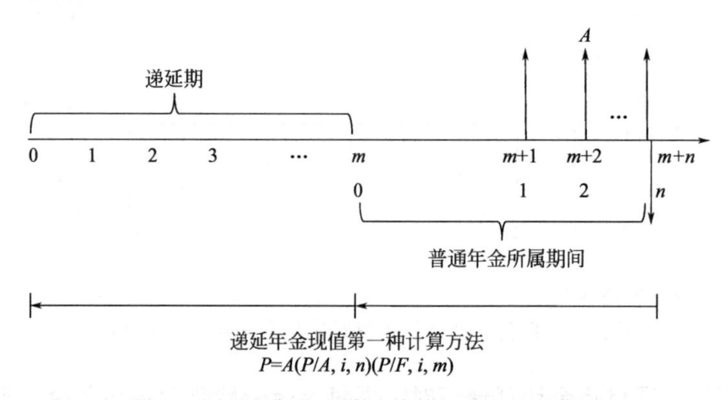

图 2-19 递延年金现值计算第一种方法示意图

Ⅱ. 假设递延期中也进行等额支付，先求出（$m+n$）期的年金现值，然后扣除实际并未支付的递延期 m 期的年金现值，即可得出最终结果，如图 2-20 所示。

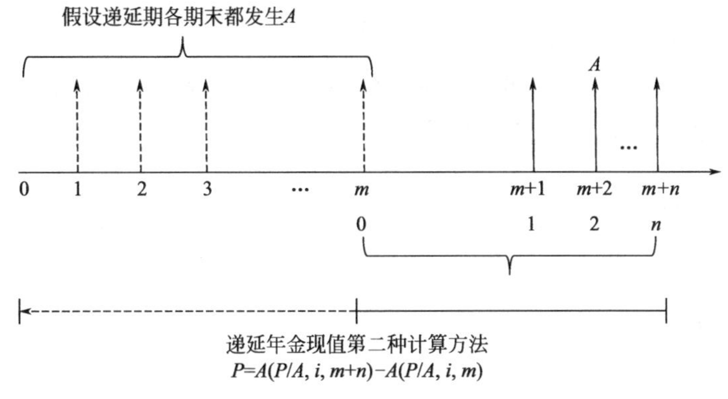

图 2-20　递延年金现值计算第二种方法示意图

【例 2-13】 某项目 2018 年初开工，预计 2 年建设完成，2 年后投入使用，投入使用后运营 10 年，每年得到收益 50000 元。按年利率 6%计算，则 10 年收益于 2018 年年初的现值是多少?

解：按第一种方法计算如下

$$F=50000\times(P/A,6\%,10)\times(P/F,6\%,2)=327524.45(\text{元})$$

按第二种方法计算如下

$$F=50000\times(P/A,6\%,12)-50000(P/A,6\%,2)=327520.00(\text{元})$$

由于两种方法所用系数不同并且不同系数值四舍五入取近似值的原因，导致两种计算方法的结果有时不会绝对相等，但可以看做近似相等。

g. 永续年金现值的计算。无限期等额支付的年金称为永续年金，如图 2-21 所示。永续年金没有终止的时间，也就没有终值的计算问题。

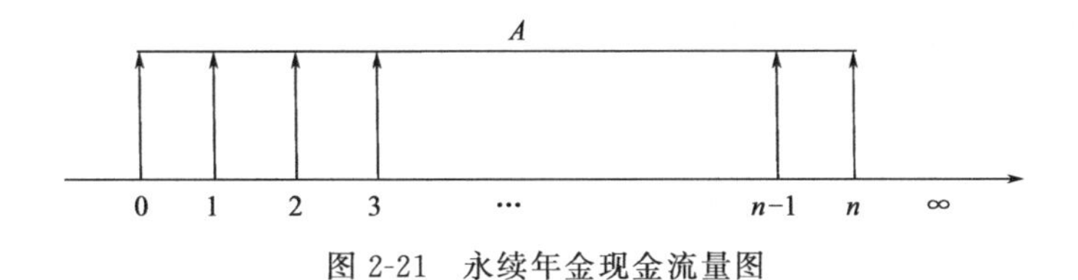

图 2-21　永续年金现金流量图

永续年金现值的计算公式如下：

$$P=A\times\frac{1}{i} \tag{2-16}$$

公式推导过程如下：

已知普通年金现值系数　$\dfrac{(1+i)^n-1}{i\ (1+i)^n}=\dfrac{1-(1+i)^{-n}}{i}$

因为当 $n\to\infty$时，$(1+i)^{-n}\to 0$，

所以永续年金现值系数$=\dfrac{1}{i}$ $(n\to\infty)$，所以 $P=A\times\dfrac{1}{i}$。

【例 2-14】 某物理学会 2019 年年初拟存入银行一笔基金，准备以后无限期地每年年末取出利息 20000 元用以颁发年度物理学杰出贡献奖金，若存款利息率为 8%，则该物理学会于 2019 年年初一次性存入银行多少款项?

解：$P=A\times\frac{1}{i}=20000\times\frac{1}{8\%}=250000$（元）

② 不等额支付。不等额支付的计算主要包括：一般不等额终值计算、一般不等额现值计算、等差序列现值计算、等差序列年值计算、等差序列终值计算、等比序列现值计算及等比序列终值计算。

a. 一般不等额现值和终值计算。一般不等额现值和终值计算是指在一个利率为 i 的时间序列中，每期收入或支出不等额资金，求每期末或期初的资金额度，如图 2-22 所示。

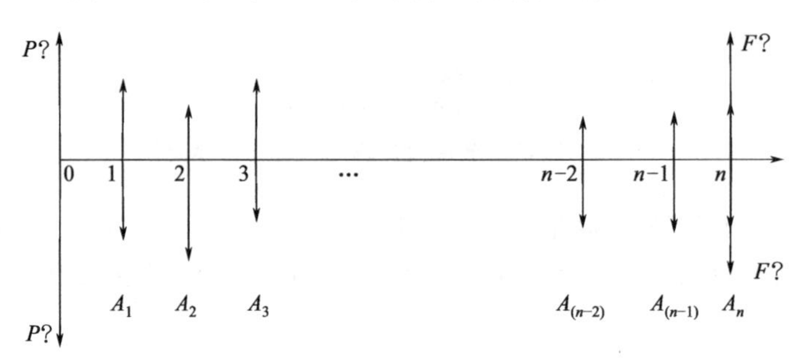

图 2-22 现金流量图（十一）

通过对图 2-22 分析可知：

不等额支付终值为：

$$F=A_1(1+i)^{n-1}+A_2(1+i)^{n-2}+A_3(1+i)^{n-3}+\cdots+A_{n-1}(1+i)+A_n$$

$$F=\sum_{t=1}^{n}A_t(1+i)^{n-t} \tag{2-17}$$

也可表示为 $F=\sum_{t=1}^{n}A_t(F/P,i,n-t)$

不等额支付现值为：$P=A_1(1+i)^{-1}+A_2(1+i)^{-2}+A_3(1+i)^{-3}+\cdots+A_n(1+i)^{-n}$

$$P=\sum_{t=1}^{n}A_t(1+i)^{-t} \tag{2-18}$$

也可表示为 $P=\sum_{t=1}^{n}A_t(P/F,i,n-t)$。

【例 2-15】 房地产开发单位为在 3 年后开发某地块，现每年将利润存入银行，年利率为 8%，该企业预计第一年存入银行资金为 1200 万元，第二年存入银行资金为 1400 万元，第三年存入银行资金为 1500 万元，试计算该企业 3 年后可用与开发某地块的资金。

解：根据题意绘制现金流量图，如图 2-23 所示。

$$F=A_1(1+i)^{n-1}+A_2(1+i)^{n-2}+A_3(1+i)^{n-3}+\cdots+A_{n-1}(1+i)+A_n$$

$$F=1200(1+8\%)^{3-1}+1400(1+8\%)^{3-2}+1500=4411.68(\text{万元})$$

【例 2-16】 某企业为未来 3 年分别获得资金 200 万元、100 万元、500 万元，试计算在年利率为 8%的情况下现需向银行存入资金数额为多少。

解：根据题意绘制现金流量图，如图 2-24 所示。

$$P=A_1(1+i)^{-1}+A_2(1+i)^{-2}+A_3(1+i)^{-3}+\cdots+A_n(1+i)^{-n}$$

$$P=200(1+8\%)^{-1}+100(1+8\%)^{-2}+500(1+8\%)^{-3}=667.84(\text{万元})$$

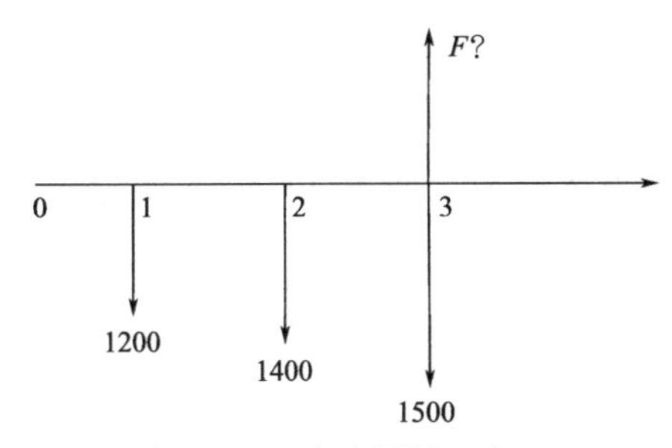

图 2-23 现金流量图（十二）

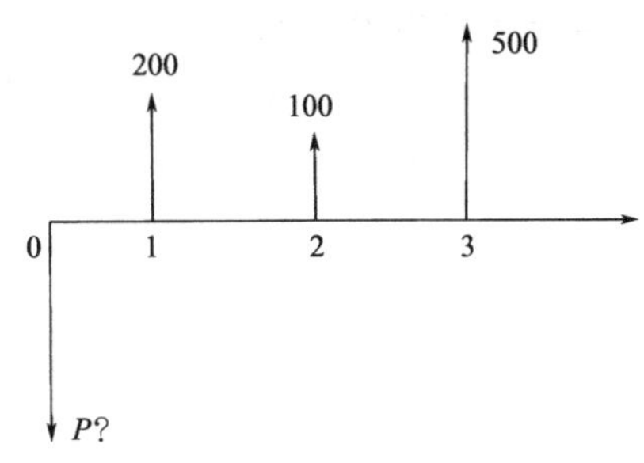

图 2-24 现金流量图（十三）

b. 等差序列现值、年值和终值计算。

等差序列现值计算：

等差序列现值和终值计算是指在一个利率为 i 的时间序列中，每期收入或支出的资金增加额、减少额都相等，求每期末或期初的资金额度，如图 2-25 所示。

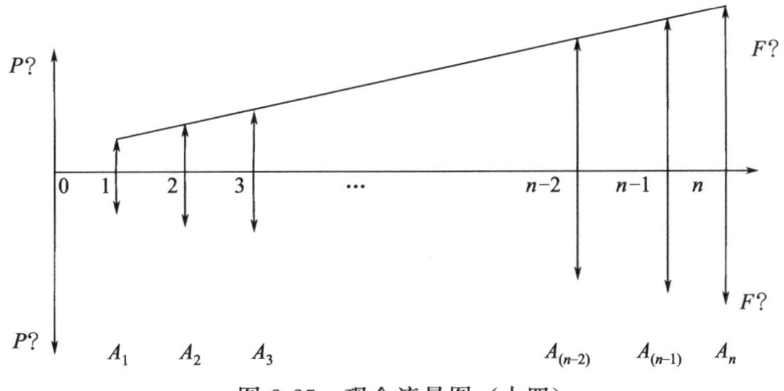

图 2-25 现金流量图（十四）

通过对图 2-25 分析可知：

设一资金序列 A_t 是等差序列（定差为 G），则有：

$$A_t = A_1 + (t-1) \cdot G(t=1 \sim n)$$

所以 $P = P_A + P_G$

又 $P_A = A_1 \cdot (P/A, i, n)$

$$P_G = G\left[\frac{1}{(1+i)^2} + \frac{2}{(1+i)^3} + \cdots + \frac{n-1}{(1+i)^n}\right] \quad ①$$

将①两边均乘以（$1+i$）可得：

$$P_G(1+i) = G\left[\frac{1}{(1+i)} + \frac{2}{(1+i)^2} + \cdots + \frac{n-1}{(1+i)^{n-1}}\right] \quad ②$$

②－①可得：

$$P_G \times i = G\left[\frac{1}{(1+i)} + \frac{1}{(1+i)^2} + \cdots \frac{1}{(1+i)^{n-1}} - \frac{n-1}{(1+i)^n}\right]$$

$$= G\left[\frac{1}{(1+i)} + \frac{1}{(1+i)^2} + \cdots + \frac{1}{(1+i)^n}\right] - \frac{G \cdot n}{(1+i)^n}$$

则 $P_G = G \cdot \frac{1}{i} \cdot \left[\frac{(1+i)^n - 1}{i \cdot (1+i)^n} - \frac{n}{(1+i)^n}\right] = G \cdot (P/G, i, n)$

故等差序列现值公式为：

$$P=A_1\cdot(P/A,i,n)+G\cdot(P/G,i,n) \tag{2-19}$$

式中$\frac{1}{i}\cdot\left[\frac{(1+i)^n-1}{i\cdot(1+i)^n}-\frac{n}{(1+i)^n}\right]$为等差序列现值系数，记为（$P/G$，$i$，$n$）。经整理可得：

$$P=\left(\frac{A_1}{i}+\frac{G}{i^2}\right)\cdot\left[1-\frac{1}{(1+i)^n}\right]-\frac{G}{i}\cdot\frac{n}{(1+i)^n}$$

如现金流量等差递减变化，则对应计算公式为：

$$P=\left(\frac{A_1}{i}-\frac{G}{i^2}\right)\cdot\left[1-\frac{1}{(1+i)^n}\right]+\frac{G}{i}\cdot\frac{n}{(1+i)^n}$$

等差序列年值计算：

同理推导可得，$A=A_1+A_G$

$$A_G=P_G\cdot(A/P,\ i,\ n)=\frac{G}{i}\cdot\left[\frac{(1+i)^n-1}{i\cdot(1+i)^n}-\frac{n}{(1+i)^n}\right]\frac{i\cdot(1+i)^n}{(1+i)^n-1}$$

$$=G\cdot\left[\frac{1}{i}-\frac{n}{(1+i)^n-1}\right]$$

故等差序列年值公式为

$$A=A_1+G(A/G,i,n) \tag{2-20}$$

式中，（$A/G,i,n$）为等差序列年金系数。

等差序列终值计算：

$$F_G=\frac{G}{i}\cdot\frac{(1+i)^n-1}{i}-\frac{nG}{i}=G\left[\frac{(1+i)^n-1}{i^2}-\frac{n}{i}\right]$$

故等差序列终值公式

$$F=F_{A_1}+F_G=A_1(F/A,i,n)+G(F/G,i,n) \tag{2-21}$$

式中，（$F/G,i,n$）为等差序列终值系数。

【例 2-17】 某工厂的机械设备 5 年内的维修费用分别为 500 元、600 元、700 元、800 元、900 元，若年利率为 10%，试计算费用的年值、现值及终值。

解：已知 $A=500$，$G=100$，$n=5$，$i=10\%$

由等差序列年值计算公式：

$$A_G=G\cdot\left[\frac{1}{i}-\frac{n}{i}\ (A/F,\ i,\ n)\right]=100\left[\frac{1}{0.1}-\frac{5}{0.1}\ (A/F,\ 0.1,\ 5)\right]=181.01\ (元)$$

通过以上计算可知 $A=A_1+A_G=500+181.01=681.01$(元)

其所对应的现值为：$P=A(P/A,i,n)=681.01(P/A,0.1,5)=2581.57$(元)

其所对应的终值为：$F=A(F/A,i,n)=681.01(F/A,0.1,5)=4157.63$(元)

c. 等比数列现值和终值计算

等比数列现值和终值计算是指在一个利率为 i 的时间序列中，每期收入或支出的资金增加额、减少额成等比变化，求每期末或期初的资金额度。

设 A 为第一年年末的净现金流量，j 为现金流量逐年递增的比率，则等比现金流量序列的复利现值 P 计算如下：

由

$$A_t=A_1(1+j)^{t-1}$$

$$P_t = A_t(1+i)^{-t} = A_1(1+j)^{t-1}(1+i)^{-t}$$

可得：

$$P = \sum_{t=1}^{n} A_1(1+j)^{t-1}(1+i)^{-t} = \frac{A_1}{1+j}\sum_{t=1}^{n}\frac{(1+j)^t}{(1+i)^t}$$

由此可推导出等比数列现值计算公式为：

$$P=\begin{cases} A_1\dfrac{n}{(1+j)} & i=j \\ A_1\dfrac{1-(1+j)^n(1+i)^{-n}}{i+j} & i\neq j \end{cases} \tag{2-22}$$

同理可得等比序列终值计算公式：

$$F=\begin{cases} nA_1(1+j)^{n-1} & i=j \\ A_1\left[\dfrac{(1+j)^n-(1+i)^n}{j-i}\right] & i\neq j \end{cases} \tag{2-23}$$

【例 2-18】 某项目第一年年初投资 700 万元，第二年年初投资 100 万元，第二年获净收益 500 万元，至第六年净收益逐年递增 6%，第七年至第九年每年获净收益 800 万元，若年利率为 10%，求与该项目现金流量等值的现值和终值。

解：由等比数列现值和终值计算公式可得

$$P = -700-100(P/F,i,n)+500\frac{1-\left(\dfrac{1+t}{1+i}\right)^n}{i-t}\cdot(P/F,i,n)$$

$$+800(P/A,i,n)(P/F,i,n)=2253.32(\text{万元})$$

$$F=P(F/P,i,n)=2253.32(F/P,10\%,9)=5313.21(\text{万元})$$

第三节　名义利率与实际利率

在实际工程经济分析过程中，计息周期可以是年、半年、季度、月及日。同样的年利率，由于计息周期的不同，所产生的利息也各不相同。因而，有名义利率和实际利率之分。

一般来说，利率通常是以年为计息单位，但有时也把每年分几次按复利计息，例如按月、按季或按半年等。如按季复利计息，每季利率为 3%，通常表达为“年利率 12%，按季复利计息”，这样描述的利率称为名义利率。因此，名义利率就是周期利率与每年计息周期数的乘积。

一、名义利率

名义利率（r）是指计息周期利率（i）乘以一个利率周期内的计息周期数（m）所得的周期利率。即

$$r = i\times m \tag{2-24}$$

若月利率为 1%，则年名义利率为 12%。很显然，计算名义利率时忽略了前面各期利息再生的因素，这与单利计算相同。通常所说的年利率都是名义利率。

二、有效利率（实际利率）

有效利率，也叫实际利率是指用复利法将计息周期小于一年的实际利率折算成年实际利。实际利率可分为间断式计息周期内的实际年利率及连续式计息周期内的实际年利率。

1. 间断式计息周期内的实际年利率

有效利率的计算期不为1年，则有效年利率可用下式表示：

$$i_{\text{eff}}=\frac{F-P}{P}=\frac{P\left(1+\frac{r}{m}\right)^{m}-P}{P}=\left(1+\frac{r}{m}\right)^{m}-1 \tag{2-25}$$

式中 i_{eff}——有效年利率；

F——期末本利和；

P——本金；

r——名义利率；

m——一年之中的计息期数。

【例 2-19】 现设年名义利率（r）为 10%，则年、半年、季度、月、日的年有效利率为多少。

解：见表 2-7。

表 2-7 年有效利率计算表

年名义利率(r)	计息期	年计息次数(m)	计息期利率($i=r/m$)	年有效利率(i_{eff})
10%	年	1	10%	10%
	半年	2	5%	10.25%
	季度	4	2.5%	10.38%
	月	12	0.833%	10.46%
	日	365	0.0274%	10.51%

从表 2-7 可以得出，每年计息期数越多，i_{eff} 与 r 相差越大。所以在工程经济分析中，如果方案计息期不同，就不能简单地使用名义利率进行评价，而必须将名义利率换算为有效利率进行评价，否则评价结果将会失真。

2. 连续式计息周期内的实际年利率

在一个企业或工程项目中，如果收入和支出几乎是在不间断流动的情况下，我们可以把它看作连续的现金流。当涉及这个现金流的复利问题时，就要使用连续复利的概念，即在一年中按无限多次计息，此时可以认为 $m\to\infty$，求此时的有效年利率，即对实际利率的公式求极限，即

$$i=\lim_{m\to\infty}\left(1+\frac{r}{m}\right)^{m}-1 \text{ 或 } i=\mathrm{e}^{r}-1 \tag{2-26}$$

式中，e为自然对数的底，其值为 2.71828。

【例 2-20】 某施工单位向银行贷款 200 万元，借款期 5 年，年利率为 15%，每周复利一次。该企业在进行经济评价过程中把年利率（名义利率）误认为实际利率。试计算该公司少算了多少利息。

解：该公司原计算的本利和为

$$F=P(1+i)^n=200(1+15\%)^5=402.27(\text{万元})$$

正确做法为：

有效利率：$i_{\text{eff}}=\dfrac{F-P}{P}=\dfrac{P\left(1+\dfrac{r}{m}\right)-P}{P}=\left(1+\dfrac{r}{m}\right)^m-1=\left(1+\dfrac{15\%}{52}\right)^{52}-1=16.16\%$

本利和为：$F=P(1+i)^n=200(1+16.16\%)^5=422.97(\text{万元})$

通过以上计算可以得出该公司少算利息 20.70 万元。

第四节　资金等值计算及应用

一、资金等值的概念

在工程经济分析过程中，资金等值是一个十分重要的概念，它能为我们确定某一经济活动的有效性。在考虑资金时间价值的情况下，发生在不同时间的资金是不能直接相加减的，而是需要进行相应处理才能进行计算。利用等值的概念，可以把不同时点发生的现金流折算到同一时点，从而满足收支在时间上可比的要求。

二、资金等值的计算

资金时间价值是工程经济分析的基本原理，运用这个理论可将一笔等值资金变换到任何时刻，也可变换为任何一种支付形式。在进行资金等值计算时，有可能遇到多种不同情况，现分析如下。

1. 计息期为一年

此时，实际年利率与名义利率相同，可直接利用 6 个复利计算公式进行计算。

【例 2-21】 当年利率为 10%时，从现在起连续 6 年的年末等额支付 A 为多少时才与第 6 年年末的 1000 元等值？

解：$A=F(A/F,i,n)=1000(A/F,10\%,6)=129.6(\text{元})$

2. 计息期短于一年

(1) 计息期与支付期相同。当计息期与支付期相同时，用名义利率求出计息期的实际利率，确定计算期内的支付次数，然后套用资金时间价值的公式进行计算。

【例 2-22】 年利率为 12%，每半年计息 1 次，从现在起连续 3 年每半年等额年末存款 200 元，试计算与其等值的第 0 年现值为多少？

解：计算期半年的实际利率 $i=0.12/2=0.06$

计息期数 $n=2\times3=6$（次）

$$P=A(P/A,i,n)=200(P/A,0.06,6)=983.46(\text{元})$$

(2) 计息期短于支付期。当计息期短于支付期时，有三种计算方法。首先，用名义利率求出计息期的实际利率，再计算每个支付期的实际利率，确定计算期内的计息次数，然后套用资金时间价值的公式进行计算；其次，计算每个计息期的实际利率，将等额支付的每个支付看作一次支付，利用一次支付现值公式计算求和；最后，取一个循环周期，使这个周期末支付变成等值的计息期末的等额支付系列，使计息期和支付期完全相同，套用等额支付系列公式进行计算。

【例 2-23】 如某笔资金年利率为 10%，每半年计息 1 次，从现在起连续 3 年每年末等额支付 500 元，与其等值的第 0 年的现值为多少。

解：

$$方法一：i_{\text{eff}}=\frac{F-P}{P}=\frac{P\left(1+\dfrac{r}{m}\right)-P}{P}=\left(1+\frac{r}{m}\right)^m-1=\left(1+\frac{10\%}{2}\right)^2-1=10.25\%$$

$$P=A\cdot\frac{(1+i)^n-1}{i(1+i)^n}=500\cdot\frac{1-(1+10.25\%)^{-3}}{10.25\%}=1237.97(元)$$

方法二：将等额支付的每一次支付看作一次支付，利用一次支付现值进行计算。

$$P=500\left(1+\frac{10\%}{2}\right)^{-2}+500\left(1+\frac{10\%}{2}\right)^{-4}+500\left(1+\frac{10\%}{2}\right)^{-6}=1237.97\ (元)$$

方法三：取一个循环周期，使这个周期的年末支付转换为等额支付体系，从而使计息期和支付期完全相同，将实际利率直接代入公式进行计算。

$$A=F(A/F,i,n)=500(A/F,5\%,2)=243.9(元)$$

$$P=A(P/A,i,n)=243.9(P/A,5\%,6)=1237.96(元)$$

(3) 计息期长于支付期。

① 不计息。一般来说，存款必须存满一个计息周期时才能进行计息，即在计息周期间存入的款项在该期不计算利息时，要在下一期才计算利息。按照此原则对现金流量图进行分析可知：对于投资方，计息期的存款放在期末，计算期的提款放在期初，计算期分界点处的支付保持不变。

【例 2-24】 某公司第一年至第六年末收入均为 100 万元，第七年至第九年末支出均为 100 万元，第十年至第十一年收入与支出相等，第十二年末收入 100 万元，年利率为 12%，每季度计息一次，试计算第十二年年末终值 F 为多少。

$$F=(-300+200)\times\left(1+\frac{12\%}{3}\right)^4+300\left(1+\frac{12\%}{3}\right)^3$$

$$+100\left(1+\frac{12\%}{3}\right)^2-300\left(1+\frac{12\%}{3}\right)+100=116.63(万元)$$

② 单利计息。在计息期内支付的利息均按单利计算计息的公式为：

$$A_t=\sum A_k'\left[1+\left(\frac{m_k}{N}\right)\times i\right] \tag{2-27}$$

式中 A_t——第 t 计息期末的净现金流量；

N——支付周期数；

A_k'——第 t 计息期内第 k 期的支付金额；

m_k——第 t 计息期内第 k 期的支付金额至第 t 计息期末所包含的支付周期数；

i——计息期利率。

【例 2-25】 某工程项目现金流量如图 2-26 所示，年利率为 8%，半年计息一次，计息期内的支付款单利计算，试计算该公司年末金额为多少。（单位：万元）

解：利率 $i=8\%/2=4\%$，由公式 $A_t=\sum A_k'\left[1+\left(\frac{m_k}{N}\right)\times i\right]$ 可得，

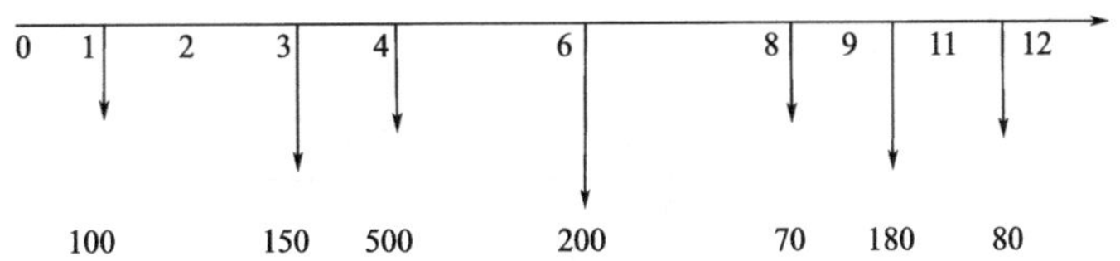

图 2-26　现金流量图（十五）

$$A_1=100\left[1+\left(\frac{5}{6}\right)\times 4\%\right]+150\left[1+\left(\frac{3}{6}\right)\times 4\%\right]+50\left[1+\left(\frac{2}{6}\right)\times 4\%\right]+200=507(\text{万元})$$

$$A_2=70\left[1+\left(\frac{4}{6}\right)\times 4\%\right]+180\left[1+\left(\frac{3}{6}\right)\times 4\%\right]+80\left[1+\left(\frac{1}{6}\right)\times 4\%\right]=336(\text{万元})$$

$$F=507(F/P,4\%,1)+336=863.28(\text{万元})$$

③ 复利计息。计息期利率相当于“实际利率”，支付周期利率相当于“计息期利率”。支付周期利率的计算与已知名义利率求实际利率的过程相反。支付周期利率确定后，即可按资金时间价值的公式进行计算。

【例 2-26】 某公司每个月支付情况如图 2-27 所示，年利率为 8%，每季度复利计息一次，计息期内的支付款按复利计息，试计算该年末金额为多少。

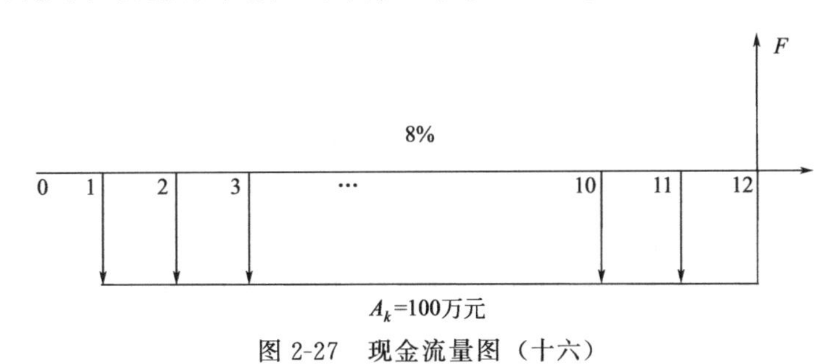

图 2-27　现金流量图（十六）

解：名义利率为 8%，计息期利率为 8%/4=2%

$$i=(1+r/m)^m-1=(1+r/3)^3-1=2\%$$

$$r=1.9868\%$$

则每月的利率为 1.9868%/3=0.6623%，利用等额收支系列公式可求出年末金额为：

$$F=100(F/A,0.6623\%,12)=1244.69(\text{万元})$$

本章小结

(1) 把考察对象一定时期各个时间点上实际发生的这种资金流出或资金流入称为现金流量。其中流出系统的资金称为现金流出（Cash Output，CO_t），流入系统的资金称为现金流入（Cash Input，CIt）。现金流入与现金流出之差称净现金流量（Net Cash Flow，NCF）。

(2) 现金流量图是对于一个特定的经济系统，其现金流量的流向、数额和发生时点都不尽相同，为了更为清晰的表示系统内现金运动情况就要借助现金流量图进行分析。

(3) 资金时间价值是客观存在的，在进行生产经营过程中应充分利用资金的时间价值并最大限度地获得其时间价值，加快资金周转速度、尽早回收资金，不断从事利润较高的投资活动，进而最大限度地提高资金的时间价值，获得更高的经济效益。

(4) 在实际工程经济分析过程中，计息周期可以是年、半年、季度、月及日。同样的年利率，由于计息周期的不同，所产生的利息也各不相同。因而，有名利率和实际利率之分。

（5）9 个常用资金等值公式（表 2-8）

表 2-8 常用资金等值公式

类别		已知	求解	公式	系数名称及符号
一次支付	终值公式	P	F	$F=P(1+i)^n$	$(F/P,i,n)$
	现值公式	F	P	$P=\frac{F}{(1+i)^n}$	$(P/F,i,n)$
多次支付	终值公式	A	F	$F=A\times\frac{(1+i)^n-1}{i}$	$(F/A,i,n)$
	偿债基金公式	F	A	$A=F\times\frac{i}{(1+i)^n-1}$	$(A/F,i,n)$
	资金回收公式	P	A	$A=P\times\frac{i(1+i)^n}{(1+i)^n-1}$	$(A/P,i,n)$
	现值公式	A	P	$P=A\cdot\frac{(1+i)^n-1}{i(1+i)^n}$	$(P/A,i,n)$
等差支付	终值公式	G	F	$F_G=G\left[\frac{(1+i)^n-1}{i^2}-\frac{n}{i}\right]$	$(F/G,i,n)$
	现值公式	G	P	$P_G=\frac{G}{i}\cdot\left[\frac{(1+i)^n-1}{i(1+i)^n}-\frac{n}{(1+i)^n}\right]$	$(P/G,i,n)$
	年金等值公式	G	A	$A=G\cdot\left[\frac{1}{i}-\frac{n}{(1+i)^n-1}\right]$	$(A/G,i,n)$

练 习 题

一、单选题

1. 下列说法正确的是（　　）。

A. 等量的资金在不同的时点上具有相同的价值。

B. 资金时间价值产生的前提是资金发生流通或者投资行为。

C. 不同时点上的资金额可以直接进行相互比较。

D. 由于资金时间价值的存在，若干年后的一元钱在今天仍然为一元。

2. 关于利息和利率，说法错误的是（　　）。

A. 利息是借贷过程中，债务人支付给债权人的，超过原借款本金的部分。

B. 利息是占用资金所付出的代价或者是放弃近期消费所得的补偿。

C. 利率是衡量时间价值的绝对尺度，常用借款所得利息与借款本金相比而求得。

D. 社会平均利润率的高低影响借款利率的高低，通常情况下是借款利率的上限。

3. 某人借款 1 万元，年利 10%，复利计息，则 5 年末连本带利需要偿还（　　）元。

A. 16105　　B. 6209　　C. 61051　　D. 14641

4. 如果要在第 5 年末得到资金 1000 元，按年利率 6%复利计息，则从现在起连续 5 年每年必须存（　　）元。

A. 150 元　　B. 177.40 元　　C. 170 元　　D. 181 元

5. 某企业第一年初和第二年初连续向银行贷款 30 万元，年利率 10%，约定分别于第三、四、五年末等额还款，则每年应偿还（　　）万元。

A. 23.03　　B. 25.33　　C. 27.87　　D. 30.65

6.已知 $(P/F,10\%,5)=0.6209$，$(F/P,10\%,5)=1.6106$，$(P/A,10\%,5)=3.7908$，$(F/A,10\%,5)=6.1051$，那么偿债基金系数为（　　）。

A. 0.1638　　B. 0.2638　　C. 0.6209　　D. 1.6106

7.某人现在存款 1000 元，年利率 10%，计息周期为半年，复利计息，则 5 年末的存款为（　　）。

A. 1276.3 元　　B. 1628.90 元　　C. 2593.7 元　　D. 1610.5 元

8.某人每月月末向银行存入1000元，年利率为12%，每月计息一次，5年后，可得到本利和为（　　）元。

A. 81669.67　　B. 8166.97　　C. 6352.85　　D. 66000.00

9.付款情况如下：第 1 月付款 100，第 4 月付款 50，第 6 月付款 100，第 8 月付款 70，第 11 月付款 80，总期限 12 月，年利率为 8%，半年计息一次，复利计息，计息期内的收付款利息按照单利计算，则年末第 12 年金额为（　　）。

已知：$(P/F,4\%,1)=1.04$；$(P/F,4\%,2)=1.0816$；$(P/F,4\%,4)=1.1699$

A. 440.84　　B. 430.58　　C. 426.37　　D. 416.56

10. 某人每半年存款 1000 元，连续存 5 年，年利率 8%，每季度计息一次，复利计息，则其 5 年末的存款金额为（　　）元。

A. 12029　　B. 5420.7　　C. 10950　　D. 5204

11.有四个投资方案：甲、乙、丙、丁，年贷款利率均为 6%，其中甲方案每年复利一次；乙方案每季度复利一次；丙方案每月复利一次；丁方案每半年复利一次，则（　　）方案贷款年利率最少。

A. 甲　　B. 乙　　C. 丙　　D. 丁

12.某人从 25～59 岁每年存入银行养老金 5000 元，若利率为 6%，则他在 60～74 岁间每年可以领到的钱可以用（　　）计算。

A. $[5000(F/A,6\%,35)](A/P,6\%,15)$　　B. $[5000(F/P,6\%,35)](A/F,6\%,15)$

C. $[5000(F/A,6\%,35)](P/A,6\%,15)$　　D. $[5000(A/F,6\%,35)](A/P,6\%,15)$

13.某企业拟实施一项技术方案，建设期 2 年，运营期为 10 年。银行贷款年利率为 6%，复利计息，建设期内不还款，借款期限为 6 年。如选择从运营期开始，在借款期内每年末等额还款 400 万元，该企业在建设期初贷款数额为（　　）。

A. 1234 万元　　B. 1386 万元　　C. 1499 万元　　D. 1589 万元

14.下列关于现值 P、终值 F、年金 A、利率 i、计息期数 n 之间关系的描述中，正确的是（　　）。

A. F 一定、n 相同时，i 越高、P 越大　　B. P 一定、n 相同时，i 越高、F 越小

C. i、n 相同时，F 与 P 呈同向变化　　D. i、n 相同时，F 与 P 呈反向变化

二、多选题

1. 关于现金流量图，说法正确的是（　　）。

A. 现金流量是指在一定时期各时点上实际发生的现金流入或流出。

B. 净现金流量是指现金流出与现金流入之差。

C. 现金流量图中，横轴表示时间轴。

D. 现金流量图中，现金流入流出是相对于系统而言的，针对不同的对象，现金流入和现金流出可能恰好相反。

E. 在现金流量图中，第 N 期末和第 $N+1$ 期期初不能在同一点上。

2. 计算现金流量时，以下（　　）等项应作为现金流出。

A. 经营成本　　B. 折旧费　　C. 销售收入

D. 建设者投资　　E. 经常修理费

3. 关于等值计算，下列说法正确的是（　　）。

A. P 是在第一计息期开始时发生的。

B. F 发生在计算期的期末。

C. 当问题包括 P 和 A 时，系列的第一个 A 与 P 发生在同一期。

D. 当问题包括 F 和 A 时，系列的最后一个 A 与 F 同时发生。

E. 等值的核心在于通过一定的贴现率进行转换成某一相同时点的 P 值或者 F 值，或者某一计算期的 A 值，实现资金的可比性。

4. 进行资金等值计算的条件是（　　）。

A. 资金金额　　B. 利息　　C. 利率

D. 现金流量发生的时间点　　E. 计算期的期数

5. 关于名义利率与实际利率说法正确的是（　　）。

A. 如果一年计息一次，则名义利率等于实际利率。

B. 如果一年计息多次，则名义利率大于实际利率。

C. 如果一年计息多次，则名义利率小于实际利率。

D. 如果计息次数无穷多，则实际利率也无穷大。

E. 实际利率的大小取决于计息次数。

6. 一人准备在今后 7 年每年年末存入 A 元，利率为 I，则第 8 年年末可以得到 F 的正确表达式有（　　）。

A. $F=A(P/A,I,7)(F/P,I,8)$　　B. $F=A(P/A,I,6)(F/P,I,7)$

C. $F=A(F/A,I,7)(F/P,I,1)$　　D. $F=A(F/A,I,6)(F/P,I,2)$

E. $F=A(F/A,I,7)$

三、简答题

1. 什么是现金流量图？它的作用是什么？

2. 利率在经济活动中的作用有哪些。

3. 什么是资金时间价值？

4. 什么是名义利率与实际利率？名义利率与实际利率的区别是什么？

四、计算题

1. 某工程建设期 2 年，建设单位在建设期第 1 年初和第 2 年初分别从银行借入资金 600 万元和 400 万元，年利率 8%，按年计息，建设单位在运营期第 3 年末偿还贷款 500 万元后，在运营期第 5 年末应偿还多少万元才能还清贷款本息？

2. 某运输专业户花 10 万元购买了一台黄海牌客车，车的寿命 10 年，若期望收益率为 20%，问每年净收益是多少？

3. 某厂今天存入银行 500 万元，预计在第 2 年末再存入 500 万元，在第 8 年末将提取 1000 万元用于技术改造，其余准备在第 10 末一次取出 2500 万元，能否实现 15%的利率？

4. 某投资工程，第 3 年投产，生产期 20 年，投产后预测每年净收益 144.225 万元，若期望收益率为 15%，第 2 年投资 300 万元，试求第 1 年该投资多少万元？

5. 某企业从现在起连续 5 年每年年初向银行贷款 1000 万元，年利率 12%，复利半年计息一次，第 5 年年末一次还清本利和多少万元？

6. 某企业从金融机构借款 100 万元，月利率 1%，按月复利计息，每季度付息一次，则该企业一年需向金融机构支付利息多少万元？

7. 某施工企业年初向银行贷款流动资金 100 万元，按季计算并支付利息，季度利率 2%，则一年支付的本利和为多少万元？

8. 某公司向银行借款，贷款年利率为 6%。第一年初借款 200 万元，每年计息一次；第二年末又借款 100 万元，每半年计息一次，两笔借款均在第 3 年末还本付息，则复本利和为多少万元？

9. 某企业拟购某大型设备，价值为 500 万元，有两种支付方式可供选择：方式一：一次性付款，优惠 12%；方式二：分期付款，则不享受优惠，首次支付必须达到 40%，第一年末付 30%，第二年末付 20%，第三年末付 10%。假若企业购买设备所用资金全部来自借款，借款的利率为 10%，问应选择哪种付款方式？如果借款的利率为 16%，则应选择哪种付款方式？

第三章　工程经济评价基本要素

本章学习目标：

（1）掌握税金的概念及分类；

（2）熟悉成本的概念、总成本费用、经营成本、固定成本、变动成本的概念及相互关系；

（3）了解投资构成及估算方法；

（4）熟练应用折旧计算方法。

第一节　经济效果

一、经济效果的概念

经济效果是指生产过程中产出量与投入量的比值。它反映的是生产过程中劳动耗费转化为劳动成果的程度，劳动耗费指劳动消耗量或劳动占用量。把“成果与消耗之比”“产出与投入之比”称为经济效果，而将经济活动中所取得的有效劳动成果与劳动耗费的比较称为经济效益。

对上述经济效果概念进行正确理解，应注意以下三个方面。

1. 成果和劳动消耗相比较是理解经济效果的本质所在

人们在社会实践中从事各种活动都有一定的目的，都是为了取得一定的效果，在此过程中，会有所得，也会有所失。在经济活动中，人们会更加注重经济上的得失，对比得与失的差异。因此，经济效果必须强调将成果和劳动消耗联系起来综合考虑的原则，而不能仅使用单独的成果或消耗指标。不将成果与消耗、投入与产出相联系，就无法判断其优劣、好坏。

2. 技术方案实施后的效果有好坏之分

随着经济活动的进行、技术方案的实施，这些社会实践活动都会取得一定的成果，都消耗一定的劳动，产生一定的效果。但这个效果不一定是有用的效果，比如因生产焦炭产生的环境污染就是生产活动的坏的效果，或者叫负效果。经济效益（Economical Benefit）是经济活动中所取得的有效劳动成果与劳动耗费的比较。有效劳动成果是指对社会有用的劳动成果，即被社会所承认和需要的效果。

3. 经济效果概念中的劳动消耗由三部分组成

经济效果概念中的劳动耗费，包括生产过程中的直接劳动消耗、劳动占用、间接劳动消耗三部分，即技术方案消耗的全部人力、财力、物力。直接劳动消耗指技术方案在生产运行中所消耗的原材料、燃料、动力、生产设备等物化劳动消耗以及劳动力等活劳动消耗。劳动占用通常指技术方案为正常进行生产而长期占用的用货币表现的厂房、设备、资金等，通常分为固定资金和流动资金两部分。间接劳动消耗是指在技术方案实施过程中社会发生的消耗。

在对工程项目进行工程经济分析、评价经济效果时，必然要对经济活动产生的成果和发生的劳动耗费进行考查，以此为依据进行定量经济效果评价。这些组成成果和劳动耗费的基本内容就构成了经济评价的基本经济要素，它们主要由体现投入的投资、成本费用等和体现产出的收入、利润、税金等构成。分析评价人员在调研收集资料和趋势分析等工程经济分析过程中，需要对这些要素进行收集、估算、预测等，这些数据预测或估算的准确程度将直接影响工程项目评价的质量及决策，因此要全面掌握这些要素的各项内容。

二、经济效果的分类

1. 直接经济效果和间接经济效果

直接经济效果是指项目自身直接产生并得到的经济效果；间接经济效果是指由项目引起的，由自身之外的其他项目得到的经济效果。

一个技术方案的采用，除了给实施企业带来直接经济效果外，还会对社会其他部门产生间接经济效果。如一个水电站建设，不仅给建设单位带来发电收益、旅游收益，而且给下游带来防洪收益。一般来说，直接经济效果容易看得见，不易被忽略。但从全社会角度，则更应强调后者。

2. 有形经济效果和无形经济效果

有形经济效果是指能用货币计量的经济效果，比如净利润、净现金流量；无形经济效果是指难以用货币计量的经济效果，例如技术方案采用后对改善环境污染、保护生态平衡、提高劳动力素质、填补国内空白等方面产生的效益。在技术方案评价中，不仅要重视有形经济效果的评价，还要重视无形经济效果的评价。

3. 短期经济效果与长期经济效果

短期经济效果是指在较短时期内可以取得的经济效果；长期经济效果是指从长远的观点出发，综合多种因素，充分运用各种规律，在整个经济活动的投入和产出对比关系中取得对今后长期产生影响的经济效果。比如通过对短期经济效果的分析，找出影响当前宏观经济效果提高的主要因素，据此就可以确定短期经济工作的重点，以便在近期内提高当前经济效果，并为长期经济效果的提高打下基础。考核短期经济效果的意义在于有利于根据当前经济发展的需要决定对策，把短期经济效果与长期经济效果结合起来。短期经济效果与长期经济效果既有联系又有区别。正确处理二者之间的关系，是宏观经济管理的重大问题。短期经济效果要服从长期经济效果，而长期经济效果的实现需要依靠短期经济效果。

4. 经济效果和经济效益

经济效果与经济效益在本质上是一致的，都是反映所得与所费的关系，都是讲求社会劳动时间的节约。但经济效果的实质是经济效率，它可以反映单项投入的效果，如土地生产率；也可以反映投入的综合效果，如资金生产率等。经济效益的实质是盈利，它反映产值、成本、利润、税收等因素之间的相互关系，是经济活动的综合结果。

5. 经济效果与技术效果

技术效果指技术用于物质生产所能达到的技术要求的程度。任何一项技术措施都具有一定的技术效果。一般来说，技术效果和经济效果的变动趋势是一致的，技术效果越好，经济效果越好，但也有不一致的情况。

6. 宏观经济效果与微观经济效果

宏观经济效果指国家整体和长远经济效果，微观经济效果指某个具体企业或部门的经济活动所取得的效果。一般来说，微观经济效果与宏观经济效果从根本上是一致的，但二者也往往出现不一致。微观经济效果要服从于宏观经济效果，企业或部门必须在保证宏观经济效果的前提下，提高企业或部门的经济效果。

三、经济效果的评价方法

经济效果通常有三种表达方式。

1. 差额表示法

这是一种用成果与劳动耗费之差表示经济效果大小的方法，表达式为：

$$\text{经济效果}=\text{成果}-\text{劳动耗费(或劳动占用)} \tag{3-1}$$

判别方法：该指标属于正指标系列，差额越大越好，其衡量标准为经济效果大于0，当多个方案进行比较时，应选经济效果值最大的方案。

如利润额、利税额、国民收入、净现值等都是以差额表示法表示的常用的经济效果指标。

2. 比值表示法

这是一种用成果与劳动耗费之比表示经济效果大小的方法，表达式为：

$$\text{经济效果}=\text{成果}/\text{劳动耗费(或劳动占用)} \tag{3-2}$$

判别方法：当计量单位相同时，经济效果大于1是技术方案可行的经济界限。

采用比值法表示的指标有劳动生产率、单位产品原材料消耗水平等。

3. 差额-比值表示法

这是一种用差额表示法与比值表示法相结合来表示经济效果大小的方法，表达式为：

$$\text{经济效果}=(\text{成果}-\text{劳动耗费})/\text{劳动耗费(或劳动占用)} \tag{3-3}$$

判别方法：这种表示法属于正指标系列，其衡量标准为经济效果大于0，多个方案进行比较时，选经济效果值最大的方案。

采用差额-比值法表示的指标有成本利润率、投资收益率等。

四、提高经济效果的途径

提高经济效果的途径取决于多方面的因素，在不同的生产方式下不尽相同。一般说来，一切能够节约活劳动与物化劳动消耗的办法和措施，都是提高经济效果的途径。它们包括发挥社会经济条件、物质条件、自然条件、科学技术等各种因素的作用，例如生产力诸要素的合理组织，职工的学习和培训，对企业和国民经济各个部门进行技术改造，采用新的科学技术成果，综合利用自然资源，生产力的合理布局，国民经济比例的协调，调整或改革不适应生产发展要求的组织管理体制等，都有利于发挥人力、物力和财力的作用，有利于节约劳动消耗，从而有利于提高企业和社会的经济效果。

五、经济效果的评价原则

1. 宏观经济效果与微观经济效果相结合

宏观经济效果是指国民经济效果或社会经济效果，微观经济效果是指一个企业或项目的具体经济效果，两者实质上是整体利益和局部利益的关系。一般来讲，微观效益和宏观效益是一致的，但有时也会出现矛盾。也就是说，有时从一个企业、一个部门来看是有利的，但从整个国民经济的角度考察是不利的；或者对整个社会有利，而对一个企业或一个部门并没有很大的利益。此时，就需要局部利益服从整体利益，从整个国民经济的利益出发，选择宏观经济效果好的方案。

2. 近期经济效果与长远经济效果相结合

近期经济效果是指技术实践活动带来的眼前的近期的经济利益，长远经济效果是指未来的长期的经济利益。对一个国家来说，新技术的开发，工程项目的建设，老企业的改造，既要考虑投资少、见效快的近期效果好的项目，又要考虑虽目前投资较多、见效较慢，但远期效果很好的项目，要把两者合理地结合起来，选择近期和长远效果都好的技术方案，或者根据不同项目确定一个合理的中期目标。

3. 直接经济效果与间接经济效果相结合

直接经济效果多指经济上的效果，间接经济效果多指社会上的效果。不能只考虑前者，而忽视后者，应该把二者结合起来进行评价。

4. 经济效果与社会效果相结合

进行固定资产投资应注意建设项目的建设过程和建成投产的经济效果如何，特别对生产性建设项目应分析其建设工期的长短，单位工程造价大小，投资支出额多少，投资资金回收的快慢，投资盈利率大小等。为节约和加速资金周转提供依据，使国家有限的财力、物力、人力得到最有效利用。但国家进行固定资产投资不能仅考虑其经济效果的大小，还应注意其社会效果如何，有的建设项目从经济效果来说并不理想，但从整个的社会效果来考虑还是要进行投资和建设，如对少数民族地区和边远地区的某些经济建设项目的投资。

第二节 投 资

一、投资的概念

工程项目的建设首先是一个投资活动，必须对其经济效益与社会效益进行分析与评价，当然作为投资主体来讲，经济效益首先具有相对重要的意义，任何项目如果不能取得良好的经济效益，投资方就会受到损失。因此，投资、成本费用、收益、利润和税金是工程建设项目经济分析的基本要素。

生产性建设项目总投资包括建设投资、建设期利息和流动资产投资三部分，非生产性建设项目总投资包括建设投资和建设期利息两部分。

项目建成后，各类投资分别转为固定资产、流动资产、无形资产和递延资产。

固定资产是指同时具备以下特征的有形资产：为生产商品、提供劳务，出租或经营管理而持有；使用年限超过 1 年；单位价值较高。

流动资产是指可以在 1 年或超过 1 年的一个营业周期内变现或者耗用的资产。包括存货、应收款项和现金。

无形资产是指企业长期使用但没有实体形态的可以持续为企业带来经济效益的资产。包括专利权、专有技术、专营权、土地使用权、商标权。价值回收方式：服务期限内逐年摊销的方式。

递延资产是指不能全部计入当年损益，应当在以后年度内分期摊销的各项费用。包括开办费、租入固定资产的改良支出等。价值回收方式：按不低于5年的时间平均摊销。

二、投资构成

在我国现行的规定中，建设工程项目总投资的构成如图3-1所示。

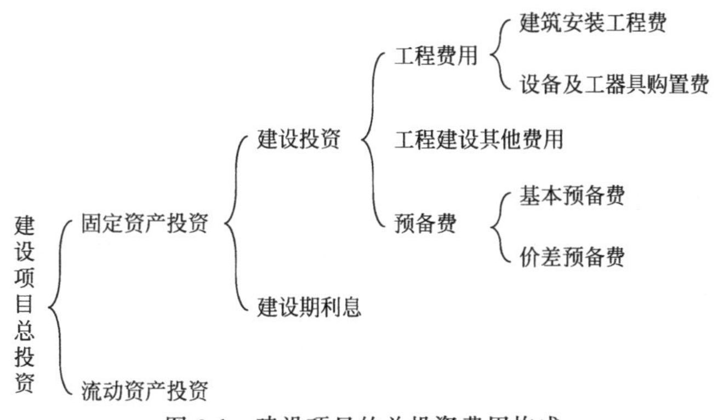

图3-1　建设项目的总投资费用构成

（一）工程费用

1. 建筑安装工程费

建筑安装工程费，是指建设单位用于建设和安装工程方面的投资。按照现行规定，建筑安装工程费按造价的形成过程具体由分部分项工程费、措施项目费、其他项目费、规费和税金五部分构成。

2. 设备及工器具购置费

设备及工器具购置费是由设备购置费、工器具及生产家具购置费组成。设备购置费是指建设项目设计范围内的需要安装和不需要安装的设备、仪器、仪表，以及必要的备品备件的购置费；工器具及生产家具购置费是指新建项目为保证初期正常生产所必须购置的第一套不够固定资产标准的设备、仪器、工卡模具、器具、生产家具等的费用。

（二）工程建设其他费用

1. 建设用地费

建设用地费是指为获得工程项目建设土地的使用权而在建设期内发生的各项费用，包括通过划拨方式取得土地使用权而支付的土地征收及迁移补偿费，或者通过土地使用权出让方式取得土地使用权而支付的土地使用权出让金。

2. 与项目建设有关的其他费用

与项目建设有关的其他费用主要包括建设管理费、可行性研究费、研究试验费、勘察设计费、环境影响评价费、劳动安全卫生评价费、场地准备及临时设施费、引进技术和引进设备其他费、工程保险费等。

3. 与未来生产经营有关的其他费用

与未来生产经营有关的其他费用主要包括联合试运转费、专利及专有技术使用费、生产准备费。

（三）预备费

预备费包括基本预备费和价差预备费两项。基本预备费，是指针对项目实施过程中可能发生难以预料的支出而事先预留的费用，又称工程建设不可预见费，主要是指设计变更及施工过程中可能增加工程量的费用；价差预备费，是指为在建设期内利率、汇率或价格等因素的变化而预留的可能增加的费用，亦称为价格变动不可预见费。

（四）建设期利息

建设期利息包括向国内银行和其他非银行金融机构贷款、出口信贷、外国政府贷款、国际商业银行贷款以及在境内外发行的债券等在建设期间内应偿还的借款利息。

三、固定资产投资估算方法

（一）类比估算法

1. 单位生产能力估算法

单位生产能力估算法是依据已知的同类型项目的单位生产能力投资额，近似地估算拟建项目的投资。公式如下：

$$Y_2 = X_2 \left(\frac{Y_1}{X_1}\right) P_f \tag{3-4}$$

式中 X_1——已建类似项目的生产能力；

X_2——拟建项目的生产能力；

Y_1——已建类似项目的投资额；

Y_2——拟建项目的投资额；

P_f——不同时期、不同地点的定额、单价、费用变更等的综合调整系数。

运用单位生产能力估算法，是将项目的建设投资与其生产能力的关系视为简单的线性关系，估算简便迅速。而事实上单位生产能力的投资会随生产规模的增加而减少，因此，这种方法一般只适用于与已建项目在规模和时间上相近的拟建项目，一般两者间的生产能力比值为 0.2～2。

2. 生产能力指数法

生产能力指数法又称指数估算法，它是利用已建成的、性质类似的建设项目的投资额和生产能力，来估算拟建项目的投资额，是对单位生产能力估算法的改进。其计算公式如下：

$$C_2 = C_1 \left(\frac{A_2}{A_1}\right)^n \times f \tag{3-5}$$

式中 C_1——已建类似项目的投资额；

C_2——拟建项目的投资额；

A_1——已建类似项目的生产能力；

A_2——拟建项目的生产能力；

n——生产能力指数；

f——不同时期、不同地点的定额、单价、费用变更等的综合调整系数。

式(3-5) 表明，投资与规模呈非线性关系。运用这种方法，生产能力指数 n 的确定是一个关键，一般要结合行业特点确定，并应有可靠例证。正常情况下，n 值在 0～1 之间。不同生产率水平的国家和不同性质的项目中，n 的取值是不同的。若已建类似项目规模和拟建项目的规模比值在 0.5～2 之间时，n 的取值近似为 1；若已建类似项目的规模和拟建项目规模的比值在 2～50 之间，且拟建项目生产规模的扩大仅靠增大设备规模来达到时，则 n 取值为 0.6～0.7；若是靠增加相同规格设备的数量达到时，n 取值在 0.8～0.9 之间。

运用生产能力指数法，计算简单、速度快，但要求类似工程的资料可靠，条件基本相同，否则误差就会增大。

3. 系数估算法

这种估算方法，以拟建项目或装置的设备费为基数，根据已建成的同类项目的建筑安装工程费和其他费用等占设备价值的百分比，求出相应的建筑安装工程费及其他有关费用，其总和即为拟建项目或装置的投资额。公式如下：

$$C=E(1+f_1P_1+f_2P_2+f_3P_3+\cdots)+I \tag{3-6}$$

式中　C——拟建项目的投资额；

E——拟建项目根据当时当地价格计算的设备购置费；

P_1，P_2，$P_3\cdots$——已建项目中建筑安装工程费和其他工程费用占设备费用的百分比；

f_1、f_2、$f_3\cdots$——由于时间地点因素引起的定额、价格、费用标准等变化的综合调整系数；

I——拟建项目的其他费用。

在实际运用过程中，按设备费用取法的不同，又可分为两种，一种是以全部设备费用为基数，另一种以主要的工艺设备费用为基数。

（二）概算指标法

在详细可行性研究阶段，一般采用概算指标估算法，步骤如下。

① 将建设项目分解成单项工程及单位工程；

② 按照概算手册中的概算定额或指标，编制每一单项工程中的单位工程概算，概算的估算可套用单位概算指标，如元/m^2 建筑面积；

③ 汇总单项工程所属的各单位工程的概算，编制单项工程概算；

④ 由各单项工程概算，其他费用概算和预备费用汇总而成建设项目固定资产投资总概算，即固定资产投资总估算。

采用这种方法，还需要相关专业提供较为详细的资料。因而，估算精度相对较高。

四、建筑安装工程费估算

建筑安装工程是指各种房屋、建筑物的建造工程和各种设备、装置的安装工程。其包括各种房屋建造工程，各种用途设备基础和各种工业炉的砌筑工程；为施工而进行的各种准备工作和临时工程以及完工后的清理工作等；铁路、道路的铺设，矿井的开凿及石油管道的架设等；水利工程；防空地下建筑等特殊工程；各种机械设备的安装工程；为测定安装工程质量，对设备进行的试运工作等。在以上各项工程中投入的资金构成建筑安装工程费，但不包括在安装工程中被安装设备本身的价值。

建筑安装工程费按照工程造价形成由分部分项工程费、措施项目费、其他项目费、规费、税金组成；按费用构成要素划分由人工费、材料费、施工机具使用费、企业管理费、利润、规费和税金组成。

（一）分部分项工程费

分部分项工程费是指各专业工程的分部分项工程应予列支的各项费用，包括以下几个方面。

（1）人工费。是指按工资总额构成规定，支付给从事建筑安装工程施工的生产工人和附属生产单位工人的各项费用。内容包括：计时工资或计件工资、奖金、津贴补贴、加班加点工资、特殊情况下支付的工资等。

（2）材料费。是指施工过程中耗费的原材料、辅助材料、构配件、零件、半成品或成品、工程设备的费用。内容包括：材料原价、运杂费、运输损耗费、采购及保管费等。

（3）施工机具使用费。是指施工作业所发生的施工机械、仪器仪表使用费或其租赁费。

① 施工机械使用费。是指施工机械作业发生的使用费或租赁费。构成施工机械使用费的基本要素是施工机械台班消耗量和机械台班单价。施工机械台班单价通常由折旧费、检修费、维护费、安拆费及场外运费、人工费、燃料动力费和其他费用组成。

② 仪器仪表使用费。是指工程施工所需使用的仪器仪表的摊销及维修费用。构成仪器仪表使用费的基本要素是仪器仪表台班消耗量和仪器仪表台班单价。仪器仪表台班单价通常由折旧费、维护费、校验费和动力费组成。

（4）企业管理费。是指建筑安装企业组织施工生产和经营管理所需的费用。内容包括：管理人员工资、办公费、差旅交通费、固定资产使用费、工具用具使用费、劳动保险和职工福利费、劳动保护费、检验试验费、工会经费、职工教育经费、财产保险费、财务费、税金和其他费用等。

（5）利润。是指施工企业完成所承包工程获得的盈利。

（二）措施项目费

措施项目费是指为完成建设工程施工，发生于该工程施工前和施工过程中的技术、生活、安全、环境保护等方面的费用。内容包括：安全文明施工费（包括环境保护费、文明施工费、安全施工费、临时设施费等）、夜间施工增加费、非夜间施工照明费、二次搬运费、冬雨季施工增加费、已完工程及设备保护费、工程定位复测费、特殊地区施工增加费、大型机械设备进出场及安拆费、脚手架工程费等。

（三）其他项目费

其他项目费包括暂列金额、暂估价、计日工以及总承包服务费。

（四）规费

规费是指按国家法律、法规规定，由省级政府和省级有关权力部门规定必须缴纳或计取的费用。主要包括社会保险费（养老保险费、失业保险费、医疗保险费、生育保险费、工伤保险费）、住房公积金。

（五）税金

建筑安装工程税金是指国家税法规定的应计入建筑安装工程费用的增值税、城市维护建设税、教育费附加以及地方教育附加。

五、设备及工器具购置费估算

设备及工器具购置费是指为建设项目购置或自制的达到固定资产标准的各种国产或进口设备、工具、器具的购置费用。

（一）设备购置费

设备购置费由设备原价加上设备运杂费组成。

（1）国产设备原价。国产标准设备原价一般指的是设备制造商的交货价，或设备供应商订货合同价，它一般根据制造商或供应商的询价、报价或者合同价确定。国产非标准设备原价则需要按照一定的估价方法计算确定。

（2）进口设备原价。进口设备原价是指进口设备的抵岸价，即抵达买方边境港口或边境车站，且交完关税等税费为止形成的价格。

进口设备有内陆交货、目的地交货和装运港交货三种交货方式。其中，装运港交货方式是我国进口设备采用较多的一种方式，它有三种交货价。

① FOB（Free on Board），也称“离岸价”。按离岸价进行的交易，买方负责派船接运货物，卖方应在合同规定的装运港和规定的期限内将货物装上买方指定的船只，并及时通知买方。货物在装船时越过船舷，风险即由卖方转移至买方。

② CFR（Cost and Freight），成本加运费，又称 CNF。它指卖方必须支付把货物运至指定目的港所需的开支和运费，但从货物交至船上甲板后，货物的风险、灭失或损坏以及发生事故后造成的额外开支，在货物越过指定港的船舷后，就由卖方转向买方负担，另外要求卖方办理货物的出口结关手续。

③ CIF（Cost Insurance and Freight），成本加保险费加运费，习惯称到岸价格。按此术语成交，货价的构成因素中包括从装运港至约定目的地港的通常运费和约定的保险费，故卖方除具有与 CFR 术语的相同的义务外，还要为买方办理货运保险。

抵岸价：

进口设备的原价(抵岸价)＝进口设备到岸价(CIF)＋进口从属费　(3-7)

到岸价：

进口设备到岸价(CIF)＝离岸价格(FOB)＋国际运费＋运输保险费
＝运费在内价(CFR)＋运输保险费　(3-8)

其中：

国际运费＝离岸价格(FOB)×运费费率　(3-9)

运输保险费＝[离岸价(FOB价)＋国际运费]÷(1－保险费费率)×保险费费率　(3-10)

进口从属费：

进口从属费＝银行财务费＋外贸手续费＋关税＋增值税＋消费税＋商检费＋检疫费
＋进口车辆购置附加费　(3-11)

其中：

银行财务费＝离岸价格(FOB)×银行财务费费率　(3-12)

外贸手续费＝[离岸价格(FOB)＋国际运费＋运输保险费]
×外贸手续费费率　(3-13)

关税＝[离岸价格(FOB)＋国际运费＋运输保险费]×进口关税税率　(3-14)

增值税＝[离岸价格(FOB)＋国际运费＋运输保险费＋关税＋消费税]
×增值税税率　(3-15)

消费税＝[离岸价格(FOB)＋国际运费＋运输保险费＋关税]÷(1－消费税税率)
×消费税税率　(3-16)

商检费＝[离岸价格(FOB)＋国际运费＋运输保险费]×商检费费率　(3-17)

检疫费＝[离岸价格(FOB)＋国际运费＋运输保险费]×检疫费费率　(3-18)

(3) 设备运杂费。设备运杂费一般由国内运费和装卸费、包装费、设备供销部门的手续费、采购与仓库保管费等组成。

设备运杂费可按下列公式估算：

设备运杂费＝设备原价×设备运杂费率　(3-19)

其中：设备运杂费率按有关规定计取。

【例 3-1】 在我国某港口城市内的建设项目，拟从国外引进全套工艺设备和技术，建设期 2 年，总投资 11800 万元。总投资中引进部分的合同总价 682 万美元。辅助生产装置、公用工程等均由国内设计配套。引进合同价款的细项如下：

a. 硬件费 620 万美元；

b. 软件费 62 万美元，其中计算关税的项目有：设计费、非专利技术及技术秘密费用 48 万美元；不计算关税的有：技术服务及资料费 14 万美元。人民币兑换美元的外汇牌价均按 1 美元＝7.00 元人民币计算；

c. 现行海运费率 6%，海运保险费率 3.55‰，现行外贸手续费率、中国银行财务手续费、增值税率和关税税率分别按 1.5%、5‰、17%、17%计取；

d. 国内供销手续费率 0.4%，运输、装卸和包装费率 0.1%，采购保管费率 1%。计算本项目引进部分购置投资的估算价格。

解：引进设备硬、软件原价计算表如表 3-1 所示。

表 3-1 引进设备硬、软件原价计算表

序号	项目	计算公式/万元	费用/万元
1	货价	原价＝620×7＋62×7＝4774	4774
2	国外运输费	国外运输费＝620×7×6%＝260.4	260.4
3	保险费用	国外运输保险费＝(4340＋260.4)×3.55‰/(1－3.55‰)＝16.39	16.39
4	关税	硬件关税＝(4340＋260.4＋16.39)×17%＝784.85 软件关税＝48×7×17%＝57.12	841.97
5	增值税	增值税＝(4616.79＋336＋841.97)×17%＝985.11	985.11
6	银行财务费	银行财务费＝4774×5‰＝23.87	23.87
7	外贸手续费	外贸手续费＝(4616.79＋336)×1.5%＝74.29	74.29
8	引进设备价格(抵岸价)	1＋…＋7	6976.03

国内运杂费＝6976.03×(0.4%＋0.1%＋1%)＝104.64(万元)

引进设备购置投资＝6976.03＋104.64＝7080.67(万元)

(二) 工具、器具及生产家具购置费

工具、器具及生产家具购置费是指新建或扩建项目初步设计规定的，保证初期正常生产必须购置的没有达到固定资产标准的设备、仪器、工卡模具、生产家具和备品备件的购置费用。

工具、器具及生产家具购置费可按下列公式计算：

工具、器具及生产家具购置费＝设备购置费×定额费率　　(3-20)

六、预备费估算

预备费包括基本预备费和价差预备费。

(一) 基本预备费

基本预备费是指在项目实施中可能发生难以预料的支出，需要预先预留的费用，又称不可预见费。主要指设计变更及施工过程中可能增加工程量的费用。计算公式为：

基本预备费＝(设备及工器具购置费＋建筑安装工程费＋工程建设其他费)×基本预备费率　　(3-21)

（二）价差预备费

价差预备费指工程项目在建设期内由于物价上涨、汇率变化等因素影响而需要增加的费用。

$$PF = \sum_{t=1}^{n} I_t \left[(1+f)^m (1+f)^{0.5} (1+f)^{t-1} - 1\right] \tag{3-22}$$

式中　PF——价差预备费；

I_t——第 t 年建筑安装工程费、设备购置费、工程建设其他费用及基本预备费之和；

n——建设期；

f——年均投资价格上涨率；

m——建设前期年限。

【例 3-2】 某建设项目建安工程费 5000 万元，设备购置费 3000 万元，工程建设其他费用 2000 万元，已知基本预备费 5%。项目建设前期年限为 1 年，建设期为 3 年，各年计划额为第一年完成投资 20%，第二年 60%，第三年 20%，年均投资上涨率为 6%，计算项目的价差预备费。

解：基本预备费＝(5000＋3000＋2000)×5%＝500(万元)

静态投资＝5000＋3000＋2000＋500＝10500(万元)

建设期第一年完成投资＝10500×20%＝2100(万元)

第一年价差预备费为：$PF_1 = I_1[(1+f)(1+f)^{0.5} - 1] = 191.8$(万元)

第二年完成投资＝10500×60%＝6300(万元)

第二年价差预备费为：$PF_2 = I_2[(1+f)(1+f)^{0.5}(1+f) - 1] = 987.9$(万元)

第三年完成投资＝10500×20%＝2100(万元)

第三年价差预备费为：$PF_3 = I_3[(1+f)(1+f)^{0.5}(1+f)^2 - 1] = 475.1$(万元)

所以，建设期的价差预备费为：

$$PF = 191.8 + 987.9 + 475.1 = 1654.8 \text{(万元)}$$

七、建设期利息估算

建设期利息包括银行借款和其他债务资金的利息，以及其他融资费用。其他融资费用是指某些债务融资中发生的手续费、承诺费、管理费、信贷保险费等融资费用，一般情况下应将其单独计算并计入建设期利息；在项目前期研究的初期阶段，也可作粗略估算并计入建设投资；对于不涉及国外贷款的项目，在可行性研究阶段，也可粗略估算并计入建设投资。

计算期：建设期利息计算到按设计规定的全部工程完工移交生产为止。移交生产后至达到设计能力前的生产期收尾工程的投资借款利息，不作为建设期利息，而计入生产期的劳务费。银行实行的是“随支随贷”原则，各年度借款并非在年初一次支出，而是在建设期内各年年内按月、按季均衡发生。所以，前期的借款本息按金额复利计息，当年的借款视为年中使用，按半年计息。

$$\text{各年应计利息} = (\text{年初借款本息累计} + \text{本年借款额}/2) \times \text{年利率} \tag{3-23}$$

【例 3-3】 某新建项目，建设期为 3 年，共向银行贷款 1300 万元，贷款时间为：第一年 300 万元，第二年 600 万元，第三年 400 万元。年利率 6%，计算建设期利息。

解：在建设期，各年利息计算如下：

第一年应计利息＝1/2×300×6%＝9(万元)

第二年应计利息＝(300＋9＋1/2×600)×6％＝36.54(万元)

第三年应计利息＝(300＋9＋600＋36.54＋1/2×400)×6％＝68.73(万元)

建设期利息总和＝9＋36.54＋68.73＝114.27(万元)

八、流动资金估算

流动资金是指项目运营需要的流动资产投资，指生产经营性项目投产后，为进行正常生产运营，用于购买原材料、燃料，支付工资及其他经营费用等所需的周转资金。流动资金估算一般采用分项详细估算法，个别情况或者小型项目可采用扩大指标估算法。

（一）分项详细估算法

流动资金的显著特点是在生产过程中不断周转，其周转额的大小与生产规模及周转速度直接相关。分项详细估算法是根据项目的流动资产和流动负债，估算项目所占用流动资金的方法。其中，流动资产的构成要素一般包括存货、库存现金、应收账款和预付账款；流动负债的构成要素一般包括应付账款和预收账款。流动资金等于流动资产和流动负债的差额。

（二）扩大指标估算法

扩大指标估算法，是根据现有同类企业的实际资料，求得各种流动资金率指标，亦可依据行业或部门给定的参考值或经验确定比率。将各类流动资金率乘以相对应的费用基数来估算流动资金。一般常用的基数有：营业收入、经营成本、总成本费用和建设投资等，究竟采用何种基数依行业习惯而定。扩大指标估算法简便易行，但准确度不高，适用于项目初选阶段或项目建议书阶段流动资金的估算。

第三节 成 本

成本是商品经济的价值范畴，是商品价值的组成部分。人们要进行生产经营活动或达到一定的目的，就必须耗费一定的资源，其所费资源的货币表现及其对象化称之为成本。成本费用是企业为生产商品和提供劳务等所耗费物化劳动、活劳动中必要劳动的价值的货币表现，是商品价值的重要组成部分。成本费用是补偿生产耗费的尺度、是企业计算盈亏、进行决策的重要依据。

事实上，成本费用的含义非常广泛，不同的情形下需要使用不同的成本费用概念。在本节中，将讨论在经济评价过程中所需要用到的一些主要成本费用概念。

一、总成本费用

总成本费用是指在一定时期为生产和销售产品或提供服务而发生的全部费用。按成本与产品的关系，分为固定成本和可变成本；按财务评价的特定要求，分为总成本费用和经营成本。成本估算应与销售收入的计算口径对应一致，各项费用应划分清楚，防止重复计算或者低估费用支出。

（一）总成本费用的构成

按制造成本法计算时，总成本费用由生产成本和期间费用两部分组成。生产成本亦称制造成本，是指企业生产经营过程中实际消耗的直接材料、直接工资、其他直接支出和制造费用。

按生产要素分类法计算时，总成本费用是从估算各种生产要素汇总得到，即将生产和销售过程中消耗的全部外购原材料、燃料与动力、人工工资福利以及各种外部提供的劳务或服务等费用要素加上当年应计提的折旧、摊销、财务费用和其他费用，构成项目的总成本费用。

总成本费用＝生产成本＋销售费用＋财务费用＋管理费用

＝外购原材料＋外购燃料＋外购动力＋工资及福利费＋折旧费

＋摊销费＋利息支出＋修理费＋其他费用　(3-24)

(二) 总成本费用的估算

1. 以制造成本法估算

以产品制造成本为基础进行估算，首先计算各产品的直接成本，包括直接材料费、直接燃料和动力费、直接工资和其他直接支出；然后计算间接成本，主要指制造费用；再计算管理费用、销售费用和财务费用，其中折旧费和摊销费可以单独列项。

(1) 直接材料费。

直接材料费＝直接材料(原料、燃料、动力)消耗量×单价　(3-25)

(2) 直接工资及福利费。

直接工资及福利费＝直接从事产品生产人员数量×人均年工资及福利费　(3-26)

(3) 制造费用。

折旧费＝固定资产原值×年综合折旧率　(3-27)

工资及福利费＝车间管理人员工资×(1＋14%)　(3-28)

其他制造费用＝上述各项费用之和×一定百分比　(3-29)

产品制造费用为上述三项费用之和。

(4) 产品制造成本。

产品制造成本＝直接材料费＋直接工资及福利费＋制造费用　(3-30)

(5) 管理费用。

管理费用＝产品制造成本×规定百分比(如3%)　(3-31)

(6) 财务费用。

财务费用＝借款利息净支出＋汇兑净损失＋银行手续费　(3-32)

其中：借款利息净支出＝利息支出－利息收入

汇兑净损失＝汇兑损失－汇兑收益

(7) 销售费用。

销售费用＝销售收入×综合费率(如1%～2%)　(3-33)

(8) 期间费用。

期间费用＝管理费用＋财务费用＋销售费用　(3-34)

(9) 总成本费用。

总成本费用＝产品制造成本＋期间费用　(3-35)

2. 按费用要素分类法估算

(1) 外购原材料费估算。

原材料费用＝全年产量×单位产品原材料成本　(3-36)

注意：式中全年产量可根据测定的设计生产能力和投产期各年的生产负荷加以确定；单位产品原材料成本是依据原材料消耗定额和单价确定的。

外购原材料的数量应是产品的产量与单位消耗量的乘积。各年的产品产量应与确定的产品方案、运营负荷相一致。产品单位消耗量应与工艺技术方案中确定的产品原材料消耗指标相一致。

(2) 外购燃料及动力费估算。

$$燃料动力费用=全年产量\times单位产品燃料动力成本 \tag{3-37}$$

外购燃料及动力的种类应与工艺技术方案、公用工程和辅助工程提出的内容与要求一致。外购燃料及动力的数量应全面包括生产工艺用量、公用和辅助工程用量及其他用量。

(3) 工资及福利费估算。

$$年工资费用=项目全部人员数\times人均年工资额 \tag{3-38}$$

工资一般按照项目建成投产后各年所需的职工总数即劳动定员数和人均年工资水平测算，同时可以根据工资的历史数据并结合工资的现行增长趋势确定一个合理的年增长率，在各年的工资水平中反映出这种增长趋势。

(4) 固定资产折旧费估算。所谓折旧，就是固定资产在使用过程中，通过逐渐损耗（包括有形损耗和无形损耗）而转移到产品成本中的那部分价值。

计提折旧，是企业回收其固定资产投资的一种手段。按照国家规定的折旧制度，企业把已发生的资本支出转移到产品成本费用中去，然后通过产品的销售，逐步回收初始的投资费用。

计算折旧的三要素：固定资产原值、折旧寿命、固定资产残值。

固定资产原值是指项目投产时按规定由投资形成固定资产的部分。主要由工程费用、待摊投资（工程建设其他费用中应计入固定资产原值的部分，即除按规定计入无形资产和其他资产以外的工程建设其他费用）、预备费和建设期利息计算求得。

净残值率：根据行业会计制度规定，企业净残值率按照固定资产原值3%～5%确定。特殊情况，净残值率低于3%或高于5%的，由企业自主确定，并报主管财政机关备案。

折旧年限：国家有关部门在考虑到现代生产技术发展快，世界各国实行加速折旧的情况下，为适应资产更新和资本回收的需要，对各类固定资产折旧的最短年限做出规定：房屋、建筑物为20年；火车、轮船、机器、机械和其他生产设备为10年；电子设备和火车、轮船以外的运输工具以及与生产、经营业务有关的器具、工具、家具等为5年。采用综合折旧项目的生产期即为折旧年限。在可行性研究与项目评估中，对轻工、机械、电子等行业的折旧年限，一般可确定为8～15年；有些项目的折旧年限可确定为20年；对港口、铁路、矿山等项目的折旧年限可超过30年。

① 年限平均法（直线法）。年限平均法是将固定资产的折旧均衡地分摊到各期的一种方法。采用这种方法计算的每期折旧额是相等的。

$$年折旧率=\frac{1-预计净残值率}{折旧年限}\times100\% \tag{3-39}$$

$$年折旧额=固定资产原值\times年折旧率 \tag{3-40}$$

【例3-4】 某固定资产价值10万元，预计净残值0.4万元，使用年限4年，用年限平均法计算年折旧额。

解：年折旧额=固定资产原值×[(1−预计净残值率)/折旧年限]

=10×[(1−4%)/4]= 2.4(万元)

② 工作量法。

a. 交通运输车辆、工具：按照行驶里程计算。

$$单位里程折旧费=\frac{原值\times(1-预计净残值率)}{规定的总行驶里程} \tag{3-41}$$

$$年折旧额=单位里程折旧额\times年行驶里程 \tag{3-42}$$

b. 大型专用设备：按照工作小时计算。

$$每工作小时折旧额=\frac{原值\times(1-预计净产值率)}{总工作小时} \tag{3-43}$$

$$年折旧额=每工作小时折旧额\times年工作小时 \tag{3-44}$$

【例 3-5】 某型号的混凝土搅拌机购置价（原值）为1.2万元，折旧年限为10年，第十年末残值0.2万元；若在其寿命期里可搅拌混凝土10万m^3，试用工作量折旧法计算折旧额。

解：单位工作量的折旧额＝设备原值(1－预计净残值率)/寿命期总工作量

＝1.2×(1－17%)/10 ＝0.1(元/m^3)

③ 加速折旧法。在固定资产使用初期提取折旧较多，在后期提取较少，使固定资产价值在使用年限内尽早得到补偿的折旧计算方法。

a. 双倍余额递减法。双倍余额递减法是在不考虑固定资产净残值的情况下，根据每期期初固定资产账面净值和双倍的直线法折旧率计算固定资产折旧的一种方法。计算公式如下：

$$年折旧率=\frac{2}{折旧年限}\times 100\% \tag{3-45}$$

$$年折旧额=固定资产账面净值\times年折旧率 \tag{3-46}$$

注意：实行双倍余额递减法的，应在折旧年限到期前两年内，将固定资产净值扣除净残值后的净额平均摊销。

【例 3-6】 某固定资产价值10万元，预计净残值为0.4万元，使用年限4年，用双倍余额递减法计算每年折旧额。

解：第一年折旧额＝固定资产×折旧率＝ 10×2/4＝5(万元)

第二年折旧额＝(10－5)×2/4＝2.5(万元)

第三年折旧额＝(10－5－2.5－0.4)/2＝1.05(万元)

第四年折旧额＝1.05(万元)

b. 年数总和法。年数总和法是将固定资产的原值减去净残值的净额乘以一个逐年递减的分数计算每年的折旧额，这个分数的分子代表固定资产尚可使用的年数，分母代表使用年限的逐年数字总和。计算公式如下：

$$年折旧率=\frac{折旧年限-已使用年数}{折旧年限\times(折旧年限+1)\div 2}\times 100\% \tag{3-47}$$

$$年折旧额=(固定资产原值-预计净残值)\times年折旧率 \tag{3-48}$$

【例 3-7】 某固定资产价值10万元，预计净残值为0.4万元，使用年限4年，用年数总和法计算每年折旧额。

解：第一年折旧率＝4/[4×(4＋1)/2] ×100%＝40%

第一年折旧额＝(固定资产原值－预计净残值)×年折旧率

＝(10－0.4)×40%＝3.84(万元)

第二年折旧率＝(4－1)×[4×(4＋1)/2] ×100%＝30%

第二年折旧额＝(固定资产原值－预计净残值)×年折旧率

$=(10-0.4)\times30\%=2.88$(万元)

第三年折旧率$=(4-2)\times[4\times(4+1)/2]\times100\%=20\%$

第三年折旧额=(固定资产原值−预计净残值)×年折旧率

$=(10-0.4)\times20\%=1.92$(万元)

第四年折旧率$=(4-3)\times[4\times(4+1)/2]\times100\%=10\%$

第四年折旧额=(固定资产原值−预计净残值)×年折旧率

$=(10-0.4)\times10\%=0.96$(万元)

(5) 修理费估算。一般按固定资产原值或折旧额的一定百分比计提。确定修理费的费率应考虑不同行业、不同设备对修理的需求。在运营期内各年的修理费费率可以采用相同数值，也可根据项目具体情况，运营期初取较低数值，之后取较高数值。

修理费=固定资产原值×修理费率 (3-49)

修理费=固定资产折旧额×修理费率 (3-50)

(6) 无形资产和其他资产摊销费估算。摊销费是无形资产和递延资产等一次性投入费用在摊销期内的平均分摊额。

无形资产的摊销期按下列原则确定：法律或合同或者企业申请书中规定了法定的有效期限和受益年限的，取两者较短者；法律没有规定有效期限的，按照合同或者企业申请书规定的受益年限确定摊销期；法律或合同或者企业申请书均未规定有效期或者受益年限的，按照不少于 10 年确定摊销期。

递延资产从开始生产经营起，按照不短于 5 年的期限平均摊销；以经营租赁方式租入的固定资产改良支出，在租赁有效期内分期平均摊销。

(7) 财务费用的估算。按照会计法规，企业为筹集所需资金而发生的费用称为借款费用，又称财务费用，包括利息支出（减利息收入）、汇兑损失（减汇兑收益）以及相关的手续费等。在大多数项目的财务分析中，通常只考虑利息支出。利息支出的估算包括长期借款利息、流动资金借款利息和短期借款利息三部分。

(8) 其他费用的估算。其他费用包括其他制造费用、其他管理费用和其他营业费用这三项费用，系指由制造费用、管理费用和营业费用中分别扣除工资及福利费、折旧费、摊销费、修理费以后的其余部分。产品出口退税和减免税项目按规定不能抵扣的进项税额也包括在内。

二、经营成本的估算

经营成本是指项目总成本费用扣除折旧费、摊销费和财务费用以后的成本费用，是财务分析的现金流量分析中所使用的特定概念，作为项目现金流量表中运营期现金流出的主体部分，应得到充分的重视。经营成本与融资方案无关。因此在完成建设投资和营业收入的估算后，就可以估算经营成本为项目融资前分析提供数据。

经营成本=总成本费用−折旧费−摊销费−财务费用 (3-51)

三、固定成本及可变成本的估算

根据成本费用与产量的关系可以将总成本费用分解为可变成本、固定成本和半可变（或半固定）成本。

固定成本是指不随产品产量变化的各项成本费用。

可变成本是指随产品产量增减而成正比例变化的各项费用。

半可变成本是指那些既包含变动成本也包括固定成本的成本。

第四节 利 润

一、利润的含义及其构成

1. 利润的含义

利润是企业在一定时期内全部生产经营活动的最终成果。其综合反映了企业的经营水平和管理水平，包括营业利润、利润总额和净利润。

2. 利润的构成

营业利润＝主营业务利润＋其他业务利润－营业费用－管理费用－财务费用－资产减值损失＋公允价值变动收益＋投资收益 (3-52)

主营业务利润＝主营业务收入－主营业务成本－主营业务税金及附加 (3-53)

其他业务利润＝其他业务收入－其他业务支出 (3-54)

利润总额＝营业利润＋投资收益＋补贴收入＋营业外收入－营业外支出 (3-55)

净利润＝利润总额－所得税 (3-56)

二、利润率指标

1. 投资利润率

投资利润率＝利润总额/投资总额×100％ (3-57)

2. 资本金利润率

资本金利润率＝利润总额/资本金总额×100％ (3-58)

3. 销售收入利润率

销售收入利润率＝利润总额/销售收入总额×100％ (3-59)

4. 成本费用利润率

成本费用利润率＝利润总额/成本费用总额×100％ (3-60)

三、利润分配的估算

(1) 当期实现的净利润，加上期初未分配利润（或减去期初未弥补亏损），为可供分配的利润。

(2) 内资企业以当年净利润为基数提取法定盈余公积金（10％）和法定公益金（5％）。

(3) 可供分配的利润减去提取的法定盈余公积金和法定公益金后，为可供投资者分配的利润。

(4) 可供投资者分配的利润，按下列顺序分配：

① 应付优先股股利；

② 提取任意盈余公积；

③ 应付普通股股利；

④ 经过上述分配后的剩余部分为未分配利润。

第五节 税 金

税金是国家为了实现其职能的需要，依据法律规定，对有纳税义务的企业单位和个人征收的财政资金。税收是国家凭借政治权力参与国民收入分配和再分配的一种方式，具有强制性、无偿性和固定性的特点。税收是国家取得财政收入的主渠道，也是国家对各项经济活动进行宏观调控的重要杠杆。

我国现行税制按课税对象的不同性质以及税收作用，可分为流转税类、所得税类、资源税类、特定目的税、财产和行为税类六大类。

（一）流转税类

流转税类包括增值税、消费税和关税。

1. 增值税的估算

增值税是对销售货物或者提供加工、修理、修配劳务以及进口货物的单位和个人就其实现的增值额征收的一个税种。

纳税人：在我国境内销售货物或者提供加工、修理、修配劳务，销售无形资产或不动产以及进口货物的单位和个人。

从计税原理上说，增值税是对商品生产流通、劳务服务中多个环节的新增价值或商品的附加值征收的一种流转税。在实际当中，商品新增价值或附加值在生产和流通过程中是很难准确计算的。因此，中国也采用国际上普遍采用的税款抵扣的办法。即根据销售商品或劳务的销售额，按规定的税率计算出销售税额，然后扣除取得该商品或劳务时所支付的增值税款，也就是进项税额，其差额就是增值部分应交的税额，这种计算方法体现了按增值因素计税的原则。

增值税税率设基本税率、低税率和零税率三档，基本税率为13%。纳税人出口货物，税率为零；粮食、食用植物油、自来水、暖气、冷气热水、煤气、石油液化气、天然气、沼气、居民用煤炭制品、图书、报纸、杂志、化肥、农药、农机、衣膜等适用9%低税率；其他适用13%基本税率。计税公式如下：

$$应纳税额=当期销项税额-当期进项税额 \tag{3-61}$$

$$销项税额=[含税销售额/(1+税率)]\times税率 \tag{3-62}$$

$$进项税额=[含税原材料、燃料费/(1+税率)]\times税率 \tag{3-63}$$

销项税额是纳税人销售货物或者应税劳务，按照销售额和规定的税率计算并向购买方收取的全部价款和价外费用。

进项税额为纳税人购进货物或者接受应税劳务支付或者负担的增值税额。准予从销项税额中抵扣的进项税额，主要有以下集中情形：

（1）从销售方取得的增值税专用发票上注明的增值税额；

（2）从海关取得的海关进口增值税专用缴款书上注明的增值税额；

（3）购进农产品，除取得增值税专用发票或者海关进口增值税专用缴款书外，按照农产品收购发票或者销售发票上注明的农产品买价和10%的扣除率计算的进项税额；

（4）购进或者销售货物以及在生产经营过程中支付运输费用的，按照从承运方取得的增值税专用发票上注明的增值税额。

在工程经济分析中，投入物和产出物的价格中均不包含增值税，增值税额、进项税额、销项税额应当单独作为现金流量进行确认，以便正确确定流动资金等相关项目金额。

2. 消费税的估算

消费税是指对在中国境内生产、委托加工和进口特定消费品的单位和个人征收的一种税。

应税消费品包括烟、酒、高档化妆品、贵重首饰及珠宝玉石、鞭炮焰火、成品油、小汽车、摩托车、高尔夫球及球具、高档手表、游艇、木质一次性筷子、实木地板、电池和涂料共15类消费品。

消费税征收环节具有单一性，一般只在应税消费品的生产、委托加工和进口环节缴纳，在以后的批发、零售等环节，因为价款中已包含消费税，因此不用再缴纳消费税。但金银首饰消费税由零售者在零售环节缴纳，在批发环节征收的消费税仅限于卷烟，且是加征的消费税，适用税率5%。

消费税实行从价定率、从量定额，或者从价定率和从量定额复合计税（以下简称复合计税）的办法计算应纳税额。

$$\text{实行从价定率办法计算的应纳税额}=\text{销售额}\times\text{适用税率} \tag{3-64}$$

$$\text{实行从量定额办法计算的应纳税额}=\text{销售数量}\times\text{单位税额} \tag{3-65}$$

$$\text{实行复合计税办法计算的应纳税额}=\text{销售额}\times\text{适用税率}+\text{销售数量}\times\text{单位税额} \tag{3-66}$$

其中，销售额为纳税人销售应税消费品向购买方收取的全部价款和价外费用，不包括向购买方收取的增值税款。

3. 关税的估算

关税是由海关对进出国境或关境的货物和物品征收的一种税收。关税在各国一般属于国家最高行政单位指定税率的高级税种，对于对外贸易发达的国家而言，关税往往是国家税收乃至国家财政主要收入。

关税的征税基础是关税完税价格。进口货物以海关审定的成交价值为基础的到岸价格为关税完税价格；出口货物以该货物销售于境外的离岸价格减去出口税后，经过海关审查确定的价格为完税价格。关税应税额的计算公式为：

$$\text{应纳税额}=\text{关税完税价格}\times\text{适用税率} \tag{3-67}$$

（二）所得税类

所得税，是指对所有以所得额为课税对象的总称，是国家对法人、自然人和其他经济组织在一定时期内的各种所得征收的一类税收。所得税分为企业所得税和个人所得税，这里我们主要介绍企业所得税。

企业所得税是指中国境内内资企业就其生产、经营所得和其他所得征收的一种税。

$$\text{应纳所得税税额}=\text{应纳税所得额}\times\text{适用税率} \tag{3-68}$$

$$\text{应纳税所得额}=\text{收入总额}-\text{准予扣除项目金额} \tag{3-69}$$

其中：收入总额包括生产经营收入、财产转让收入、利息收入等。

准予扣除项目包括国家有关规定的成本、费用税收等。

所得税法规定法定税率为25%，内资企业和外资企业一致，国家需要重点扶持的高新技术企业为15%，小型微利企业为20%，非居民企业为20%。

（三）资源税类

1. 资源税的估算

资源税是以各种应税自然资源为课税对象、为了调节资源级差收入并体现国有资源有偿使用而征收的一种税。

我国现行资源税实行从量定额征收，一方面税收收入不受产品价格、成本和利润变化的影响，能够稳定财政收入；另一方面有利于促进资源开采企业降低成本，提高经济效益。同时，资源税按照“资源条件好、收入多的多征；资源条件差、收入少的少征”的原则，根据矿产资源等级分别确定不同的税额，以有效地调节资源级差收入。

资源税范围限定如下：

(1) 原油，指专门开采的天然原油，不包括人造石油；

(2) 天然气，指专门开采或与原油同时开采的天然气，暂不包括煤矿生产的天然气。海上石油、天然气也应属于资源税的征收范围，但考虑到海上油气资源的勘探和开采难度大、投入和风险也大，过去一直按照国际惯例对其征收矿区使用费，为了保持涉外经济政策的稳定性，对海上石油、天然气的开采仍然征收矿区使用费，暂不改为征收资源税。

(3) 煤炭，指原煤，不包括洗煤、选煤及其他煤炭制品；

(4) 其他非金属矿原矿，是指上列产品和井矿盐以外的非金属矿原矿；

(5) 黑色金属矿原矿；

(6) 有色金属矿原矿；

(7) 盐，包括固体盐和液体盐。

根据应税产品的课税数量和规定的单位税额可以计算应纳税额，计算公式为：

$$应纳税额=课税数量\times适用单位税额 \tag{3-70}$$

2. 城镇土地使用税的估算

城镇土地使用税是指国家在城市、县城、建制镇、工矿区范围内，对使用土地的单位和个人，以其实际占用的土地面积为计税依据，按照规定的税额计算征收的一种税。开征城镇土地使用税，有利于通过经济手段，加强对土地的管理，变土地的无偿使用为有偿使用，促进合理、节约使用土地，提高土地使用效益；有利于适当调节不同地区、不同地段之间的土地级整收入，促进企业加强经济核算，理顺国家与土地使用者之间的分配关系。

城镇土地使用税适用地区幅度差别定额税率。按大、中、小城市和县城、建制镇、工矿区分别规定每平方米城镇土地使用税年应纳税额。城镇土地使用税每平方米年税额标准具体规定如下：大城市 1.5～30 元；中等城市 1.2～24 元；小城市 0.9～18 元；县城、建制镇、工矿区 0.6～12 元。

城镇土地使用税根据实际使用土地的面积，按税法规定的单位税额缴纳。其计算公式如下：

$$应纳城镇土地使用税额=应税土地的实际占用面积\times适用单位税额 \tag{3-71}$$

房产税、车船使用税和城镇土地使用税均采取按年征收，分期缴纳的方法。

(四) 特定目的税类

1. 城市维护建设税的估算

城市维护建设税（简称城建税），是以纳税人实际缴纳的增值税、消费税的税额为计税依据，依法计征的一种税。城市维护建设税的特征：一是具有附加税性质，它以纳税人实际缴纳的增值税、消费税税额为计税依据，本身并没有类似于其他税种的特定、独立的征税对象；二是具有特定目的，城市维护建设税税款专门用于城市的公用事业和公共设施的维护建设。

城建税是根据城市维护建设资金的不同层次的需要而设计的，实行分区域的差别比例税率，即按纳税人所在城市、县城或镇等不同的行政区域分别规定不同的比例税率。一般来说，城镇规模越大，所需要的建设与维护资金越多。与此相适应，城市维护建设税规定，纳税人所在地为城市市区的，税率为7%，这里称的“市”是指国务院批准市建制的城市，“市区”是指省人民政府批准的市辖区（含市郊）的区域范围；纳税人所在地为县城、建制镇的，税率为5%，这里所称的“县城、镇”是指省人民政府批准的县城、县属镇（区级镇），县城、县属镇的范围按县人民政府批准的城镇区域范围；纳税人所在地不在城市市区、县城或建制镇的，税率为1%。这种根据城镇规模不同，差别设置税率的办法，较好地照顾了城市建设的不同需要。

城市维护建设税应纳税额的计算比较简单，其计算公式为：

$$应纳税额=(增值税+消费税)\times适用税率 \tag{3-72}$$

2.车辆购置税的估算

车辆购置税是对在境内购置规定车辆的单位和个人征收的一种税，它由车辆购置附加费演变而来。

车辆购置税的纳税人为购置（包括购买、进口、自产、受赠、获奖或以其他方式取得并自用）应税车辆的单位和个人，征税范围为汽车、摩托车、电车、挂车、农用运输车。

车辆购置税实行从价定率的办法计算应纳税额。车辆购置税的税率为10%。应纳税额的计算公式为：

$$应纳税额=计税价格\times税率 \tag{3-73}$$

车辆购置税的计税价格根据不同情况，按照下列规定确定：

（1）纳税人购买自用的应税车辆的计税价格，为纳税人购买应税车辆而支付给销售者的全部价款和价外费用，不包括增值税税款；

（2）纳税人进口自用的应税车辆的计税价格的计算公式为：

$$计税价格=关税完税价格+关税+消费税 \tag{3-74}$$

（3）纳税人自产、受赠、获奖或者以其他方式取得并自用的应税车辆的计税价格，由主管税务机关参照应税车辆市场平均交易价格，按规定的不同类型应税车辆的最低计税价格核定。

3.耕地占用税的估算

耕地占用税是对占用耕地建房或从事其他非农业建设的单位和个人征收的税。采用定额税率，其标准取决于人均占有耕地的数量和经济发展程度。目的是为了合理利用土地资源，加强土地管理，保护农用耕地。

耕地占用税以纳税人占用耕地的面积为计税依据，以平方米为计量单位，按照规定的适用税额一次性征收。耕地占用税的税额规定如下：

（1）人均耕地不超过1亩的地区（以县级行政区域为单位，下同），每平方米为10～50元；

（2）人均耕地超过1亩但不超过2亩的地区，每平方米为8～40元；

（3）人均耕地超过2亩但不超过3亩的地区，每平方米6～30元；

（4）人均耕地超过3亩以上的地区，每平方米5～25元。

（五）财产和行为税类

1.车船税的估算

车船税是指对在中国境内应依法到公安、交通、农业、渔业、军事等管理部门办理登记的车辆、船舶，根据其种类，按照规定的计税依据和年税额标准计算征收的一种财产税。车船税的征收范围，是指依法应当在中国车船管理部门登记的车船（除规定减免的车船外）。

车船税采用定额税率，即对征税的车船规定单位固定税额（表 3-2）。车船税采用代收代缴方式，从事机动车交通事故责任强制保险业务的保险机构为机动车车船税的扣缴义务人。

表 3-2 车船税税目及税额表

税目	计税单位	税额/元	备注
载客汽车	每辆	60～660	包括电车
载货汽车 专项作业车	按自重每吨	16～120	包括半挂牵引车、挂车
三轮汽车 低速货车	按自重每吨	24～120	
摩托车	每辆	36～180	
船舶	按净吨位每吨	3～6	拖船和非机动驳船分别按船舶税额的 50%计算

2. 房产税

房产税是以房屋为征税对象，按房屋的计税余值或租金收入为计税依据，向产权所有人征收的一种财产税。

房产税的计税依据有两种：

(1) 从价计征的，其计税依据为房产原值一次减去 10%～30%后的余值，从价计征 10%～30%的具体减除幅度由省、自治区、直辖市人民政府确定；

(2) 从租计征的，以房产租金收入为计税依据

房产税税率采用比例税率。从价计征的，年税率为 1.2%；从租计征的，年税率为 12%。

房产税应纳税额的计算分为以下两种情况，其计算公式为：

(1) 从价计征的

$$\text{应纳税额}=\text{房产原值}\times(1-\text{扣除比例})\times1.2\% \tag{3-75}$$

(2) 从租计征的

$$\text{应纳税额}=\text{房产租金收入}\times12\% \tag{3-76}$$

3. 印花税

印花税是对经济活动和经济交往中树立、领受具有法律效力的凭证的行为所征收的一种税。

在中华人民共和国境内书立、领受《中华人民共和国印花税暂行条例》所列举凭证的单位和个人，都是印花税的纳税义务人，应当按照规定缴纳印花税。具体有：立合同人、立据人、立账簿人、领受人、使用人。

印花税的税目，指印花税法明确规定的应当纳税的项目，它具体划定了印花税的征税范围。一般来说，列入税目的就要征税，未列入税目的就不征税。印花税共有 13 个税目：购销合同，加工承揽合同，建设工程勘察设计合同，建筑安装工程承包合同，财产租赁合同，货物运输合同，仓储保管合同，借款合同，财产保险合同，技术合同，产权转移书据，营业账簿，权利、许可证照。

印花税根据不同征税项目，分别实行从价计征和从量计征两种征收方式。

4. 契税

契税是以所有权发生转移变动的不动产为征税对象，向产权承受人征收的一种财产税。应缴税范围包括：土地使用权出售、赠与和交换，房屋买卖，房屋赠与，房屋交换等。

契税的计税依据为不动产的价格。契税实行3%～5%的幅度税率，各省、自治区、直辖市人民政府可以在3%～5%的幅度税率规定范围内，按照该地区的实际情况决定。

契税应缴纳税额的计算公式为：

$$应纳税额=不动产价格\times税率 \tag{3-77}$$

本章小结

(1) 经济效果是工程经济学研究的核心问题。经济效果是指生产过程中产出量与投入量的比值。它反映的是生产过程中劳动耗费转化为劳动成果的程度，劳动耗费指劳动消耗量或劳动占用量。要对投资方案的经济效果进行评价，需要了解投资、成本、税金、营业收入等经济效果的基本构成要素，借助具体的经济效果评价指标对投资方案的经济效果做出评价。

(2) 投资是指投资者为获取预期收益而投入的资金或资源以及其他形式的等值价值量，主要包括固定资产投资、无形资产投资、递延资产投资和流动资产投资。

(3) 成本是商品经济的价值范畴，是商品价值的组成部分。人们要进行生产经营活动或达到一定的目的，就必须耗费一定的资源，其所费资源的货币表现及其对象化称之为成本。

(4) 利润是企业在一定时期内全部生产经营活动的最终成果。

(5) 税金是国家为了实现其职能的需要，依据法律规定，对有纳税义务的企业单位和个人征收的财政资金。

练　习　题

一、单选题

1. 下列说法错误的是（　　）。

A. 工程项目投资一般是指某项工程从筹建开始到全部竣工投产为止所发生的全部资金投入。

B. 工程项目投资由建设投资和建设期利息组成。

C. 设备购置费指为工程建设项目购置或自制的达到固定资产标准的设备、工器具的费用。

D. 基本预备费又称工程建设不可预见费，主要指设计变更及施工过程中可能增加的工程量的费用。

2. 拥有者能长期受益，但没有实物形态的资产称为（　　）。

A. 固定资产　　B. 递延资产　　C. 无形资产　　D. 流动资产

3. 某新建项目，建设期为3年，建设期第一年借款300万元，第二年400万元，第三年300万元，每年借款平均支用，年实际利率5.6%，用复利法计算，第三年的建设期利息为（　　）。

A. 8.4万元　　B. 28.47万元　　C. 49.66万元　　D. 86.53万元

4. 在一定生产规模限度内，产品产量发生变化，单位产品成本不变的费用为（　　）。

A. 可变成本　　B. 固定成本　　C. 半可变成本　　D. 经营成本

5. 产品成本中随产量的增加而成比例增加的成本是（　　）。

A. 半可变成本　　B. 可变成本　　C. 半固定成本　　D. 固定成本

6. 企业购入一项固定资产，预计使用年限为10年，预计净残值率为8%，根据企业会计准则及其相关规定，按年限平均法计提折旧，该固定资产第二年的折旧率是（　　）。

A. 9.2%　　B. 10%　　C. 17.2%　　D. 18%

7. 某办公楼原值为1400万元，预计使用年限为40年，预计残值64万元，清理费用8万元，则使用直线法计提折旧的年折旧额为（　　）。

A. 33.4 万元　　B. 33.6 万元　　C. 33.2 万元　　D. 33.0 万元

8. 某固定资产原值 10000 元，预计净残值 400 元，预计使用年限 5 年，采用双倍余额递减法计提折旧，则第 4 年的折旧额为（　　）。

A. 2400 元　　B. 1280 元　　C. 880 元　　D. 1440 元

9. 某固定资产原值 10000 元，预计净残值 400 元，预计使用年限 5 年，采用年数总和法计提折旧，则第 4 年的折旧额为（　　）。

A. 880 元　　B. 1280 元　　C. 1920 元　　D. 640 元

二、多选题

1. 已知某纺织厂年产 400 万米坯布，投资 600 万元，现要新建两个年产量分别为 200 万米和 100 万米的 A、B 分厂，当工程能力指数等于 0.8 时，根据生产能力指数法估算两个分厂的固定资产投资额为（　　）。

A. $k_A=\frac{600}{400}\times\left(\frac{200}{600}\right)^{0.8}$　　B. $k_A=600\times\left(\frac{200}{400}\right)^{0.8}$

C. $k_B=600\times\left(\frac{100}{400}\right)^{0.8}$　　D. $k_B=\frac{600}{400}\times\left(\frac{100}{600}\right)^{0.8}$

E. $k_A=\left(600\times\frac{200}{400}\right)^{0.8}$ 和 $k_B=\left(600\times\frac{100}{400}\right)^{0.8}$

2. 预备费包括（　　）。

A. 基本预备费　　B. 价差预备费　　C. 基础预备费

D. 暂列金　　E. 暂估价

3. 计算折旧的三要素包括（　　）。

A. 固定资产原值　　B. 流动资产　　C. 折旧寿命

D. 固定资产残值　　E. 经营成本

4. 利润是企业在一定时期内全部生产经营活动的最终成果，综合反映了企业的经营水平和管理水平。主要包括（　　）。

A. 营业利润　　B. 利润总额　　C. 成本

D. 税金　　E. 净利润

5. 流转税类包括（　　）。

A. 增值税　　B. 消费税　　C. 财产税

D. 关税　　E. 资源税

三、简答题

1. 怎样认识投资与资产？

2. 什么是固定资产、无形资产、递延资产、流动资产。

3. 总成本费用由哪几项构成。

4. 如何区分固定成本和变动成本？

第四章 工程经济评价基本方法

本章学习目标：

(1) 了解经济评价的主要指标体系；

(2) 熟悉经济评价指标的概念及优缺点；

(3) 掌握重要基本指标的计算、判断准则。

第一节 工程经济评价指标体系

评价指标是投资项目经济效益或投资效果的定量化及其直观的表现形式，它通常是通过对投资项目所涉及的费用和效益的量化和比较来确定的。只有正确地理解和适当地应用各个评价指标的含义及其评价准则，才能对投资项目进行有效的经济分析，才能做出正确的投资决策。

经济评价是工程经济分析的核心内容，其目的在于确保决策的正确性和科学性，避免或最大限度地减小工程项目投资的风险，明确建设方案投资的经济效果水平，最大限度地提高工程项目投资的综合经济效益。为此，正确选择经济评价指标和方法是十分重要的。

项目的经济评价指标分为时间性指标、效率性指标和价值性指标（以货币量来表示的），详见图 4-1。按是否考虑资金的时间价值，经济评价指标分为静态评价指标和动态评价指标，详见图 4-2。静态、动态评价指标分别适用于各种不同的方案评价问题。

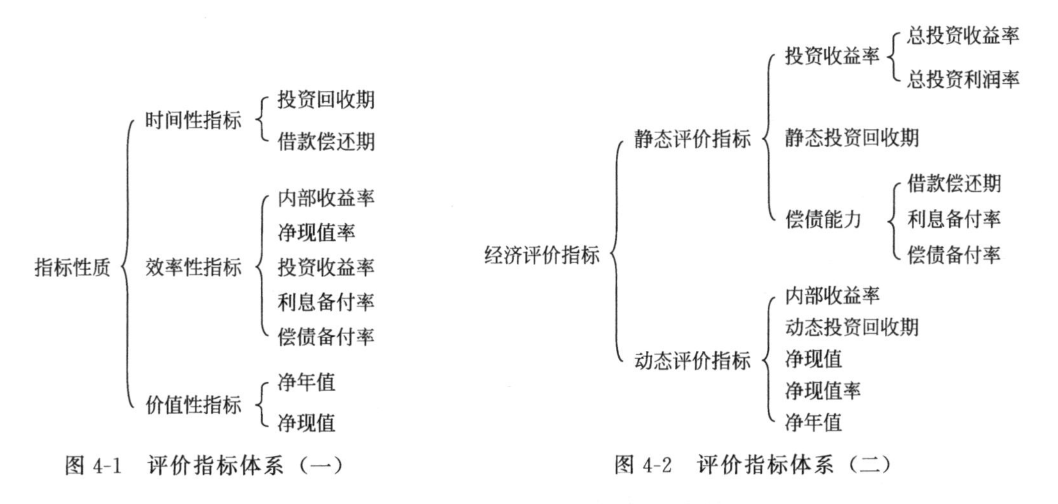

图 4-1 评价指标体系（一）

图 4-2 评价指标体系（二）

静态评价指标的最大特点是计算简便。所以在对方案进行粗略评价，或对短期投资项目进行评价，以及对于逐年收益大致相等的项目评价时，静态评价指标还是可采用的。

动态评价指标强调利用复利方法计算资金时间价值，它将不同时间内资金的流入和流出，换算成同一时点的价值，从而为不同方案的经济比较提供了可比基础，并能反映方案在未来时期的发展变化情况。

同时要注意，这些指标均有其侧重点和适用范围，也有缺点和局限性，因此在经济评价中，仅仅使用一两个指标是难以全面反映出项目经济效果全貌的。因此，我们应当综合考查项目各经济评价指标，尽可能科学、全面地描绘项目的经济效果，以便于正确判断项目的可行性，并进行方案的优选。

第二节　静态评价指标

在工程经济分析中，把不考虑资金时间价值的经济效益评价指标称为静态评价指标。此类指标的特点是简单易算，主要包括静态投资回收期、投资收益率以及反映偿债能力的指标。

采用静态评价指标对投资方案进行评价时由于没有考虑资金的时间价值，因此它主要适用于对方案的粗略评价，如应用于投资方案的机会鉴别和初步可行性研究阶段，以及用于某些时间较短、投资规模与收益规模均比较小的投资项目的经济评价等。

一、静态投资回收期

1. 静态投资回收期的定义

静态投资回收期是在不考虑资金时间价值的条件下，以方案的净收益回收其总投资（包括建设投资和流动资金）所需要的时间。投资回收期可以从项目建设期开始算起，也可以自项目投产之日算起，但应予注明。

2. 静态投资回收期的计算

静态投资回收期是考察项目财务上投资回收能力的重要指标。自建设开始年算起，投资回收期 P_t（以年表示）的计算公式如下：

$$\sum_{t=0}^{P_t}(CI-CO)_t=0 \tag{4-1}$$

式中　P_t——静态投资回收期；

$(CI-CO)_t$——第 t 年净现金流量。

静态投资回收期可借助现金流量表，根据净现金流量来计算。其具体计算又分以下两种情况：

(1) 当项目建成投产后各年的净收益（即净现金流量）均相同时，静态投资回收期的计算公式如下：

$$P_t=\frac{I}{A} \tag{4-2}$$

式中　I——总投资；

A——每年的净收益，其他符号同前。

【例 4-1】 某建设项目估计总投资 3200 万元，项目建成后各年净收益为 360 万元，试求该项目的静态投资回收期。

解：$P_t=3200/360=8.89$（年）

（2）当项目建成投产后各年的净收益不相同时，静态投资回收期可根据累计净现金流量求得，也就是在现金流量表中累计净现金流量由负值转向正值之间的年份。其计算公式为：

$$P_t=(\text{累计净现金流量开始出现正值的年份数}-1)+\frac{\text{上一年累计净现金流量的绝对值}}{\text{出现正值年份的净现金流量}}$$

【例 4-2】 某投资方案的现金流量如表 4-1 所示，试计算其静态投资回收期。

表 4-1　累计现金流量表

年序	0	1	2	3	4	5	6
净现金流量	−100	−80	40	60	60	60	90
累计净现金流量	−100	−180	−140	−80	−20	40	130

解：$P_t=(5-1)+|-20|/60=4.33$（年）

3. 静态投资回收期的判别

项目的投资回收期越短，表明项目的盈利能力和抗风险能力越好。静态投资回收期的判别基准是基准投资回收期 P_c，其取值可根据行业水平或投资者的要求确定。

行业基准投资回收期是国家根据国民经济各部门、各地区的具体经济条件，按照行业和部门的特点，结合财务会计上的有关制度及规定而颁布，同时进行不定期修订的建设项目经济评价参数，是对投资方案进行经济评价的重要标准。

若 $P_t \leqslant P_c$，表明项目投资能在规定的时间内收回，则方案可以考虑接受；

若 $P_t > P_c$，则方案是不可行的。

4. 静态投资回收期的优缺点

优点：经济意义明确、直观，计算简便；在一定程度上反映了投资效果的优劣；可适用于各种投资规模。

缺点：只考虑投资回收之前的效果，不能反映回收投资之后的情况，也就无法准确衡量项目投资收益的大小；没有考虑资金的时间价值，因此无法正确地辨识项目的优劣。

二、投资收益率

投资收益率是衡量投资方案获利水平的评价指标，它是投资方案达到设计生产能力后一个正常生产年份的年净收益总额与方案投资总额的比率。它表明投资方案在正常生产年份中，单位投资每年所创造的年净收益额。对生产期内各年的净收益额变化幅度较大的方案，可计算生产期年平均净收益额与投资总额的比率。投资收益率的计算公式为：

$$R=\frac{A}{I}\times 100\% \tag{4-3}$$

式中　R——投资收益率；

A——年净收益额或年平均净收益额；

I——总投资（包括建设投资、建设期贷款利息和流动资金）。

将计算出的投资收益率（R）与所确定的基准投资收益率（R_c）进行比较。

若 $R \geqslant R_c$，则方案可以考虑接受；

若 $R < R_c$，则方案是不可行的。

【例 4-3】 某项目总投资为 800 万元，正常年份的销售收入为 400 万元，年销售税金与附加为 10 万元，年总成本费用为 240 万元，试求投资收益率。若行业基准投资收益率 $R_c=12\%$，判断项目财务可行性。

解：该项目年利润总额＝400－10－240＝150(万元)

投资收益率 $R=150/800\times100\%=18.75\%$，$R>R_c=12\%$

故项目可以考虑接受。

根据分析目的的不同，投资收益率又具体分为：总投资收益率（R_z）和总投资利润率（R_z'）。

1. 总投资收益率（R_z）

$$R_z=\frac{(F+Y+D)}{I}\times100\% \tag{4-4}$$

式中 F——年销售利润（销售利润－销售收入－经营成本－折旧费和摊销费－与销售相关的税金－利息）；

Y——年贷款利息；

D——年折旧费和摊销费，其他符号同前。

2. 总投资利润率（R_z'）：

$$R_z'=\frac{(F+Y)}{I}\times100\% \tag{4-5}$$

总投资收益率（R_z）和总投资利润率（R_z'）是用来衡量整个投资方案的获利能力，要求项目的总投资收益率（或总投资利润率）应大于行业的平均投资收益率（或平均投资利润率）。总投资收益率（或总投资利润率）越高，从项目所获得的收益或利润就越多。对于建设工程方案而言，若总投资利润率高于同期银行利率，适度举债是有利的；反之，过高的负债比率将损害企业和投资者的利益。由此可以看出，总投资利润率这一指标不仅可以用来衡量工程建设方案的获利能力，还可以作为建设工程筹资决策参考的依据。

投资收益率（R）指标经济意义明确、直观，计算简便，在一定程度上反映了投资效果的优劣，可适用于各种投资规模。不足的是没有考虑投资收益的时间因素，忽视了资金具有时间价值的重要性。因此，以投资收益率指标作为主要的决策依据不太可靠。

三、借款偿还期

借款偿还期又称贷款偿还期，是指在国家财政规定及具体的财务条件下，项目投产后可以用作还款的项目收益（税后利润、折旧、摊销及其他收益等）来偿还项目投资借款本金和利息所需要的时间。它是反映项目借款偿债能力的重要指标，借款偿还期的计算式如下：

$$I_d=\sum_{t=1}^{P_d}(R_p+D+R_o-R_r)_t \tag{4-6}$$

式中 P_d——借款偿还期（从借款开始年计算；当从投产年算起时，应予注明）；

I_d——投资借款本金和利息（不包括已用自有资金支付的部分）之和；

R_p——第 t 年可用于还款的利润；

D——第 t 年可用于还款的折旧和摊销费；

R_o——第 t 年可用于还款的其他收益；

R_r——第 t 年企业留利。

在实际工作中，借款偿还期可通过借款还本付息计算表推算，以年表示。其具体推算公式如下：

$$P_d=(\text{借款偿还后出现盈余的年份数}-1)+\frac{\text{当年应偿还借款额}}{\text{当年可用于还款的收益额}}$$

借款偿还期满足贷款机构的要求期限时，即认为项目是有借款偿债能力的。

借款偿还期指标适用于不预先给定借款偿还期限，且按最大偿还能力计算还本付息的项目；它不适用于预先给定借款偿还期的项目。对于预先给定借款偿还期的项目，应采用利息备付率和偿债备付率指标分析项目的偿债能力。

四、利息备付率

利息备付率（ICR）是指在借款偿还期内的息税前利润与当年应付利息的比值，其计算公式为：

$$\text{ICR}=\frac{\text{EBIT}}{\text{PI}} \tag{4-7}$$

式中　ICR——利息备付率；

EBIT——息税前利润=利润总额+计入总成本费用的利息费用；

PI——当期应付利息即计入总成本费用的全部利息。

利息备付率可以分年计算，也可以按整个借款期计算。但分年的利息备付率更能反映偿债能力。

利息备付率从付息资金来源的充裕性角度反映项目偿付债务利息的能力，它表示使用项目税息前利润偿付利息的保证倍率。对于正常经营的项目，利息备付率应当大于2。否则，表示项目的付息能力保障程度不足。尤其是当利息备付率低于1时，表示项目没有足够资金支付利息，偿债风险很大。

五、偿债备付率

偿债备付率（DSCR）是指项目在借款偿还期内，各年可用于还本付息的资金与当期应还本付息金额的比值。其表达式为：

$$\text{DSCR}=\frac{\text{EBITDA}-T_{\text{ax}}}{\text{PD}} \tag{4-8}$$

式中　DSCR——偿债备付率；

EBITDA——息税折旧摊销前利润；

T_{ax}——所得税；

PD——包括当期应还贷款本金额及计入成本费用的利息。

偿债备付率可以分年计算，也可以按项目的整个借款期计算。同样，分年计算的偿债备付率更能反映偿债能力。

偿债备付率表示可用于还本付息的资金偿还借款本息的保证倍率。正常情况应当大于1，且越高越好。当指标小于1时，表示当年资金来源不足以偿付当期债务，需要通过短期借款偿付已到期债务。

【例4-4】 某建设项目与备付率有关的数据如表4-2所示，计算该建设项目第三年和第四年的利息备付率和偿债备付率。

表 4-2 某建设项目相关数据 万元

项目	年份			
	2	3	4	5
应还本付息	96	96	96	96
应付利息	23	20	17	13
息税前利润	50	207	207	207
折旧	170	170	170	170
所得税	7	70	67	68

解：根据公式(4-7) 和公式(4-8)

第三年：利息备付率＝207/20 ＝10.35 偿债备付率＝(207＋170－70)/96＝3.20

第四年：利息备付率＝207/17 ＝12.18 偿债备付率＝(207＋170－67)/96＝3.23

第三节 动态评价指标

动态经济评价指标是一种考虑了资金时间价值的技术经济评价指标，它是将项目研究期内不同时期的现金流量换算成同一时点的价值进行分析比较的依据。这对投资者和决策者合理利用资金、不断提高经济效益具有很重要的意义。动态分析指标一般分为动态投资回收期、净现值、净现值率、净年值、费用现值和费用年值、内部收益率等。

一、动态投资回收期

1. 动态投资回收期的概念

动态投资回收期是把投资项目各年的净现金流量按基准收益率折成现值之后，再来推算投资回收期，这就是它与静态投资回收期的根本区别。动态投资回收期就是净现金流量累计现值等于零时的年份。

2. 动态投资回收期的计算

$$P_t'=\begin{pmatrix}\text{累计净现金}\\ \text{流量折现值}\end{pmatrix}+\frac{|\text{上一年累计净现金流量折现值}|}{\text{出现正值年份的净现金流量折现值}} \tag{4-9}$$

计算出的动态投资回收期应与行业或部门的基准投资回收期 P_c 进行比较，若 $P_t'\leqslant P_c$，表明项目投入的总资金在规定的时间内可收回，则认为项目是可以考虑接受的。若 $P_t'>P_c$，表明项目投入的总资金在规定的时间内不能收回，则认为项目是不可行的。

【例 4-5】 已知基准投资收益率 $i_c=8\%$，现金流量表如表 4-3 所示，试计算该项目的动态投资回收期。

表 4-3 某项目现金流量表（一） 万元

计算期	0	1	2	3	4	5	6	7	8
净现金流量	—	－600	－900	300	500	500	500	500	500

解：根据表 4-3 计算项目相关数据，见表 4-4。

由公式(4-9)，可以得到：

$$P_t'=(7-1)+\frac{|-66.13|}{291.75}=6.23(\text{年})$$

表 4-4 动态投资回收期计算表 万元

计算期	0	1	2	3	4	5	6	7	8
净现金流量	—	−600	−900	300	500	500	500	500	500
净现金流量现值	—	−555.56	−771.60	238.15	367.51	340.29	315.08	291.75	270.13
累计净现金流量现值	—	−555.56	−1327.16	−1089.01	−721.5	−381.21	−66.13	225.62	495.75

3. 动态投资回收期的优、缺点

动态投资回收期是一个常用的经济评价指标，不仅考虑了资金的时间价值，而且该指标容易理解，计算也比较简便，在一定程度上显示了资本的周转速度。资本周转速度愈快，回收期愈短，风险愈小，盈利愈多。这对于那些技术上更新迅速的项目或资金相当短缺的项目或未来的情况很难预测而投资者又特别关心资金补偿的项目进行分析是特别有用的。

动态投资回收期的不足是，没有全面地考虑投资方案整个计算期内的现金流量，即忽略了发生在投资回收期以后的所有情况，对总收入不做考虑。只考虑回收之前的效果，不能反映投资回收之后的情况，即无法准确衡量方案在整个计算期内的经济效果。所以它同静态投资回收期一样，通常只适用于辅助性评价。

二、净现值

1. 净现值的概念

净现值（Net Present Value，NPV）是一项投资所产生的未来现金流的折现值与项目投资成本之间的差值。该方法是指按一定的折现率（基准收益率），将方案计算期内的净现金流量折现到计算基准年（通常是期初，即第 0 年）的现值的代数和，然后根据净现值的大小来评价投资方案。

2. 净现值的计算

净现值的计算公式为

$$NPV=\sum_{t=0}^{n}(CI-CO)_t(1+i_c)^{-t} \tag{4-10}$$

式中 NPV——净现值；

$(CI-CO)_t$——第 t 年的净现金流量；

i_c——基准收益率；

n——方案计算期。

由于是按基准收益率计算，所以净现值的大小是按基准收益率所表明的投资收益率来衡量项目方案的。对于单一方案，若 NPV≥0，则项目实施后的收益率不小于基准收益率，方案予以接受；若 NPV＜0，则项目的收益率未达到基准收益率，应拒绝方案。多方案比较时，以净现值大的方案为优。

特别提示：如果净现值小于零，并不代表方案是亏损的，而是表示方案没有达到规定的基准收益率水平；如果方案的净现值等于零，表示方案正好达到了规定的基准收益率水平；如果方案净现值大于零，表明方案除能达到规定的基准收益率之外，还能得到超额收益。

【例 4-6】某项目各年现金流量表见表 4-5，单位为万元，基准收益率为 15%。试用净现值指标判断项目的经济性。

表 4-5 某项目各年现金流量表 万元

年份	0	1	2	3	4～19	20
投资支出	40	10				
经营成本			17	17	17	17
收入			25	25	30	50
净现金流量	−40	−10	8	8	13	33

解：利用公式(4-10) 将表中各年净现金流量代入，得

$$\begin{aligned}NPV&=-40-10\times(P/F,15\%,1)+8\times(P/F,15\%,2)+8\times(P/F,15\%,3)\\&\quad+13\times(P/A,15\%,16)\times(P/F,15\%,3)+33\times(P/F,15\%,20)\\&=-40-10\times0.8696+8\times0.7561+8\times0.6575+13\times5.9542\times0.6575+33\\&\quad\times0.0611\\&=15.52(\text{万元})\end{aligned}$$

由于 NPV>0，此项目在经济效果上是可以接受的。

【例 4-7】 某项工程总投资为 5000 万元，投产后每年生产性支出 600 万元，每年的收益额为 1400 万元，产品经济寿命期为 10 年，在 10 年末还能回收资金 200 万元，基准收益率为 12%，试用净现值法计算投资方案是否可行?

解：

$$\begin{aligned}NPV&=-P+A(P/A,i,n)+F(P/F,i,n)\\&=-5000+(1400-600)(P/A,12\%,10)+200(P/F,12\%,10)\\&=-5000+800\times5.650+200\times0.3220\\&=-415.6(\text{万元})\end{aligned}$$

NPV<0，故此投资方案不可行。

3. 净现值的优、缺点

(1) NPV 指标的优点：考虑了资金的时间价值并全面考虑了项目在整个寿命期内的经济情况；经济意义明确直观，能够直接以货币额表示项目的净收益；能直接说明项目投资额与资金成本之间的关系；不仅适用单一方案的比选，也适用于多方案的选择。

(2) NPV 指标的不足：必须先确定一个符合经济现实的基准收益率，而基准收益率的确定往往比较复杂；在互斥方案评价时，净现值必须慎重考虑互斥方案的寿命，如果互斥方案寿命不等，必须构造一个相同的研究期，才能进行各个方案之间的比选；净现值不能反映项目投资中单位投资的使用效率，不能直接说明在项目运营期间各年的经营成果。

4. 净现值与折现率的关系

如果已知某投资方案各年的净现金流量，则该方案的净现值就完全取决于所选用的折现率，折现率越大，净现值就越小；折现率越小，净现值就越大。随着折现率的逐渐增大，净现值将由大变小，由正变负，如图 4-3 所示。

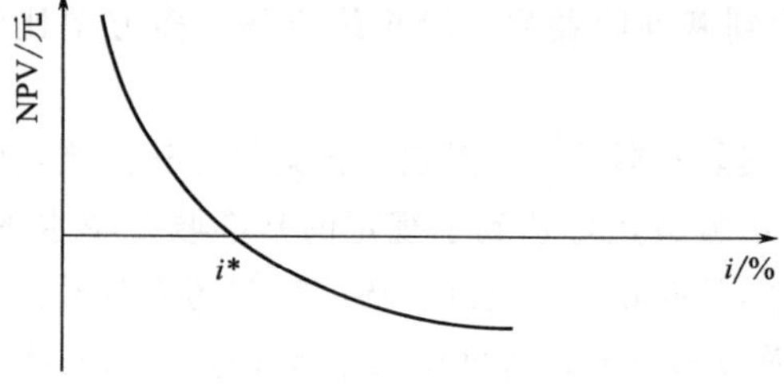

图 4-3 净现值与折现率关系

三、净现值率

净现值率 (Net Present Value Ratio，NPVR) 又称净现值比、净现值指数，是指项目净现值与原始投资现值的比率，又称“净现值总额”。净现值率是一种动态投资收益指标，用于衡量

不同投资方案的获利能力大小，说明某项目单位投资现值所能实现的净现值大小。净现值率小，单位投资的收益就低，净现值率大，单位投资的收益就高。

净现值率是按基准折现率求得的方案计算期的净现值与其全部投资现值的比率，反映了单位投资现值所获得的净现值。净现值不能直接反映资金的利用效率。为了考察资金的利用效率，可将净现值率作为净现值的补充指标。其表达式为：

$$\mathrm{NPVR}=\frac{\mathrm{NPV}}{K_p} \tag{4-11}$$

式中　NPVR——净现值率；

K_p——项目总投资现值之和，其他符号同前。

【例 4-8】 某企业拟购买一台设备，其购置费用为 35000 元，使用寿命为 4 年，第四年末的残值为 3000 元；在使用期内，每年的收入为 19000 元，经营成本为 6500 元，若给出标准折现率为 10%，试计算该设备购置方案的净现值率。

解：购买设备这项投资的现金流量情况如图 4-4 所示。

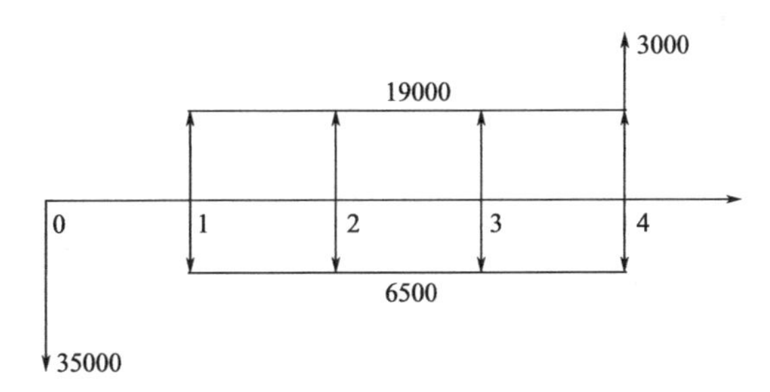

图 4-4　现金流量图（一）

根据公式(4-10)，其净现值为

$$\begin{aligned}\mathrm{NPV}&=-35000+(19000-6500)\times(P/A,10\%,4)+3000\times(P/F,10\%,4)\\&=6672.36(元)\end{aligned}$$

根据公式(4-11)，其净现值率为

$$\mathrm{NPVR}=\mathrm{NPV}/K_p=6672.36/35000=0.1906$$

净现值率的判别标准：单一项目方案，若 NPVR≥0，投资方案应予以接受；若 NPVR<0，投资方案应予以拒绝。对于多方案比选，净现值率大于或等于零，且最大者为优。

净现值指标用于多个方案的比选时，没有考虑各方案投资额的大小，因而不能直接反映资金的利用效率。为了考察资金的利用效率，通常采用净现值率作为净现值的辅助指标。

四、净年值

1. 净年值的概念

净年值（Net Annual Value，NAV）是指按给定的折现率，通过等值换算将方案计算期内各个不同时点的净现金流量分摊到计算期内各年的等额年值。净年值指标反映的是项目年均收益的情况。

2. 净年值的计算

净年值的公式为

$$\mathrm{NAV}=\mathrm{NPV}(A/P,i,n)=\sum_{t=0}^{n}(\mathrm{CI}-\mathrm{CO})_t(1+i_c)^{-t}\times\left[\frac{i(1+i_c)^n}{(1+i_c)^n-1}\right] \tag{4-12}$$

3. 判别准则

在独立方案或单一方案评价时，NAV≥0，方案可行；NAV<0，方案不可行。在多方案比较时，净年值越大，方案经济效果越好。

显而易见，净年值的经济意义是方案在寿命期内除每年获得按基准收益率计算的收益外，还可获得等额的超额净收益。

净年值与净现值两个指标的比值为一常数，在评价方案时，结论总是一致的。因此，就整个项目的评价而言，净现值与净年值是等效评价指标。净现值给出的信息是项目在整个寿命期内获取的超出最低期望盈利的超额净收益现值，净年值给出的信息是项目在寿命期内每年的等额超额净收益。由于在某些决策结构形势下，采用净年值更为简单和便于计算，特别是净年值指标可直接用于寿命期不等的多方案比较，故净年值指标在经济评价指标体系中占有相当重要的地位。

【例 4-9】 根据例 4-8 中的数据用净年值指标分析投资的可行性。

解：根据公式(4-12) 得

$$
\begin{aligned}
NAV &= -35000\times(A/P,10\%,4)+(19000-6500)-3000\times(A/F,10\%,4)\\
&=812.11(\text{元})
\end{aligned}
$$

由于 NAV>0，所以该项投资是可行的。

五、费用现值和费用年值

在对多个方案比较选优时，如果诸方案产出价值相同，或者诸方案能够满足同样需要但其产出效益难以用价值形态（货币）计量（如环保、教育、保健、国防）时，为简便起见，可省略收入，只计算支出。这就出现了经常使用的两个指标——费用现值和费用年值。

费用现值是把不同方案计算期内的年成本按基准收益率换算为基准年的现值，再加上方案的总投资现值。费用年值是将投资方案的投资及费用，按照预定的贴现率折算成等值的年成本。其表达式为：

$$PC=\sum_{t=0}^{n} CO_t(P/F,i_c,t) \tag{4-13}$$

$$AC=PC(A/P,i_c,n)=\sum_{t=0}^{n} CO_t(P/F,i_c,t)(A/P,i_c,n) \tag{4-14}$$

式中 PC——费用现值或现值成本；

CO_t——年现金流出；

AC——费用年值或年值成本，其他符号同前。

费用现值的判别准则：费用现值可用于多方案比选，但各方案必须具备相同的研究周期(寿命不等的方案取寿命最小公倍数为共同的研究期)，费用现值最小的方案为优。

费用年值的判别准则：费用年值可用于多方案比选，费用年值最小的方案是经济性较好的方案。

【例 4-10】 某项目有 3 个采暖方案 A、B、C，均能满足同样的取暖需要。其费用数据见表 4-6。在基准折现率 $i_c=10\%$的情况下，请分别用费用现值和费用年值确定最优方案。

表 4-6 3 个采暖方案的费用数据表 万元

方案	总投资(0 时点)	年运营费用(1～10 年)
A	200	60
B	240	50
C	300	35

解：(1) 各方案的费用现值计算如下，

$$PC_A=200+60(P/A,10\%,10)=568.68(\text{万元})$$

$$PC_B=240+50(P/A,10\%,10)=547.23(\text{万元})$$

$$PC_C=300+35(P/A,10\%,10)=515.06(\text{万元})$$

通过计算比较，方案 C 最优。

(2) 各方案的费用年值计算如下：

$$AC_A=200(A/P,10\%,10)+60=92.54(\text{万元})$$

$$AC_B=240(A/P,10\%,10)+50=89.05(\text{万元})$$

$$AC_C=300(A/P,10\%,10)+35=83.81(\text{万元})$$

通过计算比较，方案 C 最优。

六、内部收益率

1. 内部收益率的概念

内部收益率（Internal Rate of Return，IRR）又称内部报酬率，就是资金流入现值总额与资金流出现值总额相等、净现值等于零时的折现率，是除净现值以外的另一个最重要的动态经济评价指标。其表达式为

$$\sum_{t=0}^{P_t'}(\mathrm{CI}-\mathrm{CO})_t(1+\mathrm{IRR})^{-t}=0 \tag{4-15}$$

从投入的角度，IRR 反映项目所能承受的最高利率；从产出的角度，IRR 代表项目能得到的收益程度。因此内部收益率与净现值、净年值的评价结论一致。

根据净现值与折现率的关系，以及净现值指标在方案评价时的判别准则，可以很容易地导出用内部收益率指标评价投资方案的判别准则，即：

若 $\mathrm{IRR}\geqslant i_c$，则 $\mathrm{NPV}\geqslant 0$，方案可以考虑接受；

若 $\mathrm{IRR}< i_c$，则 $\mathrm{NPV}<0$，方案不可行。

2. 内部收益率的计算

内部收益率是使项目在整个计算期内各年净现金流量现值累计之和等于 0 时的折现率。所以内部收益率的计算式是一个高次方程，计算复杂，一般采用线性内插法求出近似解。线性内插法是根据方案的净现值与收益率的函数关系，如图 4-5 所示。它的基本步骤如下：

(1) 首先根据经验，选定一个适当的折现率 i_0。

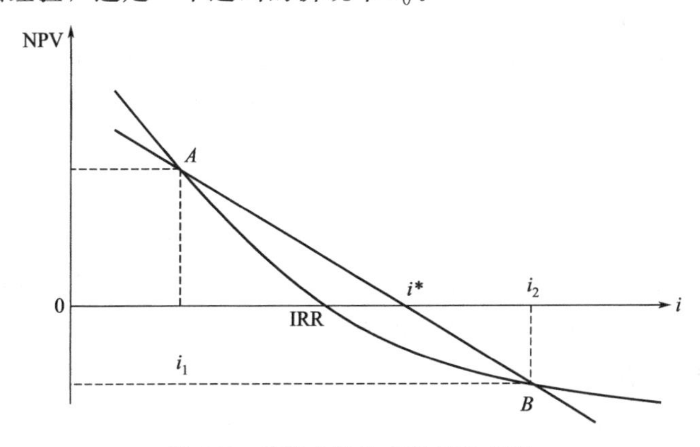

图 4-5　线性内插法求解 IRR 原理

(2) 根据投资方案的现金流量情况，利用选定的折现率 i_0 求出方案的净现值 NPV。

(3) 若 NPV >0 则适当使 i_0 继续增大；若 NPV<0 则适当使 i_0 继续减小。

(4) 重复步骤 (3) 直到找到这样的两个折现率 i_1 和 i_2，求出其所对应的净现值 $NPV_1>0$，$NPV_2<0$，其中 (i_2-i_1) 一般不超过 2%～5%。

(5) 采用线性插值公式求出内部收益率的近似解，其公式为

$$IRR=i_1+\frac{NPV_1}{NPV_1+|NPV_2|}(i_2-i_1) \tag{4-16}$$

【例 4-11】 某项目净现金流量如表 4-7 所示。当基准收益率 $i_c=12\%$时，试用内部收益率指标判断该项目的经济性。

表 4-7 某项目现金流量表（二） 万元

年序	0	1	2	3	4	5
净现金流量	−100	20	30	20	40	40

解：此项目净现值的计算式为：

$$NPV=-100+20(P/F,i,1)+30(P/F,i,2)+20(P/F,i,3)+40(P/F,i,4)+40(P/F,i,5)$$

现分别设 $i_1=12\%$，$i_2=15\%$，计算相应的 NPV_1 和 NPV_2。

$$\begin{aligned}NPV_1(i_1)&=-100+20(P/F,12\%,1)+30(P/F,12\%,2)+20(P/F,12\%,3)\\&\quad+40(P/F,12\%,4)+40(P/F,12\%,5)\\&=-100+20\times0.8929+30\times0.7972+20\times0.7118+40\times0.6355+40\times0.5674\\&=4.126(万元)\end{aligned}$$

同理求得 $NPV_2(i_2)=-4.015$(万元)

带入线性插值法计算公式(4-16)，可以计算出 IRR 的近似解：

$$\begin{aligned}IRR&=i_1+\frac{NPV_1}{NPV_1+|NPV_2|}(i_2-i_1)\\&=12\%+\frac{4.126}{4.126+|-4.015|}\times(15\%-12\%)\\&=13.5\%\end{aligned}$$

因为 $IRR=13.5\%>i_c=12\%$，故该项目的经济效果是可以接受的。

3. 内部收益率的经济含义

在项目的整个寿命期内按利率 $i=IRR$ 计算，始终存在未能收回的投资，而在寿命期结束时，投资恰好被完全收回。也就是说，在项目寿命期内，项目始终处于“偿付”未被收回的投资的状况。因此，项目的“偿付”能力完全取决于项目内部，故有“内部收益率”之称谓。

内部收益率的经济含义还有另一种表达方式，即它是项目寿命期内没有回收的投资的盈利率，它不是初始投资在整个寿命期内的盈利率，因而它不仅受到项目初始投资规模的影响，而且受项目寿命期内各年净收益大小的影响。

4. 内部收益率的使用条件

以上所讨论的内部收益率的计算及经济意义都是针对常规现金流量而言的，这类现金流量的特点是：期初几年投资现金流量为负值，然后有收益，直到寿命期末现金流量始终为正

值，而且所有现金流量的代数和为正。这类项目的净现值函数如图 4-5 所示，项目的净现值随着 i 的增加而减小，且与横轴有且只有一个交点，这种情况下，内部收益率有唯一解。

净现值符号变化多次的项目称为非常规项目。对于非常规项目的内部收益率的解有两种情况。一是有多个正根，则所有的根都不是真正的项目的收益率，这样的项目不能使用内部收益率指标考查经济效果，即内部收益率法失效。二是只有一个正根，则这个根就是项目的内部收益率。

5. 内部收益率的优、缺点

（1）内部收益的优点：内部收益率的优点在于考虑了资金时间价值并全面考虑了项目在整个寿命期间的经济状况。同时将项目寿命期内的收益与其投资总额联系起来，得出这个项目的收益率，并将它同行业基准折现率对比，确定这个项目是否可行。内部收益率的计算不需要确定基准折现率，而计算净现值或净年值都需要事先确定基准折现率。

（2）内部收益率的缺点：内部收益率计算比较麻烦。而且对于非常规项目来讲，其内部收益率在某些情况下甚至不存在或存在多个内部收益率。实际内部收益率评价经济效果同时隐含了再投资假设，降低了准确程度，因此需要同其他指标配合使用。

尽管如此，内部收益率指标仍然是反映工程项目投资收益能力最重要的指标之一。

本章小结

（1）评价指标是投资项目复杂的经济效果的定量化表达。为了从不同角度和方面刻画和表征出项目复杂的经济效果，人们设计了多种评价指标。只有正确地理解和适当地应用各个评价指标的含义及其评价准则，才能对投资项目进行有效的经济分析，才能做出正确的投资决策。

（2）本章主要介绍的是工程项目经济评价的基本方法。在工程经济分析中，把不考虑资金时间价值的经济效益评价指标称为静态评价指标。此类指标的特点是简单易算，主要包括静态投资回收期、投资收益率以及反映偿债能力的指标。

（3）动态经济评价指标是一种考虑了资金时间价值的技术经济评价指标，它是将项目研究期内不同时期的现金流量换算成同一时点的价值进行分析比较的依据。这对投资者和决策者合理利用资金、不断提高经济效益具有很重要的意义。动态分析指标一般分为动态投资回收期、净现值、净现值率、净年值、费用现值和费用年值、内部收益率等。

练　习　题

一、单选题

1. 有Ⅰ、Ⅱ两个方案，方案Ⅰ寿命期较方案Ⅱ寿命期长，在各自的寿命期内，Ⅰ方案与Ⅱ方案的净现值均大于零且值相等，那么（　　）。

A. Ⅰ优于Ⅱ　　B. 相等　　C. Ⅱ优于Ⅰ　　D. 无法评价

2. 下列评价标中，属于动态评价指标的是（　　）。

A. 投资利润率　　B. 投资利税率　　C. 内部收益率　　D. 平均报酬率

3. 一个项目的内部收益率小于基准折现率，则其净现值（　　）。

A. 可能大于也可能小于零　　B. 一定小于零

C. 一定大于零　　D. 等于零

4. 某投资方案的净现金流量如表 4-8 所示，则该项目的静态投资回收期为（　　）年。

表 4-8 某投资方案净现金流量 万元

年 序	0	1	2	3	4	5	6
净现金流量现值	−30	−20	−10	23	30	14	16

A. 3.68　B. 6　C. 4.5　D. 3.2

5. 某项目的 NPV(15%)=5 万元，NPV(20%)=−20 万元，则内部收益率 IRR 为（　）。

A. 16%　B. 17%　C. 18%　D. 19%

6. 项目的（　）计算结果越大，表明其盈利能力越强。

A. 净现值　B. 投资回收期　C. 盈亏平衡点　D. 借款偿还期

7. 一个项目的净现值大于零，则其内部收益率（　）基准收益率。

A. 可能大于也可能小于　B. 一定小于　C. 一定大于　D. 等于

8. NPV 与标准折现率 i_c 的关系为（　）。

A. NPV 随 i_c 的增大而增大　B. NPV 随 i_c 的增大而减小

C. NPV 随 i_c 的减小而减小　D. NPV 与 i_c 的变化无关

9. 在计算某建设项目内部收益率时，得到如下结果：当 $i=6\%$时，净现值为 45.6 万元；当 $i=7\%$时，净现值为−130.35 万，则该项目的内部收益率为（　）。

A. 5.5%　B. 6%　C. 6.26%　D. 6.5%

10. 某工业项目建设投资额 8250 万元（不含建设期贷款利息），建设期贷款利息为 1200 万元，全部流动资金 700 万元，铺底流动资金为 200 万元，项目投产期的息税前利润为 300 万元/年，项目达产期的息税前利润为 500 万元/年，则该项目的总投资收益率为（　）。

A. 4.93%　B. 5.67%　C. 5.64%　D. 6.67%

二、计算题

1. 某方案的现金流量如表 4-9 所示，基准收益率为 15%，试计算（1）投资回收期（静态 P_t 和动态 P_t'）；（2）净现值 NPV；（3）内部收益率 IRR。（单位：万元）

表 4-9 某方案现金流量 万元

年份	0	1	2	3	4	5
净现金流量	−2000	450	550	650	700	800

2. 某建设项目建设期一年，第二年达产。预计方案投产后每年的收益如表 4-10 所示。若基准投资收益率为 10%，试根据所给数据：（1）画出现金流量图；（2）在表中填上净现金流量和累计净现金流量；（3）计算 P_t 和 P_t'；（4）计算财务净现值。

表 4-10 方案投产后每年收益

	建设期					生产期			
年份	0	1	2	3	4	5	6	7	8
投资/万元	2500								
年收益/万元			500	1000	1500	1500	1500	1500	1500
净现金流量/万元									
累计净现金流量/万元									

3. 某方案的净现金流量如表 4-11 所示，基准收益率为 15%，试计算：（1）静态投资回收期与动态投资回收期；（2）财务净现值；（3）内部收益率。（单位：万元）

表 4-11 某方案净现金流量 万元

年份	0	1	2	3	4	5
净现金流量	−2000	450	550	650	700	800
累计净现金流量	−2000	−1550	−1000	−350	350	1150

4. 某投资方案初始投资为120万元，年销售收入为100万元，寿命为6年，残值为10万元，年经营费用为50万元，试求该投资方案内部收益率。

5. 某投资方案的净现金流量如图4-6所示，设基准收益率为10%，求该方案的净年值。(单位：万元)

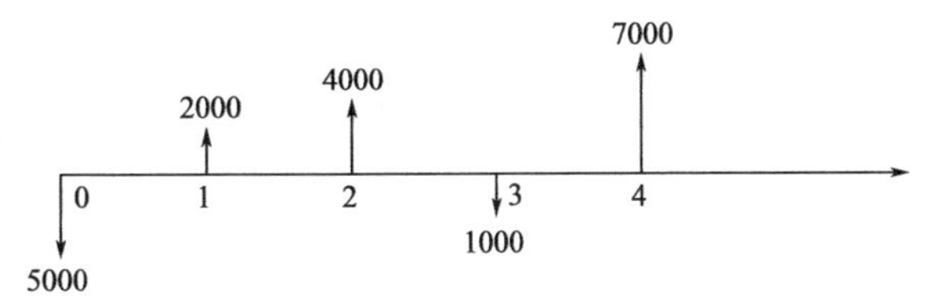

图4-6　某投资方案净现金流量

6. 两种机床的有关数据如表4-12所示，基准收益率为15%，单位是万元，试用年费用指标选择较好的方案。

表4-12　机床A、B有关数据

	投资/万元	年经营费用/万元	净残值/万元	使用寿命
机床A	3000	2000	500	3
机床B	4000	1600	0	5

7. 某公共事业拟定一个15年规划，分三期建成，开始投资60000元，5年后再投资50000元，10年后再投资40000元。每年的保养费：前5年每年1500元，次5年每年2500元，最后5年每年3500元，15年年末残值为8000元，现金流量图如图4-7所示，试用8%的基准收益率计算该规划的费用现值和费用年值。

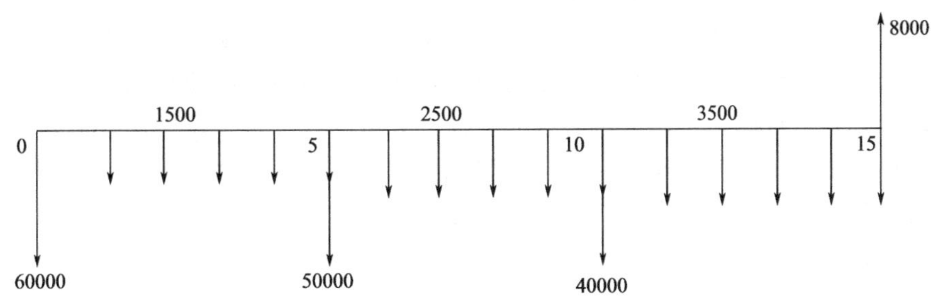

图4-7　现金流量图(二)

8. 某项工程总投资为5000万元，投产后每年生产还另支出600万元，每年得收益额为1400万元，产品经济寿命期为10年，在10年末还能回收资金200万元，基准收益率为12%，用净现值法计算投资方案是否可取?

9. 某投资方案初始投资为120万元，年营业收入为100万元，寿命为6年，残值为10万元，年经营成本为50万元，试求该投资方案的内部收益率。

第五章　多方案的经济性比选

本章学习目标：

（1）了解技术方案的关系及分类；

（2）掌握经济效果评价的各项指标意义及其计算方法；

（3）熟悉方案经济效果评价方法的分类及其相互关系；

（4）熟悉资金约束独立方案的经济性比选方法；

（5）掌握互斥方案的经济性比选方法。

第一节　多方案的经济性比选概述

建设项目的经济分析不仅涉及项目的经济可行性分析，而且涉及一系列可行方案的优选问题。由于技术进步，为实现某种目标会形成众多的工程技术方案，这些方案或是采用不同的技术工艺和设备，或是不同的规模和坐落位置，或是利用不同的原料和半成品等，当这些方案在技术上都是可行的，经济上也合理时，经济分析的任务就是从中选择最好的方案。同时，在投资机会研究阶段还可能存在许多投资机会的选择问题。事实上，正是由于不同投资机会以及项目的不同方案之间的经济差异，才使得投资者不断地寻求投资机会，并创造更多方案以供其比较选择。

一、多方案的分类

1. 技术方案的关系

对单一方案的评价，运用价值性指标、比率性指标及时间性指标得出的结论必然是一致的。但对于多方案的评价，采用不同类型的指标，得出的评价结论未必一致。这是因为在多方案的评选问题中，我们考察的对象不是单一方案，而是多个方案组成的一个方案群；我们所追求的目标不是单一方案的局部最优，而是方案群的整体最优。因此，首先应明确技术方案间的相互关系，然后才能考虑用适宜的评价指标和方法进行方案比选。

通常同一投资项目内各备选技术方案的相互关系可分为两种类型。

（1）互斥关系。其特点是方案间具有排他性，在多个方案中只能选择一个，其他方案必须放弃而不能同时存在。互斥方案的效果之间不具有可加和性。在同一投资项目内部的各备选方案间存在互斥关系。

（2）依存关系（互补关系）。如果两个或两个以上项目之间，某一项目的实施要以另一项目（或另几个项目）的实施为条件，则这两个（或若干个）项目具有相互依存性，或者说具有完全互补性。

2. 技术方案的分类

技术方案主要有以下几类。

（1）独立方案。独立方案是指各个投资方案的现金流量是独立的，不具有相关性，选择其中的一个方案并不排斥接受其他方案，即一个方案的采用与否与其自身的可行性有关，而与其他方案是否采用没有关系。例如某企业面临三个投资机会：一个是住宅开发，一个是生物制药项目，还有一个是某高速公路的投资建设，在没有资金约束的条件下，这三个方案之间不存在任何的制约和排斥关系，他们就是一组独立方案。

以上所述在无资源约束情况下的独立方案称之为无资源限制的独立方案。很多情况下，方案选择大都可能遇到资源（资金、人力、原材料等）的限制，这些方案之间的关系不是纯粹的独立关系，而是有资源限制的独立方案。

（2）互斥方案。如果由于技术或经济的原因，接受某一投资项目就必须放弃其他投资项目，那么，这些项目就是互斥方案。例如，过一条河必须修建一座桥，假设可供选择的设计为使用强化混凝土或钢材，这就是互斥性投资，因为仅有一个备选方案将被采纳。互斥方案可以指同一项目不同备选方案，如一个建设项目的工厂规模、生产工艺流程、主要设备、厂址选择等；也可以指不同的投资项目，如进行基础设施的投资，还是进行工业项目的投资，工业项目投资是投资钢铁生产项目，还是石油开采项目等等。

（3）互相依存和互补关系方案。方案之间有时会出现经济上的互补问题，一个方案的执行会增加另一个方案的效益。例如在大型商场设立餐饮和儿童娱乐设施会增加商场的收益，但餐饮和儿童娱乐设施并非是商场项目的必备条件。

（4）现金流量相关方案。即使方案之间不完全互斥，也不完全互补，如果若干项目中任意项目的取舍会导致其他方案现金流量的变化，进而影响其他方案的采用或拒绝。例如，有两种在技术上都可行的项目，一个是在某河上建一座收费公路桥；另一个是在桥附近建收费轮渡码头。即使这两个项目之间不存在互不相容的关系，但任一项目的实施或放弃都会影响另一项目的收入，从而影响项目的评价结论。这样，两方案之间就存在互补性的现金流量相关关系。

（5）混合关系相关方案。在项目中，项目间的相互关系可能包含了多种类型，我们称之为混合型关系项目。

二、多方案之间的可比性

并非所有的方案都是绝对可以比较的，不同方案的规模、产出的质量和数量、产出的时间、费用的大小及发生时间，以及方案的寿命期限都不尽相同。对这些因素综合经济比较就需要一定的前提条件。

1. 功能的可比性

在投资机会研究阶段，功能可比性的含义主要集中在预期目标的一致性上，对于经营性项目，主要预期目标就是其经济效益；对于非经营性的公共项目，其预期目标主要是指其社会效益；两者之间不具有可比性，本章不讨论此类问题。但对于不同类型的经营性项目可以通过经济效果指标进行经济比较。

对于相同类型的经营性项目的不同技术方案，功能可比性主要是指产出的规模、质量、数量的一致性，只有当参与比选的不同方案的产出在规模、质量、数量上基本一致时，才能直接进行比选。

2. 基础数据资料的可比性

（1）基础数据搜集整理的方法要一致。在基础数据资料的整理过程中，要注意方法一致，例如投资估算可以采用概算法和形成资产法，总成本费用的估算可以采用生产要素法和生产成本加期间费用法，在资料搜集过程中要注意不同方案应采用相同的方法。

（2）费用效益的口径一致。费用效益口径一致包含两层含义：一是不同方案的效益和费用的计算范围一致，比如商业物业投资项目中，是否包含地下停车场的收益，大型住宅小区的收益中是否包含公共用房的可能出租收益。二是对于同一方案，要注意费用和效益的相互配比性，即要考虑费用所带来的效益和效益所对应的费用。

（3）价格基准一致性。经济评价中涉及各种要素的价格，包括设备、材料、工资单价等，在确定这些价格时，要按照相同的原则确定，或者采用基准价格——以基准年的价格确定各要素的价格，或者采用变动价格——按照相同的价格变化率来预测各要素在各年的价格。

3. 寿命期的可比性

寿命期相同即要求参与比选的备选方案具有相同的计算期，只有这样才具有可比性，但实际情况中常有寿命期不同或寿命期可视为无限的情况，对此，理论上认为是不可比的，但面临必须作出选择时，可以通过一些转化使其具有可比性。

第二节　互斥方案的经济性比选

在对互斥方案进行选择时，由于各个方案的相互排斥性导致只能在各个方案中选择一个方案来实施。由于每个方案都具有同等的选择机会，为使资金发挥最大效益，就需要对各个方案进行相互比较，择优选取。这样，互斥方案的经济效果评价就包含两部分内容：一是考察各个方案自身的经济效果，即进行绝对经济效果检验，用经济效果评价标准（如 NPV、NAV、IRR 等）检验方案自身的经济性；二是考察哪个方案相对经济效果最优，即进行相对经济效果检验。两种检验的目的和作用不同，通常缺一不可，这样才能确保所选方案不但可行而且最优。只有在众多互斥方案中必须选择其中之一时，才需单独进行相对经济效果检验。

一、寿命期相同的互斥方案的经济性比选

对于寿命期相同的互斥方案，通常以其寿命期作为计算期，以满足在时间上的可比性。互斥方案的评价与选择的指标通常采用净现值法、净年值法、差额净现值法和差额内部收益率法、最小费用法等。

1. 净现值法

（1）比选原则。在寿命期相等的互斥方案中，净现值最大且非负的方案为最优可行方案。

（2）步骤。

①分别计算各个方案的净现值；②对每一个方案进行可行性分析，用判断准则进行检验，剔除 $NPV<0$ 的方案；③对所有 $NPV\geqslant 0$ 方案的净现值进行比较，根据净现值最大准则，选择净现值最大的方案为最佳投资方案。

【例 5-1】 某投资项目有 3 个不同的设计方案备选，3 个方案的寿命期均为 6 年，$i_c=10\%$，有关基础数据见表 5-1，试问哪个方案为最优？

表 5-1　投资项目基础数据　　万元

方案	投资	年成本	年收入	年净收益
A	150	100	154	54
B	220	110	230	120
C	300	100	222	122

解：计算各方案的净现值

$$NPV_A=-150+54(P/A,10\%,6)=85.18(\text{万元})$$

$$NPV_B=-200+120(P/A,10\%,6)=322.64(\text{万元})$$

$$NPV_C=-300+122(P/A,10\%,6)=231.35(\text{万元})$$

因为 $NPV_B>NPV_C>NPV_A>0$，所以 B 方案最优。

2. 净年值法（NAV 法）

（1）比选原则。净年值最大且非负的方案为最优可行方案。

（2）步骤。

①计算各个方案的净年值；②选择可行的方案，用判断准则进行检验，剔除 $NAV<0$ 的方案。③对所有 $NAV\geqslant 0$ 方案的净年值进行比较，根据净年值最大准则，选择净年值最大的方案为最佳投资方案。

【例 5-2】 条件同上题，用净年值法比选最优方案。

解：计算各方案的净年值

$$NAV_A=-150(A/P,10\%,6)+54=19.56(\text{万元})$$

$$NAV_B=-200(A/P,10\%,6)+120=74.08(\text{万元})$$

$$NAV_C=-300(A/P,10\%,6)+122=53.12(\text{万元})$$

因为 $NAV_B>NAV_C>NAV_A>0$，所以 B 方案最优。

说明：对于寿命期相同的方案可用 NPV 法和 NAV 法，且结论均相同；对于寿命期不同的方案，常用 NAV 法进行比较，NPV 法不可直接使用。

3. 差额净现值法（ΔNPV）

对于多个互斥方案，利用两方案的差额净现金流现值来分析，称为差额净现值法。设 A、B 是有共同寿命期 n 年的两个互斥的投资方案，B 方案比 A 方案投资大，两方案的差额净现值的计算公式为：

$$\begin{aligned}\Delta NPV_{B-A}&=\sum_{t=0}^{n}[(CI_B-CO_B)_t-(CI_A-CI_A)_t]-(1+i_c)^{-t}\\&=\sum_{t=0}^{n}(CI_B-CO_B)_t(1+i_c)^{-t}-\sum_{t=0}^{n}(CI_A-CO_A)_t(1+i_c)^{-1}\\&=\sum_{t=0}^{n}[\Delta CI-\Delta CO]_t(1+i_c)^{-t}\\&=NPV_B-NPV_A\end{aligned}$$

具体解题过程是：先计算两个方案的净现金流量之差，然后计算差额净现值是否大于零。若 $\Delta NPV>0$，即 $NPV_B>NPV_A$，表明增加的投资在经济上是合理的，投资大的方案优于投资小的方案；反之，则说明投资小的方案是更经济的。

当有多个互斥方案进行比较时，为了选出最优方案，需要对各个方案进行两两比较。当方案很多时，先将各个方案按投资额的大小顺序排列，然后从小到大进行比较。每比较一次就淘汰一个方案，直到得出最终结论。

由于差额净现值只能用来检验差额投资的效果，即差额投资的相对效果，那么，差额净现值大于零只是表明增加的投资是合理的，并不表示全部投资是合理的。因此，在采用差额净现值法对方案进行比较时，首先必须确定作为比较基准的方案的绝对效果是好的。

实际工作中应根据具体情况选择比选方法。当有多个互斥方案时，直接用净现值最大准则选择最优方案比两两比较的增量分析更为简便。分别计算各备选方案的净现值，根据净现值最大准则选择最优方案，可以将方案的绝对经济效果检验和相对经济效果检验结合起来，判别准则可表述为净现值最大且非负的方案为最优方案。

【例 5-3】 某企业为降低产品成本，制订出三个互斥的技术方案，各方案的服务寿命均为 10 年，它们的净现金流量如表 5-2 所示。试在基准收益率为 15%的条件下选择经济上最有利的方案。

表 5-2 方案数据表

方案	初始投资/元	每年净现金流量/元	服务年限/年
A	5000	1400	10
B	8000	1900	10
C	10000	2500	10

解：① 净现值法：各方案全投资净现值如下

$$NPV_A=-5000+1400(P/A,15\%,10)=2026.32(元)$$

$$NPV_B=-8000+1900(P/A,15\%,10)=1535.72(元)$$

$$NPV_C=-10000+2500(P/A,15\%,10)=2547(元)$$

可见 $NPV_C>NPV_A>NPV_B>0$，故 C 方案为最优方案。

② 差额净现值法。以 A_0 方案为基础方案，计算 A_1 方案较 A_0 方案增量投资的净现值为：

$$NPV_{A-A_0}=-5000+1400(P/A,15\%,10)=2026.32(元)$$

由于 $NPV_{A-A_0}>0$，说明 A 优于 A_0，应保留 A，方案作为下一步继续比较的基础方案。以 A 方案为基础方案，计算 B 方案较 A 方案增量投资的净现值：

$$NPV_{B-A}=-(8000-5000)+(1900-1400)(P/A,15\%,10)=-490.6(元)$$

由于 $NPV_{B-A}<0$，说明 B 的增量投资是不合算的，应保留 A 方案，舍去 B 方案。仍以 A 方案作为基础方案，计算 C 方案较 A 方案增量投资净现值：

$$NPV_{C-A}=-(10000-5000)+(2500-1400)(P/A,15\%,10)=520.68(元)$$

说明 C 方案的增量投资是合算的，应保留 C 方案，舍去 A 方案，故 C 方案为最优方案。

4. 差额内部收益率法（ΔIRR）

内部收益率是一个重要且常用的动态评价指标，但用于方案比较时，有时会出现与净现值指标不同的评价结论。在对互斥方案进行比选时，净现值最大准则是正确的判别标准，因此，一般不使用内部收益率指标，而采用差额内部收益率指标。

差额内部收益率（Differential Internal Rate of Return），是相比较的两个方案各年净现

金流量差额的现值之和等于零时的折现率。其表达式为

$$NPV_A - NPV_B = 0$$

即
$$\sum_{t=0}^{n}[(CI-CO)_B-(CI-CO)_A](1+\Delta IRR)^{-t}=0$$

因此，差额内部收益率也可表述为两互斥方案净现值（或净年值）相等时的收益率。用差额内部收益率比选方案的判别准则是：

① 若 $\Delta IRR > i_c$，则投资大的方案为优；

② $\Delta IRR < i_c$，则投资小的方案为优。

与差额净现值法类似，差额内部收益率只能说明增加投资部分的经济性，并不能说明全部投资的绝对效果。因此，采用差额内部收益率法进行方案评选时，首先必须要判断被比选方案的绝对效果，只有在某一方案绝对效果好的情况下，才能用来作为比较对象。

在对互斥方案进行比较选择时，净现值最大准则更准确，而内部收益率最大准则只在基准折现率大于被比较的两方案的差额内部收益率的前提下成立。也就是说，如果将投资大的方案相对于投资小的方案的增量投资用于其他投资，会获得高于差额内部收益率的盈利率，这时用内部收益率最大准则进行方案比选的结论才是正确的。但是，如果基准折现率小于差额内部收益率，用内部收益率最大准则选择方案就会导致错误的决策。因为基准折现率是独立确定的，不依赖于具体的比选方案的差额内部收益率，故用内部收益率最大准则比选方案是不可靠的。

【例 5-4】 某项目有 4 种方案，各方案的投资、现金流量及有关评价指标见表 5-3。若已知 $i_c=15\%$，则经比较最优方案为（　　）。

表 5-3　现金流量表（一）

方案	投资额/万元	IRR/%	ΔIRR/%
A	200	18	—
B	300	20	$\Delta IRR_{B-A}=20$
C	400	15	$\Delta IRR_{C-B}=24$
D	500	23	$\Delta IRR_{D-B}=30$

A. 方案 A　　B. 方案 B　　C. 方案 C　　D. 方案 D

【答案 D】

解：方案 A 和方案 B 比较：

由于 i_A、i_B 均大于 i_c，且 $\Delta IRR_{B-A}>i_c$，所以方案 B 优于方案 A。

同理，方案 C 优于方案 B，方案 D 优于方案 C，所以最终方案 D 最优。

【例 5-5】 已知甲方案投资 300 万元，内部收益率为 8%；乙方案投资额为 250 万元，内部收益率为 10%。甲、乙两方案差额内部收益率为 5%，若基准收益率分别取 4%、7%、12%时，哪个方案最优？

解：① 当 $i_c=4\%$时，甲优于乙。

② 当 $i_c=7\%$时，乙优于甲。

③ 当 $i_c=12\%$时，两个方案都不可取。

【例 5-6】 有 A、B 两个项目，现金流量如表 5-4 所示，试在基准收益率为 15%的条件下选择经济上最有利的方案。（单位：万元）

表 5-4 现金流量表（二）

年份	0	1～10	10(残值)
A 的净现金流量/万元	−5000	1200	200
B 的净现金流量/万元	−6000	1400	0
增量净现金流量/万元	−1000	200	−200

解：① 绝对经济效果检验，计算 NPV

$$NPV_A = -5000 + 1200(P/A, 15\%, 10) + 200(P/F, 15\%, 10) = 1072(\text{万元})$$

$$NPV_B = -6000 + 1400(P/A, 15\%, 10) = 1026(\text{万元})$$

$NPV_A < NPV_B < 0$，所以 A、B 方案均可行。

② 进行相对经济效果检验，计算 ΔIRR

$$\begin{aligned} \Delta NPV &= [-6000 + 1400(P/A, \Delta IRR, 10)] \\ &\quad - [-5000 + 1200(P/A, \Delta IRR, 10) + 200(P/F, \Delta IRR, 10)] \\ &= -1000 + 200(P/A, \Delta IRR, 10) - 200(P/F, \Delta IRR, 10) = 0 \end{aligned}$$

取 $i_1 = 12\%$，$i_2 = 15\%$

$$\Delta NPV(i_1) = -1000 + 200(P/A, 12\%, 10) - 200(P/F, 12\%, 10) = 66(\text{万元})$$

$$\Delta NPV(i_2) = -1000 + 200(P/A, 15\%, 10) - 200(P/F, 15\%, 10) = -46(\text{万元})$$

$$\Delta IRR = i_1 + \frac{\Delta NPV(i_1)}{\Delta NPV(i_1) + |\Delta NPV(i_2)|}(i_2 - i_1) = 13.8\%$$

③ 判别：$\Delta IRR < i_c$，所以投资小的方案 A 为优选方案。

前面净现值法、净年值法、差额净现值法、差额内部收益率法都是针对一些常规方案的比选方法。对于一些情况比较特殊的方案，比如系列方案收益相同或未知的、寿命期无限的、寿命期不同的方案等，需要采取一些方法，使备选方案的基础相一致。

5. 最小费用法

在工程经济中经常会遇到这样一类问题，两个或多个互斥方案产出的效果相同或基本相同，但却难以进行具体估算，其产生的效益无法或者说很难用货币直接计量，即只有费用发生，如图书馆、博物馆、城市绿化工程、污水处理工程、水利工程、国防、教育等项目等，这些由于得不到其现金流量情况，也就无法采用净现值法、差额内部收益率法等方法来对此类项目进行经济评价。在这种情况下，我们只能假定各方案的收益是相等的，由于这些不同的方案都具有统一的目标，可以只比较这些方案费用的大小，并选择费用最小的方案为最佳方案，这种方法就称为最小费用法。

最小费用法包括费用现值（PC）比较法和年费用（AC）比较法。费用现值指将方案所有的费用在基准收益率水平下折算到基准期的费用。年费用指将方案的所有费用在基准收益率水平下折算到方案寿命期每一年年末的费用。

（1）比选原则。在寿命期相等的互斥方案中，费用现值（或年费用）最小方案为最优方案。

（2）步骤

①分别计算各个方案的费用现值（或年费用）；②对所有方案的费用现值（或年值）进行比较，选最小费用现值（或年费用）对应的方案为优。

【例 5-7】 某工厂项目有 A、B 两种不同的工艺设计方案，均能满足同样的生产技术需要，其有关费用支出如表 5-5 所示，已知 $i_c = 10\%$，试用费用现值法选择最佳方案。

表 5-5　互斥方案 A、B 的净现金流量

项目	投资(第 1 年末)/万元	年经营成本(2～10 年末)/万元	寿命期/年
A	600	280	10
B	785	245	10

解：根据费用现值的计算公式可分别计算出 A、B 两方案的费用现值如下

$PC_A=600\times(P/F,10\%,1)+280\times(P/A,10\%,9)(P/F,10\%,1)=2011.40$(万元)

$PC_B=785\times(P/F,10\%,1)+245\times(P/A,10\%,9)(P/F,10\%,1)=1996.34$(万元)

由于 $PC_A>PC_B$，所以方案 B 为最佳方案。

【例 5-8】 根据例 5-7 中的资料，试用年费用比较法选择最佳方案。

解：计算出 A、B 两方案的等额年费用如下

$$AC_A=2011.40\times(A/P,10\%,10)=327.25(\text{万元})$$

$$AC_B=1996.34\times(A/P,10\%,10)=324.80(\text{万元})$$

由于 $AC_A>AC_B$，故方案 B 为最佳方案。

二、寿命期不同的互斥方案的比选

对于互斥方案来讲，如果其寿命期不同，那么就不能直接采用净现值法等评价方法来对方案进行比选，因为此时寿命期长的方案的净现值与寿命期短的方案的净现值不具有可比性。因此为了满足时间可比的要求就需要对各备选方案的计算期和计算公式进行适当的处理，使各个方案在相同的条件下进行比较才能得出合理的结论。

为满足时间可比条件而进行处理的方法很多，常用的有净年值（NAV）法、最小公倍数法等。

1. 净年值（NAV）法

净年值法是将投资方案在计算期的收入及支出按一定的折现率换算为净年值，再来加以评价或选择的方法。在对寿命期不等的互斥方案进行评选时，特别是参加比选的方案数目众多时，净年值法是最为简便的方法。判定准则为净年值最大且非负的方案为最优的可行方案。

【例 5-9】 现有 A、B、C 三个投资方案，各方案的现金流量见表 5-6，基准收益率 $i_c=12\%$，试用净年值法选择最优方案。

表 5-6　方案 A、B、C 的现金流量

方案	投资额/万元	年净收益/万元	寿命期/年
A	200	80	5
B	300	90	6
C	400	100	8

解：计算各方案的净年值：

$$NAV_A=-200(A/P,12\%,5)+80=-200\times0.2774+80=24.52(\text{万元})$$

$$NAV_B=-300(A/P,12\%,6)+90=-300\times0.2432+90=17.04(\text{万元})$$

$$NAV_C=-400(A/P,12\%,8)+100=-400\times0.2013+100=19.48(\text{万元})$$

由于 $NAV_A > NAV_C > NAV_B$，故方案 A 为最优方案。

对于仅有或仅需计算费用现金流的互斥方案，可以比照净年值指标的计算方法，从费用年值指标进行比选。判别标准是：费用年值最小的方案为最优。

【例 5-10】 从矿山到矿厂运输矿石有两种可行方案，两种方案费用见表 5-7，在基准折现率 $i_c=15\%$ 条件下选择最佳方案。

表 5-7 A、B 方案费用表

方案	方案 A		方案 B
	矿车	道路	架空索道
投资/万元	45	23	175
年维修/万元	6	0.3	2.5
残值/万元	5	2	10
经济寿命/年	8	12	24

解：

$$AC_A=45(A/P,15\%,8)+23(A/P,15\%,12)-5(A/F,15\%,8)-2(A/F,15\%,12)+6+0.3$$
$$=20.141\ (\text{万元})$$

$$AC_B=175(A/P,15\%,24)+2.5-10(A/F,15\%,24)=29.641\ (\text{万元})$$

$AC_A < AC_B$，方案 A 优于方案 B。

2. 最小公倍数法

用净年值法进行寿命期不同的互斥方案比选，实际上隐含着一个假定：各个备选方案在其寿命结束时均可按原方案重复实施，多次重复并最终达到各方案的寿命期相等的状态，从而使寿命不等的互斥方案间具有可比性。因为一个方案无论重复实施多少次，其年值是不变的，所以净年值法实际上假定了各方案可以无限多次重复实施。依据这一思想，也就可以推导出计算期的最小公倍数法。

当互斥方案寿命期不同时，由于各方案的现金流量在各自寿命期内的现值不具有可比性，如果要使用现值指标进行方案比选，就必须设定一个共同的计算期。这个共同的计算期通常设定为各个方案寿命期的最小公倍数。

最小公倍数法以各个方案使用寿命期的最小公倍数作为计算周期，在此期间各方案以同样规模重复投资多次，据此算出各方案的净现值，然后进行比较选优。

判定准则为净现值最大且非负的方案为最优的可行方案。

【例 5-11】 某建设投资项目有两个方案可供选择，各方案的有关数据见表 5-8，试在基准收益率 $i_c=12\%$ 的条件下选择最优方案。

表 5-8 方案 A、B 的经济数据

方案	投资额/万元	年净收益/万元	寿命期/年
A	800	360	6
B	1200	480	8

解： 两个方案寿命期的最小公倍数为 24 年。两个方案重复后的现金流量图如图 5-1 所示。从现金流量图中可以看出，方案 A 重复 4 次，方案 B 重复 3 次。

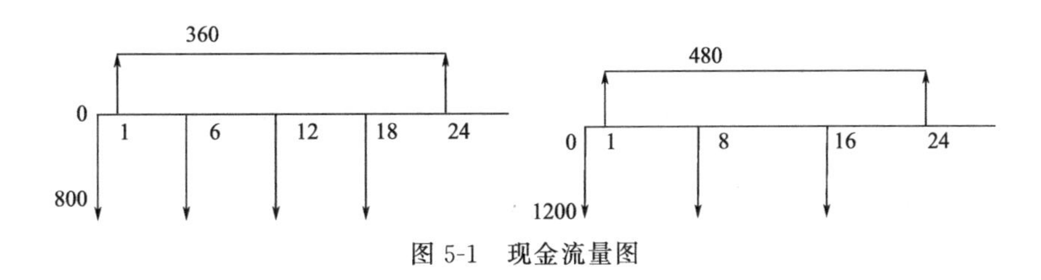

图 5-1　现金流量图

$$\begin{aligned}NPV_A &= -800-800(P/F,12\%,6)-800(P/F,12\%,12)\\ &\quad -800(P/F,12\%,18)+360(P/A,12\%,24)\\ &=1287.71(万元)\end{aligned}$$

$$\begin{aligned}NPV_B &= -1200-1200(P/F,12\%,8)-1200(P/F,12\%,16)\\ &\quad +480(P/A,12\%,24)\\ &=1856.06(万元)\end{aligned}$$

由于 $NPV_B > NPV_A$，方案 B 优于方案 A。

第三节　独立方案的经济性比选

一般独立方案比选有两种情况：第一，无资金限制的情况；第二，有资金限制的情况。

一、无资金约束独立方案的经济性比选

如果独立方案之间共享的资源足够多，那么其比选的方法与单个项目的检验方法是基本一致的，即只要项目本身的 NPV≥0 或 IRR≥i_c，则项目就可采纳并实施。因此独立方案的采用与否，取决于方案自身的经济性，即方案的经济指标是否达到或超过预定的经济评价标准。这样只需通过计算方案的经济指标，按照指标的判别准则加以检验就可以对方案进行选择了。

【例 5-12】 两个独立方案 A 和 B，其现金流量见表 5-9，在基准收益率 $i_c=12\%$ 条件下判断其经济可行性。

解：对于独立方案，可计算方案自身的绝对效果指标——净现值、净年值和内部收益率等，然后根据各指标的判别准则进行绝对经济效果检验。

表 5-9　独立方案 A、B 的净现金流量　　万元

方案	年份	
	0	1~10 年
A	−20	6
B	−30	9

① 净现值 NPV。

$$NPV_A=-20+6(P/A,12\%.10)=13.9(万元)$$

$$NPV_B=-30+9(P/A,12\%,10)=20.9(万元)$$

根据判别准则，NPVA>0，NPVR>0，方案 A、B 均可接受。

② 净年值 NAV。

$$NAV_A = NPV_A(A/P, 12\%, 10) = 2.46(万元)$$
$$NAV_B = NPV_B(A/P, 12\%, 10) = 3.70(万元)$$

根据判别准则，由于 $NAV_A > 0$，$NAV_B > 0$，方案 A、B 均可接受。

③ 内部收益率 IRR。设方案 A 内部收益率为 IRR_A，方案 B 内部收益率为 IRR_B，则

$$-20 + 6(P/A, IRR_A, 10) = 0$$
$$-30 + 9(P/A, IRR_B, 10) = 0$$

解得 $IRR_A = IRR_B = 26\%$。

根据判别准则，由于 $IRR_A = IRR_B > i_c$，方案 A、B 均可接受。

由此可见，不论采用净现值、净年值和内部收益率中的哪种评价指标，评价结论都是一样的。

二、资金约束独立方案的经济性比选

独立方案的无资金约束是特例，大多数情况下是资金有限，需要根据资金的拥有状况来评价选择投资项目的组合，使项目组合达到最佳经济效益。独立方案的选择有两种方法：一是方案组合法；二是净现值率排序法。

1. 方案组合法

方案组合法是指在受资金限制的情况下，对项目方案首先进行互斥组合，即方案组与组之间为互斥关系，而组内各方案之间为独立关系，然后再从多个互斥组合中选择一组投资总额最大限度地接近（或等于）资金限额而经济效益又最大的组合作为最优项目，并以此为分配资金的对象。

【例 5-13】 某项目有三个独立的投资方案 A、B 和 C，它们的现金流量如表 5-10 所示，寿命期均为 5 年。已知基准收益率为 10%。请在总投资限额 1000 万元下做出最佳决策。

表 5-10 项目情况列表

方案	投资额/万元	年净收益/万元	净现值/万元
A	300	120	154.92
B	450	150	118.65
C	500	160	106.56

解：采用方案组合法，n 个独立方案可构成 2^n 个互斥型方案，本例中三个方案可组成 8 个互斥型的组合方案，组合方案的投资和收益情况详见表 5-11。

表 5-11 组合方案的投资和收益表

方案构成	投资额/万元	净现值/万元
1. 0	0	0
2. A	300	154.92
3. B	450	118.65
4. C	500	106.56
5. A+B	750	273.57
6. A+C	800	261.48
7. B+C	950	225.21
8. A+B+C	1250	380.13

结论：在没有超过总投资限额的七个组合方案中，第5个组合（A+B）的净现值最大，即为最佳组合方案，投资决策应为应该对A方案和B方案进行投资。

2. 净现值率排序法

净现值率排序法，是指将净现值率大于或等于零的各个方案按净现值率的大小依次排序，并依次序选取方案，直至所选取的组合方案的投资总额最大限度地接近或等于投资限额为止。

【例5-14】 6个独立方案的净现金流量表5-12所示，已知基准收益率为12%，总投资限额为1200万元，寿命期均为10年。请用净现值率排序法进行比选。

表5-12　各方案现金流量表

方案	A	B	C	D	E	F
投资额/万元	300	500	250	450	550	510
年净收益/万元	100	135	90	120	170	100
NPV/万元	265	262.8	258.5	228	410.5	55
NPVR/%	88.33	52.56	103.4	50.67	74.64	10.79

解：各方案净现值率排序表见表5-13。

表5-13　净现值率排序表

方案	初始投资/万元	年净收益/万元	NPV/万元	NPVR/%	排序	累计投资/万元
C	250	90	258.5	103.4	1	250
A	300	100	265	88.33	2	550
E	550	170	410.5	74.64	3	1100
B	500	135	262.8	52.56	4	1600
D	450	120	228	50.67	5	2050
F	510	100	55	10.79	6	2560

所以，在累计投资额不超过但接近总投资限额1200万元的情况下，根据排序，应该选择投资C、A和E这三个方案。

本章小结

（1）要想正确评价工程项目、方案的经济性，仅了解评价指标的计算及判别是不够的，还必须了解工程项目方案所属的类型，从而按照方案的类型确定适合的评价指标，最终为作出正确的投资决策提供科学依据。

（2）多方案比选是工程项目经济分析的重要内容，多方案之间的比选方法和多方案之间的经济类型有关。本章主要介绍了互斥方案和独立方案的比选方法，重点介绍了寿命期相同的互斥方案的经济性比选和寿命期不同的互斥方案的经济性比选方法和准则。互斥方案的评价与选择的指标通常采用净现值法、净年值法、差额净现值法和内部收益率法、最小费用法等。在对互斥方案进行比较选择时，净现值最大准则更准确，而内部收益率最大准则只在基准折现率大于被比较两方案的差额内部收益率的前提下成立。

（3）一般独立方案比选有两种情况：第一，无资金限制的情况。第二，有资金限制的情况。如果独立方案之间共享的资源足够多，那么其比选的方法与单个项目的检验方法是基本一致的，即只要项目本身的 NPV≥0 或 IRR≥i_c，则项目就可采纳并实施。有资金限制的情况独立方案的选择有两种方法：一是方案组合法；二是净现值率排序法。

练 习 题

一、单选题

1. 三个投资方案 A、B、C，其投资额 $K_A > K_B > K_C$，差额投资回收期分别为 $T_{A-B}=3.4$ 年，$T_{B-C}=4.5$ 年，$T_{A-C}=2$ 年，若基准投资回收期为 5 年。则方案从优到劣的顺序为（　　）。

A. A—B—C　　B. B—C—A　　C. C—B—A　　D. 不能确定

2. 互斥方案比选时，用净现值法和差额内部收益率法进行项目比选的结论（　　）。

A. 相同　　B. 不相同　　C. 不一定相同　　D. 近似

3. 按照差额内部收益率的比选准则，若 $\Delta IRR < i_c$，则（　　）。

A. 投资小的方案为优　　B. 投资大的方案为优

C. 所有方案都可行　　D. 所有方案都不可行

4. 在对寿命不等的互斥方案进行比选时，尤其是当参加比选方案数目众多时，（　　）是最简便的方法。

A. 净现值　　B. 内部收益率　　C. 回收期　　D. 净年值

5. 现有Ⅰ、Ⅱ两个互斥并可行的方案，寿命期相同，Ⅰ方案的投资额小于Ⅱ方案的投资额，Ⅰ方案优于Ⅱ方案的条件是（　　）。

A. $\Delta IRR_{Ⅱ-Ⅰ} > i_c$　　B. $\Delta IRR_{Ⅱ-Ⅰ} < i_c$　　C. $\Delta IRR_{Ⅰ-Ⅱ} < i_c$　　D. $\Delta IRR_{Ⅰ-Ⅱ} > i_c$

6. 甲、乙两方案，其寿命期相同，其中甲的净现值大于乙，则两个方案（　　）。

A. 甲更优　　B. 乙更优　　C. 一样　　D. 无法判断

7. 按照差额内部收益率的判断准则，若 ΔIRR 小于 i_c 时，则（　　）。

A. 投资小的方案为优　　B. 投资大的方案为优

C. 所有方案都不可行　　D. 所有方案都可行

8. 现有甲、乙、丙三个独立方案，且三个方案的结构类型相同，其三种方案投资额和净现值如表 5-14 所示，由于资金限额为 750 万元，则最佳组合方案为（　　）。(单位：万元)

表 5-14　各方案投资额和净现值　　万元

方案	投资额	净现值
甲	200	50.25
乙	350	60.85
丙	400	55.45

A. 甲、乙组合　　B. 乙、丙组合　　C. 甲、丙组合　　D. 甲、乙、丙组合

二、计算题

1. 方案 A、B 是互斥方案，其各年的现金流量见表 5-15，单位为万元，试对方案进行评价选择（$i_c=10\%$）。

表 5-15　各方案各年现金流量

方案	年份	
	0	1～10 年
方案 A 净现金流量/万元	−3000	800
方案 B 净现金流量/万元	−2000	600

2. 某建设项目有三个设计方案，其寿命期均为 10 年，各方案的初始投资和年净收益如表 5-16 所示，分别用净现值法和差额内部收益率法选择最佳方案（已知 $i_c=10\%$），单位：万元。

表 5-16　各方案初始投资和年净收益

方案	年份	
	0	1～10 年
A/万元	−270	44
B/万元	−260	59
C/万元	−300	68

3. 现有 A、B、C 三个互斥方案，其寿命期均为 16 年，各方案的净现金流量如表 5-17 所示，试用净现值法选择出最佳方案，已知 $i_c=10\%$。

表 5-17　各方案净现金流量

方案	年份				
	建设期		生产期		
	1 年	2 年	3 年	4～15 年	16 年
A/万元	−2024	−2800	500	1100	2100
B/万元	−2800	−3000	570	1310	2300
C/万元	−1500	−2000	300	700	1300

4. 有两个互斥方案，其现金流量表如表 5-18 所示，设基准收益率为 10%，试用净现值法和内部收益率法评价指标。

表 5-18　互斥方案 1、2 现金流量表

净现金流量	0	1	2	3	4
方案 1/万元	−7000	1000	2000	6000	4000
方案 2/万元	−4000	1000	1000	3000	3000

5. 有 A、B 两个互斥方案，A 方案初始投资为 15000 元，期末回收残值为 5000 元；B 方案初始投资为 0 元，每季度将损失 2000 元，两方案的寿命期都为 5 年，假如利息年利率 10%，每季度计息一次，试比较哪个方案最优？

6. 某建设项目有 A、B 两个方案。A 方案是第一年年末投资 300 万元，从第二年年末至第八年年末每年收益 80 万元，第十年年末达到项目寿命，残值为 100 万元。B 方案是第一年年末投资 100 万元，从第二年年末至第五年年末每年收益 50 万元，项目寿命期为五年，残值为零。若 $i_c=10\%$，试分别用净年值法和最小公倍数法对方案进行比选。

7. A、B 两个方案，其费用和计算期如表 5-19 所示，基准收益率为 10%。试用最小公倍数法和费用年值法比选方案。

表 5-19　A、B 方案经济数据

项目	A 方案	B 方案
投资/万元	150	100
年经营成本/万元	1	20
计算期/年	15	10

8. 某项工程有三个投资方案，资料如表 5-20 所示，用差额内部收益率法选择最佳方案。($i_c=10\%$)

表 5-20 各投资方案数据资料

项目	A 方案	B 方案	C 方案
投资/万元	2000	3000	4000
年经营成本/万元	580	780	920
计算期/年	10	10	10

9. A 方案寿命 5 年，期初投资 300 万元，每年年末净收益为 96 万元，B 方案寿命 3 年，期初投资 100 万元，每年年末净收益为 42 万元，试用差额内部收益率法来比较哪一个方案较好（基准收益率为 10%）?

10. 一家航空公司计划投入使用一种新型飞机，有三种机舱座位安排方式可以选择，每一种方式的收益和成本如表 5-21 所示。飞机的寿命为 15 年，基准收益率为 25 %，每种座位安排方式下飞机的残值均为 500 万元，那么航空公司应该选择哪种方式?

表 5-21 各方式的收益和成本

机舱座位安排	A 方案 经济舱 250 个，头等舱 65 个	B 方案 经济舱 300 个，头等舱 30	C 方案 经济舱 350 个
年净收益/万元	6730	6754	6771
初始成本/万元	23110	23170	23260

11. 公交系统使用 3 种汽车：汽油型、天然气型和柴油型。无论哪种汽车每 5 年都需要更换。汽车的初始成本包括了发动机的成本，转售价格包括了发动机在内的汽车的价格，不考虑发动机的使用年限。数据如表 5-22 所示。如果基准收益率为 18%，请计算出每种型号汽车的费用年值，并比较哪种最经济?

表 5-22 各型号相关数据

型号	初始成本/元	经济寿命/年	发动机成本/元	发动机寿命/年	转售价格/元
汽油型	145000	10	17000	5	18000
天然气型	146400	9	15000	5	18500
柴油型	153000	10	47000	5	19000

第六章　不确定性分析

本章学习目标：

（1）了解不确定性分析的含义及内容；

（2）掌握盈亏平衡分析的概念及计算方法；

（3）理解敏感性分析的概念及基本步骤，掌握敏感性分析的方法；

（4）熟悉风险分析的步骤，掌握风险分析的方法。

第一节　概　　述

一、风险与不确定性的概念

1. 风险与不确定性的含义

（1）风险的含义。风险是由于各类不确定性因素所导致实际值与期望值之间的差异，其结果一般可用概率分布描述。各种不确定因素的发生是随机的，但其出现的可能性是可以通过历史统计数据估计出来的。风险是与出现不利结果的概率相关联的，出现不利结果的概率越大，风险也越大。

风险一般可分为狭义的风险和广义的风险。狭义的风险只反映风险是有害的和不利的，将给项目带来威胁，而没有考虑风险可能会带来机会。广义的风险综合考虑了风险的各个影响方面，其主要包括以下特征：

① 风险是中性的，既可能产生不利影响，也可能带来有利影响。

② 风险的大小与变动发生的可能性有关，也与变动发生后对项目影响的大小有关。变动出现的可能性越大，变动出现后对目标的影响越大，风险就越高。

（2）不确定性的含义。不确定性是指由于缺乏足够的信息而导致对项目有关因素或未来情况无法做出正确的估计；或者由于缺乏全面考虑而造成预期价值与实际价值之间的差异，其结果无法用概率分布规律来描述。这里所讲的不确定性：一方面是指影响经济效果的各种经济要素（比如市场需求和各种价格）的未来变化带有不确定性（科技进步和经济、政治形势的变化都会使生产成本、销售价格、销售量等发生变化）；另一方面是指方案各种经济要素的取值（如投资、产量）由于缺乏足够的信息或测算方法上的误差，使得方案经济效果评价带有不确定性。

2. 风险与不确定性的区别

风险与不确定性的区别体现在以下几个方面：

（1）可否量化。风险是可量化的，即风险发生概率是已知的或通过计算可以得到的。而不确定性则是不可以量化的。因此，风险分析一般可采用概率分析法对各种情况发生的概率及其影响进行确定；而不确定性分析只能进行假设分析，假定某些情况发生后不确定因素对项目的影响。

(2) 可否保险。风险是可保险的，不确定性是不可保险的。由于风险概率是可知的，理论上保险公司就可计算确定的保险收益，从而提供有关保险产品。

(3) 概率可获得性。不确定性的发生概率未知，而风险的发生概率是可知的，可以用概率分布来进行描述。

(4) 影响大小。不确定性代表不可知事件，因而有更大的影响。而如果同样事件可以量化风险，则其影响可以防范并得到有效降低。

综上所述，确定性是指在决策涉及的未来期间内一定要发生或者一定不发生。不确定性是指不可能预测未来将要发生的事件。风险则是介于不确定性与确定性之间的一种状态，其概率是可知的或已知的。在项目决策分析与评价中，虽然要对项目进行全面的风险分析，但其重点在于风险的不利影响和防范对策研究上。

二、风险与不确定性产生的原因

为更准确地对建设项目投资效果进行评价，应对风险与不确定性产生的原因进行全面的分析。一般来说，产生风险和不确定性的原因主要包括：项目数据的统计偏差、通货膨胀、技术进步、市场供求结构的变化以及其他外部影响因素。

(1) 项目数据统计过程中所产生的偏差。项目数据统计过程中所产生的偏差一般是由于统计样本数量的不足、预测模型或估算方法选择的不合理等因素对数据统计所造成的误差。

(2) 通货膨胀。通货膨胀会导致物价的浮动，影响项目评价中所用的价格，从而导致年销售收入、年经营成本等数据与实际发生偏差，影响评价结果的准确性。

(3) 技术进步。技术进步会引起新老产品和工艺的替代，如生产工艺和技术装备的发展变化或重大突破，新产品或替代品的突然出现等。这样，根据原有技术条件和生产水平所估计出的年销售收入等指标就会与实际值发生偏差。

(4) 市场供求结构发生改变。市场供求结构的改变会对产品的市场供求状况造成一定的影响，会对某些经济指标值产生影响。

(5) 其他外部因素。其他外部因素主要是指法律、法规的颁布影响经济关系和经济结构的变化和调整，国民收入和人均收入的增长率的变化，家庭消费结构的变化及需求弹性的变化等因素对评价结果都会造成一定的影响。

第二节 盈亏平衡分析

各类不确定性因素的变化会对方案的经济效果造成一定的影响，如果这些因素的变化达到某一临界值时，就会使方案的经济效果发生本质的变化，从而影响方案的取舍。盈亏平衡分析是在一定市场、生产能力及经营管理条件下，通过对产品产量、成本、利润相互关系的分析，寻找临界值，以判断方案对不确定性因素变化的承受能力，为投资决策提供依据。

一、盈亏平衡分析的基本原理

盈亏平衡分析是根据产品产量或销售量、成本和利润三者之间的相互依存关系而进行的综合分析。以产品成本和产量的关系为基础，研究利润、销售收入及总成本费用三者之间的相互关系。其最终目的是确定盈亏平衡点、正确规划企业的生产发展水平、合理安排企业的生产力、及时了解企业的经营状况以判断不确定因素对方案经济效果的影响程度，科学确定风险最小、经济效益最好的运行方案。

1. 销售收入与产品产量的关系

一般来说，根据市场条件的不同，可将销售收入与产品销售量的关系分为以下两种情况：

(1) 在无竞争市场中，方案的生产销售活动不会明显地影响市场供求状况，市场的其他条件也不发生变化，产品价格不随销售量的增加而变化，其可以看作为一个常数，销售收入与销售量之间成线性关系。即：

$$B=(P-T_b)\times Q \tag{6-1}$$

式中　B——销售收入（扣除销售税金及附加）；

P——单位产品价格；

T_b——单位产品销售税金及附加；

Q——产品销售量。

(2) 在有竞争市场中，方案的生产销售活动会明显地影响市场供求状况，随着产品销售量的增加，产品价格有所下降。这时销售收入与销售量之间不再是线性关系而是非线性关系。

$$B=\int_0^{Q_0}[P(Q)-T_b]\times \mathrm{d}Q \tag{6-2}$$

式中　B——销售收入（扣除税金及附加）；

P——单位产品价格；

T_b——单位产品税金及附加；

Q——产品销售量；

Q_0——设计生产量。

2. 产品成本与产量的关系

盈亏平衡分析的基本假设，即生产单位按销售量组织生产，产品销售量等于产品产量。按照与产量关系的不同，产品成本大体上可分为两种，即固定成本和可变成本。在一定的生产规模内，不随着产品产量变化而变化的成本称为固定成本，如折旧、大修理费用及管理费用等。随着产量变化而变化的成本，称为可变成本，如人工费、材料费、燃料费等。大部分变动成本与产量成线性关系，少数的变动成本与产量成阶梯型递增关系，当这部分所占比例很少时，可视为变动成本与产品产量成线性关系。

产品总成本为固定成本与可变成本之和，其与产品产量间的关系可表示为：

$$C=C_f+C_v\times Q \tag{6-3}$$

式中　C——产品总成本；

C_f——固定成本；

C_v——单位产品可变成本；

Q——产量。

二、盈亏平衡点及其计算原理

盈亏平衡点是投资方案盈利与亏损的临界点。将总成本费用分解为固定成本和可变成本后，基于利润与销售收入、税金和总成本费用的关系，可建立盈亏平衡的基本数学模型，其表达式为：

$$利润=销售收入-总成本-税金$$

$$利润=销售收入-(固定成本+变动成本)-税金$$

将上式中利润为零，可求得盈亏平衡点。即盈亏平衡分析就是将项目投产后的产销量作为不确定因素，通过计算盈亏平衡点的产销量，确定不确定性因素对方案经济效果的影响程度，来判断方案实施风险的大小及风险承担的能力。同时，根据总成本费用、收入及产量间的关系可将盈亏平衡分析分为线性盈亏平衡分析和非线性盈亏平衡分析，具体如下。

1. 线性盈亏平衡分析

线性盈亏平衡分析的前提条件。

① 产量与销售量相等；

② 产量可变，单位可变成本不变，从而总生产成本是产量的线性函数；

③ 产量可变，销售单价不变，从而销售收入是销售量的线性函数；

④ 只生产单一产品，或者生产多种产品，但可以换算为单一产品计算。

2. 线性盈亏平衡分析方法

假设某一项目利润为 B、单位产品售价为 P、销量或生产量为 Q、单位产品税金及附加为 t、单位产品变动成本为 C_v、固定成本为 C_f、税金与附加税率为 β、销售收入为 S，则线性盈亏平衡分析可表示如下：

$$销售收入\ S=单位售价\times 销量=P\times Q$$

$$总成本\ C=可变成本+固定成本=单位可变成本\times 产量+固定成本=C_f+C_v\times Q$$

$$税金=(单位产品税金及附加)\times 销售量=tQ=PQ\beta$$

综上可得线性盈亏平衡基本的损益表达式：

$$B=P\times Q-(C_v\times Q+C_f+t\times Q)=P\times Q-C_v\times Q-C_f-PQ\beta=0$$

通过以上分析，我们也可将成本、销量、利润三者间的关系在直角坐标系中进行表达，即形成基本的盈亏平衡图，如图 6-1 所示。

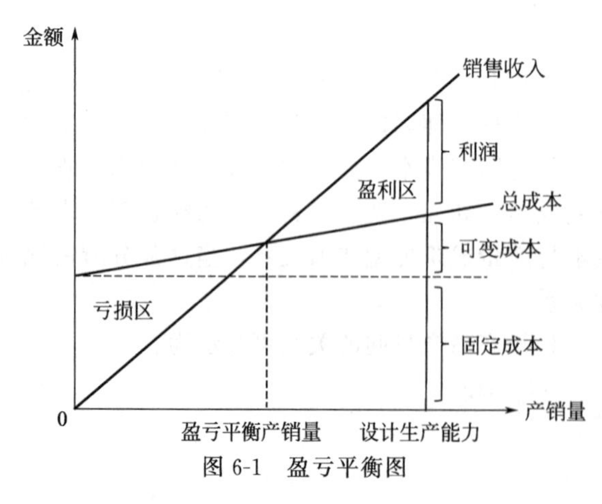

图 6-1 盈亏平衡图

通过对图 6-1 的分析可知，销售收入线与总成本线的交点即是盈亏平衡点，此时表明企业既没有利润，也不发生亏损，收入与支出相等。在此基础上，若增加销售量，则形成盈利区，即项目开始盈利。

3. 线性盈亏平衡分析的计算

一般来说，项目盈亏平衡点可以用产量、单位产品售价、单位产品可变成本及年总固定成本的绝对或相对值等指标进行表示。其中以产量和生产能力利用率表示的盈亏平衡点应用最为广泛。

(1) 用产量表示的盈亏平衡点 BEP(Q)

产销量是盈亏平衡点的一个重要表达形式，即利润为 0 时的盈亏临界点生产量。即

$$B=PQ-(C_vQ+C_f+tQ)=PQ-C_vQ-C_f-PQ\beta=0$$

$$\mathrm{BEP}(Q)=\frac{C_f}{P-C_v-t} \tag{6-4}$$

（2）用生产能力利用率表示的盈亏平衡点 BEP（%）

生产能力利用率表示的盈亏平衡点，是指盈亏平衡点产量占设计生产能力的百分比。即

$$\mathrm{BEP}(\%)=\frac{\mathrm{BEP}(Q)}{Q}\times 100\%=\frac{C_f}{(P-C_v-t)\times Q}\times 100\%$$

（3）用销售额表示的盈亏平衡点 BEP(S)

单一产品企业在现代经济中只占少数，大部分企业产销多种产品。多品种企业可以使用销售额来表示盈亏临界点。

$$\mathrm{BEP}(S)=\frac{P\times C_f}{P-C_v-t} \tag{6-5}$$

（4）用销售单价表示的盈亏平衡点 BEP(P)

如果按设计生产能力进行生产和销售，项目盈亏平衡点还可以由盈亏平衡点价格 BEP（P）来进行表达。即

$$\mathrm{BEP}(P)=\frac{C_f}{Q}+C_v+t \tag{6-6}$$

【例 6-1】 某工厂年设计产量为 50 万件，产品销售单价为 100 元，单位可变成本为 80 元，固定成本为 300 万元，税费为产品销售单价的 5%。试分别用产量、生产能力利用率、销售额及单位产品价格分别表示该项目的盈亏平衡点。

解：已知 $Q=50$ 万件，$P=100$ 元，$C_v=80$ 元，$C_f=300$ 万元，$\beta=5\%$。

① 用产量表示的盈亏平衡点 BEP(Q)

$$\mathrm{BEP}(Q)=\frac{C_f}{P-C_v-t}=\frac{300\times 10000}{100-80-100\times 5\%}=200000(\text{件})$$

② 用生产能力利用率表示的盈亏平衡点 BEP(%)

$$\mathrm{BEP}(\%)=\frac{\mathrm{BEP}(Q)}{Q}\times 100\%=\frac{C_f}{(P-C_v-t)\times Q}\times 100\%$$

$$\mathrm{BEP}(\%)=\frac{300}{(100-80-100\times 5\%)\times 50}\times 100\%=40\%$$

③ 用销售额表示的盈亏平衡点 BEP(S)

$$\mathrm{BEP}(S)=\frac{P\times C_f}{P-C_v-t}=\frac{100\times 300\times 10000}{100-80-100\times 5\%}=2000(\text{万元})$$

④ 用销售单价表示的盈亏平衡点 BEP(P)

$$\begin{aligned}\mathrm{BEP(P)}&=\frac{C_f}{Q}+C_v+t=\frac{300}{50}+80+\mathrm{BEP}(P)\times 5\%\\&=86+\mathrm{BEP}(P)\times 5\%\end{aligned}$$

$$\mathrm{BEP}(P)=90.53(\text{元})$$

通过以上计算可知该工厂不发生亏损的前提是产量大于 200000 件，生产能力利用率大于 40%，销售额大于 2000 万元，销售单价大于 90.53 元。

通过以上分析可知，盈亏平衡点反映了项目对市场变化的适应能力和抗风险能力。即盈亏平衡点越低，抗风险能力越强，项目风险越低；盈亏平衡点越高，抗风险能力也越差，项

目风险越高。

4. 非线性盈亏平衡分析的计算

在实际经济分析过程中，产品销售收入、销售量、成本费用与产量间并不一定成线性关系，有时也成非线性关系，这就要进行非线性盈亏平衡分析。非线性盈亏平衡分析的基本原理与线性盈亏平衡分析基本相同，即运用基本的盈亏平衡方程求解，只是非线性盈亏平衡分析的盈亏平衡点不止一个，需对各区间的盈亏平衡情况分别进行判断分析。假设 TC 为总成本线，TR 为销售收入线，如图 6-2 所示：

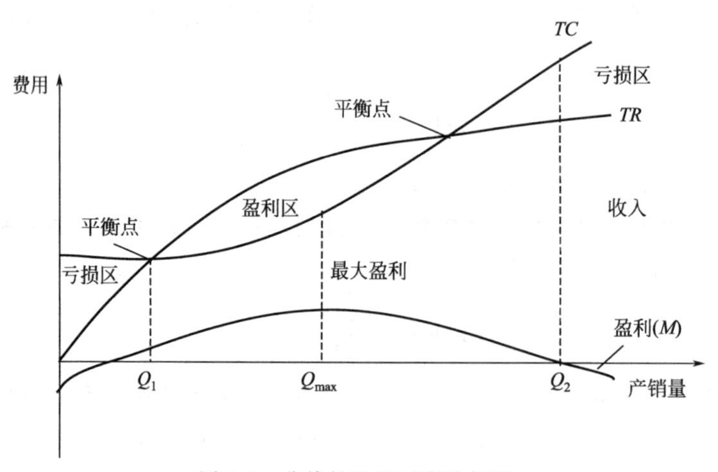

图 6-2 非线性盈亏平衡分析图

通过对图 6-2 分析可知当产量小于 Q_1 或大于 Q_2 时，项目处于亏损状态。只有当产量大于 Q_1，小于 Q_2 时，项目才处于盈利状态，因此 Q_1 和 Q_2 是项目的两个盈亏平衡点。非线性盈亏平衡分析中盈亏平衡点可分别用一元二次曲线表示总成本费用和销售收入函数，令销售收入等于总成本费用来进行盈亏点及最优规模的求取。

设：d、e、f、j 均为常数，则一元二次函数为 $TC=C_f+dQ+eQ^2$，$TR=fQ+jQ^2$，由 $TC-TR=0$，可得：

$$\text{BEP}(Q)=\frac{-f-d}{2(j-e)}\pm\frac{\sqrt{(f-d)^2-4(j-e)C_f}}{2(j-e)} \tag{6-7}$$

对利润 $B=TR-RC$ 求一阶导并令其等于 0 即

$$B(Q)_{\max}=\frac{f-d}{2(e-j)} \tag{6-8}$$

【例 6-2】 某生产性项目年固定成本为 66000 元，单位变动成本为 28 元，由于原材料降价使得单位变动成本降低 0.001 元，单位产品销售价格为 55 元，产品销量每增加一件，则相应价格下降 0.0035 元。试计算该生产性项目盈亏平衡点及最大利润时的销售量？

解：通过对题目的分析可令单位产品的销售价格为 $55-0.0035Q$，单位产品可变成本为 $28-0.001Q$。

盈亏平衡时的产量：$C(Q)=66000+(28-0.001Q)Q=66000+28Q-0.001Q^2$

$R(Q)=55Q-0.0035Q^2$

令：$C(Q)=R(Q)$ 可得：$Q_1=3439$(件)，$Q_2=7061$(件)。

由 $B=R-C$ 可得，$B=-0.0025Q^2+27Q-66000$

令 $B'(Q)=0$ 可得：$-0.005Q+27=0$

$$Q_{max}=27/0.005=5400(件)$$

综上可知，该项目盈亏平衡时的产量分别为 3439 件和 7061 件，最大利润时的销售量为 5400 件。

5. 互斥方案盈亏平衡分析

互斥方案盈亏平衡分析是工程经济分析中常见问题之一，在进行互斥方案盈亏平衡分析时首先应列出每个方案总成本费用的数学函数式。然后，将各方案总成本费用的函数表达式两两组合令其相等求出交点，再确定几个总成本费用最小的区间。最后，根据变量的大小找出它所对应的总成本费用最小方案作为所选择的最佳方案。

【例 6-3】 某企业拟投资一盈利性项目，该项目有甲、乙两种方案可供选择，具体投资额度、年营业收入及年营业费用详见表 6-1，该方案寿命期具有较大不确定性，基准收益率为 10%，不考虑残值。试计算两种方案的临界点，并择优进行选择。

表 6-1　投资方案现金流量表

投资方案	期初投资/万元	年营业收入/万元	年营业费用/万元
甲	1000	570	400
乙	3000	1600	1090

解：设项目寿命期为 n。

$$NPV_{甲}=-1000+(570-400)(P/A,10\%,n)$$

$$NPV_{乙}=-3000+(1600-1090)(P/A,10\%,n)$$

$$-1000+(570-400)(P/A,10\%,n)=-3000+(1600-1090)(P/A,10\%,n)$$

得出 $(P/A,10\%,n)=5.8824$

通过查表及内插法可得两方案的寿命周期临界点为 9.32 年。由此可知，如该项目寿命周期小于 9.32 年时应选用 A 方案。项目寿命周期大于 9.32 年时应选用 B 方案。

第三节　敏感性分析

一、敏感性分析概述

1. 敏感性分析的概念和作用

在对项目进行经济分析的过程中通常会受到各类不确定因素的影响，不同影响因素对项目经济性的影响也是不相同的，因此应对各个影响因素进行敏感性分析，确定各个因素的敏感程度。

敏感性分析是指通过分析项目主要不确定性因素发生的变化对财务或经济评价指标所产生的影响并计算敏感度系数和临界点，找出敏感因素。通过敏感性分析，可以准确识别对项目技术经济指标影响较大的因素，同时对其变化给项目造成的影响进行评估和分析，以减少不利影响，避免风险事件的发生。

2. 敏感性分析的步骤和内容

(1) 选择需要分析的不确定性因素。在分析时一般仅选择主要的不确定性因素。这些主要不确定性因素的界定一般按以下原则进行，即在可能的变动范围内，预计该因素的变化将较大的影响方案的经济效益指标；在确定性经济分析中，对该因素及数据的准确性把握不大。对于工程项目，可用于敏感性分析的因素通常有投资额、项目建设期限、产品产量或销售量、产品价格、经营成本、项目寿命期限、折现率等。

（2）确定进行敏感性分析的经济评价指标。敏感性分析所用的指标应与确定性分析一致。常用的评价指标包括净年值、净现值、内部收益率、投资回收期等。

（3）计算因不确定因素变动引起的经济评价指标的变动值。一般应根据实际情况确定这些因素的变动范围，合理预测，然后计算出各不确定因素变动相应的经济评价指标值，建立一一对应的数量关系，其计算结果常用敏感性分析图或敏感性分析表的形式表示。对各个不确定性因素的各种可能变化幅度分别进行计算，确定各个敏感因素对分析指标的影响程度值，即固定其他不确定性因素，变动某一个或几个因素，计算经济效果指标值。

（4）计算敏感度系数，找出敏感因素，并对敏感因素进行排队。敏感因素是指不确定的数值变化能对项目经济指标有着明显影响的因素。判断敏感性因素的方法一般包括：相对测定法和绝对测定法两种。

① 相对测定法。相对测定法是指通过给定各不确定性因素一个相同的变化幅度，比较在同一变化幅度下各因素变动对分析指标的影响程度，影响程度大的因素则为敏感因素。可用敏感度系数进行表示，即：

$$S_{AF}=\frac{\Delta A/A}{\Delta F/F} \tag{6-9}$$

式中　S_{AF}——评价指标 A 对于不确定性因素 F 的敏感度系数；

$\Delta F/F$——不确定性因素 F 的变化率；

$\Delta A/A$——不确定性因素 F 发生 ΔF 变化时，评价指标 A 的变化率。

当 $S_{AF}>0$，表示评价指标与不确定性因素同向变化；当 $S_{AF}<0$，表示评价指标与不确定性因素反向变化。S_{AF} 的绝对值越大，表示不确定性因素越敏感。但相对测定法在进行敏感度测定时存在一定局限性，其仅从评价指标对不确定性因素变化的敏感程度来鉴别敏感因素，而没有考虑各个不确定性因素本身可能变化的情况。

② 绝对测定法。绝对测定法实施之前应设定各不确定性因素均向对方案不利的方向变化，并取其可能出现的对方案最不利的数值，据此计算方案的经济效果指标，视其是否达到使方案无法被接受的程度（$NPV<0$ 或 $IRR<i$）。如果某个不确定性因素可能出现的最不利数值使方案变得不可接受，则表明该因素为方案的敏感因素。

绝对测定法的另外一种实施方法是预先设定分析指标由可行变成不可行的数值，然后分别求解各不确定性因素所对应的临界数值，该临界数值就称为临界点。将各不确定性因素的临界点与其可能出现的最大变化幅度进行比较，如果可能出现的变化幅度超过其临界点，则表明该因素是方案的敏感因素。临界点可以采用临界点百分比或者临界值表示，临界点百分比表示不确定性因素相对于基本方案的变化率，临界值表示不确定性因素变化达到的绝对数值。

（5）综合评价，优选方案。根据敏感因素对方案评价指标的影响程度及敏感因素的多少，判断项目风险的大小，并结合不确定性分析的结果，对方案进行综合评价。如果进行敏感性分析的目的是对不同投资项目或某一项目的不同投资方案进行选择，一般应选择敏感程度小、承受风险能力强的项目或方案。

二、单因素敏感性分析

单因素敏感性分析是指在进行敏感性分析时每次只变动一个不确定性因素所进行的敏感性分析。在分析方法上类似于数学上多元函数的偏微分，即在计算某个因素的变化对经济效果指标的影响时，假定其他因素均不变。下面通过案例分析的形式对单因素进行敏感性分析。

【例 6-4】 某投资方案用于确定性分析的现金流量如表 6-2 所示（表中数据是对未来最可能出现的情况预测估算得到的）。由于未来影响经济环境的某些因素的不确定性，预计各参数的最大变化范围为－30%～30%，基准折现率为 12%，试对各参数进行敏感性分析。

表 6-2　投资方案的基本数据估算表

参数	单位	预测值
投资额(K)	元	170000
年收益(AR)	元	35000
年支出(AC)	元	3000
残值(L)	元	20000
寿命期(n)	年	10

解：本题取净现值作为分析指标，净现值的未来最可能值为

$$\begin{aligned} NPV &= -K+(AR-AC)(P/A,12\%,10)+L(P/F,12\%,10) \\ &= -170000+(35000-3000)\times 5.650+20000\times 0.3220 \\ &= 17240(\text{元}) \end{aligned}$$

下面就投资额、年收益、年支出、残值和寿命期五个不确定性因素作敏感性分析。设投资额变动的百分比为 a，分析投资额变动对方案净现值影响的计算公式为：

$$NPV=-K(1+a)+(AR-AC)(P/A,12\%,10)+L(P/F,12\%,10)$$

设年收益变动的百分比为 b，分析年收益变动对方案净现值影响的计算公式为：

$$NPV=-K+[AR(1+b)-AC](P/A,12\%,10)+L(P/F,12\%,10)$$

设年支出变动的百分比为 c，分析年支出变动对方案净现值影响的计算公式为：

$$NPV=-K+[AR-AC(1+c)](P/A,12\%,10)+L(P/F,12\%,10)$$

设残值变动的百分比为 d，分析残值变动对方案净现值影响的计算公式为：

$$NPV=-K+(AR-AC)(P/A,12\%,10)+L(1+d)(P/F,12\%,10)$$

设寿命期变动的百分比为 e，分析寿命期变动对方案净现值影响的计算公式为：

$$NPV=-K+(AR-AC)[P/A,12\%,10(1+e)]+L[P/A,12\%,10(1+e)]$$

根据上述计算过程，使用题目中所给表格数据 a、b、c、d、e 分别取±10%、±20%、±30%，可计算出各不确定因素在不同变动幅度下方案的净现值，计算结果见表 6-3。

表 6-3　因素变化对净现值的影响

不确定因素	变动幅度						
	－30%	－20%	－10%	0	＋10%	＋20%	＋30%
投资额(K)	68240	51240	34240	17240	240	－16760	－33760
年收益(AR)	－42085	－22310	－2535	17240	37015	56790	76565
年支出(AC)	22325	20630	18935	17240	15545	13850	12155
残值(L)	15308	15952	16596	17240	17884	18528	19172
寿命期(n)	－14906	－2946	7708	17240	25766	33342	40152

由此可以推出，在同样变动幅度下，对方案净现值敏感度因素影响由大到小分别是年收益、投资额、寿命期、年支出及残值变动。同时，根据表中数据可以绘制出单因素敏感性分析图（图 6-3），中的每一种不确定因素所对应的斜率也反映了经济评价指标对该因素的敏感程度，斜率越大，敏感度越高。

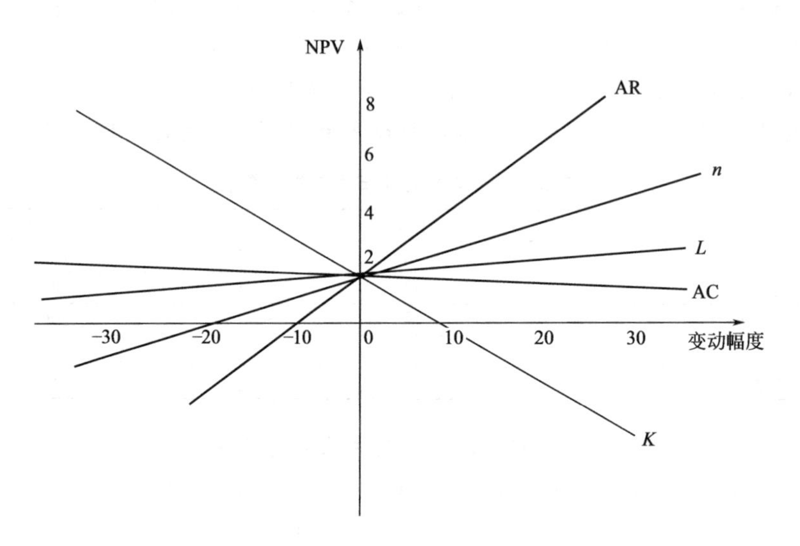

图 6-3　单因素敏感性分析图

上述方法为相对测定法，令上述五个计算方案的净现值分别等于零时进行求解，求出各不确定性因素的临界点百分比，寻找敏感因素。

令投资额变动对方案净现值影响的计算公式为 0 可得：

$$NPV=-K(1+a)+(AR-AC)(P/A,12\%,10)+L(P/F,12\%,10)=0$$
$$a=10.14\%$$

令年收益变动对方案净现值影响的计算公式为 0 可得：

$$NPV=-K+[AR(1+b)-AC](P/A,12\%,10)+L(P/F,12\%,10)=0$$
$$b=-8.72\%$$

令年支出变动对方案净现值影响的计算公式为 0 可得：

$$NPV=-K+[AR-AC(1+c)](P/A,12\%,10)+L(P/F,12\%,10)=0$$
$$c=101.71\%$$

令残值变动对方案净现值影响的计算公式为 0 可得：

$$NPV=-K+(AR-AC)(P/A,12\%,10)+L(1+d)(P/F,12\%,10)=0$$
$$d=-267.70\%$$

令寿命期变动对方案净现值影响的计算公式为 0 可得：

$$NPV=-K+(AR-AC)[P/A,12\%,10(1+e)]+L[P/A,12\%,10(1+e)]=0$$
$$e=-17.34\%$$

以上计算所得数值均为临界点百分比，用各自所达到的绝对数表示即为临界值，如表 6-4 所示。

表 6-4　敏感性分析结果

序号	不确定性因素	变化率	净现值	敏感度系数	临界点百分比	临界值
	基本方案	0	17240			
1	投资额/元	−20%	51240	9.86		
		20%	−16760	9.86	10.14%	187238
2	年收益/元	−20%	−22310	11.47	−8.72%	31948
		20%	56790	11.47		
3	年支出/元	−20%	20630	0.98		
		20%	13850	0.98	101.71%	6051
4	残值/元	−20%	15952	0.37	−267.70%	−33540
		20%	18528	0.37		
5	寿命期/年	−20%	−2946	5.85	−17.34%	8.27
		20%	33342	4.67		

通过上述分析可知，当其他因素不变，投资额增加超过 10.14%时；或其他因素不变，年收益降低超过 8.72%时；或其他因素不变，年支出增加超过 101.71%时；或者其他因素不变，残值减少超过 267.70%时；或者其他因素不变，寿命期缩短超过 17.34%时，方案的净现值将小于零，该方案变得不可接受。如果仅从不确定性因素本身的特性考虑，临界点百分比的绝对值越小，其对应的因素也就越敏感。因此，本例中敏感性由强到弱的因素依次为年收益、投资额、寿命期、年支出和残值，排序与相对测定法相同。

三、多因素敏感性分析

单因素敏感性分析是假定其他因素不变，对某一因素对经济效果的影响进行分析的过程。而在实际工作中，各因素间通常不是独立的，其相互之间具有一定的关联性，因此单因素敏感性分析有其局限性，没有考虑各因素之间变动的相关性。

多因素敏感性分析能够克服单因素敏感性分析的不足，其能够考察多个因素同时变化对方案经济效果的影响程度，更好地揭示事物的本质。但多因素敏感性分析过程中需考虑各种因素可能发生变动，有多种组合且有些因素的变动不是独立的，因此多因素敏感性分析的计算较为复杂。但如需分析的不确定性因素不超过三个且经济效果指标额的计算较为简单，这时则可采用解析法与作图法相结合的方式进行。

【例 6-5】 某投资方案用于不确定性分析的现金流量如表 6-5 所示（表中数据是对未来最可能出现的情况预测估算得到的）。由于未来影响经济环境的某些因素的不确定性，预计各参数的最大变化范围为−30%～30%，基准折现率为 12%，试对投资额与年收益的变化进行多因素敏感性分析。

表 6-5　投资方案的基本数据估算表

参数	单位	预测值
投资额(K)	元	170000
年收益(AR)	元	35000
年支出(AC)	元	3000
残值(L)	元	20000
寿命期(n)	年	10

解：考虑投资额与年收益的变化，设投资额变动的百分比为 a、年收益变动的百分比为 b，则方案净现值的计算公式可表示为：

$$NPV=-K(1+a)+[AR(1+b)-AC](P/A,12\%,10)+L(P/F,12\%,10)$$

得　$NPV=17240-170000a+197750b$

令 $NPV=0$，可得 $b=0.8597a-0.0872$

将其在直角坐标系中进行绘制可得图 6-4。

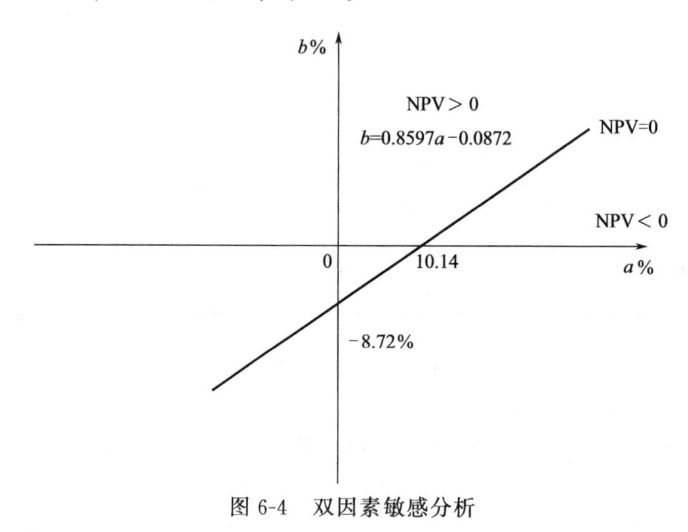

图 6-4　双因素敏感分析

由图 6-4 分析可知，在临界线左上方的区域，NPV＞0；在临界线右下方的区域，NPV＜0；因此可知，如投资额与年收益同时变动，只要变动范围不越过临界线进入右下方区域，方案即可接受。

敏感性分析能够就不确定性因素变化对方案经济效果的影响进行定量描述，有助于确定项目实施的重点研究与控制的因素，对方案经济评价可靠性的提高具有重要意义。但敏感性分析有一定的局限性，其只考虑了各个不确定性因素可能变化的幅度及其对方案经济效果的影响程度，没有考虑各不确定性因素在未来发生变化的可能性，造成方案经济性评价的失真。事实上，各不确定性因素在未来发生变化的概率是不同的，有些因素较为敏感，一旦发生变化对方案的经济效果影响很大，但它发生变化的概率很小，以至于可以忽略不计；而另一些因素可能不是很敏感，但它发生变化的可能性很大，实际所带来的“不确定性”比那些敏感因素更大。这个问题是敏感性分析所无法解决的，必须借助于概率分析方法进行分析。

第四节　风险分析

一、风险分析概述

(1) 风险的概念。风险是对经济主体的预期目标产生不利影响的可能性。风险具有不确定性、相对性及可变性。不确定性是指风险事件是否发生、何时发生及发生后会造成什么后果等均是不确定的。相对性是指不确定事件对不同主体有着不同的影响。可变性是指风险会进行变化的，当引起风险事件的因素发生变化时，风险也会随之进行改变。

对风险概念的理解可从以下几方面进行掌握。

① 风险是一种不确定性。风险是否发生、何时发生、发生后产生什么样的后果都是不确定的。如果不利影响必定发生或必定不发生，人们就可以采取相应的预防措施对风险事件进行预防，降低风险事件所带来的不利影响。

② 风险是潜在的损失或损害。风险是一种不利的影响，风险总是与潜在的损失联系在一起。如果没有损失，就不称为风险。

③ 风险是实际结果与预期目标的差异。风险带来的损失或损害是相对预期目标的，不一定是绝对的损失或损害。

④ 风险相对于经济主体而言。风险成立的前提是存在承担实际结果的经济主体或组织，如果某位投资者对投资的结果不承担任何责任，则对其来说也就不存在风险。

⑤ 风险涉及选择。风险研究的目的在于规避风险或减轻风险损失，其前提条件是存在可以选择的不同方法；如果没有选择的条件，只有一种方法，那么讨论风险就没有意义了。

(2) 风险的分类。根据标准及角度的不同可将风险分为纯粹风险和投机风险，自然风险和人为风险，可接受风险和不可接受风险，人身、财产风险和责任风险，工期、费用风险和质量风险等。

① 纯粹风险和投机风险。纯粹风险是指不确定性中仅存在损失的可能性，没有任何收益的可能。投机风险是指不确定性中既存在收益的不确定性，也存在损失的不确定性，可能带来机会也可能造成损失。

② 自然风险和人为风险。自然风险是指由于自然力作用造成的财产毁损或人员伤亡的风险。人为风险是指由于人的活动而带来的风险是人为风险。人为风险又可以分为行为风险、经济风险、技术风险、政治风险和组织风险等。

③ 可接受风险和不可接受风险。可接受风险一般指法人或自然人在分析自身承受能力、财产状况的基础上，确认能够接受的最大损失。风险低于这一限度的风险称为可接受风险，不可接受风险一般指法人或自然人在分析自身承受能力、财务状况的基础上，确认已超过所能承担的最大损失额，这种风险就被称为不可接受风险。

④ 财产风险、人身风险和责任风险。财产风险是指财产所遭受的损害、破坏或贬值的风险。人身风险是指由于疾病、伤残、死亡所引起的风险。责任风险是指由于法人或自然人的行为违背了法律、合同或道义上的规定给他人造成财产损失或人身伤害。

⑤ 工期风险、费用风险和质量风险。工期风险即造成局部或整体工程的工期延长，不能按计划时间移交后续工程施工或按时交付使用。费用风险包括财务风险、成本超支、投资追加、报价风险、投资回收期延长或无法回收。质量风险包括材料、工艺、工程不能通过验收，工程试生产不合格，工程质量经过评价未达到要求。

(3) 风险分析与不确定性分析。风险分析与不确定性分析之间既存在着联系，又存在一定的区别。

不确定性分析与风险分析的主要区别在于两者的分析内容、方法和作用的不同。不确定性分析只是研究各种不确定性因素对方案结果的影响，但不知道这些不确定性因素发生的可能性；而风险分析则要通过预先知道不确定性因素可能出现的各种状态及其可能性，求得各影响因素对方案结果的影响程度。

若用数学语言表述，方案结果是因变量 Y，影响方案结果的不确定性因素是自变量 X，则 Y 与 X 间存在着某种因果关系 f。即

$$Y=f(X) \tag{6-10}$$

由于 X 的不确定性导致了 Y 的不确定性，不确定性分析和风险分析的共性就是 X 的不确定性。然而，风险分析预先知道 X 出现各种状态的可能性，由此分析 Y 出现各种结果的可能性。而不确定性分析则不知道 X 的概率分布，只是分析 X 发生某种变化时 Y 的结果。

(4) 风险分析的程序。风险分析的程序一般包括风险识别、风险评估及制定风险防范对策等过程。

① 风险识别。风险识别应从风险与方案的关系出发，掌握方案的组成、各种变数的性质及相互间的关系、方案与环境之间的关系等。在此基础上，利用系统的方法和步骤查明方案所需资源形成潜在威胁的各种因素。

② 风险评估。风险评估是对风险事件发生的概率及其对方案结果影响大小进行评估的过程。风险评估又分为风险估计和风险评价，风险估计是要估算各单个风险因素发生的概率及其对方案的影响程度。风险评价则是对方案的整体风险，各风险之间的相互影响、相互作用以及对方案的总体影响，经济主体对风险的承受能力等进行评价。

③ 制定风险防范对策。制定风险防范对策是在风险识别和风险评估的基础上，根据决策主体对风险的态度，制定应对风险的策略和措施的过程。

二、风险识别

1. 风险识别的概念及原则

(1) 风险识别的概念。风险识别是采用系统论的观点对项目进行全面分析，确定项目存在的潜在风险因素，并对其所存在的风险进行比较、分类，确定各因素间的相关性与独立性，判断其发生的可能性及对项目的影响程度，按其重要性进行排队或赋予权重。

(2) 风险分析的原则。为保证风险识别工作的准确性，在进行风险识别过程中应遵守方法可靠、全面了解、连续识别、方法经济及积累资料原则。

① 方法可靠原则。方法可靠原则是指在建设项目实施过程中可能会遇到各类风险，为保证风险识别的准确性应采取多种方法，相互补充。

② 全面了解原则。全面了解原则是指项目的风险管理人员应尽量向有关业务部门的专业人士征求意见以求得对项目风险的全面了解。

③ 连续识别原则。连续识别原则是指风险因素随着项目的进展会不断发生变化，风险识别工作完成后一段时间又会产生新的风险。因此必须制定一个连续的风险识别计划。

④ 方法经济原则。方法经济原则是指风险识别的方法必须考虑其相应的成本，遵循经济上的合理，对于影响项目系统目标比较明显的风险，应采用多种方法进行识别，最大限度地降低经济成本。

⑤ 积累资料原则。资料的不断积累是开展风险管理的重要基础，而在风险识别时产生的记录则是主要的风险资料之一。因此，在风险识别工作开始前应准备好将要用到的记录表格，将所获取的相关资料整理保存。

2. 风险识别的方法及步骤

(1) 风险识别的方法。

① 流程图法。流程图法是某项工程项目活动按步骤或阶段顺序以若干模块形式组成一个流程图子列。每个模块都标出各种潜在风险或利弊因素，结合项目的具体情况，对可能出现的风险进行识别。

② 环境分析法。企业面临的环境一般包括内部环境和外部环境，其中影响内部环境的因素包括企业的生产条件，规章制度，工人及管理人员的素质、管理水平等；影响外部环境的因素有原材料供应商、市场需求情况、企业和项目的筹资渠道、企业与业主和监理工程师及竞争对象的关系、企业与政府的关系、企业与外界的其他联系等。

③ 组织图分析法。组织图分析法适用于各类企业和项目的风险识别，它是风险识别的必要方法之一。其主要包括财务状况分析法、专家调查法、分解分析法、图表分析法、风险清单法及事故树分析法。其中财务状况分析法是指通过对影响项目实施效果各参与方进行分析而得到潜在的财务风险因素。专家调查法是指由专家组成专家调查组，每个人都畅所欲言，以识别潜在风险。分解分析法是指将一个复杂事物分解成容易为人识别的简单事物，将大系统分成小系统从而使风险容易识别。图表分析法是指通过有关数字、图表、曲线对项目未来某种状态进行描绘，从而识别风险因素。风险清单法是指逐一列出项目所面临的风险并将这些风险同项目各方的具体活动联系起来考察，以便发现各种潜在的风险因素。事故树分析法是对可能引起损失的事故进行研究，并探究其原因和结果的一种方法。

（2）风险识别的步骤。

① 明确所要实现的目标。

② 找出影响目标值的全部因素。

③ 分析各因素对目标的相对影响程度。

④ 对各因素向不利方面变化的可能性进行分析、判断并确定主要风险因素。

三、风险估计

1. 风险估计的概念

风险估计是指采用主观概率、客观概率分析及数理统计分析的方法确定风险因素的概率分布及评价指标相应的期望值、标准差等指标的过程。在风险估计过程中不仅应考虑损失或负偏离发生的大小范围，更要综合考虑各种损失或负偏离发生的概率。一般来说，风险事件的概率分布应由历史资料确定，是对大量历史数据进行统计分析得到的，这样得到的概率分布为客观概率。当没有足够的历史资料确定风险事件的概率分布时，由决策人自己或借助于咨询机构或专家凭经验进行估计得出的概率分布为主观概率。实际上，主观概率也是人们在长期实践基础上得出的并非纯主观的随意猜想。

2. 风险估计的方法

风险估计的方法主要包括概率分析法、决策树分析法、解析法及蒙特卡罗模拟法，具体如下。

（1）概率分析法。概率分析法是通过概率来研究不确定因素对项目经济指标的影响。其目的在于确定影响方案投资效果的关键因素及其可能的变动范围，并确定关键因素在此变动范围内的概率，然后进行概率期望值的计算，得出定量分析的结果。

① 离散概率分布。

a. 期望值。当变量可能值为有限个数，这种随机变量称为离散随机变量，其概率密度为间断函数。在此分布下指标期望值为：

$$E(x)=\bar{x}=\sum_{i=1}^{n}p_i \cdot x_i \tag{6-11}$$

式中　$\bar{x}$——指标的期望值；

p_i——第 i 种状态发生的概率；

x_i——第 i 种状态下的指标值；

n——可能的状态数。

【例 6-6】 已知方案的净现值及概率如表 6-6 所示，试计算方案净现值的期望值。

表 6-6 方案的净现值及其概率

净现值/万元	100	150	200	250
概率	0.1	0.5	0.25	0.15

解：根据期望值计算公式可得

$$E(\mathrm{NPV})=100\times0.1+150\times0.5+200\times0.25+250\times0.15=172.5(\text{万元})$$

b. 标准差。标准差反映了随机变量实际值与期望值的偏差程度。其可在一定程度反映投资方案的风险大小。标准差计算公式如下：

$$\sigma=\sqrt{\sum_{i=1}^{n}P_i(x_i-\bar{x})^2} \tag{6-12}$$

式中，σ 为 x 的标准差，其余符号同上文所述。

【例 6-7】 已知方案的净现值及概率如表 6-7 所示，试计算方案净现值的标准差。

表 6-7 方案的净现值及其概率

净现值/万元	1000	1500	2000	2500
概率	0.1	0.5	0.25	0.15

解：根据期望值公式可得：

$$E(\mathrm{NPV})=1000\times0.1+1500\times0.5+2000\times0.25+2500\times0.15=1725(\text{万元})$$

$$\sigma=\begin{bmatrix}0.1\times(1000-1725)^2+0.5\times(1500-1725)^2+\\0.25\times(2000-1725)^2+0.15\times(2500-1725)^2\end{bmatrix}^{\frac{1}{2}}=432.29(\text{万元})$$

c. 变异系数。变异系数为标准差与期望值之比，即

$$V=\frac{\sigma(x)}{E(x)} \tag{6-13}$$

由于变异系数是一个相对数，其不会受变量和期望值绝对值大小影响，能更好地对投资方案的风险程度进行反映。

【例 6-8】 某公司需进行方案比选，各方案的净现值及概率如表 6-8 所示，试确定最优方案。

表 6-8 各方案净现值、自然状态、概率表

市场销路	概率	方案净现值/万元		
		A	B	C
差	0.25	2000	0	1000
一般	0.50	2500	2500	2800
好	0.25	3000	5000	3700

解：首先，计算各方案净现值的期望值和标准差。

$$E_A(x)=\sum_{i=1}^{n}P_i x_i=0.25\times 2000+0.5\times 2500+0.25\times 3000=2500(\text{万元})$$

同理可得：
$$E_B(x)=2500(\text{万元})$$
$$E_C(x)=2575(\text{万元})$$

$$\begin{aligned}\sigma_A&=\sqrt{P_i[x_i-E(x)]^2}\\&=\sqrt{0.25\times(2000-2500)^2+0.5\times(2500-2500)^2+0.25\times(3000-2500)^2}\\&=353.55\end{aligned}$$

同理可得：
$$\sigma_B=1767.77(\text{万元})$$
$$\sigma_C=980.75(\text{万元})$$

其次，方案比选。由于方案A、B的期望值相等，故需对其标准差进行比较，由于A方案的标准差小于B方案的标准差，所以A方案风险小且其经济性优于B方案，选择A方案。同理对A方案和C方案进行对比发现A方案标准差小于C方案，但其经济性相差不明显，所以应对其变异系数进行比较。

A方案的变异系数：$V_A=\dfrac{\sigma_A(x)}{E_A(x)}=\dfrac{353.55}{2500}=0.141$

C方案的变异系数：$V_C=\dfrac{\sigma_C(x)}{E_C(x)}=\dfrac{980.75}{2576}=0.381$

通过计算可知A方案的变异系数小于C方案的变异系数，即A方案的风险小于C方案的风险。同时，由于两方案的经济性相差不大，所以选择A方案为最优方案。

② 连续概率分布。当变量取值范围为一个区间时，这种变量为连续变量，其概率分布为连续函数。连续概率分布一般包括：正态分布、三角分布、梯形分布、β分布及均匀分布。

a. 正态分布。正态分布是以密度函数均值为中心的对称分布，其适用于描述一般经济变量的概率分布。设变量为x，x的正态分布概率密度函数为$P(x)$，x的期望值$E(x)$和方差D的计算公式为：

$$E(x)=\int xp(x)\mathrm{d}x \tag{6-14}$$

$$D=\int_{-\infty}^{+\infty}[x-E(x)]^2p(x)\mathrm{d}x \tag{6-15}$$

当$E(x)=0$、$\sigma=\sqrt{D}=1$时，这种分布称为标准正态分布，用$X\sim N(0,1)$表示。正态分布概率密度图如图6-5所示。

b. 三角分布。三角分布的特点是密度数由最悲观值、最可能值及最乐观值组成的对称的或不对称的三角形。其适用于描述工期、投资等不对称分布的输入变量，也可用于描述产量、成本等对称分布的输入变量。三角分布概率密度图如图6-6所示：

c. 梯形分布。梯形分布是在确定变量得到乐观值和悲观值后，对最可能值却难以判定，只能确定一个最可能值的范围，这时可用梯形分布进行描述。梯形分布概率密度图如图6-7所示。

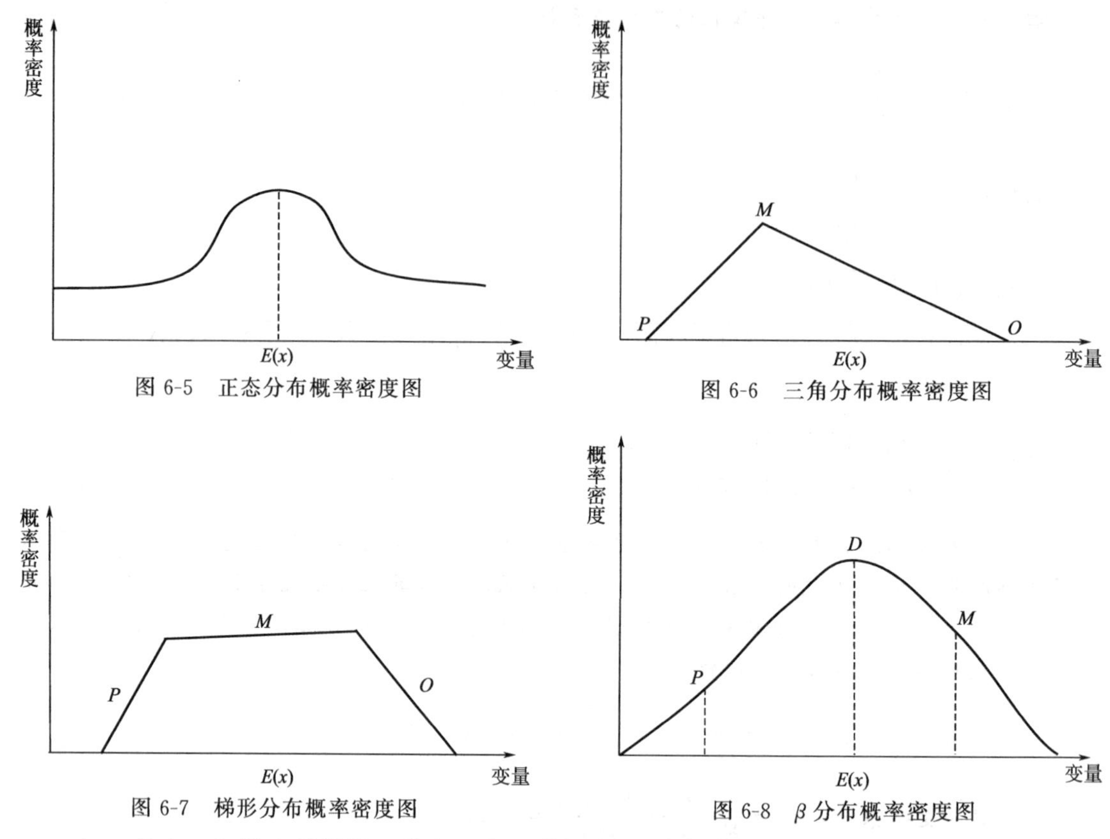

图 6-5　正态分布概率密度图

图 6-6　三角分布概率密度图

图 6-7　梯形分布概率密度图

图 6-8　β 分布概率密度图

d. β 分布。如果变量服从 β 分布，那么其概率密度在均值两侧呈不对称分布，如图 6-8 所示。β 分布适用于描述工期等不对称分布的变量。通常可以对变量做出三种估值，即乐观值 O、悲观值 P、最可能值 M。其期望值即方差近似等于：

$$E(x)=\frac{P+4M+O}{4} \tag{6-16}$$

$$D=\left(\frac{O-P}{6}\right)^2 \tag{6-17}$$

e. 均匀分布。如果指标服从均匀分布，那么其期望值和方差及概率密度图如图 6-9 所示。

$$E(x)=\frac{a+b}{2} \tag{6-18}$$

$$D=\left(\frac{b-a}{12}\right)^2 \tag{6-19}$$

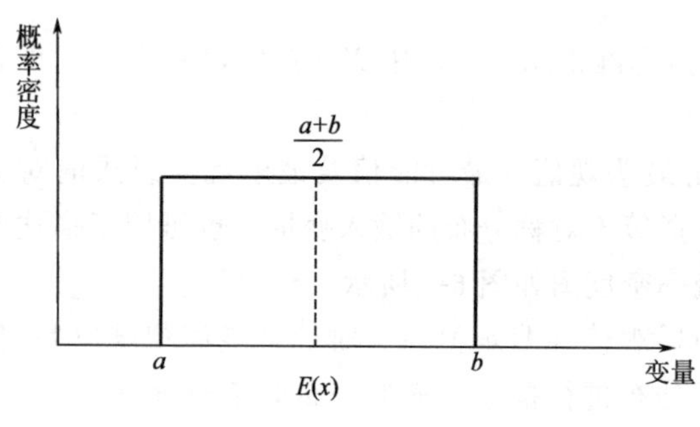

图 6-9　均匀分布概率密度图

(2) 决策树分析法。

① 决策树分析法概述。决策树分析法是运用概率分析的一种图解方法，其主要用于各投资方案的状态、概率和收益的比选，为决策者的投资方案选择提供依据。一般来说，决策树由决策点、机会点、方案枝、概率枝等组成，其绘制方法主要分为以下几个步骤：

首先，确定决策点，决策点一般用

“□”表示。然后从决策点引出若干条直线，代表各个备选方案，这些直线称为方案枝；方案枝后面连接一个“O”，称为机会点；从机会点画出的各条直线，称为概率枝，代表将来的不同状态，概率枝后面的数值代表不同方案在不同状态下可获得的收益值。

② 决策树分析法的步骤。决策树分析法是在离散概率分布情况下进行风险估计常用的方法。其具体分析的步骤如下。

a. 列出需考虑的各种风险因素。

b. 设想各种风险因素可能发生的状态。

c. 分别确定各种状态可能出现的概率并使其可能发生状态概率之和为 1。

d. 分别求出各种风险因素发生变化时，方案净现金流量各状态发生的概率和相应状态下的净现值 NPV。

e. 计算方案净现值的期望值 $E(\mathrm{NPV})$ 和标准差 $\sigma(\mathrm{NPV})$。

$$E(\mathrm{NPV})=\sum_{j=1}^{k}\mathrm{NPV}^{(j)}\times P_j \tag{6-20}$$

$$\sigma(\mathrm{NPV})=\sqrt{\sum_{j=1}^{k}\left[\mathrm{NPV}^{(j)}-E(\mathrm{NPV})\right]^2 P_j} \tag{6-21}$$

式中　P_j——第 j 种状态出现的概率；

　　k——可能出现的状态数，其他符号同前。

f. 求出方案净现值非负的累积概率。

g. 对概率分析结果作说明。

③ 决策树分析的适用范围。决策树分析的理论计算法一般只适用于服从离散分布的输入与输出变量。当输入变量数和每个变量可取的状态数较多时，一般不适用于理论分析法。若输入变量之间不是独立，而是存在相互关联时，也不适用这种方法。

④ 决策树法的分类。

a. 单级决策。单级决策是指只需要进行一次决策就可以选出最优方案的决策。

【例 6-9】 某项目有 A 和 B 两个方案，A 方案的投资额为 500 万元，其年净收益在产品销路好时为 150 万元，销路差时为亏损 50 万元，B 方案的投资额为 300 万元，其年净收益在产品销路好时为 100 万元，销路差时为 10 万元，方案的寿命期均为 10 年。根据市场预测，在项目寿命期内，产品销路好的可能性为 70%，销路差的可能性为 30%，标准折现率为 10%。试根据以上资料对方案进行比选。

解：首先，根据题意绘制决策树，如图 6-10 所示。

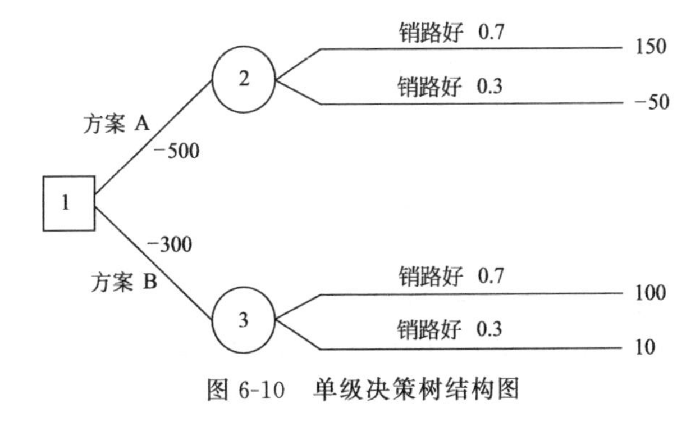

图 6-10　单级决策树结构图

在绘制完成后，应计算各个机会点的期望值：

机会点②的期望值为：$[150\times0.7+(-50\times0.3)](P/A,10\%,10)=533$(万元)

机会点③的期望值为：$(100\times0.7+10\times0.3)(P/A,10\%,10)=448.55$(万元)

最后，计算各备选方案净现值的期望值：

$$E(\text{NPV}_A)=553-500=53(\text{万元})$$

$$E(\text{NPV}_B)=448.50-300=148.55(\text{万元})$$

通过以上计算可知方案 B 优于方案 A，故应选择方案 B。

b. 多级决策。一个决策问题需要进行两次或两次以上的决策，才能做出最优选择，那么其称为多级决策。

【例 6-10】 甲咨询公司受乙公司委托，为其新建产品加工工厂选择建设方案。已知乙公司现有三种建设方案分别为：

方案一：大规模投资 300 万元，生产期为 10 年，其年损益值及销售状态的概率见表 6-9。

方案二：小规模投资 160 万元，生产期为 10 年，其年损益值及销售状态的概率见表 6-9。

方案三：先小规模投资 160 万元，生产 3 年后，如销路差，则不再投资，继续生产 7 年；如销路好，则再作决策是否在进行投资 140 万元扩建规模，生产期 7 年。前 3 年和后 7 年销售状态详见表 6-10，大小规模投资的年损益值同方案一、方案二。

表 6-9 各自然状态下的概率和损益值

销售状态	概率	损益值(万元/年)	
		大规模投资	小规模投资
销路好	0.7	100	60
销路差	0.3	−20	20

表 6-10 各个阶段自然状态的概率

概率	前 3 年的销售状态		后 7 年的销售状态	
	好	差	好	差
	0.7	0.3	0.9	0.1

试采用决策树法为该工厂选择最优建设方案。

解：首先，根据题意绘制决策树，如图 6-11 所示。

其次，计算各节点的期望收益值并选择方案。

① 机会节点 1 即大规模投资

$$\text{后 7 年的期望收益}=0.7\times E(4)+0.3\times E(5)$$

节点 4：$E(4)=[100\times7\times0.9+(-20)\times7\times0.1]=616$(万元)

节点 5：$E(5)=[(-20)\times7\times1]=-140$(万元)

$$\text{前三年的期望收益}=0.7\times100\times3+0.3\times(-20)\times3=192(\text{万元})$$

节点 1：$E(1)=192+0.7\times616+0.3\times(-140)-300=281.2$(万元)

② 机会节点 2 即小规模投资

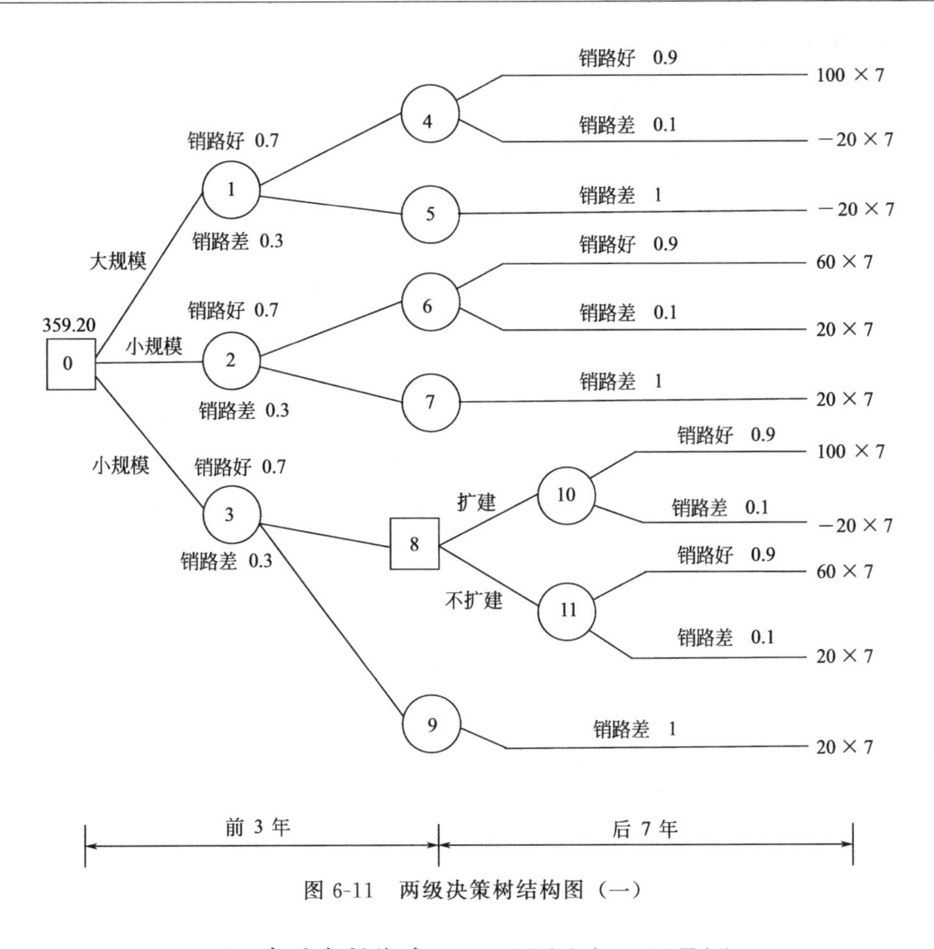

图 6-11　两级决策树结构图（一）

$$后7年的期望收益=0.7\times E(6)+0.3\times E(7)$$

节点 6：$E(6)=0.9\times60\times7+0.1\times20\times7=392$(万元)

节点 7：$E(7)=20\times7=140$(万元)

$$前三年期望收益=0.7\times60\times3+0.3\times20\times3=144(万元)$$

节点 2：$E(2)=144+0.7\times392+0.3\times140-160=300.4$(万元)

③ 机会节点 3 先小规模投资再投资

后 7 年的期望收益

节点 10：$E(10)=100\times7\times0.9+(-20)\times7\times0.1-140=476$(万元)

节点 11：$E(11)=60\times7\times0.9+20\times0.7\times0.1=392$(万元)

通过以上计算可知，节点 10 的期望损益值为 476 万元，大于节点 11 的期望损益值 392 万元，故去除节点 11 的建设方案。因此，节点 8 的期望损益值即为 476 万元。

节点 9：$20\times7\times1=140$(万元)

$$前三年的期望收益=0.7\times60\times3+0.3\times20\times3=144(万元)$$

节点 3：$E(3)=144+0.7\times476+0.3\times140-160=359.2$(万元)

$$E(3)>E(2)>E(1)$$

所以，投资者应该先进行小规模投资，3 年后如销售状态良好再进行扩建。

【例 6-11】 某项目各项基本数据见表 6-11，根据经验判断该项目营业收入和经营成本为离散型随机变量，其值在估计值的基础上可能发生的变化及概率见表 6-12。试确定该项

目净现值大于等于0的概率。(基准收益率为10%)

表 6-11 项目基本数据估算表

影响因素	期初投资/万元	年营业收入/万元	年经营成本/万元	寿命/年
估算值	1000	400	200	10

表 6-12 项目数据变化表

变幅 / 概率 / 因素	−10%	0	10%
营业收入	0.3	0.5	0.2
经营成本	0.3	0.4	0.3

解：第一步，项目净现金流量未来可能发生的9种状态，如图6-12所示：

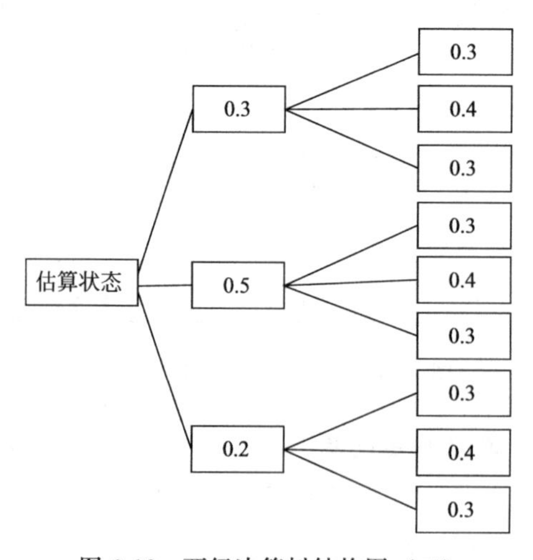

图 6-12 两级决策树结构图（二）

第二步，分别计算项目各种状态下的净现金流量的概率、净现值［$NPV^{(j)}$］及净现值期望值［$P_j NPV^{(j)}$］，如表6-13所示：

表 6-13 风险因素组合状态表

状态(j)	状态概率(P_j)	$NPV^{(j)}$	$P_j NPV^{(j)}$
1	0.09	106.03	9.54
2	0.12	−16.86	−2.02
3	0.09	−139.76	−12.58
4	0.15	351.81	52.77
5	0.20	228.92	45.78
6	0.15	106.03	15.91
7	0.06	597.60	35.86
8	0.08	474.70	37.98
9	0.06	351.81	21.11
合计	1.00		

第三步，利用净现值期望值公式 $\sigma(\mathrm{NPV})=\sqrt{\sum_{j=1}^{k}[\mathrm{NPV}^{(j)}-E(\mathrm{NPV})]^{2}P_{j}}$ 可求得净现值期望值：$\sigma(\mathrm{NPV})=\sqrt{\sum_{j=1}^{k}[\mathrm{NPV}^{(j)}-E(\mathrm{NPV})]^{2}P_{j}}=196.63$（万元）

第四步，计算净现值大于等于0的概率

$$P(\mathrm{NPV}\geqslant 0)=1-0.09-0.12=0.79$$

通过以上分析可得，该项目 $E(\mathrm{NPV})=204.35$ 万元 $\geqslant 0$，$P(\mathrm{NPV}\geqslant 0)=0.79$，说明项目可行。但由于标准差 $\sigma(\mathrm{NPV})=196.63$ 较大，所以期望值不一定能准确反映项目实施后的净现值。

(3) 解析法。解析法是指在进行方案经济评价时已知期望值、标准且方案经济指标服从某种典型概率分布的情况下，计算项目风险估计的方法。

【例 6-12】 如某方案净现值服从均值为400万元，均方差为200万元的正态分布。试计算（1）NPV≥0时的概率；（2）NPV≥902万元时的概率。

解：由概率论可知，若连续变量 x 服从参数为 μ（均值）、σ（均方差）的正态分布，则 x 小于 x_0 的概率为：

$$P(x<x_0)=\phi\left(\frac{x_0-\mu}{\sigma}\right)$$

在本例中，已知 $\mu=E(\mathrm{NPV})=400$ 万元，$\sigma=\sigma(\mathrm{NPV})=200$ 万元，则

NPV≥0的概率为：$P(\mathrm{NPV})=1-P(\mathrm{NPV}<0)=1-\phi\left(\frac{0-400}{200}\right)=0.9772$

NPV≥902万元时的概率为：$P(\mathrm{NPV})=1-P(\mathrm{NPV}<902)=1-\phi\left(\frac{902-400}{200}\right)=0.0060$

(4) 蒙特卡罗模拟法。蒙特卡罗模拟法是采用随机抽取一组输入变量概率分布特征的数值，并将其输入这组变量计算项目评价指标，通过多次抽样计算获得评价指标的概率分布及累计概率分布期望值、方差、标准差，计算项目可行或不可行的概率，从而估计项目投资所承担的风险。蒙特卡罗模拟法不仅适用于离散型随机变量情况，也适用于连续型随机变量。若遇到随机变量较多且概率分布是连续型的，采用概率树法将变得十分复杂，而蒙特卡罗法却能较方便地解决此类问题。

蒙特卡罗模拟法一般分为如下几步：

① 确定风险随机变量。

② 确定风险随机变量的概率分布。

③ 通过随机数表或计算机为各随机变量抽取随机数。

④ 根据风险随机变量的概率分布将抽得的随机数转化为各输入变量的抽样值。

a. 如果是离散型随机变量的模拟，则采用随机数作为随机变量累积概率的随机值，结合累计概率图，做一条水平线与累计概率折线相交的交点对应的横坐标值即为输入变量的抽样值。

b. 如果是正态分布随机变量的模拟，则随机数（RN）作为随机变量累积概率的随机值，每个随机数都可找到对应的一个随机正态偏差（RND），对应的随机变量的抽样结果计算如下：

$$抽样结果=均值+随机正态偏差\ X\ 标准差$$

c. 如果是具有最小值 a 和最大值 b 的连续均匀分布随机变量的模拟，随机数（RN）作

为随机变量累积概率的随机值，其中设 RN_M 表示最大随机数，对应的随机变量的抽样结果如下：抽样结果$=a+\frac{RN}{RN_M}(b-a)=\frac{a+b}{2}-\frac{b-a}{2}+\frac{RN}{RN_M}(b-a)$

d. 将抽样值组成一组项目评价基础数据。

e. 选取经济评价指标，计算随机状况下的评价指标值。

f. 重复上述过程，进行多次反复模拟，得出多组评价指标值。

g. 整理模拟结果所得评价指标的期望值、方差、标准差和它的概率分布及累计概率，绘制累计概率图。同时检验模拟次数是否满足预定的精度要求，分析计算项目可行或不可行的概率。

3. 风险评价

风险评价是指根据风险识别、风险估计的结果及风险判断标准，评价各个风险因素发生的概率及严重程度。一般来说，项目风险大小的评价标准应根据风险因素发生的可能性及其造成的损失来确定，采用评价指标的概率分布或累计概率、期望值、标准差作为判别标准，也可采用综合风险等级作为判别标准。

（1）以评价指标作为判别标准。

① 财务内部收益率大于等于基准收益率的累计概率值越大，风险越小；标准差越小，风险越小。

② 财务净现值大于等于零的累计概率值越大，风险越小；标准差越小，风险越小。

【例 6-13】 某项目建设期为 1 年，运营期为 10 年。建设投资、年销售收入及年经营成本分别为 80000 万元、35000 万元及 16000 万元。经调查得该项目主要风险因素是建设项目投资和年销售收入，每个风险因素有三种状态，如表 6-14 所示。试计算该项目财务净现值的期望值和财务净现值大于等于 0 的累积概率。（基准收益率为 10%）

表 6-14 风险因素概率分布表

风险因素	变化率		
	+20%	0	−20%
建设投资	0.3	0.6	0.1
年销售收入	0.2	0.5	0.3

解：

① 确定风险因素组合状态及其联合概率。

本例中有 2 个风险因素，每个风险因素有 3 种状态，故有 9 种组合状态，各种组合状态具体详见表 6-15：

表 6-15 风险因素组合状态计算表

风险因素状态		联合概率	净现值/万元	期望净现值/万元	方差
建设投资	年销售收入				
(1)	(2)	(3)	(4)	(5)	(6)
+20%	+20%	0.06	49235	2954	54765787
	0	0.15	10133	1520	11854337
	−20%	0.09	−28968	−2607	207287531

续表

风险因素状态		联合概率	净现值/万元	期望净现值/万元	方差
建设投资	年销售收入				
0	+20%	0.12	65235	7828	256265538
	0	0.30	26133	7840	15166394
	−20%	0.18	−12968	−2334	184223378
−20%	+20%	0.02	81235	1625	77406584
	0	0.05	42133	2107	26704019
	−20%	0.03	3032	91	7671949
合计		1.00		19024	841345517

注：方差=(净现值−项目期望净现值)^2×发生概率。

② 计算各组合状态净现值的期望值。

首先，计算各组合状态的净现值。如建设投资与年销售收入均增加的概率为20%，那么此时的净现值：

$$-80000\times1.2+(35000\times1.2-16000)(P/A,10\%,10)(P/F,10\%,1)=49235(\text{万元})$$

与此相同，可计算出各种状态下的净现值，如表6-15所示。此后将各种组合状态下净现值与其概率进行相乘，即可得到各种状态下净现值的期望值。

③ 计算净现值小于0的概率。

当组合状态的数量较多时，可采用列表法将各组合状态及相应的净现值、联合概率等按净现值从小到大进行排列，依次计算累计概率，得出净现值小于0的累计概率。

即 0.09+0.18=0.27

④ 计算净现值的方差、标准差和离散系数。

项目净现值的方差=841345517，标准差=29006（万元），离散系数=29006/19024=1.52

综上可知，项目的风险较大。

（2）综合风险等级作判别标准。

根据风险因素发生的可能性及其造成损失的程度，可将综合风险分为严重影响（S）、较大影响（H）、中等影响（M）、较小影响（L）、可忽略影响（N）。

很高：风险发生的概率在81%～100%，意味风险很有可能发生，用“S”表示；

较高：风险发生的概率在61%～80%，意味发生的可能性较大，用“H”表示；

中等：风险发生的概率在41%～60%，意味可能在项目中预期发生，用“M”表示；

较低：风险发生的概率在21%～40%，意味不可能发生，用“L”表示；

很低：风险发生的概率在0%～20%，意味非常不可能发生，用字母“N”表示。

由此可得风险等级如表6-16所示。

表6-16　综合风险等级分类表

影响	概率				
	很低	较低	中等	较高	高
可忽略	N	N	L	L	M
较小	N	L	L	M	H
中等	L	L	M	H	H
较大	L	M	H	H	S
严重	M	H	H	S	S

通过以上分析，可将风险程度分为微小风险、较小风险、一般风险、较大风险和重大风险五个等级。

微小风险：风险发生的可能性很小，且发生后造成的损失较小，对项目的影响很小。

较小风险：风险发生的可能性较小，或者发生后造成的损失较小，不影响项目的可行性。

一般风险：风险发生的可能性不大，或者发生后造成的损失不大，一般不影响项目的可行性，但应采取一定的防范措施。

较大风险：风险发生的可能性较大，或者发生后造成的损失较大，但造成的损失是项目可以承受的，必须采取一定的防范措施。

重大风险：风险发生的可能性大，风险造成的损失大，将使项目由可行转变为不可行，需采取积极有效的防范措施。

4. 风险决策

风险估计计算出方案经济效益指标的期望值、标准差及经济效益指标的实际值发生在某一区间的可能性，而风险决策则着眼于风险条件下方案取舍的基本原则和多方案比较法。

人是决策的主体，在风险条件下决策行为取决于决策者的风险态度。对风险态度一般有三种表现形式：风险厌恶、风险中性和风险偏爱。与此对应，风险决策者在进行风险决策过程中应遵守如下原则：

(1) 优势原则。在两个可选方案中，如无论什么条件下方案A总是优于方案B，则称A为优势方案，B为劣势方案。应用优势原则一般不能决定最佳方案，但可以减少可选方案的数量，缩小决策范围。

(2) 期望值原则。如果选用的经济指标为收益指标，则应选择期望值大的方案；如果选用的是成本费用指标，则应选择期望值小的方案。

(3) 最小方差原则。方差反映了实际发生的方案可能偏离其期望值的程度。在同等条件下，方差越小，则风险越小，稳定性和可靠性越高，应优先选择。根据期望值和最小方差选择的结果往往会出现矛盾，在这种情况下方案的最终选择与决策者有关。风险承受能力较强的决策者倾向于做出乐观的方案而风险承受能力较弱的决策者倾向于更安全的方案。

(4) 最大可能原则。若某一状态发生的概率明显大于其他状态发生的概率，则可根据该状态下各方案的技术经济指标进行决策，而不考虑其他状态。只有当某一状态发生的概率大大高于其他状态，且各方案在不同状态下的损益值差别不是很大时方可应用最大可能原则。

(5) 满意度原则。在工程实践中由于决策人的理性限制和时空限制，既不能找到一切方案，也不能比较一切方案，并非人们不喜欢“最优”，而是取得“最优”的代价太高。因此，最优准则只存在于纯粹的逻辑推理中。在实践中只能遵循满意度准则，就可以进行决策，即制定一个足够满意的目标值，将各种可选方案在不同状态下的损益值与此目标值相比较进而做出决策。

5. 风险对策

风险对策是在风险识别和风险评估的基础上，根据投资主体的风险态度制定的应对风险的策略和措施。

(1) 风险对策制定的原则。为保证风险对策制定的科学性，在制定风险对策过程中应遵循以下原则：

① 针对性。针对性是指在风险对策制定过程中应根据风险的特点、主要或关键风险因

素的不同制定相应的应对策略。

② 可行性。风险对策的制定应立足于客观现实，提出的风险对策应切实可行。这种可行不仅仅是技术上的可行，还要考虑人力、物力和财力上的可行。

③ 经济性。在制定风险应对策略时应考虑经济性，对风险对策所付出的代价和风险可能造成的损失进行权衡，如果风险对策的费用远大于风险损失，则所制定的对策将毫无意义。

(2) 风险对策的种类。任何一个投资项目都会有风险，如何面对风险，不同投资主体会有不同的选择。一般来说，风险应对的常用策略和措施主要包括：风险回避、风险控制、风险转移及风险自留等措施。

① 风险回避。风险回避是投资主体完全规避风险的一种做法。对于投资项目的决策而言，风险回避就意味着否决项目或者推迟项目的实施。风险回避是一种消极的风险处理方法，因为投资主体在规避损失的同时，也放弃了潜在收益，因此，只有在对风险损失的严重性有绝对把握的情况下才可考虑采用。一般来说，风险回避适用于以下情况：

a. 某种风险可能造成的损失相当大且发生的频率较高；

b. 风险损失无法转移，或者其他风险防范对策的代价非常大；

c. 存在可以实现同样目标的其他方案，其风险更低；

d. 投资主体对风险极端厌恶。

② 风险控制。风险控制是针对可控性风险采取的风险防控及风险止损措施。风险控制不是放弃风险，而是通过制订计划和采取措施有针对性的降低风险发生概率或减少风险造成的损失。风险控制应根据项目的实际情况进行制定，其主要包括组织措施、技术措施及管理措施等。

③ 风险转移。风险转移是通过一定的方式将可能面临的风险转移给他人，以降低或减免投资主体的风险程度。风险转移主要包括保险转移及合同转移两种。

a. 保险转移。保险转移是指通过向保险公司投保的方式将项目风险全部或部分损失转移给保险公司，这是风险转移中使用得最为广泛的一种方式。

b. 合同转移。合同转移是指通过合同约定的方式将全部或部分风险损失转移给其他参与者。如在新技术引进合同中，可以加上达不到设计能力或设计消耗指标时的赔偿条款，以将风险损失转移给技术转让方。

④ 风险自留。风险自留是指投资主体将风险损失留给自己承担。一般来说，风险自留适用于以下两种情况：

a. 已知有风险，但由于可能获得相应的利益而值得冒险时，必须保留和承担这种风险。

b. 已知有风险，但若采取某种风险对策措施，其费用支出高于自留风险的损失时，投资主体会采用自留风险的应对措施。

本章小结

(1) 工程经济分析是在对其各经济要素预测的基础上进行的。然而由于外界及系统本身因素的不确定性使得评价所得的预测值与实际值间存在一定的偏差，进而造成实际经济效果偏离预测值，给投资者带来投资风险。本章对不确定性分析与风险分析进行了研究分析，以更好的评估项目风险，衡量建设项目对未来环境变化的适应性。

(2) 盈亏平衡分析是在一定市场、生产能力及经营管理条件下，通过对产品产量、成本、利润相互关系的分析，寻找相关临界值，以判断方案对不确定性因素变化的承受能力，为投资决策提供依据。

(3) 敏感性分析是指通过分析项目不确定性因素发生的变化对财务或经济评价指标所产生的影响并计算敏感度系数和临界点，确定敏感因素。通过敏感性分析，可以准确识别对项目技术经济指标影响较大的因素，同时对其变化对项目造成的影响进行评估和分析，避免风险事件的发生。

(4) 风险识别是采用系统论的观点对项目进行全面分析，确定项目存在的潜在风险因素，并对其所存在的风险进行比较、分类，确定各因素间的相关性与独立性，判断其发生的可能性及对项目的影响程度，按其重要性进行排队或赋予权重。

(5) 风险估计是指采用主观概率、客观概率分析及数理统计分析的方法确定风险因素的概率分布及评价指标相应的期望值、标准差等指标的过程。在风险估计过程中不仅应考虑损失或负偏离发生的大小范围，更要综合考虑各种损失或负偏离发生的概率。风险估计的方法主要包括概率分析法、决策树分析法、解析法及蒙特卡罗模拟法。

(6) 风险评价是指根据风险识别、风险估计的结果及风险判断标准，评价各个风险因素发生的概率及严重程度。一般来说，项目风险大小的评价标准应根据风险因素发生的可能性及其造成的损失来确定，采用评价指标的概率分布或累计概率、期望值、标准差作为判别标准，也可采用综合风险等级作为判别标准。

风险对策是在风险识别和风险评估的基础上，根据投资主体的风险态度制定的应对风险的策略和措施。

练 习 题

一、单选题

1.(　　) 是考查项目建设投资、经营成本、产品售价、销售量、项目寿命周期等因素变化时，对项目经济评价指标所产生的影响。

A. 不确定性分析　　B. 盈亏平衡分析　　C. 敏感性分析　　D. 风险分析

2. 项目盈亏平衡产销量越低，表明项目（　　）。

A. 投产后盈利越小　　B. 抗风险能力越强

C. 适应市场变化能力越弱　　D. 投产后风险越大

3. 以下关于不确定性分析的范围的说法，不正确的是（　　）。

A. 盈亏平衡分析只适用于财务评价。

B. 敏感性分析既可以应用于财务评价，也可以用于国民经济评价。

C. 概率分析既可以应用于财务评价也可以用于国民经济评价。

D. 盈亏平衡分析既可以应用于财务评价，也可以用于国民经济评价。

4. 盈亏平衡点越（　　），项目投产后盈利的可能性越（　　），抗风险能力越（　　）。

A. 低、大、强　　B. 低、小、弱

C. 高、小、强　　D. 高、大、弱

5. 设定要分析的因素均从初始值开始一个相同幅度的变动（相对于确定性分析中的取值），比较在同一变动幅度下各因素的变动对分析指标的影响程度，影响程度大者为敏感因素，该法称为（　　）。

A. 相对测定法　　B. 绝对测定法　　C. 盈亏平衡法　　D. 代数分析法

6. 投资项目评价的不确定性分析是指对影响项目的各种不确定因素进行分析。下列分析方法中，可用于不确定性分析的是（　　）。

A. 敏感性分析　　B. 决策树分析法　　C. 蒙特卡洛模拟法　　D. 投资组合分析

7.（　　）是通过分析不确定性因素发生增减变化，对经济评价指标的影响，计算敏感度系数和临界点，找出敏感因素，确定其敏感程度，并分析该因素达到临界值时项目的承受能力。

A. 不确定性分析　　B. 盈亏平衡分析　　C. 敏感性分析　　D. 风险分析

8. 某投资项目的单因素敏感性分析中，基本方案对应的销售量 0.8 万台/年，财务内部收益率为 25%。当产品的销售量减少 10%时，该项目的财务内部收益率降低到 22%，则此时的敏感度系数为（　　）。

A. 0.30　　B. 0.83　　C. 1.20　　D. 1.36

9. 经测算，项目的经济净现值为 890 万元，汇率为 1 美元=7.98 元人民币。如果汇率增加 10%，则经济净现值减少到 760 万元，则该项目相对于汇率的敏感度系数是（　　）。

A. 1.46　　B. −1.24　　C. 1.24　　D. −1.46

10. 某项目达产第一年销售收入（含增值税）为 10000 万元，总固定成本与总可变成本（含增值税）均为 3000 万元，增值税 1453 万元，税金与附加为 174 万元，则项目以生产能力利用率表示的盈亏平衡点为（　　）。

A. 42.86%　　B. 43.95%　　C. 55.83%　　D. 56.05%

11. 已知某项目设计生产能力为年产 100 万件产品，根据资料分析，估计单位产品价格为 100 元，单位产品可变成本 80 元，全年固定成本为 500 万元，单位产品税金及附加的合并税率为 6%，则盈亏平衡生产能力利用率和盈亏平衡单位产品可变成本分别是（　　）。

A. 25%，20 元　　B. 35.71%，89 元　　C. 25%，14 元　　D. 35.71%，14 元

12. 某工程施工后可能面临三种天气情况（根据气象部门预测）：天气一直好的可能性为 40%，在这种状态下施工的收益值为 50 万元；天气时好时坏的可能性为 40%，收益值为 15 万元；天气一直差时的收益值为−20 万元。则该项目的期望值为（　　）万元。

A. 15　　B. 11.67　　C. 22　　D. 50

13. 彻底规避风险，断绝风险来源的风险对策是（　　）。

A. 风险减轻　　B. 风险转移　　C. 风险自担　　D. 风险回避

14. 风险的影响可以分为五个等级，一旦发生，将导致整个项目的标值严重下降的是（　　）。

A. 严重影响　　B. 较大影响　　C. 中等影响　　D. 较小影响

15. 为应对采用新技术的风险，业主可在技术合同谈判中增加保证性条款，以保证当新技术达不到设计能力或设计消耗指标时能获得技术转让方的赔偿。这种风险对策属于（　　）。

A. 风险回避　　B. 风险控制　　C. 风险转移　　D. 风险自担

二、多选题

1. 如果进行敏感性分析的目的是对不同的技术方案进行选择，一般应选择（　　）。

A. 敏感程度小的技术方案
B. 承受风险能力强的技术方案
C. 可靠性大的技术方案
D. 敏感度大的技术方案
E. 承受风险能力弱的技术方案

2. 敏感度小，承受风险能力、可靠性强的方案产生不确定性的原因有（　　）。

A. 所依据的基本数据不足或者统计偏差
B. 预测方法的局限
C. 未来经济形势的变化
D. 技术的进步
E. 计算错误

3. 敏感性分析常用的财务分析指标有（　　）。

A. 资产负债率　　B. 流动比率　　C. 内部收益率
D. 速动比率　　E. 净现值

4.线性盈亏平衡分析的条件不包括（　　）。

A.当年生产的产品（扣除自用量）当年销售出去

B.产量变化，可变成本不变

C.产量变化，产品售价不变

D.产量变化，固定成本不变

E.只生产单一产品或者可以换算为单一产品计算

5.关于决策树分析的说法，正确的有（　　）。

A.通常假定输入变量之间是相关的。

B.净现值小于零的概率越接近1，风险越小。

C.净现值期望值为各加权净现值之和。

D.该方法不适于输入变量存在相互关联的情况。

E.评价指标通常按由大到小的顺序排列计算累计概率。

三、简答题

1.试以盈亏平衡点产量为例，说明盈亏平衡分析的原理。

2.敏感性分析的目的是什么？分哪几个步骤？

3.什么是风险分析？风险分析的步骤什么？

4.风险应对应采用哪些方法？

四、计算题

1.某中型钢厂投资方案，年产钢12万吨，每吨钢售价500元，单位产品可变成本250元，单位产品税金64元，年固定总成本1500万元，试对产量、售价、单位可变成本、生产能力利用率进行盈亏平衡分析。

2.某投资项目，设计年产量10万吨钢，每吨钢售价900元且每吨钢总成本费用650元，其中可变成本占70%，固定成本占30%，销售税金占销售收入的8%，固定资产投资4872万元，流动资金占销售收入的25%，试计算投资利润率，并列表做出价格、成本、固定资产投资、产量各因素变化（±10%）时，对投资利润率的影响，画出敏感性分析图，并按因素敏感强弱排序。

第七章　项目融资方案研究

本章学习目标：

（1）了解工程项目融资过程中要进行分析的内容以及工程项目资本金制度；

（2）熟悉项目的资金来源、筹资方式以及项目融资概念、特点和主要模式；

（3）掌握资金成本的概念、个别资金成本和加权平均资金成本的计算；掌握融资风险分析中通常考虑的融资风险因素。

第一节　融资概述

一、融资环境调查

项目的投融资研究首先要考察项目所在地的投融资环境。在投资前需要做融资环境调查，调查内容及注意事项见表7-1。

表7-1　融资环境调查表

方面	涉及内容
法律法规	公司法、银行法、证券法、税法、合同法、担保法以及投资管理、外汇管理、资本市场管理等方面法规。外商投资项目还涉及外商投资有关的法规 注意：健全的法律法规体系是项目融资成功的根本保障
经济环境	主要包括：资本市场、银行体系、证券市场、税务体系、国家和地方政府的经济和产业政策等 注意：经济环境的影响作用于融资方案，影响融资成本和融资风险
融资渠道	①政府投资资金；②国内外银行等金融机构的贷款；③国内外证券市场发行的股票或债券；④国内外非银行金融机构的资金；⑤外国政府的资金；⑥国内外企业、团体、个人的资金 注意：可能的融资渠道是构造项目融资方案的基础，各种融资渠道取得资金的条件对于融资渠道的选择有着决定性的影响
税务条件	①所得税税率优惠：项目收益提高，风险降低，融资更为容易；②利润汇出税：增加境外投资人股权投资成本，影响投资方案；③利息预提税：增加项目从国外借款融资的成本，影响借款来源
投资政策	①限制投资领域：投资风险高，融资成本和风险较高；②鼓励投资项目：政府优惠政策支持间接保证项目收益，风险降低

二、融资主体及其融资方式分析

研究制定融资方案，必须首先确立项目的融资主体。项目的融资主体是进行融资活动并承担融资责任和风险的项目法人单位，是经济实体。确定项目的融资主体，应考虑项目投资的规模和行业特点，项目与既有法人资产、经营活动的联系，既有法人财务状况，项目自身的盈利能力等因素。项目融资主体包括既有法人融资主体和新设法人融资主体两种。

1. 既有法人融资主体

以既有法人为融资主体的融资方式称为既有法人融资方式。下列情况下一般应以既有法人为融资主体：

① 既有法人具有为项目进行融资和承担全部融资责任的经济实力；

② 项目与既有法人的资产，以及经营活动有密切联系；

③ 项目的盈利能力较差，但项目对整个企业的持续发展具有重要作用，需要利用既有法人的整体资信获得债务资金。

采用既有法人融资方式的建设项目，既可以是改扩建项目，也可以是非独立法人的新建项目。既有法人融资方式的基本特点是：由既有法人发起项目、组织融资活动并承担融资责任和风险；建设项目所需的资金，来源于既有法人的内部融资、新增资本金和新增债务资金；新增债务资金依靠具有法人整体（包括拟建项目）的盈利能力来偿还，并以既有法人整体的资产和信用承担债务担保。

以既有法人融资方式筹集的债务资金，虽然用于项目投资，但因为债务人是既有法人，因此债权人可对既有法人的全部资产（包括拟建项目的资产）进行债务追索，所以债权人的债务风险较低。在这种融资方式下，不论项目未来的盈利能力如何，只要既有法人能够保证按期还本付息，银行就愿意提供信贷资金。因此，采用这种融资方式，必须充分考虑既有法人整体的盈利能力和信用状况，分析可用于偿还债务的既有法人整体（包括拟建项目）未来净现金流量。

2. 新设法人融资主体

以新组建的具有独立法人资格的项目公司为融资主体的融资方式，称为新设法人融资方式，下列情况下一般应以新设法人为融资主体：

① 拟建项目的投资规模较大，既有法人不具有为项目进行融资和承担全部融资责任的经济实力；

② 既有法人的财务状况较差，难以获得债务资金，而且项目与既有法人的经营活动联系不密切；

③ 项目自身具有较强的盈利能力，依靠项目自身未来的现金流量可以按期偿还债务。

采用新设法人融资方式的建设项目，项目法人大多是企业法人。社会公益性项目和某些基础设施项目也可能组建的新事业法人。采用新设法人融资方式的建设项目，一般是新建项目，但也可以是将既有法人的一部分资产剥离出去后重新组建的新项目法人的改扩建项目。

新设法人融资方式的基本特点是：由项目发起人（企业或政府）发起组建新的具有独立法人资格的项目公司，由新组建的项目公司承担融资责任和风险，建设项目所需资金的来源，可包括项目公司股东投入的资本金和项目公司承担的债务资金，依靠项目自身的盈利能力来偿还债务，一般以项目投资形成的资产、未来收益或权益作为融资担保的基础。

采用新设法人融资方式，项目发起人和新组建的项目公司分属不同的实体，项目的债务风险由新组建的项目公司承担。项目能否还贷，取决于项目自身的盈利能力，因此必须认真分析项目自身的现金流量和盈利能力。

三、资金来源可靠性分析

资金来源可靠性分析应对投入项目的各类资金在币种、数量和时间要求上是否能满足项目需要进行下列几方面分析。

1. 既有法人内部融资可靠性分析的主要内容

① 通过调查了解既有企业资产负债结构、现金流量状况和盈利能力，分析企业的财务状况、可能筹集到并用于拟建项目的现金数额及其可靠性。

② 通过调查了解既有企业资产结构现状及其与拟建项目的关联性，分析企业可能用于拟建项目的非现金资产数额及其可靠性。

2. 项目资本金可靠性分析的主要内容

① 采用既有法人融资方式的项目，应分析原有股东增资扩股和吸收新股东投资的数额及其可靠性。

② 采用新设法人融资方式的项目，应分析各投资者认缴的股本金数额及其可靠性。

③ 采用上述两种融资方式，如通过发行股票筹集资本金，应分析其获得批准的可能性。

3. 项目债务资金可靠性分析的主要内容

① 采用债券融资的项目，应分析其能否获得国家有关主管部门的批准。

② 采用银行贷款的项目，应分析其能否取得银行的贷款承诺。

③ 采用外国政府贷款或国际金融组织贷款的项目，应核实项目是否列入利用外资备选项目。

四、资金结构合理性分析

资金结构合理性分析系指对项目资本金与项目债务资金、项目资本金内部结构以及项目债务资金内部结构等资金比例合理性分析。

（1）项目资本金与项目债务资金的比例应符合下列要求。

① 符合国家法律和行政法规规定。

② 符合金融机构信贷规定及债权人有关资产负债比例的要求。

③ 满足权益投资者获得期望投资回报的要求。

④ 满足防范财务风险的要求。

（2）确定项目资本金结构应符合下列要求。

① 根据投资各方在资金、技术和市场开发方面的优势，通过协商确定各方的出资比例、出资形式和出资时间。

② 采用既有法人融资方式的项目，应合理确定既有法人内部融资和新增资本金在项目融资总额中所占的比例，分析既有法人内部融资及新增资本金的可能性与合理性。

③ 国内投资项目，应分析控股股东的合法性和合理性；外商投资项目，应分析外方出资比例的合法性和合理性。

（3）确定项目债务资金结构应符合下列要求。

① 根据债权人提供债务资金的条件（包括利率、宽限期、偿还期及担保方式等）合理确定各类借款和债券的比例。

② 合理搭配短期、中长期债务比例。

③ 合理安排债务资金的偿还顺序。

④ 合理确定内债和外债的比例。

⑤ 合理选择外汇币种。

⑥ 合理确定利率结构。

五、资金成本和融资风险分析

资金成本分析应通过计算权益资金成本、债务资金成本以及加权平均资金成本，分析项目使用各种资金所实际付出的代价及其合理性，为优化融资方案提供依据。具体计算和分析应符合下列要求。

① 权益资金成本可采用资本资产定价模型、税前债务成本加风险溢价法和股利增长模型等方法进行计算，也可直接采用投资方的预期报酬率或既有企业的净资产收益率。

② 债务资金成本应通过分析各种可能的债务资金的利率水平、利率计算方式(固定利率、浮动利率)、计息（单利、复利）和付息方式，以及宽限期和偿还期，计算债务资金的综合利率，并进行不同方案比选。

③ 在计算各种债务资金成本和权益资金成本的基础上，再计算整个融资方案的加权平均资金成本。

此外，为减少融资风险损失，对融资方案实施中可能存在的资金供应风险、利率风险、汇率风险和财务风险等风险因素应进行分析评价，并提出防范风险的对策。

第二节　项目资本金的融通

项目的资金来源一般分为两大部分：股东权益资金及负债。权益投资人获得项目的财产权和控制权；债权人优先于股权受偿，但对于公司没有控制权。

一、项目资本金制度

项目资本金是指由项目的发起人、股权投资人（即投资者）以获得项目财产权和控制权的方式投入的资金。对于提供债务融资的债权人来说，项目的资本金是获得负债融资的一种信用基础，这部分资金对项目的法人而言属非债务资金，投资者可以转让其出资，但不能以任何方式抽回。

1. 资本金制度的实施范围

我国除了主要由中央和地方政府用财政预算投资建设的公益性项目等部分特殊项目外，大部分投资项目都应实行资本金制度。具体规定如下：

(1) 经营性投资项目。

① 国有单位的基本建设、技术改造、房地产开发项目和集体投资等的各种经营性投资项目，实行资本金制度，必须首先落实资本金才能进行建设。

② 个体和私营企业的经营性投资项目参照规定执行。

(2) 公益性投资项目不实行资本金制度。

(3) 外商投资项目（包括外商投资、中外合资、中外合作经营项目）按现行有关法规执行。

2. 资本金制度的具体规定

(1) 国内投资项目资本金比例。国家对固定资产投资项目实施资本金制度起始于 1996 年。当年为了抑制国内过热的经济，以建立投资风险约束机制，有效地控制投资规模为目的，国务院于 1996 年 8 月 23 日发出了《国务院关于固定资产投资项目试行资本金制度的通知》，该通知目前仍然有效。通知中规定了各种经营性国内投资项目资本金占总投资的比例。

作为计算资本金比例基数的总投资，是指投资项目的固定资产投资（即建设投资和建设期利息之和）与铺底流动资金之和。在投资项目的总投资中，除项目法人（依托现有企业的扩建及技术改造项目，现有企业法人即为项目法人）从银行或资金市场筹措的债务性资金外，还必须拥有一定比例的资本金。

资本金的出资方式：可以用货币出资，也可以用实物、工业产权、非专利技术、土地使用权作价出资。对作为资本金的实物、工业产权、非专利技术、土地使用权，必须经有资格的资产评估机构依照法律、法规评估作价，不得高估或低估。以工业产权、非专利技术作价出资的比例不得超过投资项目资本金总额的 20%，国家对采用高新技术成果有特别规定的除外。

通知中具体指出，投资项目资本金占总投资的比例，根据不同行业和项目的经济效益等因素确定，具体规定如下：交通运输、煤炭项目，资本金比例为 35%及以上；钢铁、邮电、化肥项目，资本金比例为 25%及以上；电力、机电、建材、化工、石油加工、有色、轻工、纺织、商贸及其他行业的项目，资本金比例为 20%及以上。

固定资产投资项目资本金制度既是宏观调控手段，也是风险约束机制。该制度自 1996 年建立以来，对改善宏观调控、促进结构调整、控制企业投资风险、保障金融机构稳健经营、防范金融风险发挥了积极作用。根据国民经济发展的需要，政府有关部门可能调整建设项目的资本金比例。

20.4 年 4 月国务院决定，钢铁项目资本金比例由 25%及以上提高到 40%及以上，水泥、电解铝、房地产开发项目（不含经济适用房项目）资本金比例由 20%及以上提高到 35%及以上。2005 年 11 月国务院又决定将铜冶炼项目资本金比例由 20%以上提高到 35%以上。

20.9 年 5 月为应对国际金融危机，扩大国内需求，有保有压，促进结构调整，有效防范金融风险，保持国民经济平稳较快增长，国务院决定对固定资产投资项目资本金比例再次适当调整，当前各行业固定资产投资项目的最低资本金比例按以下规定执行：钢铁、电解铝项目，最低资本金比例为 40%：水泥项目，最低资本金比例为 35%；煤炭、电石、铁合金、烧碱、焦炭、黄磷、玉米深加工、机场、港口、沿海及内河航运项目，最低资本金比例为 30%；铁路、公路、城市轨道交通、化肥（钾肥除外）项目，最低资本金比例为 25%；保障性住房和普通商品住房项目的最低资本金比例为 20%，其他房地产开发项目的最低资本金比例为 30%；其他项目的最低资本金比例为 20%；经国务院批准，对个别情况特殊的国家重大建设项目，可以适当降低最低资本金比例要求。属于国家支持的中小企业自主创新、高新技术投资项目，最低资本金比例可以适当降低。外商投资项目按现行有关法规执行。目前我国适用的资本金比例见表 7-2。

表 7-2　项目资本金占项目总投资的比例

序号	投资行业	项目资本金占项目总投资的比例
1	钢铁、电解铝项目	40%及以上
2	水泥项目	35%及以上
3	煤炭、电石、铁合金、烧碱、焦炭、黄磷、玉米深加工、机场、港口、沿海及内河航运、其他房地产开发项目	30%及以上
4	铁路、公路、城市轨道交通、化肥(钾肥除外)项目	25%及以上
5	保障性住房和普通商品住房项目、其他项目	20%及以上

项目资本金的具体比例，由项目审批单位根据项目经济效益、银行贷款意愿与评估意见等情况，在审批可行性研究报告时核定。经国务院批准，对个别情况特殊的国家重点建设项目，可适当降低资本金比例。

除了项目审批部门对项目资本金有要求以外，提供贷款的银行或其他金融机构在选择项目为其提供贷款时，也要考虑资本金的比例，因为项目投资者的资本金是金融机构的安全保障，投资者的资本金比例越大，金融机构承担的风险越小。

(2) 外商投资项目注册资本比例。外商投资项目（包括外商投资、中外合资、中外合作经营项目）目前不执行上述项目资本金制度，而是按照外商投资企业的有关法规执行。按我国现行规定，外商投注册资本与投资总额的比例见表 7-3，其中投资总额是指建设投资、建设期利息和流动资金之和。

表 7-3 外商投资企业注册资本占投资总额的最低比例

序号	投资总额	注册资本占总投资的最低比例	附加条件
1	300 万美元以下（含 300 万美元）	70%	
2	300～1000 万美元（含 1000 万美元）	50%	其中投资总额 420 万美元以下的，注册资金不低于 210 万美元
3	1000～3000 万美元（含 3000 万美元）	40%	其中投资总额在 1250 万美元以下的，注册资金不低于 500 万美元
4	3000 万美元以上	1/3	其中投资总额在 3600 万美元以下的，注册资金不低于 1200 万美元

按照我国现行规定，有些项目不允许国外资本控股，有些项目要求国有资本控股。如 2019 年 7 月 30 日起实施的《鼓励外商投资产业目录（2019 年版）》中明确规定，核电站、铁路干线路网、城市地铁及轻轨等项目，必须由中方控股。

二、项目资本金的来源及筹措

1. 项目资本金的来源

根据《国务院关于固定资产投资项目试行资本金制度的通知》的要求，项目资本金的来源可以是中央和地方各级政府预算内资金；国家批准的各项专项建设资金；“拨改贷”和经营性基本建设基金回收的本息；土地批租收入；国有企业产权转让收入；地方政府按国家有关规定收取的各种税费及其他预算外资金；国家授权的投资机构及企业法人的所有者权益（包括资本金、资本公积金、盈余公积金、未分配利润、股票上市收益金等）；企业折旧基金以及投资者按照国家规定从资本市场上筹措的资金；经批准，发行的股票或可转换债券；国家规定的其他可用作项目资本金的资金。

2. 项目资本金的筹措

(1) 股东直接投资。股东直接投资包括政府授权投资机构入股资金、国内外企业入股资金、社会团体和个人入股的资金以及基金投资公司入股的资金，分别构成国家资本金、法人资本金、个人资本金和外商资本金。

既有法人融资项目，股东直接投资表现为扩充既有企业的资本金，包括原有股东增资扩股和吸收新股东投资。新设法人融资项目，股东直接投资表现为投资者为项目提供资本金。

合作经营公司的资本金由企业的股东按股权比例认缴，合作经营公司的资本金由合作投资方按预先约定的金额投入。

（2）股票融资。无论是既有法人融资项目还是新设法人融资项目，凡符合规定条件的，均可以通过发行股票在资本市场募集股本资金。股票融资可以采取公募和私募两种形式。公开募集需要取得证券监管机关的批准，要求发行股票的企业要有较高的信用，通过证券公司或投资银行向社会发行，并需要提供相应的文件。私募程序可相当简化，但也要保证信息的披露。此外，公募相对私募而言，筹资费用较高，筹资时间较长。股票融资所筹资金是股本资金，可作为其他筹资方式的基础，同时股票融资的资金成本较高。

（3）政府投资。政府投资包括加强公益性和公共基础设施建设，保护和改善生态环境，促进欠发达地区的经济和社会发展，推进科技进步和高新技术产业发展。分别采取直接投资、资本金注入、投资补助、转贷和贷款贴息等方式。政府投资在项目评价中应根据资金投入的不同情况进行不同的处理：①全部使用政府直接投资的项目，一般为非经营性项目，不需要进行融资方案分析；②以资本金注入方式投入的政府投资资金，在项目评价中视为权益资金；③以投资补贴、贷款贴息等方式投入的政府投资资金，对具体项目来说在项目评价中视为现金流入，根据具体情况分别处理；④以转贷方式投入的政府投资资金（统称国外贷款）在项目评价中视为债务资金。

3. 筹集项目资本金应注意的问题

（1）确定项目资本金的具体来源渠道。对于一个工程项目来说，资本金是否到位，不但决定项目能否开工，而且更重要的是决定其他资金是否能够及时到位的重要因素。作为一个具体的工程项目，其资本金的来源渠道可能是有限的一个或几个。项目的投资者，可根据自己所掌握的有关信息，确定资本金的具体的、可能的来源渠道。

（2）根据资本金的额度确定项目的投资额。如上所述，不论是审批项目的政府职能部门，还是提供贷款的金融机构，都要求投资者投入一定比例的资本金，如果达不到要求，项目可能得不到审批，金融机构可能不会提供贷款。这就要求投资者根据自己所能筹集到的资本金确定一个工程项目的投资额。

（3）合理掌握资本金投入比例。投资者在投入资本金时，除了满足政府有关职能部门和其他资金提供者的要求外，还要充分运用好财务杠杆作用，合理确定资本金投入比例。

（4）合理安排资本金到位的时间。一般情况下，一个工程项目的资金供应是根据其实施进度进行安排的。如果资金到位的时间与工程进度不符，要么是影响工程进度，要么是形成资金的积压，增加了筹资成本。作为投资者投入的项目资本金，不一定要一次到位，可以根据工程进度和其他相关因素，安排资本金的到位时间。

第三节　项目债务筹资

债务资金是项目投资中以负债方式从金融机构、证券市场等资本市场取得的资金，债务资金具有以下的特点：

① 资金在使用上具有时间性限制，到期必须偿还；

② 无论项目的融资主体后期经营效果如何，均需按期还本付息，从而形成企业的财务负担；

③ 资金成本一般比权益资金低，且不会分散投资者对企业的控制权。

一、国内银行及非银行金融机构贷款

国内借入资金的方式主要有取得国家政策性银行、商业银行或非银行金融机构的贷款，在国内发行债券或国内融资租赁等。

1. 政策性银行贷款

政策性银行是指由政府创立、参股或保证的，不以盈利为目的，专门为贯彻、配合政府社会经济政策或意图，在特定的业务领域内，直接或间接地从事政策性融资活动，充当政府发展经济、促进社会进步、进行宏观经济管理的金融机构。

政策性银行的产生和发展是国家干预、协调经济的产物。政策性银行与商业银行和其他非银行金融机构相比，有共性的一面，如要对贷款进行严格审查，贷款要还本付息、周转使用等。但作为政策性金融机构，也有其特殊性：一是政策性银行的资本金多由政府财政拨付；二是政策性银行经营时主要考虑国家的整体利益、社会效益，不以盈利为目标，但政策性银行的资金并不是财政资金，政策性银行也必须考虑盈亏，坚持银行管理的基本原则，力争保微利；三是政策性银行有其特定的资金来源，主要依靠发行金融债券或向中央银行举债，一般不面向公众吸收存款；四是政策性银行有特定的业务领域，不与商业银行竞争。

根据党的十四届三中全会精神和《国务院关于金融体制改革的决定》及其他文件，我国也于1994年相继建立了国家开发银行（1994年3月17日）、中国农业发展银行（1994年11月8日）、中国进出口银行（1994年7月1日）三家政策性银行。

政策性银行贷款的特点：贷款期限长、利率低，但对申请贷款的企业或项目有比较严格的要求。

根据国家的发展规划、生产力布局和产业政策，国家开发银行配置资金的对象是国家批准立项的基础设施、基础产业和支柱产业，大中型基本建设、技术改造等政策性项目及其配套工程。主要包括：制约经济发展的“瓶颈”项目、直接关系增强综合国力的支柱产业中的重大项目、重大高新技术在经济领域应用的项目、跨地区的重大政策性项目、其他政策性项目；基础设施项目主要包括：农业、水利、铁道、公路、民航、城市建设、电信等行业；基础产业项目主要包括：煤炭、石油、电力、钢铁、有色、黄金、化工、建材、医药等行业；支柱产业项目主要包括：石化、汽车、机械（重大技术装备）、电子等行业中的政策性项目；其他行业项目主要包括：环保、高科技产业及轻工、纺织等行业政策性项目。

国家开发银行的资金运用，参照世界银行运行机制进行，贷款主要分为两大部分：一是软贷款，即国家开发银行的注册资本金的运用。国家开发银行在项目总体资金配置的基础上，将注册资本金以长期优惠贷款的方式(依照大亚湾核电站中国银行贷款提供资本金的模式)，主要按项目配股需要贷给国家控股公司和中央企业集团，由他们对项目进行参股、控股。二是硬贷款，即国家开发银行借入资金的运用，包括在国内外发行的债券和利用的外资等。国家开发银行在项目总体资金配置的基础上，将借入资金直接贷给项目，到期收回本息。开发银行的贷款期限可分为：短期贷款（1年以下)、中期贷款（1～5年）和长期贷款(5年以上)，贷款期限一般不超过15年。对大型基础设施建设项目，根据行业和项目的具体情况，贷款期限可适当延长。国家开发银行执行中国人民银行统一颁布的利率规定，对长期使用国家开发银行贷款并始终保持优良信誉的借款人，项目贷款利率可适当下浮，下浮的幅度控制在中国人民银行规定的幅度范围之内。

2008年12月经国务院同意，中国银监会正式批准国家开发银行以发起设立的方式进行改制，设立国家开发银行股份有限公司。国家开发银行股份有限公司性质已经从政策性银行转变为商业银行，从现有的资产规模和股东构成属性看，目前是我国排名居工、农、中、建行之后的第5家大型国有商业银行。

中国进出口银行通过办理出口信贷、出口信用保险及担保、对外担保、外国政府贷款转贷、对外援助优惠贷款以及国务院交办的其他业务，贯彻国家产业政策、外经贸政策和金融政策，为扩大我国机电产品、成套设备和高新技术产品出口和促进对外经济技术合作与交流，提供政策性金融支持。

中国农业发展银行按照国家的法律、法规和方针、政策，以国家信用为基础，筹集农业政策性信贷资金，承担国家规定的农业政策性金融业务，代理财政性支农资金的拨付，为农业和农村经济发展服务。

2. 商业银行贷款

从银行监管的角度，目前我国仍习惯按照国有商业银行、股份制商业银行和城市商业银行等进行分类。主要商业银行包括国有商业银行和股份制商业银行：国有商业银行除了新转制的国家开发银行外主要有中国工商银行、中国农业银行、中国银行、中国建设银行、交通银行、中国邮政储蓄银行；股份制商业银行有12家，即中信银行、中国光大银行、华夏银行、广发银行、平安银行、招商银行、浦发银行、兴业银行、中国民生银行、恒丰银行、浙商银行、渤海银行。当前几乎所有的商业银行都已经属于股份制银行，上述划分的方法有修正的必要。

（1）商业银行贷款的特点。

① 筹资手续简单，速度较快。贷款的主要条款只需取得银行的同意，不必经过诸如国家金融管理机关、证券管理机构等部门的批准。

② 筹资成本较低。借款人与银行可直接商定信贷条件，无需大量的文件制作，而且在经济发生变化的情况下，如果需要变更贷款协议的有关条款，借贷双方可采取灵活的方式进行。

（2）商业银行贷款期限。商业银行和贷款人签订贷款合同时，一般应对贷款期、提款期、宽限期和还款期做出明确规定。贷款期是指从贷款合同生效之日起，到最后一笔贷款本金或利息还清日止的这段时间，一般可分为短期、中期和长期，其中1年或1年以内的为短期贷款，1～3年的为中期贷款，3年以上的为长期贷款；提款期是从合同签订生效日起，到合同规定的最后一笔贷款本金的提取日止；宽限期是从贷款合同签订生效日起，到合同规定的第一笔贷款本金归还日止；还款期是从合同规定的第一笔贷款本金归还日起，到贷款本金和利息全部还清日止。

若不能按期归还贷款，借款人应在贷款到期日之前，向银行提出展期，至于是否展期，则由银行决定。申请保证贷款、抵押贷款、质押贷款展期的，还应由保证人、抵押人、出质人出具书面的同意证明。短期贷款展期期限累计不得超过原贷款期限；中期贷款展期期限累计不得超过原借款期限的一半；长期贷款展期期限累计不得超过3年。若借款人未申请展期或申请展期未得到批准，其贷款从到期日次日起，转入逾期贷款账户。若借款人根据自身的还贷能力，要提前归还贷款，应与银行协商。

（3）商业银行贷款金额。贷款金额是银行就每笔贷款向借款人提供的最高授信额度，贷款金额由借款人在申请贷款时提出，银行核定。借款人在决定贷款金额时应考虑三个因素：

第一，最高限额。某种贷款金额通常不能超过贷款政策所规定的该种贷款的最高限额。

第二，客观需要。根据项目建设、生产和经营过程中对资金的需要来确定。

第三，偿还能力。贷款金额应与自身的财务状况相适应，保证能按期还本付息。

3. 非银行金融机构贷款

非银行金融机构是指银行以外的其他经营金融性业务的公司或组织。也就是说，非银行金融机构属于金融机构，但不是银行。非银行金融机构主要有信托投资公司、财务公司和保险公司等。

（1）信托投资公司贷款。信托贷款是信托投资公司运用吸收的信托存款、自有资金和筹集的其他资金对审定的贷款对象和工程项目发放的贷款。与商业银行贷款相比，信托贷款具有以下几个特点：银行贷款由于现行信贷制度的限制，无法对一些企业特殊但合理的资金需求予以满足，信托贷款恰好可以满足企业特殊的资金需求。银行贷款按贷款的对象、期限、用途不同，有不同的利率，但不能浮动。信托贷款的利率则相对比较灵活，可在一定范围内浮动。

信托贷款主要有技术改造信托贷款、补偿贸易信托贷款、单位住房信托贷款、联营投资信托贷款和专项信托贷款等。

（2）财务公司贷款。财务公司是由企业集团成员单位组建又为集团成员单位提供中长期金融业务服务为主的非银行金融机构。财务公司贷款有短期贷款和中长期贷款。短期贷款一般为1年、6个月、3个月以及3个月以下不定期限的临时贷款；中长期贷款一般为1～3年、5年以及5年以上的贷款。

（3）保险公司贷款。虽然我国目前不论是法律法规的规定，还是现实的操作，保险公司尚不能对工程项目提供贷款，但从西方经济发达国家的实践来看，保险公司的资金，不但可以进入证券市场，用于购买各种股票和债券，而且可向工程项目提供贷款，特别是向有稳定市场和收益的基础设施项目提供贷款。

二、国外贷款

国外贷款资金来源渠道主要有外国政府贷款，外国银行贷款，出口信贷，混合贷款、联合贷款和银团贷款，国际金融机构贷款等。

1. 外国政府贷款

外国政府贷款是指一国政府利用财政资金向另一国政府提供的援助性贷款。外国政府贷款的特点是期限长、利率低、指定用途、数量有限。外国政府贷款其赠予成分一般在35%以上，最高达80%。贷款利率一般为0.2%～3%，个别贷款无息。贷款偿还期限一般为10～40年，并含有2～15年的宽限期。借用的外国政府贷款主要用于政府主导型项目建设，主要集中在基础设施、社会发展和环境保护等领域。

政府间贷款是友好国家经济交往的重要形式，具有优惠的性质。目前，尽管政府贷款在国际间投资中不占主导地位，但其独特的作用和优势是其他国际间接投资形式所无法替代的。但同时也应当看到，投资国的政府贷款也是其实现对外政治经济目标的重要工具。政府贷款除要求贷以现汇（即可自由兑换外汇）外，有时还要附加一些其他条件。

2. 外国银行贷款

外国银行贷款是指从国际金融市场上的外国银行借入的资金。外国政府贷款和国际金融机构贷款条件优惠，但不易争取，且数量有限。因此吸收国外银行贷款已成为各国利用国外间接投资的主要形式。目前，我国接受的国外贷款以银行贷款为主。

外国商业信贷的利率水平取决于世界经济中平均利润率和国际金融市场上的借贷供求关系，处于不断变化之中。从实际运行情况来看，国际间的银行贷款利率比政府贷款和国际金融机构贷款的利率要高，依据贷款国别、贷款币种和贷款期限的不同又有所差异。

国际间银行贷款可划分为短期贷款、中期贷款和长期贷款，其划分的标准：短期贷款的期限在 1 年以内，有的甚至仅为几天；中期贷款的期限为 1～5 年；长期贷款的期限在 5 年以上。银行贷款的偿还方法主要有到期一次偿还、分期等额偿还、分次等本偿还和提前偿还四种方式。

银行贷款所使用的货币是银行贷款条件的重要组成部分。在贷款货币的选择上，借贷双方难免有分歧。就借款者而言，在其他因素不变的前提下，更倾向于使用汇率趋于贬值的货币，以便从该货币未来的贬值中受益，而贷款者则相反。

国外商业银行贷款的特点主要体现在以下方面。

(1) 国外商业银行贷款是非限制性贷款。国外商业银行贷款的规定和使用灵活简便，没有任何限制条件，国外商业银行直接对社会经营，没有有关贷款条件和贷款资格限制，凡需要资金的可以到银行申请借款，由银行根据借款人的资金用途、还款能力和信誉资格，决定贷与不贷；一般商业银行贷款不指定用途，借款人可根据自己的需要安排使用；手续比较简便；不限制贷款数额，只要借款人信誉良好，商业银行贷款不限制金额；借款人可以自由选择币种。大多数情况下，商业银行贷款允许根据需要选择各种货币。这样，借款人可以灵活掌握以什么货币来偿付贷款，也能主动地掌握所借货币承担的汇价变动的风险。

(2) 国外商业银行贷款利率比较高。作为货币经营者，各国商业银行的贷款数额、贷款利率受国际金融市场各种货币的供求关系和银行本身经营条件的制约，同时利率还受借款人信誉高低的影响。不论是固定利率还是浮动利率，一般都按国际金融市场的平均利率计算，所以较高。国外商业银行贷款利率的高低与下列因素有关。

① 贷款期限长短。一般贷款期限越长，利率越高；反之，利率越低。

② 货币种类。硬通货使用范围广，汇率稳定，贷款利率低；而软通货汇率不稳定且呈下浮趋势，所以贷款利率相应就高。

③ 提款方式。一次性提款比分期提款的利率低，因为一次性提款方式对银行来说，资金比较容易安排。而且借款人一次提款后往往分期使用，未用部分只能用于其他途径，如存入银行，而银行存款利率低于贷款利率，所以一次性提款比分期提款的利率低。

④ 有无宽限期。贷款项目到期后，一般需有一段时间积累资金用于还款，这段时间叫宽限期。有宽限期的贷款利率高于无宽限期的贷款利率，因为在宽限期内可以不还本，因而利率高。

⑤ 商业银行贷款利率通常比伦敦银行同业拆放利率高 0.5%～3%，其加息率取决于借款人的信誉。

(3) 国外商业银行贷款的还款方法多。一般借款人可以采取以下方法归还贷款。

① 到期一次还款。借贷双方签订贷款协议后，按协议规定计划分次支出贷款，期满时一次归还本金。每季或半年付息一次。

② 分次归还。借款双方在签订借款协议时即规定了用款期和还款期。借款人在用款期内，分次提用，在还款期间内每半年还本付息一次。

③ 自支用贷款日起，逐年偿还。例如一笔 5 年期的 2 亿美元贷款，从第一年起每年偿还 4000 万美元，到第 5 年末还清本息。

④ 延期偿还。即对贷款规定一定的宽限期。例如一笔 10 年期的贷款，根据协议规定，到期时可以延长一定时间（如 1 年）还本付息。但延长期的利息相应提高。

⑤ 提前还款。贷款协议中都规定借款人可以提前还款。这对借款人十分有利，他可以在所借货币汇率上浮幅度较大，或贷款利率有上升趋势时提前还款，从而避免外汇风险，减少利息负担。

3. 出口信贷

出口信贷也称长期贸易信贷，是指商品出口国的官方金融机构或商业银行以优惠利率向本国出口商、进口方银行或进口商提供的一种贴补性贷款，是争夺国际市场的一种筹资手段。出口信贷主要有卖方信贷和买方信贷。

卖方信贷是出口商的联系银行向出口商（卖方）提供的信贷，出口商可以利用这笔资金向外国进口商提供延期分期付款的信贷。贷款程序一般是进出口商签订商品买卖合同后，买方先支付一部分定金，通常为10%～15%，其余货款在出口商全部交货后的一段时间内陆续偿还，比如每半年或一年支付一次，包括延付期间的利息。出口商将用从进口商手中分期收回的贷款陆续归还银行贷款。

买方信贷是指由出口商国家的银行向进口商或进口商国家的银行提供的信贷，用以支付进口货款的一种贷款形式。其中，由出口方银行直接贷给进口商的，出口方银行通常要求进口方银行提供担保，如由出口方银行贷款给进口方银行，再由进口方银行贷给进口商或使用单位的，则进口方银行要负责向出口方银行清偿贷款。

4. 混合贷款、联合贷款和银团贷款

混合贷款也称政府混合贷款，它是指政府贷款、出口信贷和商业银行贷款混合组成的一种优惠贷款形式。目前各国政府向发展中国家提供的贷款，大都采用这种形式。此种贷款的特点：政府出资必须占有一定比重，目前一般达到50%；有指定用途，如必须进口提供贷款的国家出口商的产品；利率比较优惠，一般为1.5%～2%，贷款期也比较长，最长可达30～50年（宽限期可达10年），贷款金额可达合同的100%，比出口信贷优惠；贷款手续比较复杂，对项目的选择和评估都有一套特定的程序和要求，较之出口信贷要复杂得多。

联合贷款是指商业银行与世界性、区域性国际金融组织以及各国的发展基金、对外援助机构共同联合起来，向某一国家提供资金的一种形式。此种贷款比一般贷款更具有灵活性和优惠性，其特点：政府与商业金融机构共同经营；援助与筹资互相结合，利率比较低，贷款期比较长；有指定用途。

银团贷款也叫辛迪加贷款，它是指由一家或几家银行牵头，多家国际商业银行参加，共同向一国政府、企业的某个项目（一般是大型的基础设施项目）提供金额较大、期限较长的一种贷款。此种贷款的特点：必须有一家牵头银行，该银行与借款人共同议定一切贷款的初步条件和相关文件，然后再由其安排参加银行，协商确定贷款额，达成正式协议后，即把下一步工作移交代理银行；必须有一个代理银行，代表银团严格按照贷款协议履行其权利和义务，并按各行出资份额比例提款、计息和分配收回的贷款等一系列事宜；贷款管理十分严密；贷款利率比较优惠，贷款期限也比较长，并且没有指定用途。

5. 国际金融机构贷款

国际金融机构包括世界性开发金融机构、区域性国际开发金融机构以及国际货币基金组织等覆盖全球的机构。其中，世界性开发金融机构一般指世界银行集团5个成员机构中的3个金融机构，包括国际复兴开发银行（IBRD）、国际开发协会（IDA）和国际金融公司（IFC）；区域性国际开发金融机构，如亚洲开发银行、欧洲开发银行、泛美开发银行等。在这些国际金融机构中，可以为中国提供项目贷款的包括世界银行集团的3个国际金融机构和亚洲开发银行。虽然国际金融机构筹资的数量有限，程序也较复杂，但这些机构所提供的项目贷款一般利率较低、期限较长。所以项目如果符合国际金融机构的贷款条件，应尽量争取从这些机构筹资。

三、融资租赁

1. 融资租赁的含义

融资租赁是由租赁公司按承租单位要求出资购买设备，在较长的契约或合同期内提供给承租单位使用的信用业务。它是以融通资金为主要目的租赁。一般借贷的对象是资金，而融资租赁的对象是实物，融资租赁是融资与融物相结合的、带有商品销售性质的借贷活动。就全世界而言，融资租赁已成为仅次于贷款的国际信贷方式。据有关专家预测，在今后10年中，世界的租赁业将出现超过贷款筹资的趋势，是极有发展前途的朝阳产业。

2. 融资租赁的特点

（1）出租的设备由承租人提出要求购买或者由承租人直接从制造商或销售商处选定。

（2）租赁期较长，接近于资产的有效使用期，在租赁期间双方无权取消合同。

（3）由承租企业负责设备的维修、保养和保险，承租企业无权拆卸改装。

（4）租赁期满，按事先约定的方法处理设备，包括退还租赁公司，继续租赁，企业留购，即以很少的“名义货价”（相当于设备残值的市场售价）买下设备。通常采用企业留购办法，这样，租赁公司也可以免除处理设备的麻烦。

3. 融资租赁的方式

（1）自营租赁。也称直接租赁，其一般程序为：用户根据自己所需设备，先向制造厂家或经销商洽谈供货条件；然后向租赁公司申请租赁预约，经租赁公司审查合格后，双方签订租赁合同，由租赁公司支付全部设备款，并让供货者直接向承租人供货，货物经验收并开始使用后，租赁期即开始，承租人根据合同规定向租赁公司分期交付租金，并负责租赁设备的安装、维修和保养。

（2）回租租赁。也称售出与回租，是先由租赁公司买下企业正在使用的设备，然后再将原设备租赁给该企业的租赁方式。

（3）转租赁。转租赁是指国内租赁公司在国内用户与国外厂商签订设备买卖合同的基础上，选定一家国外租赁公司或厂商以承租人身份与其签订租赁合同，然后再以出租人身份将该设备转租给国内用户，并收取租金转付给国外租赁公司的一种租赁方式。

4. 融资租赁筹资的优点

（1）能迅速获得所需资产。融资租赁集“融资”与“融物”于一身，一般要比先筹措现金再购置设备来得更快，可使企业尽快形成生产经营能力。

（2）租赁筹资限制较少。企业运用股票、债券、长期借款等筹资方式，都受到相当多的资格条件的限制，相比之下，租赁筹资的限制条件很少。

（3）免遭设备陈旧过时的风险。随着科学技术的不断进步，设备陈旧过时的风险很高，而多数租赁协议规定由出租人承担，承租企业可免遭这种风险。

（4）到期还本负担轻。全部租金在整个租期内分期支付，可降低不能偿付的危险。许多借款都在到期日一次偿还本金，往往给财务基础薄弱的公司造成相当大的困难，有时会形成不能偿付的风险。

（5）税收负担轻。租金可在所得税前扣除，具有抵免所得税的效用。

(6) 租赁可提供一种新资金来源。有些企业由于各种原因，如负债比率过高、借款信贷额度已经全部用完、贷款协议限制企业进一步举债等，而不能向外界筹集大量资金。在此情况下，采用租赁方式可使企业在资金不足而又急需设备时，不付出大量资金就能得到所需的设备。这种“借鸡生蛋，卖蛋还钱”的办法有较高的经济效益。

5. 融资租赁筹资的缺点

融资租赁筹资的主要缺点是资金成本高。其租金通常比举借银行借款或发行债券所负担的利息高得多，而且租金总额通常要高于设备价值的30%；承租企业在财务困难时期，支付固定的租金也将构成一项沉重的负担。另外，采用租赁筹资方式如不能享有设备残值，也将视为承租企业的一种机会损失。

四、发行债券

1. 债券概念

债券是发行人按照法定程序发行，并约定在一定期限还本付息的有价证券。债券是借款单位为筹集资金而发行的一种信用凭证，它证明持券人有权按期取得固定利息并到期收回本金。由于债券的利息通常是事先确定的，因此债券通常被称为固定收益证券。

2. 债券的分类

(1) 按发行主体的不同，债券可分为政府债券、金融债券和公司债券。由政府发行的债券称为政府债券，投资者的利息享受免税待遇，其中由中央政府发行的债券也称公债或国库券，其发行债券的目的是为了弥补财政赤字或投资于大型建设项目。而由各级地方政府机构，如省、市、县、镇等发行的债券就称为地方政府债券，其发行目的主要是为地方建设筹集资金，因此都是一些期限较长的债券；在政府债券中还有一类称为政府保证债券的，它主要是为一些市政项目及公共设施的建设筹集资金，而由一些与政府有直接关系的企业、公司或金融机构发行的债券，这些债券的发行均由政府担保，但不享受中央和地方政府债券的利息免税待遇。

由银行或其他金融机构发行的债券，称为金融债券。金融债券发行的目的一般是为了筹集长期资金，其利率一般也要高于同期银行存款利率，而且持券者需要资金时可以随时转让。

公司债券是由非金融性质的企业发行的债券，其发行目的是为了筹集长期建设资金，一般都有特定用途。按有关规定，企业要发行债券必须先参加信用评级，级别达到一定标准才可发行。因为企业的资信水平比不上金融机构和政府，所以公司债券的风险相对较大，因而其利率一般也较高。

(2) 按发行的区域划分，债券可分为国内债券和国际债券。国内债券，就是由本国的发行主体以本国货币为单位在国内金融市场上发行的债券。国际债券则是由本国的发行主体以外国货币为单位在国际金融市场上发行的债券。

(3) 按期限长短分类，债券可分为短期、中期和长期债券。一般的划分标准是把期限在1年以下的债券称为短期债券；期限在1～10年的称为中期债券；期限在10年以上的称为长期债券。

(4) 按利息的支付方式分类，债券一般分为附息债券、贴现债券和普通债券。

附息债券是在它的券面上附有各期息票的中长期债券，息票的持有者可按其标明的时间期限到指定的地点按标明的利息额领取利息。息票通常以6个月为一期，由于它在到期时可获取利息收入，因此息票也是一种有价证券，它也可以流通、转让。

贴现债券是在发行时按规定的折扣率将债券以低于面值的价格出售，在到期时持有者仍按面额领回本息，其票面价格与发行价之差即为利息。

普通债券，它按不低于面值的价格发行，持券者可按规定分期分批领取利息或到期后一次领回本息。

(5) 按发行方式分类，债券可分为公募债券和私募债券。公募债券是指按法定手续，经证券主管机构批准在市场上公开发行的债券，其发行对象是不限定的。这种债券由于发行对象是广大的投资者，因而要求发行主体必须遵守信息公开制度，向投资者提供多种财务报表和资料，以保护投资者利益，防止欺诈行为的发生。

私募债券是发行者以与其有特定关系的少数投资者为募集对象而发行的债券。该债券的发行范围很小，其投资者大多数为银行或保险公司等金融机构，它不采用公开呈报制度，债券的转让也受到一定程度的限制，流动性较差，但其利率水平一般较公募债券要高。

(6) 按有无抵押担保分类，可以分为信用债券和抵押债券。信用债券也称无担保债券，是仅凭债券发行者的信用而发行的、没有抵押品作担保的债券。一般政府债券及金融债券都为信用债券。少数信用良好的公司也可发行信用债券，但在发行时须签订信托契约，对发行者的有关行为进行约束限制，由受托的信托投资公司监督执行，以保障投资者的利益。抵押债券指以抵押财产为担保而发行的债券。具体包括以土地、房屋、机器、设备等为抵押担保品而发行的抵押公司债券，以公司的有价证券（股票和其他证券）为担保品而发行的抵押信托债券和由第三者担保偿付本息的承保债券。当债券的发行人在债券到期而不能履行还本付息义务时，债券持有者有权变卖抵押品来清偿抵付或要求担保人承担还本付息的义务。

(7) 按是否记名分类，可以将债券分为记名债券和无记名债券。

记名债券是指在券面上注明债权人姓名，同时在发行公司的账簿上作同样登记的债券。转让记名债券时，除要交付票券外，还要在债券上背书和在公司账簿上更换债权人姓名。

无记名债券是指券面未注明债权人姓名，也不在公司账簿上登记其姓名的债券。现在市面上流通的一般都是无记名债券。

(8) 按是否可转换来区分，债券又可分为可转换债券与不可转换债券。

可转换债券是能按一定条件转换为其他金融工具的债券，而不可转换债券就是不能转化为其他金融工具的债券。可转换债券一般都是指的可转换公司债券，这种债券的持有者可按一定的条件根据自己的意愿将持有的债券转换成股票。

3. 债券筹资的优点

发行企业债券是企业筹集借入资金的重要方式。其优点主要如下：

(1) 资金成本较低。债券的利息通常比股票的股利要低，而且债券的利息按规定是在税前支付，发行公司可享受减税利益，故企业实际负担的债券成本明显低于股票成本。

(2) 具有财务杠杆作用。债券成本率固定，不论企业盈利多少，债券持有人只收取固定的利息，而更多的利润可用于分配给股东，增加其财富，或留归企业用以扩大经营。

(3) 可保障控制权。债券持有人无权参与公司的管理决策，企业发行债券不会像增发新股票那样可能分散股东对公司的控制权。

4. 债券筹资的缺点

(1) 财务风险高。债券有固定的到期日，并需定期支付利息。利用债券筹资要承担还本、付息的义务。在企业经营不景气时，向债券持有人还本、付息，无异于釜底抽薪，会给企业带来更大困难，甚至导致企业破产。

(2) 限制条件多。发行债券的契约书中往往规定一些限制条款。这种限制比优先股及长期借款要严得多，这可能会影响企业的正常发展和以后的筹资能力。

(3) 筹资额有限。利用债券筹资在数额上有一定限度，当公司的负债超过一定程度后，债券筹资的成本会迅速上升，有时甚至难以发行出去。

第四节 项目融资

一、项目融资含义

1. 项目融资的概念

对于项目融资，比较典型的定义：项目融资是以项目的资产、预期收益或权益作抵押取得的一种无追索权或者有限追索权的融资或者贷款。目前，项目融资已经成为大型工程项目筹措资金的一种新方式。银监会于 2009 年 7 月发布的《项目融资业务指引》里，在吸收借鉴新资本协议对项目融资定义的基础上，结合我国银行业金融机构开展项目融资业务的实际情况，明确了项目融资是符合以下特征的贷款：贷款用途通常是用于建造一个或一组大型生产装置、基础设施、房地产项目或其他项目，包括对在建或已建项目的再融资；借款人通常是为建设、经营该项目或为该项目融资而专门组建的企事业法人，包括主要从事该项目建设、经营或融资的既有企事业法人；还款资金来源主要依赖该项目产生的销售收入、补贴收入或其他收入，一般不具备其他还款来源。

项目融资通常包括无追索权项目融资和有限追索权项目融资。

无追索权项目融资，指的是贷款人对项目发起人无任何追索权，只能依靠项目所产生的收益作为还本付息的唯一来源。因此，从操作规则上看，无追索权项目融资具有如下特点：

第一，项目贷款人对于项目发起人的其他项目资产没有任何要求权，只能依靠该项目的现金流量偿还。

第二，项目生产现金流量的能力是项目融资的信用基础。

第三，当项目风险的分配不被项目贷款人所接受时，由第三方当事人提供信用担保将是十分必要的。

第四，该种项目融资一般建立在可以预见的政治、法律环境和稳定的市场环境基础上。

从无追索权项目融资的特点可以看出，要构成无追索权项目融资，需要对项目进行严格的论证，使项目借款人理解并接受项目运行的各种风险。因此，从这种意义上说，无追索权项目融资是一种昂贵的融资方式。在现代项目融资实务中，无追索权的项目融资已经较少使用。

有限追索权项目融资指的是，项目发起人只承担有限债务责任和义务的项目融资。其有限追索性主要表现在时间上的有限性、金额上的有限性和对象上的有限性。作为有限追索的项目融资，贷款人可以在贷款的某个特定阶段对项目借款人实行追索，或者在一个规定的范围内对项目借款人实行追索。除此之外，无论项目出现任何问题，贷款人均不能追索到项目借款人除该项目资产现金流量和所承担的义务之外的任何形式的财产。有限追索权项目融资的实质是由于项目本身可以构造一个“有限追索”的结构，因而需要项目的借款人在项目的特定阶段提供一定形式的信用支持。一个成功的项目融资应该是在项目中没有任何一方单独承担起全部项目债务风险的责任。

2. 项目融资与传统公司融资方式的区别

传统的公司融资，是指一个公司利用本身的资信能力对外进行的融资。而项目融资是以融资项目本身的经济强度作为决定投资人是否提供贷款的首要考虑因素，与传统的融资方式着重于借款人的资信等级有着根本的区别。

具体来看，二者的主要区别如下：

（1）贷款对象不同。在项目融资中，项目发起人为营建某一工程项目而组成项目公司，项目融资的融资对象是项目公司，贷款人是根据项目公司的资产状况以及该项目完工投产后所创造出来的经济收益作为发放贷款的考虑原则。在传统的公司融资中，贷款人融资的对象是项目发起人，贷款人在决定是否对该公司投资或者为该公司提供贷款时主要依据的是该公司现在的信誉和资产状况以及有关单位提供的担保。

（2）筹资渠道不同。在项目融资中，工程项目所需要的建设资金具有规模大、期限长的特点，因而需要多元化的资金筹集渠道，如有追索权的项目贷款、发行项目债券、外国政府贷款、国际金融机构贷款等。传统公司融资中，工程项目一般规模小、期限短，所以一般是较为单一的筹资渠道。

（3）追索性质不同。项目融资的突出特点是融资的有限追索权或者无追索权。贷款人不能追索到除项目资产以及相关担保资产以外的项目发起人的资产。传统的公司融资中，银行提供的是完全追索权的资金。一旦借款人无法偿还银行贷款，银行将行使对其借款人的资产处置权以弥补其贷款本息的损失。

（4）还款来源不同。项目融资的资金偿还以项目投产后的收益以及项目本身的资产作为还款来源，在传统的公司融资中，作为资金偿还来源的是项目发起人的所有资产及其收益。

（5）担保结构不同。项目融资一般需要结构严谨而复杂的担保体系，它要求与工程项目有利害关系的众多单位对债务资金可能发生的风险进行担保。在传统的公司融资中，一般只需要单一的担保结构，如抵押、质押或者保证贷款等。

3. 项目融资的适用范围

（1）资源开发类项目：如石油、天然气、煤炭、铀等开发项目。

（2）基础设施项目。

（3）制造业，如飞机、大型轮船制造项目等。

4. 项目融资的限制

（1）程序复杂，参加者众多，合作谈判成本高。

（2）政府的控制较严格。

（3）增加项目最终用户的负担。

（4）项目风险增加融资成本。

二、项目融资的主要模式

1. 以设施使用协议为基础的项目融资模式

国际上，一些项目融资是围绕着一个服务性设施或工业设施的使用协议作为主体安排的。这种设施使用协议（Tolling Agreement），在工业项目中有时也称为委托加工协议，是指在某种服务性设施或工业设施的提供者和这种设施的使用者之间达成的一种具有“无论提货与否均需付款”性质的协议。项目公司以“设施使用协议”为基础安排项目融资，主要应用于一些带有服务性质的项目，例如石油、天然气管道、发电设施、某种专门产品的运输系统以及港口、铁路设施等。20 世纪 80 年代以来，这种融资模式也被引入到工业项目中。

利用设施使用协议安排项目融资，其成败的关键是项目设施的使用者能否提供一个强有力的具有“无论提货与否均需付款”性质的承诺。这个承诺要求项目设施的使用者在融资期间无条件地定期向设施的提供者支付一定数量的预先确定下来的项目设施使用费，而无论使用者是否真正利用了项目设施所提供的服务。这种无条件承诺的合法权益将被转让给提供资金方，再加上项目投资者的完全担保，就构成项目信用保证的主要部分。一般来说，项目设施的使用费在融资期间应足以支付项目的生产经营成本和项目的还本付息。

在生产型工业项目中，“设施使用协议”被称为“委托加工协议”，项目产品的购买者提供或组织生产所需要的原材料，通过项目的生产设施将其加工成最终产品，然后由购买者在支付加工费后取走产品。

以设施使用协议为基础安排的项目融资具有以下特点：

(1) 投资结构的选择比较灵活，既可以采用公司型合资结构，也可以采用非公司型合资结构、合伙制结构或者信托基金结构。投资结构选择的主要依据是项目的性质、项目投资者和设施使用者的类型及融资、税务等方面的要求。

(2) 项目的投资者可以利用与项目利益有关的第三方（即项目设施使用者）的信用来安排融资，分散风险，节约初始资金投入，因而特别适用于资本密集，收益相对较低但相对稳定的基础设施类型项目。

(3) 具有无论提货与否均需付款性质的设施使用协议是项目融资的不可缺少的组成部分。这种项目设施使用协议在使用费的确定上至少需要考虑到项目投资在以下三个方面的回收：①生产运行成本和资本再投入费用；②融资成本，包括项目融资的本金和利息的偿还；③投资者的收益。

(4) 采用这种模式的项目融资，在税务结构处理上需要谨慎。虽然国际上有些项目将拥有设施使用协议的公司的利润水平安排在损益平衡点上，以达到转移利润的目的，但是有些国家的税务制度是不允许这样做的。

2. 以生产支付为基础的项目融资模式

以生产支付（production payment）为基础的项目融资模式是项目融资的早期形式之一，起源于 20 世纪 50 年代美国石油天然气项目开发的融资安排。

以生产支付为基础组织起来的项目融资，在信用保证结构上与其他的融资模式有一定的区别。一个生产支付的融资安排是建立在由贷款银行购买某一特定矿产资源储量的全部或部分未来销售收入权益的基础上的。在这一安排中提供融资的贷款银行从项目中购买到一个特定份额的生产量，这部分生产量的收益也就成为项目融资的主要偿债资金来源。因此，生产支付是通过直接拥有项目的产品和销售收入，而不是通过抵押或权益转让的方式来实现融资的信用保证。对于那些资源属于国家所有，项目投资者只能获得资源开采权的国家和地区，生产支付的信用保证是通过购买项目未来生产的现金流量，加上资源开采权和项目资产的抵押实现的。

生产支付融资适用于资源储藏量已经探明并且项目生产的现金流量能够比较准确地计算出来的项目。生产支付融资所能安排的资金数量等于生产支付所购买的那一部分矿产资源的预期未来收益在一定利率条件下贴现出来的资产现值。

生产支付融资模式具有以下基本特征：

（1）由于所购买的资源储量及其销售收益被用作生产支付融资的主要偿债资金来源，因此，融资比较容易被安排成为无追索或有限追索的形式。

（2）融资期限将短于项目的经济生命期。换句话说，如果一个资源性项目具有20年的开采期，生产支付融资的贷款期限将会远远短于20年。

（3）在生产支付融资结构中，贷款银行一般只为项目的建设和资本费用提供融资，而不承担项目生产费用的贷款，并且要求项目投资者提供最低生产量、最低产品质量标准等方面的担保。

（4）一般要成立一个融资中介机构，即所谓的专设公司，专门负责从项目公司购买一定比例的产品，在市场上直接销售或委托项目公司作为代理人销售，并负责归集产品的销售收入和偿还贷款。

3. 以杠杆租赁为基础的项目融资模式

以杠杆租赁为基础的项目融资模式，是指在项目投资者的要求和安排下，由有两个或两个以上的专业租赁公司、银行以及其他金融机构等以合伙制形式组成的合伙制金融租赁公司作为出租人，融资购买项目的资产，然后租赁给承租人的项目公司的一种融资模式。合伙制金融租赁公司和贷款银行的收入及信用保证来自税务好处、租赁费用、项目的资产以及对项目现金流量的控制。当租赁公司的成本全部收回并且获得了相应的回报后，项目公司只需交纳很少的租金，便可在租赁期满后，由项目发起人的一个相关公司将项目资产以事先商定的价格购买回去，或者由项目公司以代理人的身份代理租赁公司把资产以其可以接受的价格卖掉，售价大部分会当作代销手续费由租赁公司返还给项目公司。

在一个杠杆租赁融资模式中，至少要有以下四部分人员的介入。

（1）至少由两个股本参加者组成的合伙制结构金融租赁公司（在美国也可以采用信托基金结构）作为项目资产的法律持有人和出租人。合伙制结构金融租赁公司是专门为某一个杠杆租赁融资结构组织起来的，其参加者一般为专业租赁公司、银行和其他金融机构，在有些情况下，也可以是一些工业公司。合伙制结构金融租赁公司为杠杆租赁结构提供股本资金（一般为项目建设费用或者项目收购价格的20%～40%），安排债务融资，享受项目结构中的税务好处（主要来自项目折旧和利息的税务扣减），出租项目资产收取租赁费，在支付到期债务、税收和其他管理费用之后取得相应的股本投资收益（在项目融资中这个收益通常表现为一个预先确定的投资收益率）。

（2）债务参加者（其数目多少由项目融资的规模决定）。债务参加者为普通的银行和金融机构。债务参加者以对股本参加者无追索权的形式为被融资项目提供绝大部分的资金（一般为60%～80%）。由债务参加者和股本参加者所提供的资金应构成被出租项目的全部或大部分建设费用或者购买价格。通常，债务参加者的债务被全部偿还之前在杠杆租赁结构中享有优先取得租赁费的权利。对于债务参加者来说，为杠杆租赁结构提供贷款和为其他结构的融资提供贷款在本质上是一样的。

（3）项目资产承租人。项目资产承租人是项目的主办人和真正投资者。项目资产承租人通过租赁协议的方式从杠杆租赁结构中的股本参加者手中获得项目资产的使用权，支付租赁费作为使用项目资产的报酬。由于在结构中充分考虑到了股本投资者的税务好处，所以与直接拥有项目资产的融资模式比较，项目投资者可以获得较低的融资成本。具体地说，只要项目在建设期和生产前期可以有相当数额的税务扣减，这些税务扣减就可以被用来作为支付股本参加者的股本资金投资收益的一个重要组成部分。与其他模式的项目融资一样，项目资产的承租人在多数情况下，也需要为杠杆租赁融资提供项目完工担保、长期的市场销售保证、一定形式和数量的资金转入（作为项目中真正的股本资金）以及其他形式的信用保证。由于其结构的复杂性，并不是任何人都可以组织起来以杠杆租赁为基础的项目融资。项目资产承租人本身的资信状况是一个关键的评断指标。

（4）杠杆租赁经理人。杠杆租赁融资结构通常是通过一个杠杆租赁经理人组织起来的。这个经理人相当于一般项目融资结构中的融资顾问角色，主要由投资银行担任。在安排融资阶段，杠杆租赁的经理人根据项目的特点，项目投资者的要求设计项目融资结构，并与各方谈判并组织融资结构中的股本参加者和债务参加者，安排项目的信用保证结构。如果融资安排成功，杠杆租赁经理人就代表股本参加者在融资期内管理该融资结构的运作。

以杠杆租赁为基础的项目融资的主要特点如下：

（1）融资方式较复杂。由于杠杆租赁融资结构中涉及的参与者数目较多，资产抵押以及其他形式的信用保证在股本参加者与债务参加者之间的分配和优先顺序问题也比一般项目融资模式复杂，再加上税务、资产管理与转让等问题，造成组织这种项目融资所花费的时间要相对长一些，法律结构以及文件也相对复杂一些，因而比较适合大型工程项目的融资安排。

（2）融资成本较低。杠杆租赁由于充分利用了项目的税务好处，所以降低了投资者的融资成本和投资成本，同时也增加了融资结构中债务偿还的灵活性。利用税务扣减一般可以偿还项目全部融资总额的30％～50％。

（3）可实现百分之百的融资。在这种模式中，由金融租赁公司的部分股本资金加上银行贷款，就可解决项目所需资金或设备，项目发起人可以不需要再进行任何股本投资。

（4）应用范围比较广泛。既可以作为一项大型工程项目的项目融资安排，也可以为项目的一部分建设工程安排融资，例如用于购置项目的某一专项大型设备。

4. BOT项目融资方式

BOT（Build Operate Transfer），即建造—运营—移交方式，这种方式最大的特点就是将基础设施的经营权有期限的抵押以获得项目融资，或者说是基础设施国有项目民营化。在这种模式下，首先由项目发起人通过投标从委托人手中获取对某个项目的特许权，随后组成项目公司并负责进行项目的融资，组织项目的建设，管理项目的运营，在特许期内通过对项目的开发运营以及当地政府给予的其他优惠来回收资金以还贷，并取得合理的利润。特许期结束后，应将项目无偿地移交给政府。在BOT模式下，投资者一般要求政府保证其最低收益率，一旦在特许期内无法达到该标准，政府应给予特别补偿。实质上，BOT融资模式是政府与承包商合作经营项目的一种特殊运作模式，从20世纪80年代产生以来，越来越受到各国政府的重视，成为各国基础设施建设及资源开发等大型项目融资中较受欢迎的一种融资模式。

BOT融资在我国也被称为特许经营权融资方式，主要以外资为融资对象，其含义是指国家或者地方政府部门通过特许经营权协议，授予签约方的外商投资企业（包括中外合资、中外合作、外商独资）承担公共性基础设施项目的融资、建造、经营和维护；在协议规定的特许期限内，项目公司拥有投资建造设施的所有权，允许向设施使用者收取适当的费用，由此回收项目投资、经营和维护成本并获得合理的回报；特许期满后，项目公司将设施无偿地移交给签约方的政府部门。

除了上述的BOT普通模式，还有20多种演化模式，比较常见的有BOO（建设—拥有

—经营）、BT（建设—转让）、TOT（转让—经营—转让）、BOOT（建设—拥有—经营一转让）、BLT（建设—租赁—转让）、BTO（建设—转让—经营）等。

TOT（Transfer Operate Transfer），它是BOT项目融资方式的新发展，即转让—经营—转让模式，是一种通过出售现有资产以获得增量资金进行新建项目融资的一种新型融资方式。在这种模式下，首先私营企业用私人资本或资金购买某项资产的全部或部分产权或经营权，然后，购买者对项目进行开发和建设，在约定的时间内通过对项目经营收回全部投资并取得合理的回报，特许期结束后，将所得到的产权或经营权无偿移交给原所有人。TOT方式存在着几点BOT项目融资方式所不具备的优势：①积极盘活国有资产，推进国有企业转机建制；②为拟建项目引进资金，为建成项目引进新的更有效的管理模式；③只涉及经营权让渡，不存在产权、股权问题，可以避免许多争议；④投资者可以尽快从高速发展的中国经济中获得利益。另外，由于TOT的风险比BOT小很多，金融机构、基金组织、私人资本等都有机会参与投资，这也增加了项目的资金来源。

5. ABS项目融资模式

ABS（Asset Backed Securitization），即资产支持证券化模式。这种模式是以资产支持的一种利用存量资产转换为货币资金用于新项目投资的证券化项目融资方式。它以项目所拥有的资产为基础，以项目可带来的预期收入为保证，通过在资本市场发行债券来募集资金。这种方式能以较低的资金成本筹集到期限较长、规模较大的项目建设资金，对于不能将经营权和建设权交出的建设项目来说，采用ABS融资模式非常适合。

该模式的主要特点如下。

（1）资产形成的在未来一定时期内的现金流，可以同其他资产所形成的现金流相分离，即该资产权益相对独立，出售时不易与其他资产权益相混淆。这是资产可被证券化的基本前提。

（2）从技术上看，被证券化的资产还必须达到一定的量。如果规模较小，就需要找到与其性质相类似的资产，共同组成一个可证券化的资产池，从而达到规模经济。

（3）被证券化的资产收益率具有可拆分的经济价值，即资产必须具有可重组性，资产证券化的本质要求组合中的各种资产的期限、风险、收益水平等基本接近。

（4）资产持有者要具备某种提高拟发行资产证券信用的能力，即需要对所发证券进行信用提高。

具体而言，ABS融资有以下两种方式：

① 通过项目收益资产证券化来为项目融资，即以项目所拥有的资产为基础，以项目资产可以带来的预期收益为保证，通过在资本市场发行债券来募集资金的一种证券化融资方式。具体来说，是项目发起人将项目资产出售给特设机构SPV（Special Purpose Vehicle），SPV凭借项目未来可预见的稳定的现金流，并通过寻求担保等信用增级（Credit Enhancement）手段，将不可流动的项目收益资产转变为流动性较高、具有投资价值的高等级债券，通过在国际资本市场上发行，一次性地为项目建设融得资金，并依靠项目未来收益还本付息。

② 通过与项目有关的信贷资产证券化来为项目融资，即项目的贷款银行将项目贷款资产作为基础资产，或是与其他具有共同特征的、流动性较差但能产生可预见的稳定现金流的贷款资产组合成资产池，通过信用增级等手段使其转变为具有投资价值的高等级证券，通过在国际市场发行债券来进行融资，降低银行的不良贷款比率，从而提高银行为项目提供贷款

的积极性，间接地为项目融资服务。

ABS项目融资方式适用于房地产、水、电、道路、桥梁、铁路等收入安全、持续、稳定的项目。一些出于某些原因不宜采用BOT方式的关系国计民生的重大项目也可以考虑采用ABS方式进行融资。

6. PPP项目融资模式

PPP（Public Private Partnership）模式，通常译为“公共私营合作制”，是指政府与私人组织之间，为了合作建设城市基础设施项目，或是为了提供某种公共物品和服务，以特许权协议为基础，彼此之间形成一种伙伴式的合作关系，并通过签署合同来明确双方的权利和义务，以确保合作的顺利完成，最终使合作各方达到比预期单独行动更为有利的结果。

PPP模式是公共基础设施建设中发展起来的一种优化的项目融资与实施模式，这是一种以各参与方的“双赢”或“多赢”为合作理念的现代融资模式。其典型的结构为：政府部门或地方政府通过政府采购形式与中标单位组成的特殊目的公司签订特许合同（特殊目的公司一般是由中标的建筑公司、服务经营公司或对项目进行投资的第三方组成的股份有限公司），由特殊目的公司负责项目筹资、建设及经营。政府通常与提供贷款的金融机构达成一个直接协议，这个协议不是对项目进行担保的协议，而是一个向借贷机构承诺将按与特殊目的公司签订的合同支付有关费用的协定，这个协议使特殊目的公司能比较顺利地获得金融机构的贷款。采用这种融资形式的实质是：政府通过给予私营公司长期的特许经营权和收益权来换取基础设施加快建设及有效运营。

PPP模式的内涵主要包括以下四个方面：

第一，PPP是一种新型的项目融资模式。项目PPP融资是以项目为主体的融资活动，是项目融资的一种实现形式，主要根据项目的预期收益、资产以及政府扶持措施的力度而不是项目投资人或发起人的资信来安排融资。项目经营的直接收益和通过政府扶持所转化的效益是偿还贷款的资金来源，项目公司的资产和政府给予的有限承诺是贷款的安全保障。

第二，PPP融资模式可以使民营资本更多地参与到项目中，以提高效率，降低风险。这也正是现行项目融资模式所欠缺的。政府的公共部门与民营企业以特许权协议为基础进行全程的合作，双方共同对项目运行的整个周期负责。PPP方式的操作规则使民营企业参与到项目的确认、设计和可行性研究等前期工作中来，这不仅降低了民营企业的投资风险，而且能将民营企业在投资建设中更有效率的管理方法与技术引入项目中来，还能有效地实现对项目建设与运行的控制，从而有利于降低项目建设投资的风险，较好地保障国家与民营企业各方的利益。这对缩短项目建设周期，降低项目运作成本甚至资产负债率都有值得肯定的现实意义。

第三，PPP模式可以在一定程度上保证民营资本“有利可图”。私营部门的投资目标是寻求既能够还贷又有投资回报的项目，无利可图的基础设施项目是吸引不到民营资本的投入的。而采取PPP模式，政府可以给予私人投资者相应的政策扶持作为补偿，从而很好地解决了这个问题，如税收优惠、贷款担保、给予民营企业沿线土地优先开发权等。通过实施这些政策可提高民营资本投资项目的积极性。

第四，PPP模式在减轻政府初期建设投资负担和风险的前提下，提高项目服务质量。在PPP模式下，公共部门和民营企业共同参与城市基础设施项目的建设和运营，由民营企业负责项目融资，有可能增加项目的资本金数量，进而降低较高的资产负债率，而且不但能节省政府的投资，还可以将项目的一部分风险转移给民营企业，从而减轻政府的风险。同时双方可以形成互利的长期目标，更好地为社会和公众提供服务。

第五节 融资方案分析

在初步确定工程项目的资金筹措方式和资金来源后，应进一步对融资方案进行分析，以降低融资成本和融资风险，并需事先编制项目资金筹措方案，编制项目资金筹措方案需注意以下几点：

① 项目资金筹措方案是在项目分年投资计划基础上编制的，是对资金来源、资金筹措方式、融资结构和数量等做出的整体安排。

② 项目的资金筹措需要满足项目投资资金使用的要求。

③ 一个完整的项目资金筹措方案，主要由两部分内容构成：项目资金来源计划表和总投资使用与资金筹措计划表。

一、资金成本分析

（一）资金成本的含义和作用

1.资金成本的含义

资金是一种资源，筹集和使用任何资金都要付出代价，资金成本就是投资者在工程项目实施中，为筹集和使用资金而向资金的所有者及中介人支付的代价，包括资金筹集费和资金占用费。资金筹集费是指投资者在资金筹措过程中支付的各项费用，主要包括向银行借款的手续费；发行股票、债券而支付的各项代理发行费用，如印刷费、手续费、公证费、担保费和广告费等。资金筹集成本一般属于一次性费用，筹资次数越多，资金筹集成本也就越大。资金占用费主要包括支付给股东的各种股利、向债权人支付的贷款利息以及支付给其他债权人的各种利息费用等。资金占用费一般应按机会成本的原则计算，当机会成本难以确定时，可参照银行存款利率。资金使用成本一般与所筹资金的多少以及所筹资金使用时间的长短有关，具有经常性、定期支付的特点，是资金成本的主要内容。

2.资金成本的作用

（1）资金成本是选择资金来源和筹资方式的重要依据。企业筹集资金的方式多种多样，如发行股票、债券、银行借款等，不同的筹资方式，其个别的资金成本也不尽相同。资金成本的高低可以作为比较各种筹资方式优缺点的一项依据。

（2）资金成本是投资者进行资金结构决策的基本依据。一个工程项目的资金结构一般是由借入资金与自有资金组合而成，这种组合有多种方案，如何寻求两者间的最佳组合，一般可通过计算综合资金成本作为项目筹资决策的依据。

（3）资金成本是评价各种工程项目是否可行的一个重要尺度。国际上通常将资金成本视为工程项目的最低收益率和是否接受工程项目的取舍率。在评价投资方案是否可行的标准上，一般要以项目本身的投资收益率与其资金成本进行比较。如果项目的预期投资收益率小于其资金成本，则项目不可行。

（二）资金成本的计算

1.资金成本计算的一般形式

资金成本可用绝对数表示，也可用相对数表示。为了便于分析比较，资金成本一般用相

对数表示，称之为资金成本率。资金成本率是指实际支付的资金占用费和筹资净额之比。其一般计算公式为

$$K=\frac{D}{P-F} \tag{7-1}$$

或

$$K=\frac{D}{P(1-f)} \tag{7-2}$$

式中 K——资金成本率（一般通称为资金成本）；

P——筹集资金总额；

D——资金占用费；

F——筹资费；

f——筹资费率（即筹资费占筹集资金总额的比率）。

在考虑资金时间价值情况下的理论公式为

$$P(1-f)=\sum_{i=1}^{n}\frac{P_i+I_i}{(1+K)^i} \tag{7-3}$$

借款资金、债券资金等债务资金可以减免所得税，扣除所得税后的资金成本计算公式为

$$P(1-f)=\sum_{i=1}^{n}\frac{P_i+I_i(1-T)}{(1+K)^i} \tag{7-4}$$

2. 不同筹资方式资金成本计算

（1）长期银行借款的资金成本。按照《企业财务通则》，长期银行借款利息计入财务费用，在税前利润中支付，这样就使企业少缴了一部分所得税，所以企业每年实际支付的资金占用费不是年利息 I_d，而是 $I_d(1-T)$。长期银行借款的资金成本率计算公式如下：

$$K_d=\frac{I_d(1-T)}{P_d(1-f_d)} \tag{7-5}$$

式中 K_d——长期银行借款的资金成本率；

P_d——长期银行借款筹集资金总额；

I_d——长期银行借款年利息；

T——企业所得税税率；

f_d——长期银行借款筹资费率。

长期银行借款的筹资费主要是借款手续费，一般数额很小，有时可忽略不计，这时长期银行借款的资金成本率计算公式如下：

$$K_d=i_d(1-T) \tag{7-6}$$

式中 i_d——长期银行借款年利率，其他符号同前。

【例 7-1】 某企业为某建设项目申请银行长期贷款 3000 万元，年利率为 8%，每年付息一次，到期一次还本，贷款管理费及手续费率为 0.5%。企业所得税税率 25%，试计算该项目长期借款的资金成本率。

解：该项目长期借款的资金成本率为

$$K_d=\frac{I_d(1-T)}{P_d(1-f_d)}=\frac{3000\times8\%\times(1-25\%)}{3000\times(1-0.5\%)}=6.03\%$$

（2）长期债券的资金成本。发行债券的代价主要是指债券利息和筹资费用。债券利息的处理与长期借款利息的处理相同，应以税后的债务成本为计算依据。债券的筹资费用一般比

较高，不可在计算融资成本时省略。债券资金成本率的计算公式为

$$K_b=\frac{I_b(1-T)}{P_b(1-f_b)} \quad (7\text{-}7)\ (7\text{-}8)$$

式中　K_b——长期债券的资金成本率；

P_b——长期债券筹集资金总额；

I_b——长期债券年利息；

T——企业所得税税率；

f_b——长期债券筹资费率。

若债券溢价或折价发行，为了更精确地计算资金成本，应以其实际发行价格作为债券筹资额。

【例 7-2】 假定某公司发行面值为 1000 万元的 10 年期债券，票面利率 10%，发行费率 3%，发行价格 1100 万元，公司所得税税率为 25%，试计算该公司债券的资金成本率；如果公司以 950 万元发行面额为 1000 万元的债券，则资金成本率又为多少？

解：① 以 1100 万元价格发行时的资金成本率为

$$K_b=\frac{I_b(1-T)}{P_b(1-f_b)}=\frac{1000\times10\%\times(1-25\%)}{1100\times(1-3\%)}=7.03\%$$

② 以 950 万元价格发行时的资金成本率为

$$K_b=\frac{I_b(1-T)}{P_b(1-f_b)}=\frac{1000\times10\%\times(1-25\%)}{950\times(1-3\%)}=8.14\%$$

【例 7-3】 某投资项目，建设期一年，投产当年即可盈利，按有关规定可免征所得税一年，投产第二年起所得税率 25%，投资伊始拟发行 3 年期债券，面值 1000 元，筹资费率 2%，票面利率 5%，按年付息，到期一次还清借款，试计算含筹资费的税后债务资金成本率。

解：

$$P_b(1-f_b)=\sum_{i=1}^{n}\frac{p_i+I_i(1-T)}{(1+K_b)^i}\text{ 即}$$

$$1000\times(1-2\%)=\frac{1000\times5\%}{(1+K_b)}+\frac{1000\times5\%}{(1+K_b)^2}+\frac{1000+1000\times5\%\times(1-25\%)}{(1+K_b)^3}$$

则：$K_b=5.34\%$

(3) 优先股成本。与负债利息的支付不同，优先股的股利不能在税前扣除，属于税后利润的分配，因而在计算优先股成本时无须经过税赋的调整。优先股成本率的计算公式为

$$K_p=\frac{D_p}{P_p(1-f_p)} \quad (7\text{-}9)$$

式中　K_p——优先股的资金成本率；

P_p——优先股筹集资金总额；

D_p——优先股年股利；

f_p——优先股筹资费率。

【例 7-4】 某公司为某项目发行优先股股票，票面额按正常市价计算为 1000 万元，筹资费率为 3%，股息年利率为 12%，试求其资金成本率。

解：资金成本率计算如下

$$K_p=\frac{D_p}{P_p(1-f_p)}=\frac{1000\times12\%}{1000\times(1-3\%)}=12.37\%$$

（4）普通股资金成本。普通股资金成本属权益融资成本。权益资金的资金占用费是向股东分派的股利，而股利是以所得税后净利润支付的，不能抵减所得税。计算普通股资金成本，常用的方法有“股利增长模型法”“资本资产定价模型法”“税前债务成本加风险溢价法”。

① 股利增长模型法。普通股的股利一般不是固定的，是逐年增长的。如果每年以固定比率G增长，第一年股利为D_c，则第二年为$D_c(1+G)$，第三年为$D_c(1+G)^2$，…，第n年为$D_c(1+G)^{n-1}$。因此可把未知的普通股资金成本作为折现率，把筹资净额作为现值，利用计算现值的原理就可推导出普通股资金成本率的计算公式为

$$K_c=\frac{D_c}{P_c(1-f_c)}+G \tag{7-10}$$

式中 K_c——普通股的资金成本率；

P_c——普通股筹集资金总额；

D_c——普通股年股利；

f_c——普通股筹资费率；

G——普通股股利年增长率。

【例 7-5】 某公司发行普通股正常市价为 1000 万元，筹资费率为 4%，第一年的股利率为 8%，以后每年增长 3%，试求其资金成本率。

解：资金成本率计算如下

$$K_c=\frac{D_c}{P_c(1-f_c)}+G=\frac{1000\times8\%}{1000\times(1-4\%)}+3\%=11.33\%$$

② 资本资产定价模型法

$$K_c=R_f+\beta(R_m-R_f) \tag{7-11}$$

式中 R_f——无风险报酬率；

R_m——平均风险股票必要报酬率；

β——股票的风险校正系数，其他符号同前。

【例 7-6】 某证券市场无风险报酬率为 10%，平均风险股票必要报酬率为 16%，某一股份公司普通股β值为 1.1，试计算该普通股的资金成本率。

解：该普通股的资金成本率计算如下

$$K_c=R_f+\beta(R_m-R_f)=10\%+1.1\times(16\%-10\%)=16.6\%$$

③ 税前债务成本率加风险溢价法

$$K_c=K_b+\mathrm{RP}_c \tag{7-12}$$

式中 K_b——所得税前的债务资金成本率；

RP_c——投资者比债权人承担更大风险所要求的风险溢价，其他符号同前。

风险溢价是凭借经验估计的，一般认为某企业普通股风险溢价对其自己发行的债券来讲，大约在 3%～5%左右：

a. 当市场利率达到历史性高点时，风险溢价较低，在 3%左右；

b. 当市场利率达到历史性低点时，风险溢价较高，在 5%左右；

c. 通常情况下，一般采用 4%的平均风险溢价。

(5) 留存盈余资金成本。留存盈余是指企业未以股利等形式发放给投资者而保留在企业的那部分盈利，即经营所得净收益的积余，包括盈余公积和未分配利润。

留存盈余是所得税后形成的，其所有权属于股东，实质上相当于股东对公司的追加投资。股东将留存盈余留用于公司，是想从中获取投资报酬，所以留存盈余也有资金成本，即股东失去的向外投资的机会成本。它与普通股成本的计算基本相同，只是不考虑筹资费用。如按股利增长模型法，留存盈余资金成本率计算公式为

$$K_r=\frac{D_c}{P_c}+G \tag{7-13}$$

式中 K_r——留存盈余资金成本率，其他符号同前。

3. 加权平均资金成本

由于条件制约，工程项目不可能只从某种低成本的来源筹集资金，而是各种筹资方案的有机组合。因此，为了对整个项目的融资方案进行筹资决策，在计算各种融资方式个别资金成本的基础上，还要计算整个融资方案的加权平均融资成本，以反映工程项目的整个融资方案的融资成本状况。加权平均资金成本率计算公式为

$$K_w=\sum_{j=1}^{n}K_j\times W_j \tag{7-14}$$

式中 K_w——加权平均资金成本率；

K_j——第 j 种融资渠道的资金成本率；

W_j——第 j 种融资渠道筹集的资金占全部资金的比重（权数）。

【例 7-7】 某扩建项目总投资 9600 万元，年初投入，当年获利。筹资方案为：原有股东增资 3200 万元，其资金成本参照企业前 3 年平均净资产收益率定为 15%；银行长期借款 6400 万元，有效年利率 8%；企业所得税税率 25%。试计算该项目所得税后的加权平均资金成本率。

解： $$K_w=\sum_{j=1}^{n}K_j\times W_j=\frac{3200\times15\%+6400\times8\%\times(1-25\%)}{3200+6400}=9\%$$

二、融资风险分析

融资方案的实施经常会受到各种风险因素的影响。融资风险分析就是对可能影响融资方案的风险因素进行识别和预测。通常可能的融资风险因素有下列几种。

1. 投资缺口风险

工程项目在建设过程中由于技术设计、施工图设计及施工过程中增加工程，或价格上涨引起工程造价变化等，都会引起投资额的增加，导致原估算投资额出现缺口。

2. 资金供应风险

资金供应风险是指融资方案在实施过程中，可能出现资金无法落实，导致建设工期拖长，工程造价升高，原定投资效益目标难以实现的风险。主要风险如下

(1) 原定筹资额全部或部分落空，例如已承诺出资的投资者中途变故，不能兑现承诺。

(2) 原定发行股票、债券计划不能实现。

(3) 既有项目法人融资项目由于企业经营状况恶化，无力按原定计划出资。

(4) 其他资金不能按建设进度足额及时到位。

3. 利率风险

利率水平随着金融市场行情而变动，如果融资方案中采用浮动利率计息，则应分析贷款

利率变动的可能性及其对项目造成的风险和损失。

4. **汇率风险**

汇率风险是指国际金融市场外汇交易结算产生的风险，包括人民币对各种外币币值的变动风险和各外币之间比价变动的风险。利用外资数额较大的投资项目应对外汇汇率的趋势进行分析，估测汇率发生较大变动时，对项目造成的风险和损失。

5. **财务风险**

财务风险来自财务杠杆的作用。我们把那些支付固定性资金成本的筹资方式（如债券、优先股、融资性租赁等）称为财务杠杆。由于财务杠杆的存在，当息税前利润增长时，资本金利润率（普通股每股税后利润）有更大的增长率；当息税前利润下降时，资本金利润率（普通股每股税后利润）有更大的降低率。我们把这种作用称为财务杠杆作用。

本章小结

(1) 工程项目资金筹集过程中，要进行融资环境分析、项目融资主体及其融资方式分析、资金来源可靠性分析、资金结构合理性分析、资金成本和融资风险分析。

(2) 项目的资金来源一般分为两大部分：股东权益资金及负债。权益投资人获得项目的财产权和控制权；债权人优先于股权受偿，但对于公司没有控制权。

(3) 我国除了主要由中央和地方政府用财政预算投资建设的公益性项目等部分特殊项目外，大部分投资项目都应实行资本金制度。国有单位和集体投资项目必须首先落实资本金才能进行建设。个体和私营企业的经营性投资项目参照规定执行。

(4) 根据《国务院关于固定资产投资项目试行资本金制度的通知》的要求，项目资本金的来源可以是中央和地方各级政府预算内资金；国家批准的各项专项建设资金；拨改贷和经营性基本建设基金回收的本息；土地批租收入；国有企业产权转让收入；地方政府按国家有关规定收取的各种税费及其他预算外资金；国家授权的投资机构及企业法人的所有者权益（包括资本金、资本公积金、盈余公积金、未分配利润、股票上市收益金等）；企业折旧基金以及投资者按照国家规定从资本市场上筹措的资金；经批准，发行的股票或可转换债券；国家规定的其他可用作项目资本金的资金。

(5) 项目债务筹资的主要方式有国内银行及非银行金融机构贷款、国外贷款、融资租赁、发行债券。

(6) 项目融资是以项目的资产、预期收益或权益作抵押取得的一种无追索权或者有限追索权的融资或者贷款。目前，项目融资已经成为大型工程项目筹措资金的一种新方式。项目融资的主要模式有以设施使用协议为基础的项目融资模式、以产品支付为基础的项目融资模式、以杠杆租赁为基础的项目融资、BOT 项目融资方式、ABS 项目融资模式、PPP 项目融资模式。

(7) 资金成本是投资者在工程项目实施中，为筹集和使用资金而向资金的所有者及中介人支付的代价，包括资金筹集费和资金占用费。

资金成本率是指实际支付的资金占用费和筹资净额之比。其一般计算公式为

$$K=\frac{D}{P-F}$$

在不同筹资方式下，个别资金成本率的具体计算公式具有差异性。

长期银行借款的资金成本率计算公式为

$$K_d=\frac{I_d(1-T)}{P_d(1-f_d)}$$

债券资金成本率的计算公式为

$$K_b=\frac{I_b(1-T)}{P_b(1-f_b)}$$

$$P_b(1-f_b)=\sum_{i=1}^{n}\frac{p_i+I_i(1-T)}{(1+K_b)^i}$$

优先股成本率的计算公式为

$$K_p=\frac{D_p}{P_p(1-f_p)}$$

普通股资金成本率的计算公式为

$$K_c=\frac{D_c}{P_c(1-f_c)}+G$$

$$K_c=R_f+\beta(R_m-R_f)$$

$$K_c=K_b+\mathrm{RP}_c$$

留存盈余资金成本率计算公式为

$$K_r=\frac{D_c}{P_c}+G$$

此外，加权平均资金成本率计算公式为

$$K_w=\sum_{j=1}^{n}K_j\times W_j$$

(8) 融资风险分析中通常考虑的融资风险因素有投资缺口风险、资金供应风险、利率风险，汇率风险，财务风险。其中，财务风险来自财务杠杆的作用。人们把那些支付固定性资金成本的筹资方式（如债券、优先股、融资性租赁等）称为财务杠杆。

练 习 题

一、单选题

1. 进行投资项目融资研究，应首先考察项目所在地区的融资环境，下列环境因素中，不属于项目融资环境调查内容的是（　　）。

A. 税务条件　　B. 产业政策　　C. 产品市场　　D. 投资政策

2. 关于项目资本金的说法，正确的是（　　）。

A. 所有投资项目都必须实行资本金制度。

B. 投资项目部分资本金可以用非专利技术作价出资。

C. 政府的财政预算内资金不能作为项目资本金的资金来源。

D. 作为资本金计算基数的总投资由建设投资和建设期利息构成。

3. 下列关于外商投资企业注册资本的表述中，正确的是（　　）。

A. 投资总额为 300 万美元的，注册资本不得低于 150 万美元。

B. 投资总额为 1200 万美元的，注册资本不得低于 480 万美元。

C. 投资总额为 3000 万美元的，注册资本不得低于 1000 万美元。

D. 投资总额为 3500 万美元的，注册资本不得低于 1200 万美元。

4. 与其他长期负债融资相比，信贷方式融资具有一些特点。关于信贷方式融资特点的说法，错误的是

（　　）。

A. 项目融资资金来源比较可靠

B. 获得借款所花费的时间较短

C. 借贷双方协商融资条件的可能性较大

D. 借款利率一般高于融资租赁，但比债券融资方式略低

5. 与传统的公司融资方式相比，项目融资方式的特点之一是“有限追索”。下列关于项目融资有限追索的说法，错误的是（　　）。

A. 无追索项目融资是有限追索的一个特例。

B. 采取有限追索项目融资，债权人只能对项目公司的发起人或股东追索有限的责任。

C. 项目生命周期内，项目公司的股东需对项目公司借款提供担保。

D. 股东对事先约定金额的项目公司借款提供担保。

6. 设社会无风险收益率为4%，市场投资组合预期收益率为12%，项目的投资风险系数为1.2，则采用资本资产定价模型计算的普通股资金成本为（　　）。

A. 9.6%　　B. 13.6%　　C. 16.0%　　D. 18.4%

二、简答题

1. 工程项目资金筹集过程中要进行哪些方面的分析？

2. 对投资项目资本金制度如何理解？

3. 项目的资金来源和筹资方式各有哪些？

4. 什么是项目融资？项目融资的特点怎样？有哪些主要模式？

5. 什么是资金成本？不同筹资方式下的个别资金成本如何计算？加权平均资金成本如何计算？

三、计算题

1. 某公司从银行借款50万元，年利率8%，公司所得税率为25%，筹资费为0.5%，如果按一年分十二次支付利息，试计算借款的资金成本。

2. 某公司发行了一批新债券。每张债券票面值为10000元，年利率8%，一年分四次支付利息，10年期满，发行费率3%。每张债券发行时市价10500元。如果所得税率为25%，试计算公司新发行债券的资本成本。

3. 某企业委托金融机构代理其债券的发行和兑付工作，该企业拟发行的债券面值为100元，发行价格100元，5年期，到期一次还本付息；债券发行费率为面值的1.5%，债券兑付手续费率为债券面值的0.3%。如果要将债券的资金成本控制在10%以内，则该债券的票面利率不应超过多少？

第八章 工程项目财务评价

本章学习目标：

（1）了解财务效益与费用估算的步骤、采用的价格；

（2）熟悉财务评价概念、财务评价的基本步骤；

（3）掌握财务分析报表的类型和内容；财务效益费用估算内容、方法和相关辅助报表；掌握财务评价的内容、步骤和财务效益与费用估算之间的关系。

工程项目经济评价是在完成市场调查与预测、拟建规模、营销策划、资源优化、技术方案论证、环境保护、投资估算与资金筹措等可行性分析的基础上，对拟建项目各方案投入与产出的基础数据进行推测、估算，对拟建项目各方案进行评价和选优的过程。经济评价的内容及不同类型项目的内容选择见表 8-1❶。

表 8-1 建设项目经济评价内容选择参考表

项目类型			分析内容							
			财务分析			经济费用效益分析	费用效果分析	不确定性分析	风险分析	区域经济与宏观经济影响分析
			生存能力分析	偿债能力分析	盈利能力分析					
政府投资	直接投资	经营	☆	☆	☆	☆	△	☆	△	△
		非经营	☆	△		☆	☆	△	△	△
	资本金	经营	☆	☆	☆	☆	△	☆	△	△
		非经营	☆	△		☆	☆	△	△	△
	转贷	经营	☆	☆	☆	☆	△	☆	△	△
		非经营	☆	☆		☆	☆	△	△	△
	补助	经营	☆	☆	☆	☆	△	☆	△	△
		非经营	☆	☆		☆	☆	△	△	△
	贴息	经营	☆	☆	☆	☆	△	☆	△	△
		非经营								
企业投资（核准制）		经营	☆	☆	☆	△	△	☆	△	△
企业投资（备案制）		经营	☆	☆	☆	△	△	☆	△	

注：1. 表中☆代表做；△代表根据项目的特点，有要求时做，无要求时可不做。

2. 企业投资项目经济评价内容可根据要求进行，一般按经营性项目选用，非经营性项目可参照政府投资项目选取评价内容。

❶ 本章除例表外，所有表格内容均来源于中国计划出版社《建设项目经济评价方法与参数》（第三版）。

第一节 财务评价概述

工程项目的财务评价，是项目决策分析与评价中为判定项目财务可行性所进行的一项重要工作，是项目经济评价的重要组成部分，是投融资决策的重要依据。

一、财务评价的概念

财务评价又叫财务分析，应在项目财务效益与费用估算的基础上进行，其内容应根据项目的性质和目标确定，即对于经营性项目，账务评价应在国家现行财税制度和市场价格体系下，在编制财务辅助报表的基础上，编制账务报表，计算财务分析指标，考察和分析项目的盈利能力、偿债能力和财务生存能力，判断项目的财务可行性，明确项目对财务主体的价值，以及对投资者的贡献，为投资决策、融资决策以及银行审贷提供依据。对于非经营性项目，财务分析主要分析项目的财务生存能力。

二、财务评价的主要内容

工程项目财务评价的具体内容，是从企业角度计算项目直接发生的收益与费用，评价项目的盈利能力、清偿能力、财务生存能力，并对项目进行不确定性分析。财务评价主要内容可用图 8-1 表示。

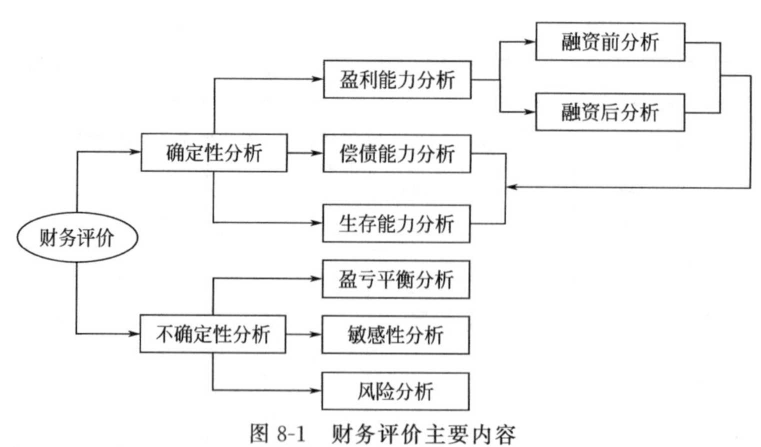

图 8-1 财务评价主要内容

1. 项目盈利能力分析

项目盈利能力分析包括融资前盈利能力分析和融资后盈利能力分析。财务分析一般应先进行融资前分析。融资前分析是指在考察融资方案前就开始进行的财务分析，即不考虑债务融资条件下进行的财务分析。在融资前分析结论满足要求的情况下，初步设定融资方案，再进行融资后分析。融资后分析是指以设定的融资方案为基础进行的财务分析。初期研究阶段只进行融资前分析。

融资前分析只进行盈利能力分析，并以动态分析（折现现金流量分析）为主，以营业收入、建设投资、经营成本和流动资金的估算为基础，考察整个计算期内的现金流入和现金流出，从而编制项目投资现金流量表，并计算项目投资内部收益率和净现值。融资前分析还可以以静态分析（非折现现金流量分析）为辅，计算投资回收期指标（静态)。融资前分析可以排除融资方案变化的影响，从项目投资总获利能力的角度，考察项目方案设计的合理性。在融资前分析中，计算的相关指标，应作为初步投资决策与融资方案研究的依据和基础。

融资后分析应以融资前分析和初步的融资方案为基础，主要针对项目资本金折现现金流量和投资各方折现现金流量进行分析，考察项目在拟融资条件下的盈利能力，判断项目方案在融资条件下的可行性。融资后分析用于比选融资方案，帮助投资者作出投资决策，包括静态分析和动态分析两种，如图 8-2 所示。

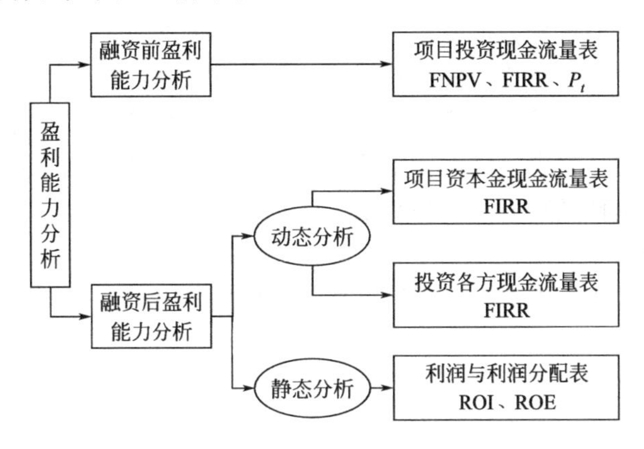

图 8-2　盈利能力分析

2. 项目偿债能力分析

项目偿债能力是指项目按期偿还债务的能力。项目偿债能力的大小通常表现为建设投资借款偿还期的长短，利息备付率和偿债备付率的高低。这些指标也是银行进行贷款决策的重要依据，如图 8-3 所示。

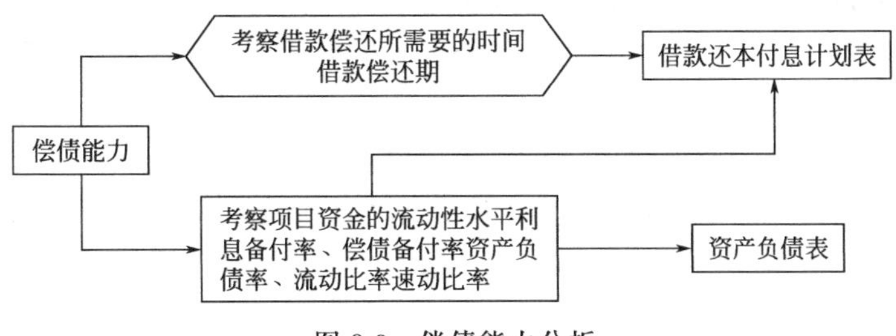

图 8-3　偿债能力分析

3. 项目生存能力分析

在项目运营期间，确保从各项经济活动中得到足够的净现金流量是项目能够持续生存的条件。财务分析中，应根据财务计划现金流量表，综合考察项目计算期内各年的投资活动、融资活动和经营活动所产生的各项现金流入和现金流出，计算净现金流量和累计盈余资金，分析项目是否有足够的净现金流量来维持正常运营。因此，财务生存能力分析也可称为资金平衡分析，对于非经营性项目，财务评价应主要分析项目的财务生存能力，如图 8-4 所示。

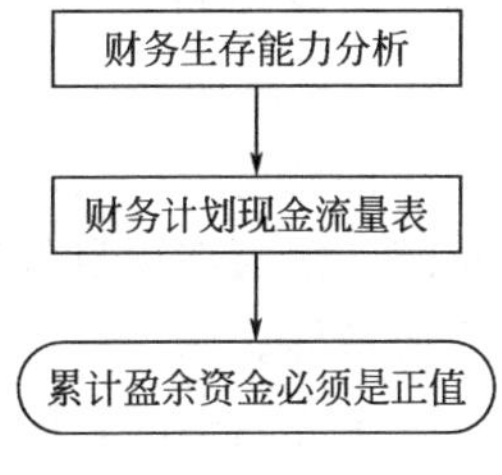

财务生存能力分析
财务计划现金流量表
累计盈余资金必须是正值

图 8-4　财务生存能力分析

财务生存能力分析应结合偿债能力分析进行，如果安排的还款期过短，则还本付息的负担会过重，导致为维持资金平衡必须筹措的短期借款过多。可以调整还款期，减轻各年还款负担。通常因运营期前期的还本付息负担较重，故应特别注重运营期前期的财务生存能力分析。

三、财务评价的基本步骤

财务评价是指以项目的市场研究和技术研究资料作为基础数据，然后编制成各种基本报表，再计算相应指标得出财务评价的结果。财务评价的基本步骤如下：

1. 采集财务分析的基础数据

根据项目的需求，对市场、环境、技术方案做充分的调查，采集相关数据，如产品的预期价格、预计产销量、投资估算和成本费用等，将基础数据归纳整理，以表格形式给出。如建设投资估算表、流动资金投资估算表、建设期贷款利息估算表、项目总投资估算表、项目总投资使用与资金筹措计划表、成本费用估算表、营业收入估算表、税金及附加估算表等。显然，预测数据的准确性是财务分析的基础。

2. 进行融资前分析

融资前分析属项目决策中的投资决策，是不考虑债务融资条件下的财务分析，重在考察项目净现金流量的价值是否大于其投资成本。融资前分析只进行盈利能力分析，应以动态分析为主，静态分析为辅。

(1) 融资前分析的基本步骤。

① 编制项目投资现金流量表，计算项目投资内部收益率、净现值和项目投资回收期(动态或静态) 等指标。

② 如果分析结果表明项目效益符合要求，再考虑融资方案，继续进行融资后分析。

③ 如果分析结果不能满足要求，可通过修改方案设计完善项目方案，必要时甚至可据此做出放弃项目的决策。

(2) 融资前分析的基本形式。融资前分析通常有两种基本的分析形式，一种是所得税前分析；另一种是所得税后分析。相应地，融资前分析可计算所得税前指标和（或）所得税后指标。所得税前和所得税后分析的现金流入完全相同，但现金流出略有不同，所得税前分析不将所得税作为现金流出，所得税后分析视所得税为现金流出。

项目投资息税前财务内部收益率（FIRR）和项目投资息税前财务净现值（FNPV）是所得税前指标，是投资盈利能力的完整体现，用以考察由项目方案设计本身所决定的财务盈利能力，它不受融资方案和所得税政策变化的影响，仅仅体现项目方案本身的合理性。所得税税前指标特别适用于建设方案设计中的方案比选，是初步投资决策的主要指标，用于考察项目是否基本可行，并值得去为之融资。在国外，公共项目、政府所属的公司和特殊免税的非营利项目，一般也只进行所得税前分析。

为了体现与融资方案无关的要求，项目投资现金流量表中的基础数据都需要剔除利息的影响。因此项目投资现金流量表中的所得税应根据利润与利润分配表中的息税前利润(EBIT) 乘以所得税率计算，称为调整所得税。

所得税后分析是所得税前分析的延伸，主要用于在融资条件下判断项目投资对企业价值的贡献，因而在项目融资前后财务评价中，特别是融资后财务评价中，是企业投资决策依据的主要指标。

对于经营性项目则需进行所得税后分析，因为所得税对于该类项目来说，是一项重要的现金流出，应该反映在项目的现金流量表中。特别是当各个方案的折旧方法具有显著差别以及其减免税优惠条件不同时，更需进行税后分析。

有时决定是进行所得税前分析还是所得税后分析，主要取决于财务基准收益率是所得税前确定的，还是所得税后确定的。

3. 进行融资后分析

融资后分析属项目决策中的融资决策，是以设定的融资方案为基础进行的财务分析，重在考察项目资金筹措方案能否满足要求。融资后分析包括盈利能力分析、偿债能力分析和财务生存能力分析。

融资后盈利能力分析应包括动态分析和静态分析两种，主要指标包括项目资本金财务内部收益率、投资回收期、项目资本金利润率和总投资收益率等。融资后盈利能力分析的基本步骤如下：①在融资前分析结论满足要求的情况下，初步设定融资方案；②在已有财务分析辅助报表的基础上，编制项目总投资使用计划与资金筹措表和建设期利息估算表；③编制项目资本金现金流量表，计算项目资本金财务内部收益率指标，考察项目资本金可获得的收益水平；④编制投资各方现金流量表，计算投资各方的财务内部收益率指标，考察投资各方可获得的收益水平；⑤编制利润与利润分配表，计算静态分析指标、资本金利润率和总投资收益率。

融资后偿债能力分析应通过计算利息备付率、偿债备付率和资产负债率等指标，分析判断财务主体的偿债能力。

融资后财务生存能力分析应在财务分析辅助报表和利润与利润分配表的基础上编制财务计划现金流量表，通过考察项目计算期内的投资、融资和经营活动所产生的各项现金流入和流出，计算净现金流量和累计盈余资金，分析项目是否有足够的净现金流量维持正常营运，以实现财务可持续性。财务可持续性应首先体现在有足够大的经营活动净现金流量，其次各年累计盈余资金不能出现负值。若出现负值，应进行短期借款，同时分析该短期借款的年份长短和数额大小，进一步判断项目的财务生存能力。短期借款应体现在财务计划现金流量表中，其利息应计入财务费用。为维持项目正常运营，还应分析短期借款的可靠性。

在项目的建议书阶段，也可只进行融资前分析。

在财务评价过程中，工程经济分析人员可以根据项目的具体情况和委托方的要求对评价指标进行取舍。

4. 财务评价结论

按以上内容完成财务分析后，还应对各项财务指标进行汇总，并结合不确定性分析的结果，做出项目财务评价结论。

财务评价的基本步骤也可采用图 8-5 表示。

四、财务评价中的效益和费用

财务效益与费用是财务分析的重要基础，其估算的准确性与可靠程度，直接影响着财务分析的结论。在财务分析中，项目的主体是企业，效益和费用相对企业而言，凡是为企业赢得收入的就是效益，削弱企业利润的就是费用。

财务效益和费用的识别与估算应注意以下问题：

（1）财务效益与费用的识别和估算，在总体上与会计准则和会计以及税收制度相适应。

（2）财务效益与费用的估算应遵守有无对比原则。有无对比原则是国际上项目评价中

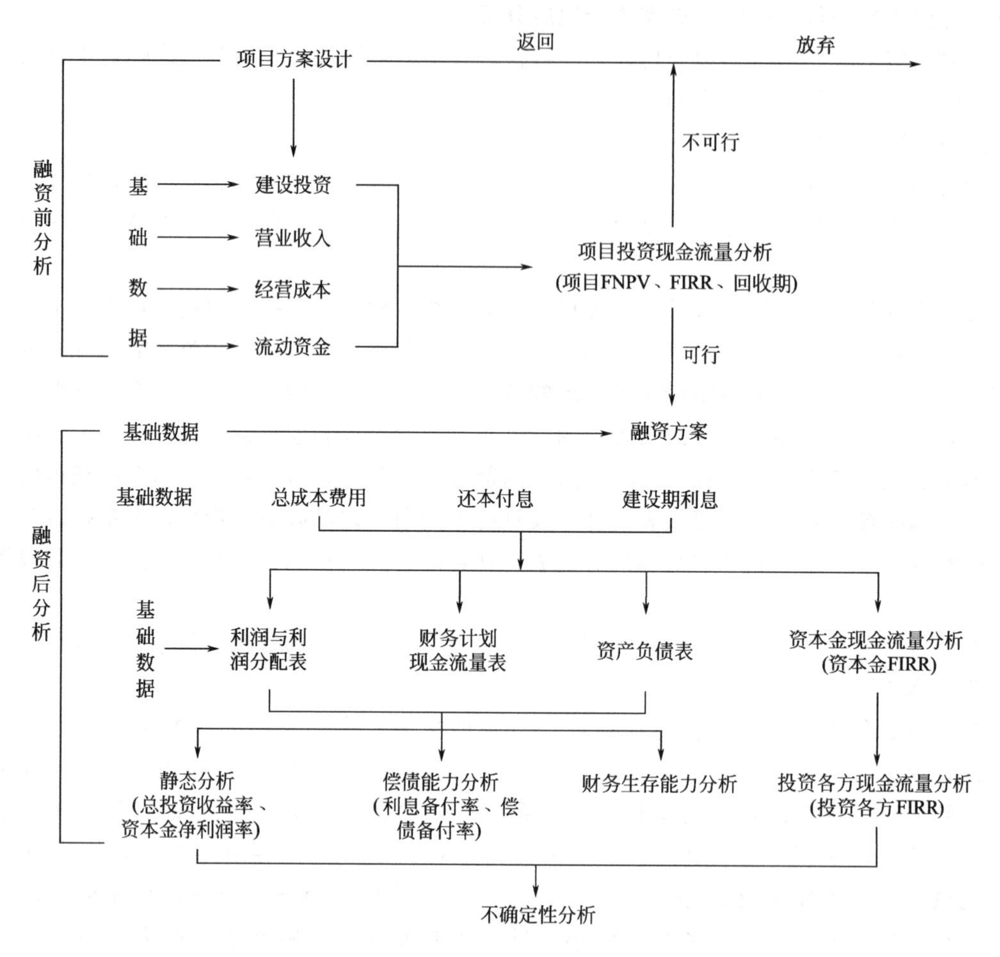

图 8-5 财务评价基本步骤示意图

通用的效益与费用识别的基本原则，与项目评价的许多方面一样，财务效益与费用的识别和估算同样需要遵守这条原则。所谓“有项目”是指实施项目后的将来状况，“无项目”是指不实施项目时的将来状况。在识别项目的效益和费用时，需要注意，只有“有无对比”的差额部分才是由于项目的建设增加的效益和费用，采用有无对比的方法是为了识别那些真正应该算作项目效益的部分，既增加效益，排除那些由于其他原因产生的效益；同时也要找出与增加效益相对应的增量费用，只有这样才能真正体现项目投资的经济效益。

(3) 财务效益与费用的估算范围应体现效益和费用对应一致的原则。即在合理确定的项目范围内，对等地估算财务主体的直接效益以及相应的直接费用，避免高估或低估项目净效益。

(4) 财务效益与费用的估算应根据项目性质、类别和行业特点，明确相关的政策和其他依据，选取适宜的方法进行文字说明，并编制相关表格。

(一) 效益

财务效益主要包括营业收入和补贴收入。项目的财务效益与项目目标有直接关系，项目目标不同，财务效益包含的内容也不同。其中补贴收入仅包括与收益相关的政府补助，而与资产相关的政府补助不在此计算。还有按销量或工作量等依据国家规定的补助定额计算并按期给予的定额补贴，以及政府扶持而给予的其他形式的补贴。

市场化运作的经营性项目，项目目标是通过销售产品或提供服务实现盈利，其财务效益主要是指所获取的营业收入。某些国家鼓励发展的经营性项目，可以获得增值税的优惠，按照有关会计及税收制度，先征后返的增值税应记作补贴收入，作为财务效益进行核算。财务分析中应根据国家规定的优惠范围落实是否采取这些优惠政策，对先征后返的增值税，财务分析中，可作有别于实际的处理，不考虑“征”和“返”的时间差。

对于以提供公共产品服务于社会或以保护环境为目标的非经营性项目，往往没有直接的营业收入，也就没有直接的财务效益。这类项目需要政府提供补贴才能维持正常运转，应将补贴作为项目的财务收益，通过平衡预算来计算所需要补贴的数额。

对于为社会提供准公共产品或服务，且运营维护采用经营方式的项目，如市政公用设施项目、交通、电力项目等，其产出价格往往受到政府的管制，营业收入可能基本满足或不能满足补偿成本的要求，有些还需要在政府提供补贴的情况下才具有财务生存能力。因此，这类项目的财务效益包括营业收入和补贴收入。

（二）费用

项目财务评价中费用的识别也要明确项目的主体，凡是削弱企业利润的就是费用。通常情况下，费用主要包括项目的总投资、经营过程中的各项成本费用、必须缴纳的各项税金等。

第二节　财务分析基本报表

项目基本财务报表主要有财务现金流量表、利润与利润分配表、财务计划现金流量表、资产负债表和借款还本付息计划表等。其中财务现金流量表包括项目投资现金流量表、项目资本金现金流量表和投资各方现金流量表。

一、财务现金流量表

财务现金流量表是在财务基础数据预测的基础上填列的，是反映项目在计算期内各年的现金流入、现金流出和净现金流量水平的一种报表。项目现金流量分析分为三个层次：第一层次为项目投资现金流量分析；第二层次为项目资本金现金流量分析；第三层次为投资各方的现金流量分析。

财务现金流量表是计算财务净现值、财务内部收益率和投资回收期等财务效益分析指标的主要信息来源。财务现金流量表只反映项目在计算期内各年实际发生的现金收支，不反映非现金收支（如折旧费、摊销费、应收及应付款等）。

（一）项目投资现金流量表

项目投资现金流量表也称全部投资现金流量表，见表 8-2。该表反映项目融资前的盈利能力，即在考虑融资方案前就开始进行财务分析，不考虑债务融资对项目财务分析的影响，即假设所有资金均为自有资金，不考虑借款利息及借款利息对项目现金流量的影响。项目投资现金流量表重点在于考察项目投资总获利能力，考察项目方案设计的可行性。只有项目本身在经济上是可行的，才开始初步设定融资方案，再进行融资后的分析。

表 8-2 项目投资现金流量表

序号	项　目	合计	计算期					
			1	2	3	4	…	n
1	现金流入							
1.1	营业收入							
1.2	补贴收入							
1.3	回收固定资产余值							
1.4	回收流动资金							
2	现金流出							
2.1	建设投资							
2.2	流动资金							
2.3	经营成本							
2.4	税金及附加							
2.5	维持运营投资							
3	所得税前净现金流量(1－2)							
4	累计所得税前净现金流量							
5	调整所得税							
6	所得税后净现金流量(3－5)							
7	累计所得税后净现金流量							
计算指标： 所得税前和所得税后的财务内部收益率； 所得税前和所得税后的财务净现值； 所得税前和所得税后的投资回收期。								

由于项目的建设性质和建设内容不同，项目的所得税率和享受的国家优惠政策也不相同，因此，在编制项目投资现金流量表时，可根据需要，从所得税前或所得税后两个角度进行考察，选择计算所得税前或所得税后的评价指标。其中，计算息税前的指标，目的是考察项目方案设计本身的财务盈利能力，反映项目的可行性，为决策者提供决策依据。由于不考虑资金来源和所得税的高低，从而也为各个投资方案的比较建立了共同基础。

项目投资现金流量表中的“所得税”应根据息税前利润乘以所得税的税率计算，称为“调整所得税”。原则上，息税前利润应完全不受融资方案变动的影响，即不受利息多少的影响，包括建设期利息对折旧的影响（因为折旧的变化会对利润产生影响，进而影响息税前利润）。但如此将会出现两个折旧和两个息税前利润（用于计算融资前所得税的息税前利润和利润表中的息税前利润）。为简化起见，当建设期利息占总投资比例不是很大的时候，也可按照利润表中的息税前利润计算调整所得税。

项目投资现金流量表（例）见表 8-3。

表 8-3 项目投资现金流量表（例）

序号	项目	合计	建设期/年			投产期/年		达到设计能力生产期/年				
			1	2	3	4	5	6	7	8	9	10
	生产负荷/%					70	90	100	100	100	100	100
1	现金流入/万元					48054.00	61782.00	68647.00	68647.00	68647.00	68647.00	70172.00
1.1	产品销售收入/万元					48054.00	61782.00	68647.00	68647.00	68647.00	68647.00	68647.00
1.2	回收资产余值/万元											676.00
1.3	回收流动资金/万元											849.00
2	现金流出/万元		5656.00	11312.00	6324.00	45399.75	57681.75	63779.50	64033.75	64034.25	64097.25	64098.25
2.1	建设投资/万元		5656.00	11312.00	5656.00							
2.2	流动资金/万元				668.00	121.00	60.00					
2.3	经营成本/万元					44064.00	56153.00	62196.00	62196.00	62196.00	62196.00	62196.00
2.4	税金及附加/万元					999.00	1284.00	1425.00	1425.00	1425.00	1425.00	1425.00
2.5	调整所得税/万元					215.75	184.75	158.50	412.75	413.25	476.25	477.25
3	净现金流量(1－2)/万元		－5656.00	－11312.00	－6324.00	2654.25	4100.25	4867.50	4613.25	4612.75	4549.75	6073.75
4	累计净现金流量/万元		－5656.00	－16968.00	－23292.00	－20637.75	－16537.50	－11670.00	－7056.75	－2444.00	2105.75	8179.50
5	所得税前净现金流量/万元		－5656.00	－11312.00	－6324.00	2870.00	4285.00	5026.00	5026.00	5026.00	5026.00	6551.00
6	所得税前累计净现金流量/万元		－5656.00	－16968.00	－23292.00	－20422.00	－16137.00	－11111.00	－6085.00	－1059.00	3967.00	10518.00

计算指标：	所得税后	所得税前
财务内部收益率(FIRR)	6%	7.39%
财务净现值(i_c＝12%)	￥－4,543.63	￥－3,542.37
投资回收期(从建设期算起)	8.54	8.21

(二) 项目资本金现金流量表

项目资本金现金流量表也称自有资金现金流量表，见表 8-4。该表是指以投资主体的出资额作为计算基础，从投资主体的角度考察项目现金流入和现金流出的状况，用于考察项目自有资金的盈利能力。与项目投资现金流量表相比，项目资本金现金流量表中自有资金偿还借款的本息应计入现金流出。通过项目资本金现金流量表，计算资本金的财务内部收益率指标，考察项目资本金的盈利能力。

表 8-4 项目资本金现金流量表

万元

序号	项目	合计	计算期					
			1	2	3	4	…	n
1	现金流入							
1.1	营业收入							
1.2	补贴收入							
1.3	回收固定资产余值							
1.4	回收流动资金							
2	现金流出							
2.1	项目资本金							
2.2	借款本金偿还							
2.3	借款利息支付							
2.4	经营成本							
2.5	税金及附加							
2.6	所得税							
2.7	维持运营投资							
3	净现金流量(1－2)							

编制项目资本金现金流量表所需要的基础数据的来源大致与项目投资现金流量表的相同，项目资本金现金流量表与项目投资现金流量表的现金流入项目是相同的。不同之处在于项目投资借款，本应是现金流入，但应同时将借款作为项目投资，故而构成同一时点相同数额的现金流出，两者相抵对净现金流量并无影响，所以在现金流出表栏目中只考虑自有资金，包括建设投资与流动资金里的自有资金部分。另外，投资者的收入是由自有资金和借入资金共同取得的，所以，投资者取得的收入扣除借款本息之后，就是投资者自有资金的部分。因此，借款本金的偿还和利息的支付就构成了现金流出的组成部分，这两项数据可以从借款还本付息计划表中取得。

项目资本金现金流量表（例）见表 8-5。

表 8-5 项目资本金现金流量表（例）

序号	项目	建设期/年			投产期/年		达到设计能力生产期/年				
		1	2	3	4	5	6	7	8	9	10
	生产负荷/%				70	90	100	100	100	100	100
1	现金流入/万元				48054.00	61782.00	68647.00	68647.00	68647.00	68647.00	70172.00
1.1	产品销售收入/万元				48054.00	61782.00	68647.00	68647.00	68647.00	68647.00	68647.00
1.2	回收资产余值/万元										676.00
1.3	回收流动资金/万元										849.00
2	现金流出/万元	2500.00	5000.00	2500.00	48372.93	61157.35	67637.56	67310.11	67134.89	64131.00	64132.00
2.1	自有资金/万元	2500.00	5000.00	2500.00							
2.2	借款本金偿还/万元				2446.93	2981.35	3409.56	2977.11	2934.89		
2.3	借款利息支付/万元				863.00	739.00	598.00	399.00	221.00	45.00	45.00
2.4	经营成本/万元				44064.00	56153.00	62196.00	62196.00	62196.00	62196.00	62196.00
2.5	税金及附加/万元				999.00	1284.00	1425.00	1425.00	1425.00	1425.00	1425.00
2.6	所得税/万元						9.00	313.00	358.00	465.00	466.00
3	净现金流量(1－2)/万元	－2500.00	－5000.00	－2500.00	－318.93	624.65	1009.44	1336.89	1512.11	4516.00	6040.00
计算指标：											
财务内部收益率	6%										
财务净现值(i_c=12%)	￥－2,545.70										

(三) 投资各方现金流量表

投资各方现金流量表可按不同投资方分别编制，见表 8-6。表中现金流入是指出资方因该项目的实施将实际获得的各种收入，现金流出是指出资方因该项目的实施将实际投入的各种支出。投资各方的内部收益率表示了投资各方的收益水平，一般情况下，投资各方按股本比例分配利润、分担亏损及风险，因此投资各方的利益一般是均等的，没有必要计算投资各方的内部收益率。只有投资各方有股权之外的不对等的利益分配时（契约式的合作企业常常会有这种情况），投资各方的收益率才会有差异，此时常常需要计算投资各方的内部收益率。

表 8-6 投资各方现金流量表 单位：万元

序号	项目	合计	计算期					
			1	2	3	4	…	n
1	现金流入							
1.1	实分利润							
1.2	资产处置收益分配							
1.3	租赁费收入							
1.4	技术转让或使用收入							
1.5	其他现金流入							
2	现金流出							
2.1	实缴资本							
2.2	租赁资产支出							
2.3	其他现金流出							
3	净现金流量(1−2)							

通过投资各方现金流量表可以计算投资各方的投资收益率，考察投资各方的盈利情况。从而可以看出投资各方收益的不均衡性是否在合理水平上，有助于促成投资各方达成平等互利的投资方案，从而确定是否值得投资。

投资各方现金流量表（例）见表 8-7。

表 8-7 甲方投资现金流量表（例）

序号	项目	合计	建设期/年		投产期/年		达到设计生产能力期/年					
			1	2	3	4	5	6	7	8	9	10
	生产负荷/%				70	90	100	100	100	100	100	100
1	现金流入/万元	3000.0						300.0	300.0	300.0	300.0	1800.0
1.1	股利分配/万元	3000.0						300.0	300.0	300.0	300.0	1800.0
1.2	资产处置收益分配/万元											
1.3	租赁费收入/万元											
1.4	技术转让收入/万元											
1.5	其他现金流入/万元											
2	现金流出/万元	1500.0	750.0	750.0								
2.1	股权投资/万元	1500.0	750.0	750.0								

续表

序号	项目	合计	建设期/年		投产期/年		达到设计生产能力期/年					
			1	2	3	4	5	6	7	8	9	10
2.2	租赁资产支出/万元											
2.3	其他现金流出/万元											
3	净现金流量/万元	1500.0	−750.0	−750.0	0.00	0.00	0.00	300.0	300.0	300.0	300.0	1800.0

二、利润与利润分配表

利润与利润分配表是反映项目计算期内各年的利润总额、所得税及税后利润的分配情况，用以计算投资盈利情况的表格，见表 8-8。可以通过该表格计算项目总投资收益率、资本金净利润率等评价指标。

表 8-8　利润与利润分配表

序号	项目	合计	计算期					
			1	2	3	4	…	n
	生产负荷/%		70	90	100	100	100	100
1	营业收入/万元							
2	税金及附加/万元							
3	总成本费用/万元							
4	其他收益/万元							
5	利润总额(1−2−3+4)/万元							
6	弥补前年度亏损/万元							
7	应纳税所得额(5−6)/万元							
8	所得税/万元							
9	税后利润(7−8)/万元							
10	期初未分配利润/万元							
11	可供分配利润(9+10)/万元							
12	提取法定盈余公积金/万元							
13	可供投资者分配的利润(11−12)/万元							
14	应付优先股股利/万元							
15	提取任意盈余公积金/万元							
16	应付普通股股利(13−14−15)/万元							
17	各投资方利润分配/万元							
18	未分配利润(13−14−15−16−17)/万元							
19	息税前利润(利润总额+利息支出)/万元							
20	息税折旧摊销前利润 (息税前利润+折旧+摊销)/万元							

利润总额是项目在一定时期内生产经营活动的最终财务成果，集中反映了项目生产经营中各方面的效益。根据现行的会计制度，利润总额等于营业利润加上投资净收益、补贴收

入、营业外收支净额的代数和。在项目财务评价中，为简化计算，在进行利润总额的估算时，假定不发生其他业务收入，也不考虑投资净收益和营业外收支净额，因此，利润总额的计算公式为

利润总额＝营业收入＋补贴收入－税金及附加－总成本费用

在利润与利润分配表中，若项目在上一个年度发生亏损，可用当年获得的所得税税前利润弥补，当年所得税税前利润不足以弥补的，可以在5年内用所得税税前利润延续弥补，延续5年未弥补的亏损，用缴纳所得税后的利润弥补。

缴纳所得税后的利润应按照下列顺序进行分配：

第一，提取法定盈余公积金。法定盈余公积金按当年净利润的10%提取，其累计额达到项目法人注册资本的50%以上时，可不再提。法定盈余公积金可用于弥补亏损或按照国家的有关规定转增资本金等。

第二，向投资者分配优先股股利，是指按照利润分配方案分配给优先股股东的现金股利。

第三，提取任意盈余公积金。按照法律法规的规定，除提取法定盈余公积金之外，企业按照公司章程的规定，或投资者会议决议，还可以提取任意盈余公积金，提取比例由企业自行决定。

第四，向各投资方分配利润，即应付普通股股利。应付普通股股利包括对国家投资分配利润、对其他单位投资分配利润、对个人投资分配利润等。分配比例往往依据投资者签订的协议或公司的章程等有关资料来确定。项目当年无盈利的，不得向投资者分配利润，企业上年度未分配的利润，可以并入当年利润向投资者分配。

第五，未分配利润。即可供分配利润减去以上各项应付利润后的余额。未分配利润主要用于偿还长期借款，按照国家现行财务制度的规定，可供分配利润应首先用于偿还长期借款，借款偿还完毕，才可向投资者进行利润分配。

税后利润及其分配顺序，可用公式表示为：

① 税后利润（也称为净利润）＝利润总额－所得税；

② 可供投资者分配的利润＝可供分配利润－提取法定盈余公积金；

③ 未分配利润＝可供投资者分配的利润－应付优先股股利－提取任意盈余公积金－各方投资者利润分配。

利润与利润分配表（例）见表8-9。

表8-9 利润与利润分配表（例）

序号	项目	投产期/年		达到设计能力生产期/年				
		4	5	6	7	8	9	10
	生产负荷/%	70	90	100				
1	营业收入/万元	48054.00	61782.00	68647.00	68647.00	68647.00	68647.00	68647.00
2	税金及附加/万元	999.00	1284.00	1425.00	1425.00	1425.00	1425.00	1425.00
3	总成本费用/万元	48303.00	60251.00	66137.00	65968.00	65789.00	65363.00	65359.00
4	利润总额(1－2－3)/万元	－1248.00	247.00	1085.00	1254.00	1433.00	1859.00	1863.00
5	弥补前年度亏损/万元		247.00	1001.00				
6	应纳税所得额(4－5)/万元			84.00	1254.00	1433.00	1859.00	1863.00

续表

序号	项　目	投产期/年		达到设计能力生产期/年				
		4	5	6	7	8	9	10
7	所得税/万元			21.00	314.00	358.00	465.00	466.00
8	税后利润(6－7)/万元			63.00	940.00	1075.00	1394.00	1397.00
9	可供分配利润/万元			63.00	940.00	1075.00	1394.00	1397.00
9.1	盈余公积金(10%)/万元			6.00	94.00	108.00	139.00	140.00
9.2	盈余公益金(5%)/万元			3.00	47.00	54.00	70.00	70.00
9.3	应付利润/万元							
9.4	未分配利润/万元			54.00	799.00	913.00	1185.00	1187.00
	其中:偿还借款/万元							
10	累计未分配利润/万元		247.00	1302.00	2101.00	3014.00	4199.00	5386.00

三、财务计划现金流量表

财务计划现金流量表是反映项目计算期内各年的投资、融资及经营活动的现金流入和流出，用于计算累计盈余资金，考察资金平衡和余缺情况，分析项目财务生存能力的报表，见表8-10。在项目运营期间，确保从各项经济活动中得到足够的净现金流量，是项目能够持续生存的条件。财务分析中应根据财务计划现金流量表，综合考察项目计算期内各年的投资活动、融资活动和经营活动所产生的各项现金流入和流出，计算净现金流量和累计盈余资金，分析项目是否有足够的净现金流量维持正常运营，为此，财务分析生存能力分析亦可称为资金平衡分析。

表8-10　财务计划现金流量表　　单位：万元

序号	项目	合计	计算期					
			1	2	3	4	…	n
1	经营活动产生的现金流量(1.1－1.2)							
1.1	现金流入							
1.1.1	销售商品、提供劳务收到的现金							
1.1.2	收到的税费返还							
1.1.3	增值税销项税额							
1.1.4	收到其他与经营活动有关的现金							
1.2	现金流出							
1.2.1	购买商品、接受劳务支付的现金							
1.2.2	支付给职工以及为职工支付的现金							
1.2.3	支付的各项税费							
1.2.4	支付其他与经营活动有关的现金							

续表

序号	项目	合计	计算期					
			1	2	3	4	…	n
2	投资活动产生的现金流量(2.1－2.2)							
2.1	现金流入							
2.1.1	收回投资收到的现金							
2.1.2	取得投资收益收到的现金							
2.1.3	处置固定资产、无形资产和其他长期资产收回的现金净额							
2.1.4	处置子公司及其他营业单位收到的现金净额							
2.1.5	收到其他与投资活动有关的现金							
2.2	现金流出							
2.2.1	购买固定资产、无形资产和其他长期资产支付的现金							
2.2.2	投资支付的现金							
2.2.3	取得子公司及其他营业单位支付的现金净额							
2.2.4	支付其他与投资活动有关的现金							
3	筹资活动净现金流量(3.1－3.2)							
3.1	现金流入							
3.1.1	吸收投资收到的现金							
3.1.2	取得借款收到的现金							
3.1.3	收到其他与筹资活动有关的现金							
3.2	现金流出							
3.2.1	偿还债务支付的现金							
3.2.2	分配股利、利润或偿付利息支付的现金							
3.2.3	支付其他与筹资活动有关的现金							
4	净现金流量(1＋2＋3)							
5	累计盈余资金							

通过以下相辅相成的两个方面，可具体判断项目的财务生存能力：

(1) 拥有足够的经营净现金流量是财务可持续的基本条件，特别是在运营初期。一个项目具有较大的经营净现金流量，说明项目方案比较合理，实现自身资金平衡的可能性大，不会过分依赖短期融资来维持运营；反之，一个项目不能产生足够的经营净现金流量，或经营净现金流量为负值，说明维持项目正常运行会遇到财务上的困难，项目方案缺乏合理性，实现自身资金平衡的可能性小，有可能要靠短期融资来维持运营；或者是非经营项目本身无能力实现自身资金平衡，提示要靠政府补贴。

(2) 各年累计盈余资金不出现负值是财务生存的必要条件。在整个运营期间，允许个别年份的净现金流量出现负值，但不容许任一年份的累计盈余资金出现负值。一旦出现负值应适时进行短期融资，短期融资应体现在财务计划现金流量表中。同时短期融资的利息也应纳入成本费用和其后的计算，较大的或较频繁的短期融资，有可能导致以后的累计盈余资金无法实现正值，致使项目难以维持运营。

四、借款还本付息计划表

借款还本付息计划表是反映项目借款偿还期内借款本金偿还和利息支付情况，用于计算偿债备付率和利息备付率指标，进行偿债能力分析的表格，见表8-11。

表8-11　借款还本付息计划表

序号	项　目	合计	计算期					
			1	2	3	4	…	n
1	借款1							
1.1	期初借款金额							
1.2	当期还本付息							
	其中还本							
	付息							
1.3	期末借款余额							
2	借款2							
2.1	期初借款金额							
2.2	当期还本付息							
	其中还本							
	付息							
2.3	期末借款余额							
3	债券							
3.1	期初债务余额							
3.2	当期还本付息							
	其中还本							
	付息							
3.3	期末债务余额							
4	借款和债券合计							
4.1	期初余额							
4.2	当期还本付息							
	其中还本							
	付息							
4.3	期末余额							

按现行财务制度规定，归还建设投资借款的资金来源主要包括可用于归还借款的利润、固定资产折旧、无形资产及其他资产摊销费和其他还款资金来源。

借款还本付息计划表（例）见表8-12。

表 8-12 借款还本付息计划表（例）

序号	项目	建设期/年			投产期/年		达到设计能力生产期/年			
		1	2	3	4	5	6	7	8	9
1	年初借款本息累计/万元		3251.00	9947.00	13795.00	11348.07	8668.91	5849.09	2881.24	
1.1	本金/万元		3156.00	9468.00	12624.00					
1.2	建设期利息/万元		95.00	479.00	1171.00					
2	本年借款/万元	3156.00	6312.00	3156.00						
3	本年应计利息/万元	95.00	384.00	692.00	828.00	681.00	520.00	351.00	173.00	
4	本年还本/万元				2446.93	2679.16	2819.82	2967.86	2881.24	
5	本年支付利息/万元				828.00	681.00	520.00	351.00	173.00	
6	偿还借款本金的资金来源/万元									
6.1	未分配利润/万元						54.00	799.00	913.00	1185.00
6.2	折旧费/万元				3122.00	3122.00	3122.00	3122.00	3122.00	3122.00
6.3	摊销费/万元				254.00	254.00	254.00	254.00	253.00	
6.4	短期借款/万元									
7	偿还本金来源合计/万元				3376.00	3376.00	3430.00	4175.00	4288.00	4307.00
7.1	偿还人民币本金/万元				2446.93	2679.16	2819.82	2967.86	2881.24	
7.2	偿还本金后余额/万元				929.07	696.84	610.18	1207.14	1406.76	4307.00

（1）利润。指用于归还贷款的利润。一般应是提取了盈余公积金、公益金后的未分配利润。如果是股份制企业需要向股东支付股利，那么应从未分配利润中扣除分配给投资者的利润，然后用来归还贷款。

当“可供投资者分配利润＋折旧费＋摊销费≤该年应还本金”时，则该年的可供投资者分配利润全部作为还款未分配利润，不足部分为该年的资金亏损，不提取应付投资者各方的股利，并需用临时借款来弥补偿还本金的不足部分。

（2）固定资产折旧。鉴于项目投产初期尚未面临固定资产更新的问题，作为固定资产重置准备金性质的折旧基金，在被提取以后暂时处于闲置状态。

（3）无形资产及其他资产摊销费。

（4）其他还款资金。这是指按有关规定可以用减免的销售税金来作为偿还贷款的资金来源。进行预测时，如果没有明确的依据，可以暂不考虑。

项目在建设期借入的全部固定资产投资贷款本金及其在建设期的借款利息（即资本化利息）两部分构成固定资产投资贷款总额，在项目投产后可由上述资金来源偿还。

在生产期内，固定资产投资和流动资金的贷款利息，按现行的财务制度，均应计入项目总生产成本费用中的财务费用。

还款方式及还款顺序

① 国外（含境外）借款的还款方式。一般采用等额还本付息，等额还本、利息照付两种方法。

② 国内借款的还款方式。目前虽然借贷双方在有关的借贷合同中规定了还款期限，但在实际操作过程中，主要还是根据项目的还款资金来源情况进行测算。一般情况下，先偿还

当年所需的外汇借款本金，然后按照先贷先还、后贷后还，利息高的先还、利息低的后还的顺序归还国内贷款。

由于流动资金借款本金在项目计算期末一次性回收，因此不必考虑流动资金的偿还问题。

五、资产负债表

资产负债表是反映计算期内各年末资产、负债和所有者权益的增减变化及对应关系，以考察项目资产、负债和所有者权益的结构是否合理，用以计算资产负债率，流动比率、速动比率，进行偿债能力分析的报表，见表 8-13。资产负债表的编制依据是会计恒等式“资产=负债+所有者权益”。

表 8-13　资产负债表

序号	项　　目	合计	计算期					
			1	2	3	4	…	n
1	资产(1.1+1.2)							
1.1	流动资产							
1.1.1	货币资金							
1.1.2	交易性金融资产							
1.1.3	衍生金融资产							
1.1.4	应收票据							
1.1.5	应收账款							
1.1.6	应收款项融资							
1.1.7	预付款项							
1.1.8	其他应收款							
1.1.9	存货							
1.1.10	合同资产							
1.1.11	持有待售资产							
1.1.12	一年内到期的非流动资产							
1.1.13	其他流动资产							
1.2	非流动资产							
1.2.1	债权投资							
1.2.2	其他债权投资							
1.2.3	长期应收款							
1.2.4	长期股权投资							
1.2.5	其他权益工具投资							
1.2.6	其他非流动金融资产							
1.2.7	投资性房地产							
1.2.8	固定资产							
1.2.9	在建工程							
1.2.10	生产性生物资产							

续表

序号	项　目	合计	计算期					
			1	2	3	4	…	n
1.2.11	油气资产							
1.2.12	使用权资产							
1.2.13	无形资产							
1.2.14	开发支出							
1.2.15	商誉							
1.2.16	长期待摊费用							
1.2.17	递延所得税资产							
1.2.18	其他非流动资产							
2	负债及所有者权益(2.1+2.2+2.3)							
2.1	流动负债							
2.1.1	短期借款							
2.1.2	交易性金融负债							
2.1.3	衍生金融负债							
2.1.4	应付票据							
2.1.5	应付账款							
2.1.6	预收账款							
2.1.7	合同负债							
2.1.8	应付职工薪酬							
2.1.9	应交税费							
2.1.10	其他应付款							
2.1.11	持有待售负债							
2.1.12	一年内到期的非流动负债							
2.1.13	其他流动负债							
2.2	非流动负债							
2.2.1	长期借款							
2.2.2	应付债券							
2.2.3	租赁负债							
2.2.4	长期应付款							
2.2.5	预计负债							
2.2.6	递延所得税负债							
2.2.7	其他非流动负债							
2.3	所有者权益							
2.3.1	实收资本							
2.3.2	其他权益工具							
2.3.3	资本公积							
2.3.4	其他综合收益							
2.3.5	盈余公积							
2.3.6	未分配利润							

资产负债表中的资产包括流动资产、在建工程、固定资产净值、无形资产及其他资产净值。流动资产总额为应收账款、存货、现金和累计盈余资金；应收账款、存货和现金的数据来自流动资金估算表，累计盈余资金数据取自财务计划现金流量表，但应扣除其中包含的回收固定资产余值及自有资金。在建工程是指项目总投资使用计划与资金筹措表中的年固定资产投资额，其中包括建设期利息。固定资产净值和无形资产及其他资产净值分别从固定资产折旧费估算表、无形资产及其他资产摊销估算表中取得。负债包括流动负债和长期负债，流动负债中应付账款的数据从流动资金估算表中取得。所有者权益包括实收资本、其他权益工具、资本公积、其他综合收益、盈余公积及未分配利润，其中未分配利润可直接取自利润表，盈余公积也可根据利润表中各年份的盈余公积金项目计算而得，但应考虑运用盈余公积金弥补亏损或转增资本金的情况进行相应调整。资本金为项目投资中的累计自有资金扣除资本溢价，当存在项目资本公积或盈余公积金转增资本金的情况时，应进行相应调整。资本公积为累积资本溢价及赠款，当存在转增资本金的时候，应进行相应调整，使其满足“资产＝负债＋所有者权益”。

以上财务分析报表都包含一个基本参数，即项目计算期。工程项目的计算期一般包括两部分：建设期和运营期。运营期即项目的寿命周期。寿命周期长短对投资方案的经济效益影响很大，需要认真分析，合理确定。随着科学技术的迅猛发展，产品更新换代的速度越来越快。对于特定性较强的工程项目，由于其厂房和设备的专用性，当产品已无销路时，必须终止生产，同时又很难转产，不得不重建或改建项目。因此对轻工和家电产品这类新陈代谢较快的项目适合按产品的寿命周期确定项目的寿命周期。对于通用性较强的制造企业或者生产产品的技术比较成熟，因而更新速度较慢的工程项目类型则可以按主要工艺设备的经济寿命确定。一般大型复杂的综合项目采用综合分析法确定其寿命周期，如钢铁联合企业规模大，涉及问题多，综合各种因素，我国规定其寿命周期为20年左右；而机械制造企业一般为10年左右。运营期又分为投产期和达产期两个阶段。建设期是经济主体为了获得未来的经济效益而筹措资金、垫付资金或其他资源的过程，在此期间，只有投资，没有收入，因此要求项目建设期越短越好。而运营期是投资的回收期和回报期，因而投资者希望其越长越好。计算期较长且现金流量变化较平稳的项目多以年为时间单位。计算期较短且现金流量在较短的时间间隔内有较大变化的项目，如油田钻井开发项目、高科技产业项目等，可视项目的具体情况选择合适的时间单位。由于工程项目要历经资金的筹集、投入、生产经营和资金的回收等若干阶段才能达到预期的目标，因而工程项目的现金流量也兼有了投资活动、筹资活动和经营活动的特点，具有一定的综合性。

第三节　财务效益估算及相关财务分析辅助报表

一、营业收入估算

营业收入是指销售产品或者提供服务所获得的收入，是现金流量表中现金流入的主体，也是利润表的主要科目。营业收入是财务分析的重要数据，其估算的准确性极大地影响着项目财务效益的估计。

1. 营业收入估算的基础数据

营业收入估算的基础数据，包括产品或服务的数量和价格，都与市场预测密切相关。在估算营业收入时应对市场预测的相关结果以及建设规模、产品或服务方案进行概括的描述或确认，特别应对采用价格的合理性进行说明。营业收入、税金及附加的估算见表 8-14。

表 8-14 营业收入、税金及附加估算表

序号	项 目	合计	计算期					
			1	2	3	4	…	n
1	营业收入							
1.1	产品 A 营业收入							
	单价							
	数量							
	销项税额							
1.2	产品 B 营业收入							
	单价							
	数量							
	销项税额							
	…							
2	税金与附加							
2.1	增值税							
2.1.1	销项税额							
2.1.2	进项税额							
2.2	消费税							
2.3	城市维护建设税							
2.4	教育费附加							

营业收入、税金及附加估算表（例）见表 8-15。

表 8-15 营业收入、税金及附加估算表（例）

序号	项目	单价/(万元/t)	第 4 年(70%)		第 5 年(90%)		第 6 年(100%)	
			销量/t	金额/万元	销量/t	金额/万元	销量/t	金额/万元
1	产品销售收入			48054.00		61783.00		68647.00
	产品 A	3009.00	5.110	15376.00	6.570	19769.00	7.30	21966.00
	产品 B	3417.00	5.460	18657.00	7.020	23987.00	7.80	26653.00
	产品 C	6160.80	2.100	12938.00	2.700	16634.00	3.00	18482.00
	产品 D	7497.00	0.140	1050.00	0.180	1350.00	0.20	1499.00
	产品 E	591.60	0.056	33.00	0.072	43.00	0.08	47.00
2	税金及附加			999.00		1284.00		1425.00
2.1	增值税			908.00		1167.00		1295.00
2.2	城乡维护建设税			64.00		82.00		91.00
2.3	教育费附加			27.00		35.00		39.00

2. 工业项目评价中营业收入的估算

工业项目评价中营业收入的估算基于一项重要假定，即当期的产出（扣除自用量后）当期全部销售，也就是当期商品产量等于当期销售量。

主副产品（或不同等级产品）的销售收入应全部计入营业收入，其中某些行业的产品成品率按行业习惯或规定；其他行业提供的不同类型服务收入也应同时计入营业收入。

3. 分年运营量的确定

分年运营量可根据经验确定负荷率后计算或通过制定销售（运营）计划确定。

（1）按照市场预测的结果和项目具体情况，根据经验直接判定分年的负荷率。判定时应考虑项目性质、技术掌握难易程度、产出的成熟度及市场的开发程度等诸多因素。

（2）根据市场预测的结果，结合项目性质、产出特性和市场的开发程度制定分年运营计划，进而确定各年产出数量。相对而言，这种做法更具合理性，国际上多采用这种做法。

运营计划或分年负荷的确定不应是固定的模式，应强调具体项目具体分析。一般开始投产时负荷较低，以后各年逐步提高，提高的幅度取决于上述因素的分析结果。有些项目的产出寿命期较短、更新快，达到一定负荷后，在适当的年份开始减少产量，甚至适时终止生产。

二、补贴收入估算

某些项目还应按有关规定估算企业可能得到的补贴收入。补贴收入仅包括与收益相关的政府补助，与资产相关的政府补助不在此处核算。与资产相关的政府补助是指企业取得的用于购建或以其他方式形成长期资产的政府补助。

补贴收入通常包括先征后返的增值税、按销量或工作量等依据国家规定的补助定额计算并按期给予的定额补贴，以及属于财政扶持而给予的其他形式的补贴等。

补贴收入同营业收入一样，应列入利润与利润分配表、财务计划现金流量表和项目投资现金流量表与项目资本金现金流量表。

以上几类补贴收入，应根据财政、税务部门的规定，分别计入或不计入应税收入。

第四节　财务费用估算及相关财务分析辅助报表

一、总投资估算

项目评价中总投资估算是在对项目的建设规模、产品方案、工艺技术及设备方案、工程方案及项目实施进度等进行研究并基本确定的基础上，估算项目所需资金总额并测算建设期分年资金使用计划。投资估算是拟建项目编制项目建议书、可行性研究报告的重要组成部分，是项目经济评价的重要依据之一。具体来说，项目评价中总投资是指项目建设和投入运营所需要的全部投资，为建设投资、建设期利息和全部流动资金之和。它区别于目前国家考核建设规模的总投资，即建设投资和30%的流动资金（又称铺底流动资金）。

项目评价中总投资最终形成固定资产、无形资产、其他资产、流动资产。其中，固定资产是指同时具有下列特征的有形资产，即该资产为生产商品、提供劳务、出租或经营管理而持有；使用寿命超过一个会计年度。构成固定资产原值的费用包括①工程费用，即建筑工程费、设备购置费和安装工程费；②固定资产其他费用；③预备费，可含基本预备费和价差预备费；④建设期利息。无形资产是指企业拥有或者控制的没有实物形态的可辨认非货币性资产。构成无形资产原值的费用主要包括技术转让费或技术使用费（含专利权和非专利技术）、商标权和商誉等。其他资产原称递延资产，是指除流动资产、长期投资、固定资产、无形资产以外的其他资产，如长期待摊费用。按照有关规定，除购置和建造固定资产以外，所有筹建期间发生的费用，先在长期待摊费用中归集，待企业开始生产经营起计入当期的损益。构成其他资产原值的费用主要包括生产准备费、开办费、样品样机购置费和农业开荒费等。

（一）建设投资估算

建设投资是项目费用的重要组成，是项目财务分析的基础数据，可根据项目前期研究不同阶段、对投资估算精度的要求及相关规定选用估算方法。

建设投资估算表（概算法）见表8-16，实例见表8-17。

表8-16 建设投资估算表（概算法）

序号	工程或费用名称	建筑工程费	设备购置费	安装工程费	其他费用	合计	其中外币	比例/%
1	工程费用							
1.1	主体工程							
1.1.1	×××							
	…							
1.2	辅助工程							
1.2.1	×××							
	…							
1.3	公用工程							
1.3.1	×××							
	…							
1.4	服务性工程							
1.4.1	×××							
	…							
1.5	厂外工程							
1.5.1	×××							
	…							
1.6	×××							
2	工程建设其他费用							
2.1	×××							
	…							
3	预备费							
3.1	基本预备费							
3.2	价差预备费							
4	建设投资合计							
	比例/%							100

表 8-17 建设投资估算表（概算法）（例）

序号	工程或费用名称	估算价值						占总值比/%
		建筑工程费/万元	设备费用/万元	安装费用/万元	其他费用/万元	总值/万元	其中外币/万元	
1	工程费用	779.63	5024.48	1946.48	0.00	7750.59	452.17	80.97
1.1	主要生产项目	231.75	3924.68	1647.00		5803.43		
	其中外汇		353.11	99.06		452.17	452.17	
1.2	辅助生产车间	86.18	236.70	11.48		334.36		
1.3	公用工程	101.03	559.80	228.82		889.65		
1.4	环境保护工程	41.62	247.50	50.63		339.75		
1.5	总图运输	11.70	55.80			67.50		
1.6	厂区服务性工程	58.95				58.95		
1.7	生活福利工程	248.40				248.40		
1.8	厂外工程			8.55		8.55		
2	其他费用				684.45	684.45	87.31	7.15
	其中土地费用				300.00	300.00		
3	预备费				1136.70	1136.70		11.88
4	建设投资合计	779.63	5024.48	1946.48	1821.15	9571.74	539.48	
	比例/%	8.14	52.49	20.34	19.03	100.00		100.00

1. 建设投资构成

建设投资的构成可按概算法分类或按形成资产法分类。

按概算法分类，建设投资由工程费用、工程建设其他费用和预备费三部分构成。其中工程费用又由建筑工程费、设备购置费（含工器具及生产家具购置费）和安装工程费构成；工程建设其他费用内容较多，且随行业和项目的不同而有所区别；预备费包括基本预备费和价差预备费。

按形成资产法分类，建设投资由形成固定资产的费用、形成无形资产的费用、形成其他资产的费用和预备费四部分组成。固定资产费用系指项目投产时将直接形成固定资产的建设投资，包括工程费用和工程建设其他费用中按规定将形成固定资产的费用，后者被称为固定资产其他费用，主要包括建设单位管理费、可行性研究费、研究试验费、勘察设计费、环境影响评价费、场地准备及临时设施费、引进技术和引进设备其他费、工程保险费、联合试运转费、特殊设备安全监督检验费和市政公用设施建设及绿化费等。无形资产费用指将直接形成无形资产的建设投资，主要是专利权、非专利技术、商标权、土地使用权和商誉等。其他资产费用指建设投资中除形成固定资产和无形资产以外的部分，如生产准备及开办费等。建设投资估算表（形成资产法）见表 8-18。

表 8-18 建设投资估算表（形成资产法）

序号	工程或费用名称	建筑工程费	设备购置费	安装工程费	其他费用	合计	其中外币	比例/%
1	固定资产费用							
1.1	工程费用							
1.1.1	×××							

续表

序号	工程或费用名称	建筑工程费	设备购置费	安装工程费	其他费用	合计	其中外币	比例/%
1.1.2	×××							
1.1.3	×××							
	…							
1.2	固定资产其他费用							
1.2.1	×××							
	…							
2	无形资产费用							
2.1	×××							
	…							
3	其他资产费用							
3.1	×××							
	…							
4	预备费							
4.1	基本预备费							
4.2	价差预备费							
5	建设投资合计							
	比例/%							100

对于土地使用权的特殊处理如下：按照有关规定，在尚未开发或建造自用项目前，土地使用权作为无形资产核算，房地产开发企业开发商品房时，将其账面价值转入开发成本；企业建造自用项目时将其账面价值转入在建工程成本。因此，为了与以后的折旧和摊销计算相协调，在建设投资估算表中通常可将土地使用权直接列入固定资产其他费用中。

2. 建设投资概略估算方法

所谓概略估算是指根据实际经验和历史资料，对建设投资进行综合估算。这类方法虽然精确度不高，但在建设投资的毛估或初估阶段是十分必要的，所以在国外普遍采用。建设投资典型的概略估算方法有生产能力指数法、资金周转率法、比例估算法和概算指标法。

3. 建设投资详细估算方法

(1) 建筑工程费投资估算。建筑工程费投资估算一般采用单位建筑工程投资估算法，这种方法是以单位建筑工程量投资乘以建筑工程总量计算建筑工程投资。一般工业与民用建筑以单位建筑面积（m^2）的投资，工业窑炉砌筑以单位容积（m^3）的投资，水库以水坝单位长度（m）的投资，铁路路基以单位长度（km）的投资，矿山掘进以单位长度（m）的投资乘以相应的建筑工程总量计算建筑工程费。

对于没有上述估算指标且建筑工程费占总投资比例较大的项目，可采用概算指标估算法。采用这种估算法，应有较详细的基础数据和工程资料。

(2) 安装工程费估算。安装工程费包括各种机电设备装配和安装工程费用；与设备相连的工作台、梯子及其装设工程费用；附属于被安装设备的管线敷设工程费用；安装设备的绝缘、保温、防腐等工程费用；单体试运转和联动无负荷试运转费用等。安装工程费通常按行业或专业机构发布的安装工程定额、取费标准和指标估算投资。

(3) 设备购置费（含工器具及生产家具购置费）估算。设备购置费估算应根据项目主要设备表及价格、费用资料编制。工器具及生产家具购置费一般按占设备费的一定比例计取。

对于价值高的设备应按单台（套）估算购置费；价值较小的设备可按类估算。国内设备和进口设备的设备购置费应分别估算。国内设备购置费为设备出厂价加运杂费。设备运杂费主要包括运输费、装卸费和仓库保管费等，运杂费可按设备出厂价的一定百分比计算。进口设备购置费由进口设备货价、进口从属费用及国内运杂费组成。

（4）工程建设其他费用估算。工程建设其他费用按各项费用科目的费率或者取费标准估算。

（5）基本预备费估算。基本预备费以建筑工程费、设备购置费、安装工程费及工程建设其他费用之和为计算基数，乘以基本预备费率计算。

（6）价差预备费估算。价差预备费以建筑工程费、安装工程费、设备购置费之和为计算基数，设第 t 年建筑工程费、安装工程费、设备购置费之和为 I_t，价格上涨指数为 f，建设前期年限为 m，n 表示建设期，则价差预备费的计算公式为

$$价差预备费=\sum_{t=1}^{n} I_t\left[(1+f)^{m}(1+f)^{0.5}(1+f)^{t-1}-1\right] \tag{8-1}$$

其中，建设期价格上涨指数，政府部门有规定的按规定执行，没有规定的由可行性研究人员预测。

（二）流动资金估算

1. 流动资金构成

流动资金是指生产经营性项目投产后，为进行正常生产运营，用于购买原材料、燃料，支付工资及其他经营费用等所需的周转资金。项目运营需要流动资产投资，但项目评价中需要估算并预先筹措的是从流动资产中扣除流动负债，即企业短期信用融资（应付账款）后的流动资金。项目评价中流动资金的估算应考虑应付账款对需要预先筹措的流动资金的抵减作用。对有预收账款的某些项目，还可同时考虑预收账款对流动资金的抵减作用。流动资金估算表见表 8-19，实例见表 8-20。

表 8-19　流动资金估算表

序号	项　　目	最低周转天数	周转次数	计算期					
				1	2	3	4	…	n
1	流动资产								
1.1	应收账款								
1.2	存货								
1.2.1	原材料								
1.2.2	×××								
1.2.3	…								
1.2.4	在产品								
1.2.5	产成品								
1.3	现金								
1.4	预付账款								
2	流动负债								
2.1	应付账款								
2.2	预收账款								
3	流动资金(1－2)								
4	流动资金本年增加额								

表 8-20 流动资金估算表（例）

序号	项目	最低周转天数	周转次数	投产期费用/万元		达到设计能力生产期费用/万元	
				4	5	6	7
1	流动资产			5897.00	7512.00	8319.00	8319.00
1.1	应收账款	30	12	3672.00	4679.00	5183.00	5183.00
1.2	存货			2179.00	2781.00	3081.00	3081.00
1.2.1	原材料、燃料、动力	3	120	349.00	448.00	498.00	498.00
1.2.2	在产品	3	120	361.00	461.00	510.00	510.00
1.2.3	产成品	12	30	1469.00	1872.00	2073.00	2073.00
1.3	现金	15	24	46.00	52.00	55.00	55.00
2	流动负债			5229.00	6723.00	7470.00	7470.00
2.1	应付账款	45	8	5229.00	6723.00	7470.00	7470.00
3	流动资金(1－2)			668.00	789.00	849.00	849.00
4	流动资金本年增加额			668.00	121.00	60.00	

2. 流动资金扩大指标估算法

（1）按建设投资的一定比例估算。例如，国外化工企业的流动资金，一般是按建设投资的15％～20％计算。

（2）按经营成本的一定比例估算。

（3）按年营业收入的一定比例估算。

（4）按单位产量占用流动资金的比例估算。流动资金一般在投产前开始筹措。在投产第一年开始按生产负荷进行安排，其借款部分按全年计算利息。流动资金利息应计入财务费用。项目计算期末回收全部流动资金。

流动资金估算一般是参照现有同类企业的状况采用分项详细估算法，个别情况或者小型项目可采用扩大指标法。

3. 流动资金分项详细估算法

对计算流动资金需要掌握的流动资产和流动负债这两类因素应分别进行估算。在可行性研究中，为了简化计算，仅对存货、现金、应收账款、预付账款等流动资产和应付账款、预收账款等流动负债进行估算，计算公式如下：

$$流动资金=流动资产-流动负债 \tag{8-2}$$

其中

$$流动资产=应收账款+预付账款+存货+现金 \tag{8-3}$$

$$流动负债=应付账款+预收账款 \tag{8-4}$$

$$流动资金本年增加额=本年流动资金-上年流动资金 \tag{8-5}$$

$$应收账款=\frac{年经营成本}{应收账款周转次数} \tag{8-6}$$

$$预付账款=\frac{外购商品或服务年费用金额}{预付账款周转次数} \tag{8-7}$$

$$存货=外购原材料+外购燃料+其他材料+在产品+产成品 \tag{8-8}$$

其中

$$外购原材料=\frac{年外购原材料}{按种类分项周转次数} \tag{8-9}$$

$$外购燃料=\frac{年外购燃料}{按种类分享次数} \tag{8-10}$$

$$在产品=\frac{年外购原材料+年外购燃料+年工资及福利费+年修理费+年其他制造费用}{在产品周转次数} \tag{8-11}$$

$$产成品=\frac{年经营成品}{产成品周转次数} \tag{8-12}$$

$$现金需要量=\frac{年工资及福利费+年其他费用}{现金周转次数} \tag{8-13}$$

年其他费用=制造费用+管理费用+营业费用

—(以上三项费用中所含的工资及福利费、折旧费、摊销费、修理费) (8-14)

$$应付账款=\frac{年外购原材料+年外购燃料+年其他材料费}{应付账款周转次数} \tag{8-15}$$

$$预收账款=\frac{预收的营业收入年金额}{预收账款周转次数} \tag{8-16}$$

(三) 建设期利息估算

估算建设期利息，需要根据项目进度计划，提出建设投资分年计划，列出各年投资额，并明确其中的外汇和人民币。建设期利息估算表见表 8-21。

表 8-21 建设期利息估算表

序号	项目	合计	计算期					
			1	2	3	4	…	n
1	借款							
1.1	建设期利息							
1.1.1	期初借款余额							
1.1.2	当期借款							
1.1.3	当期应计利息							
1.1.4	期末借款余额							
1.2	其他融资费用							
1.3	小计(1.1+1.2)							
2	债券							
2.1	建设期利息							
2.1.1	期初债务余额							
2.1.2	当期债务金额							
2.1.3	当期应计利息							
2.1.4	期末债务余额							
2.2	其他融资费用							
2.3	小计(2.1+2.2)							
3	合计(1.3+2.3)							
3.1	建设期利息合计(1.1+2.1)							
3.2	其他融资费用合计(1.2+2.2)							

估算建设期利息，应注意名义年利率和有效年利率的换算。当建设期用自有资金按期支付利息时，可不必进行换算，直接采用名义年利率计算建设期利息。计算建设期利息时，为了简化计算，通常假定借款均在每年的年中支用，借款当年按半年计息，其余各年份按全年计息。对有多种借款资金来源，每笔借款的年利率各不相同的项目，既可分别计算每笔借款的利息，也可先计算出各笔借款加权平均的年利率，并以加权平均利率计算全部借款的利息。其他融资费用指某些债务资金发生的手续费、承诺费、管理费、信贷保险费等融资费用，原则上应按该债务资金的债权人的要求单独计算，并计入建设期利息。项目建议书阶段，可简化作粗略估算，计入建设投资；可行性研究阶段，不涉及国外贷款的项目，也可简化作粗略估计后计入建设投资。在项目评价中，对于分期建成投产的项目，应注意按各期投产时间分别停止借款费用的资本化，即投产后继续发生的借款费用不作为建设期利息计入固定资产原值，而是作为运营期利息计入总成本费用。

（四）项目总投资使用计划与资金筹措

项目总投资使用计划与资金筹措表见表 8-22，实例见表 8-23。

表 8-22　项目总投资使用计划与资金筹措表

序号	项目	合计			1			…		
		人民币	外币	小计	人民币	外币	小计	人民币	外币	小计
1	××									
1.1	建设投资									
1.2	建设期利息									
1.3	流动资金									
2	资金筹措									
2.1	项目资本金									
2.1.1	用于建设投资									
	××方									
	…									
2.1.2	用于流动资金									
	××方									
	…									
2.1.3	用于建设期利息									
	××方									
	…									
2.2	债务资金									
2.2.1	用于建设投资									
	××借款									
	××债券									
	…									
2.2.2	用于建设期利息									
	××借款									
	××债券									
	…									

续表

序号	项目	合计			1			…		
		人民币	外币	小计	人民币	外币	小计	人民币	外币	小计
2.2.3	用于流动资金									
	××借款									
	××债券									
	…									
2.3	其他资金									
	×××									

表 8-23　项目总投资使用计划与资金筹措表（例）　　万元

序号	项目	合计	1	2	3	4	5	6
1	总资金	24644.00	5751.00	11696.00	6348.00	668.00	121.00	60.00
1.1	建设投资	22624.00	5656.00	11312.00	5656.00			
1.2	建设期利息	1171.00	95.00	384.00	692.00			
1.3	流动资金	849.00				668.00	121.00	60.00
1.4	短期借款							
2	资金筹措	24644.00	5751.00	11696.00	6348.00	668.00	121.00	60.00
2.1	自有资金	10000.00	2500.00	5000.00	2500.00			
	其中：							
	用于流动资金							
2.1.1	资本金	10000.00	2500.00	5000.00	2500.00			
2.2	借款	14644.00	3251.00	6696.00	3848.00	668.00	121.00	60.00
2.2.1	长期借款	13795.00	3251.00	6696.00	3848.00			
	其中：							
	用于建设投资	12624.00	3156.00	6312.00	3156.00			
	用于建设期利息	1171.00	95.00	384.00	692.00			
2.2.2	流动资金借款	849.00				668.00	121.00	60.00
2.2.3	短期借款							

二、总成本费用估算

（一）总成本费用构成

运营期间的总成本费用表 8-24 和表 8-33。

（二）总成本费用估算方法

总成本费用估算的行业性很强，估算应注意反映行业特点，或按行业规定。以下以工业项目为例，阐述总成本费用的估算方法与注意事项，在折旧、摊销、利息和某些费用计算方面也基本适用于其他行业。

1. 生产要素法

生产要素法估算总成本费用时，各分项的内容见表 8-24，实例见表 8-25。

表 8-24　总成本费用估算表（生产要素法）

序号	项　　目	合计	计算期					
			1	2	3	4	…	6
1	外购原材料费							
2	外购燃料及动力费							
3	工资及福利费							
4	修理费							
5	其他费用							
6	经营成本(1+2+3+4+5)							
7	折旧费							
8	摊销费							
9	财务费用							
10	总成本费用合计(6+7+8+9)							
	其中:可变成本							
	固定成本							

表 8-25　总成本费用估算表（生产要素法）(例)

序号	项　　目	投产期		达到设计能力生产期	
		4	5	6	7
	生产负荷/%	70	90	100	100
1	外购原材料/万元	41038.00	52763.00	58625.00	58625.00
2	外购燃料、动力/万元	795.00	1022.00	1135.00	1135.00
3	外购货物增值税/万元	6074.00	7810.00	8679.00	8679.00
4	工资及福利费/万元	260.00	260.00	260.00	260.00
5	修理费/万元	1126.00	1126.00	1126.00	1126.00
6	折旧费/万元	1561.00	1561.00	1561.00	1561.00
7	摊销费/万元	183.00	183.00	183.00	183.00
8	财务费用/万元	863.00	759.00	606.00	424.00
8.1	长期借款利息/万元	828.00	681.00	522.00	356.00
8.2	短期借款利息/万元	35.00	78.00	84.00	68.00
9	其他费用/万元	840.00	976.00	1044.00	1044.00
9.1	其他制造费用/万元	104.00	104.00	104.00	104.00
9.2	其他管理费用/万元	260.00	260.00	260.00	260.00
9.3	销售费用/万元	476.00	612.00	680.00	680.00
10	总成本费用/万元	46666.00	58650.00	64540.00	64358.00
	其中:1.固定成本/万元	4833.00	4865.00	4780.00	4598.00
	2.可变成本/万元	41833.00	53785.00	59760.00	59760.00
11	经营成本	44059.00	56147.00	62190.00	62190.00

续表

序号	项　　目	达到设计能力生产期			
		8	9	10	11
	生产负荷/%	100	100	100	100
1	外购原材料/万元	58625.00	58625.00	58625.00	58625.00
2	外购燃料、动力/万元	1135.00	1135.00	1135.00	1135.00
3	外购货物增值税/万元	8679.00	8679.00	8679.00	8679.00
4	工资及福利费/万元	260.00	260.00	260.00	260.00
5	修理费/万元	1126.00	1126.00	1126.00	1126.00
6	折旧费/万元	1561.00	1561.00	1561.00	1561.00
7	摊销费/万元	182.00	72.00	72.00	72.00
8	财务费用/万元	232.00	45.00	45.00	45.00
8.1	长期借款利息/万元	179.00			
8.2	短期借款利息/万元	53.00	45.00	45.00	45.00
9	其他费用/万元	1044.00	1044.00	1044.00	1044.00
9.1	其他制造费用/万元	104.00	104.00	104.00	104.00
9.2	其他管理费用/万元	260.00	260.00	260.00	260.00
9.3	销售费用/万元	680.00	680.00	680.00	680.00
10	总成本费用/万元	64165.00	63868.00	63868.00	63868.00
	其中:1.固定成本/万元	4405.00	4108.00	4108.00	4108.00
	2.可变成本/万元	59760.00	59760.00	59760.00	59760.00
11	经营成本/万元	62190.00	62190.00	62190.00	62190.00

生产要素法估算总成本费用时，各分项的估算要点如下。

(1) 外购原材料和燃料动力费估算。生产要素法下，原材料和燃料动力费指外购的部分，估算需要相关专业所提出的外购原材料和燃料动力年耗用量，以及在选定价格体系下的预测价格，该价格应按入库价格计，即到厂价格并考虑途库损耗。采用的价格时点和价格体系应与营业收入的估算一致。外购原材料和燃料动力费估算见表8-26和表8-27。

表8-26　外购原材料估算表

序号	项　　目	合计	计算期					
			1	2	3	4	…	n
1	外购原材料费							
1.1	原材料A							
	进项税额							
1.2	原材料B							
	进项税额							
	…							
2	辅助材料费用							
	进项税额							
3	其他							
	进项税额							
4	外购原材料费合计							
5	外购原材料进项税额合计							

表 8-27 外购燃料和动力费估算表

序号	项目	合计	计算期					
			1	2	3	4	…	n
1	燃料费							
1.1	燃料 A							
	单价							
	数量							
	进项税额							
	…							
2	动力费							
2.1	动力 A							
	单价							
	数量							
	进项税额							
	…							
3	外购燃料及动力费合计							
4	外购燃料及动力进项税额合计							

(2) 人工工资及福利费估算。财务分析中的人工工资及福利费，是指企业为获得职工提供的服务而给予各种形式的报酬，通常包括职工工资、奖金、津贴和补贴以及职工福利费。

医疗保险费、养老保险费、失业保险费、工伤保险费、生育保险费等社会保险费和住房公积金中由企业缴付的部分，应按规定计入其他管理费用。

按“生产要素法”估算总成本费用时，人工工资及福利费按项目全部人员数量估算。

确定人工工资及福利费时需考虑项目性质、项目地点、行业特点等因素。依托老企业的项目，还要考虑原企业工资水平。

根据不同项目的需要，财务分析中可视情况选择按项目全部人员年工资的平均数值计算或者按照人员类型和层次分别设定不同档次的工资进行计算。

工资及福利费估算内容见表 8-28。

表 8-28 工资及福利费估算表

序号	项目	合计	计算期					
			1	2	3	4	…	n
1	工人							
	人数							
	人均年工资							
	工资额							
2	技术人员							
	人数							
	人均年工资							
	工资额							

续表

序号	项目	合计	计算期					
			1	2	3	4	…	n
3	管理人员							
	人数							
	人均年工资							
	工资额							
4	工资总额(1+2+3)							
5	福利费							
6	合计(4+5)							

(3) 固定资产原值及折旧费的估算。

① 固定资产原值。计算折旧，需要先计算固定资产原值。固定资产原值是指项目投产时（达到预定可使用状态）按规定由投资形成固定资产的部分。

按照《企业会计准则——租赁》，融资租赁的固定资产，承租人应将租赁开始日租赁资产的公允价值与最低租赁付款额的现值两者中较低者作为租入资产的入账价值。计算最低租赁付款额的现值所用的折现率，应首先选择出租人的租赁内含利率，其次使用租赁合同规定的利率，如都无法知悉，应用同期银行贷款利率。项目评价中条件不清楚的，也可直接按该资产公允价值计算。

② 固定资产折旧。固定资产在使用过程中会受到磨损，其价值损失通常是通过提取折旧的方式得以补偿：按财税制度规定，企业固定资产应当按月计提折旧，并根据用途计入相关资产的成本或者当期损益。财务分析中，按生产要素法估算总成本费用时，固定资产折旧可直接列支于总成本费用。固定资产折旧方法可在税法允许的范围内由企业自行确定，一般采用直线法，包括年限平均法和工作量法。我国税法也允许对某些机器设备采用快速折旧法，即双倍余额递减法和年数总和法。

固定资产折旧费估算内容见表 8-29，实例见表 8-30。

表 8-29 固定资产折旧费估算表

序号	项目	合计	计算期					
			1	2	3	4	…	n
1	房屋、建筑物							
	原值							
	当期折旧费							
	净值							
2	机器设备							
	原值							
	当期折旧费							
	净值							
	…							
3	合计							
	原值							
	当期折旧费							
	净值							

表 8-30 固定资产折旧费估算表（例） 万元

序号	项目	合计	投产期		达到设计能力投产期/年					
			4	5	6	7	8	9	10	11
1	固定资产合计									
1.1	原值	22526.00								
1.2	当期折旧费		2732.00	2732.00	2732.00	2732.00	2732.00	2732.00	2732.00	2726.00
	净值		19794.00	17062.00	14330.00	11598.00	8866.00	6134.00	3402.00	676.00

固定资产折旧年限、预计净残值率可在税法允许的范围内由企业自行确定，或按行业规定。项目评价中一般应按税法明确规定的分类折旧年限，也可按行业规定的综合折旧年限。

按照国家规定的折旧制度，计提折旧的固定资产范围：企业的房屋、建筑物；在用的机器设备、仪器仪表、运输车辆、工具器具；季节性停用和在修理停用的设备；以经营租赁方式租出的固定资产；以融资租赁方式租入的固定资产。不计提折旧的固定资产范围：未使用、不需用、封存的机器设备、仪器仪表、运输车辆、工具器具等；交付改扩建的房屋、建筑物；以及经营租赁方式租入的固定资产；交付使用前的固定资产；已提足折旧继续使用的固定资产；提前报废的固定资产；破产、关停企业的固定资产；过去已经估价单独入账的土地。

对于融资租赁的固定资产，如果能够合理确定租赁期届满时承租人会取得租赁资产所有权，即可认为承租人拥有该项资产的全部尚可使用年限，因此应以其作为折旧年限；否则，则应以租赁期与租赁资产尚可使用年限两者中较短者作为折旧年限。

(4) 固定资产修理费的估算。修理费是指为保持固定资产的正常运转和使用，充分发挥使用效能，对其进行必要修理所发生的费用，按修理范围的大小和修理时间间隔的长短可以分为大修理和中小修理。修理费允许直接在成本中列支，如果当期发生的修理费用数额较大，可实行预提或摊销的办法。当按“生产要素法”估算总成本费用时，固定资产修理费指项目全部固定资产的修理费，可直接按固定资产原值（扣除所含的建设期利息）的一定百分数估算。百分数的选取应考虑行业和项目特点。在生产运营的各年中，修理费率的取值，一般采用固定值。根据项目特点也可以间断性地调整修理费率，开始取较低值，以后取较高值。

(5) 无形资产和其他资产原值及摊销费的估算。无形资产原值是指项目投产时按规定由投资形成无形资产的部分。按照有关规定，无形资产从开始使用之日起，在有效使用期限内平均摊入成本。法律和合同规定了法定有效期限或者受益年限的，摊销年限从其规定，否则摊销年限应注意符合税法的要求。无形资产的摊销一般采用平均年限法，不计残值。其他资产的摊销可以采用平均年限法，不计残值，摊销年限应注意符合税法的要求。

无形资产和其他资产摊销估算内容见表 8-31，实例见表 8-32。

表 8-31 无形资产和其他资产摊销估算表

序号	项 目	合计	计算期					
			1	2	3	4	…	n
1	无形资产							
	原值							
	当期摊销费							
	净值							

续表

序号	项　目	合计	计算期					
			1	2	3	4	…	n
2	其他资产							
	原值							
	当期摊销费							
	净值							
	…							
3	合计							
	原值							
	当期摊销费							
	净值							

表 8-32　无形资产和其他资产摊销估算表（例）

序号	项目	摊销年限/年	原值	生产期费用/万元									
				4 年	5 年	6 年	7 年	8 年	9 年	10 年	11 年	12 年	13 年
1	无形资产	10	715.00										
1.1	摊销			72.00	72.00	72.00	72.00	72.00	72.00	72.00	72.00	72.00	67.00
1.2	净值			643.00	571.00	499.00	427.00	355.00	283.00	211.00	139.00	67.00	
2	递延资产（开办费）	5	554.00										
2.1	摊销			111.00	111.00	111.00	111.00	110.00					
2.2	净值			443.00	332.00	221.00	110.00						
3	无形及递延资产合计		1269.00										
3.1	摊销			183.00	183.00	183.00	183.00	182.00	72.00	72.00	72.00	72.00	67.00
3.2	净值			1086.00	903.00	720.00	537.00	355.00	283.00	211.00	139.00	67.00	

（6）其他费用估算。其他费用包括其他制造费用、其他管理费用和其他营业费用这三项费用，指由制造费用、管理费用和营业费用中分别扣除工资及福利费、折旧费、摊销费、修理费以后的其余部分。产品出口退税和减免税项目按规定不能抵扣的进项税额也可包括在内。

① 其他制造费用。按照《企业会计制度》，制造费用指企业为生产产品和提供劳务而发生的各项间接费用，包括生产单位管理人员工资和福利费、折旧费、修理费（生产单位和管理用房屋、建筑物、设备）、办公费、水电费、机物料消耗、劳动保护费，季节性和修理期间的停工损失等。但不包括企业行政管理部门为组织和管理生产经营活动而发生的管理费用。项目评价中的制造费用指项目包含的各分厂或车间的总制造费用，为了简化计算常将制造费用归类为管理人员工资及福利费、折旧费、修理费和其他制造费用几部分。其他制造费用是指由制造费用中扣除生产单位管理人员工资及福利费、折旧费、修理费后的其余部分。项目评价中常见的估算方法：按固定资产原值（扣除所含的建设期利息）的百分数估算；按

人员定额估算。具体估算方法可按行业规定。

② 其他管理费用。管理费用是指企业为管理和组织生产经营活动所发生的各项费用，包括公司经费、工会经费、劳动保险费、待业保险费、董事会费、咨询费、聘请中介机构费、诉讼费、业务招待费、排污费、房产税、车船使用税、土地使用税、印花税、矿产资源补偿费、技术转让费、研究与开发费、无形资产与其他资产摊销、计提的坏账准备和存货跌价准备等。为了简化计算，项目评价中可将管理费用归类为管理人员工资及福利费、折旧费、无形资产和其他资产摊销、修理费和其他管理费用几部分。其他管理费用是指由管理费用中扣除工资及福利费、折旧费、摊销费、修理费后的其余部分。项目评价中常见的估算方法是按人员定额或取工资及福利费总额的倍数估算。若管理费用中的技术转让费、研究与开发费和土地使用税等数额较大，应单独核算后并入其他管理费用，或单独列项。

③ 其他营业费用。营业费用是指企业在销售商品过程中发生的各项费用以及专设销售机构的各项经费，包括应由企业负担的运输费、装卸费、包装费、保险费、广告费、展览费以及专设销售机构人员工资及福利费、类似工资性质的费用、业务费等经营费用。为了简化计算，项目评价中将营业费用归为销售人员工资及福利费、折旧费、修理费和其他营业费用几部分。其他营业费用是指由营业费用中扣除工资及福利费、折旧费、修理费后的其余部分。项目评价中常见的估算方法是按营业收入的百分数估算。

④ 不能抵扣的进项税额。对于产品出口项目和产品国内销售的增值税减免税项目，应将不能抵扣的进项税额计入总成本费用的其他费用或单独列项。

(7) 利息支出估算。按照会计法规，企业为筹集所需资金而发生的费用称为借款费用，又称财务费用，包括利息支出（减利息收入）、汇兑损失（减汇兑收益）以及相关的手续费等。

在大多数项目的财务分析中，通常只考虑利息支出。利息支出的估算包括长期借款利息、流动资金借款利息和短期借款利息三部分。

① 长期借款利息是指对建设期间借款余额（含未支付的建设期利息）应在生产期支付的利息，项目评价中可以选择等额还本付息方式或者等额还本、利息照付方式来计算长期借款利息。

② 流动资金借款利息。项目评价中估算的流动资金借款从本质上说应归类为长期借款，但目前企业往往有可能和银行达成共识，按期末偿还、期初再借的方式处理，并按一年期利率计息。财务分析中对流动资金的借款可以在计算期最后一年偿还，也可在还完长期借款后安排。

③ 短期借款。项目评价中的短期借款指运营期间由于资金的临时需要而发生的短期借款，短期借款的数额应在财务计划现金流量表中得到反映，其利息应计入总成本费用表的利息支出中。短期借款利息的计算同流动资金借款利息，短期借款的偿还按照随借随还的原则处理，即当年借款尽可能于下一年偿还。

(8) 固定成本和可变成本估算。根据成本费用与产量的关系可以将总成本费用分解为可变成本、固定成本和半可变（或半固定）成本。固定成本是指成本总额在一定时期和一定业务量范围内不随产品产量变化的各项成本费用。可变成本是指成本总额在一定时期和一定业务量范围内随产品产量增减而呈正比例变化的各项费用。工资、营业费用和流动资金利息等也都可能既有可变因素，又有固定因素，属于半可变（或半固定）成本，必要时需将半可变（或半固定）成本进一步分解为可变成本和固定成本，使产品成本费用最终划分为可变成本和固定成本。长期借款利息应视为固定成本，流动资金借款和短期借款利息可能部分与产品产量相关，其利息可视为半可变半固定成本，为了简化计算，一般也将其作为固定成本。

2. 生产（服务）成本加期间费用法

采用生产（服务）成本加期间费用法估算总成本费用时，需要各分单元（如分车间、装置或生产线）的有关数据或每种服务的有关数据，主要有原材料和公用工程消耗、各车间、装置或生产线等的定员和固定资产原值等。要先分别估算各分单元的生产（服务）成本，再加总得出总的生产（服务）成本，然后与期间费用（管理费用、营业费用和财务费用）相加得到总成本费用。当会计制度与税收制度的相关规定有矛盾时，应按从税原则处理。

生产成本加期间费用法下的总成本费用估算内容见表 8-33。

表 8-33 总成本费用估算表（生产成本加期间费用法）

序号	项目	合计	计算期					
			1	2	3	4	…	n
1	生产成本							
1.1	直接材料费							
1.2	直接燃料及动力费							
1.3	直接工资及福利费							
1.4	制造费用							
1.4.1	折旧费							
1.4.2	修理费							
1.4.3	其他制造费							
2	管理费用							
2.1	无形资产摊销							
2.2	其他资产摊销							
2.3	其他管理费用							
3	财务费用							
3.1	利息支出							
3.1.1	长期借款利息							
3.1.2	流动资金借款利息							
3.1.3	短期借款利息							
4	营业费用							
5	总成本费用合计 (1+2+3+4)							
5.1	其中：可变成本							
5.2	固定成本							
6	经营成本 (5−1.4.1−2.1−2.2−3.1)							

三、经营成本估算

经营成本是财务分析的现金流量分析中所使用的特定概念，是项目现金流量表中运营期现金流出的主体部分。

经营成本与融资方案无关。因此在完成建设投资和营业收入估算后，就可以估算经营成本，为项目融资前分析提供数据。

经营成本估算的行业性很强，不同行业在成本构成科目和名称上都可能有较大的不同。估算应按行业规定，没有规定的也应注意反映行业特点。

生产要素法下，经营成本的估算可通过求解外购原材料费、外购燃料及动力费、工资及福利费、修理费与其他费用的和进行；生产（服务）成本加期间费用法下，经营成本则是总成本费用扣除固定资产折旧费、无形资产摊销、其他资产摊销、维简费和利息支出后的余额。现金流量表反映项目在计算期内逐年发生的现金流入和流出。与常规的会计方法不同，现金收支在何时发生就在何时计入，不作分摊。由于投资已在其发生的时间作为一次性支出被计入现金流出，所以不能再以折旧和摊销的方式记为现金流出，否则会发生重复计算。因此，作为经常性支出的经营成本中不包括折旧和摊销费，同理也不包括维简费。同时，全部投资现金流量表是以全部投资作为计算基础，利息支出不作为现金流出，而自有资金现金流量表中已将利息支出单列，因此经营成本也不包括利息支出。

四、税费估算

在项目财务评价中涉及的税费主要包括关税、增值税、消费税、所得税、资源税、城市维护建设税和教育费附加等，有些行业还包括土地增值税。其分类如下所述。①从营业收入中扣除的税金及附加。在财务现金流量表中所列的税金及附加是指项目生产期内各年因销售产品（或提供服务）而发生的从营业收入中缴纳的税金。在会计处理上，增值税、消费税、土地增值税、资源税和城市维护建设税、教育费附加均可包含在税金及附加中。税金及附加应是利润与利润分配表中的科目。②计入总成本费用的进口材料的关税、房产税、土地使用税、车船使用税和印花税等。③计入建设投资的引进技术、设备材料的关税。④从利润中扣除的所得税等。

1. 关税

关税是以进出口的应税货物为纳税对象的税种。项目评价中涉及引进设备、技术和进口原材料时，可能需要估算进口关税。项目评价中应按有关税法和国家的税收优惠政策，正确估算进口关税。我国仅对少数货物征收出口关税，而对大部分货物免征出口关税。若项目的出口产品属征税货物，应按规定估算出口关税。

2. 增值税

财务分析应按税法规定计算增值税。须注意当采用含（增值）税价格计算销售收入和原材料、燃料动力成本时，利润与利润分配表以及现金流量表中应单列增值税科目；采用不含（增值）税价格计算时，利润与利润分配表以及现金流量表中不包括增值税科目。应明确说明采用何种计价方式，同时注意涉及出口退税（增值税）时的计算及与相关报表的联系。

之前我国大部分地区采用生产型增值税，不允许抵扣购进固定资产的进项税额。2004年7月起，开始对东北老工业基地的部分行业试行扩大增值税抵扣范围，允许抵扣购置固定资产的增值税额，项目评价中须注意按相关法规采用适宜的计税方法。

2011年，经国务院批准，财政部、国家税务总局联合下发营业税改增值税试点方案。从2012年1月1日起，在上海交通运输业和部分现代服务业开展营业税改增值税试点。自2012年8月1日起至年底，国务院将扩大“营改增”试点至10省市；2013年8月1日，“营改增”范围已推广到全国试行，将广播影视服务业纳入试点范围。2014年1月1日起，将铁路运输和邮政服务业纳入营业税改征增值税试点，至此交通运输业已全部纳入“营改增”范围；2016年3月18日召开的国务院常务会议决定，自2016年5月1日起，中国将全面推开“营改增”试点，将建筑业、房地产业、金融业、生活服务业全部纳入“营改增”试点，至此，营业税退出历史舞台，增值税制度将更加规范。这是自1994年分税制改革以来，财税体制的又一次深刻变革。

3. 消费税

消费税是对工业企业生产、委托加工和进口的部分应税消费品按差别税率或税额征收的一种税。消费税是在普遍征收增值税的基础上，根据消费政策、产业政策的要求，有选择地对部分消费品征税。目前，我国的消费税共设11个税目，13个子目。消费税的税率有从价定率和从量定额两种，黄酒、啤酒、汽油、柴油采用从量定额：其他消费品均为从价定率，税率从3%～45%不等。

从价定率按下式计算：

应纳税额＝应税消费品销售额×适用税率＝组成计税价格×消费税率

从量定额按下式计算：

应纳税额＝应税消费品销售数量×单位税额

应税消费品的销售额是指纳税人销售应税消费品向买方收取的全部价款和价外费用，不包括向买方收取的增值税税款。销售数量是指应税消费品数量。

4. 营业中的税金附加

营业中的税金附加包括城市维护建设税和教育费附加。

城市维护建设税，是一种地方附加税，目前以流转税额（包括增值税和消费税）为计税依据，分别与上述2种税同时缴纳。税率根据项目所在地分市区，县城、镇和县、镇以外三个不同等级。项目所在地为市区的，税率为7%；项目所在地为县城、镇的，税率为5%；项目所在地为乡村或矿区的，税率为1%。城市维护建设税应纳税额计算公式为：

城市维护建设税应纳税额＝(实际缴纳的消费税＋增值税)×适用税率

教育费附加是地方收取的专项费用，是为了加快地方教育事业的发展，扩大地方教育经费的资金来源而开征的。教育费附加收入纳入预算管理，作为教育专项基金，主要用于各地改善教学设施和办学条件。教育费附加是1986年起在全国开征的，1990年又经修改而进一步完善合理。凡缴纳消费税、增值税、营业税的单位和个人，都是教育费附加的缴纳人。教育费附加随消费税、增值税、营业税同时缴纳，由税务机关负责征收。教育费附加的计征依据是各缴纳人实际缴纳的消费税、增值税，征收率为3%。其计算公式为：

应纳教育费附加额＝（实际缴纳的消费税＋增值税）×3%

5. 土地增值税

土地增值税的征税范围是有偿转让的房地产，包括国有土地使用权及地上建筑物和其附着物。土地增值税的计税依据为转让房地产所取得的增值额。

增值额＝转让房地产收入－扣除项目金额

扣除项目金额包括以下几部分：取得土地使用权所支付的金额；开发土地的成本、费用；新建房及配套设施的成本、费用，或者旧房及建筑物的评估价格；与转让房地产有关的税金；第1项和开发土地成本金额之和的20%为加计扣除。

土地增值税实行四级超率累进税率。增值额未超过扣除项目金额50%的部分，税率为30%；超过50%未超过100%的部分，税率为40%；超过100%未超过200%的部分，税率为 50%；超过 200%的部分，税率为 60%。

6. 资源税

资源税是国家对在我国境内开采应税矿产品或者生产盐的单位和个人征收的一种税。它是对因资源生成和开发条件的差异而客观形成的级差收入征收的。

资源税的征收范围包括矿产品（原油、天然气、煤炭、金属矿产品和其他非金属矿产品）；盐（固体盐、液体盐）。

资源税的应纳税额，按照应税产品的课税数量和规定的单位税额计算。应纳税额的计算公式为：

应纳税额=应税产品课税数量×单位税额

纳税人开采或者生产应税产品用于销售的，以销售数量为课税数量；纳税人开采或者生产应税产品自用的，以自用数量为课税数量。

7. 企业所得税

企业所得税是针对企业应纳税所得额征收的税种。项目评价中应注意按有关税法对所得税前扣除项目的要求，正确计算应纳税所得额，并采用适宜的税率计算企业所得税，同时注意正确使用有关的所得税优惠政策，并加以说明。

五、维持运营投资估算

某些项目在运营期需要投入一定的固定资产投资才能得以维持正常运营，例如设备更新费用、油田的开发费用、矿山的井巷开拓延伸费用等。不同类型和不同行业的项目投资的内容可能不同，如发生维持运营投资时应将其列入现金流量表作为现金流出，参与内部收益率等指标的计算。同时，也应反映在财务计划现金流量表中，参与财务生存能力分析。

按照《企业会计准则固定资产》，该投资是否能予以资本化，取决于其是否能为企业带来经济利益且该固定资产的成本是否能可靠地计量。项目评价中，如果该投资投入后延长了固定资产的使用寿命，或使产品质量实质性提高，或成本实质性降低等，使可能流入企业的经济利益增加，那么该固定资产投资应予以资本化，即应计入固定资产原值，并计提折旧。否则该投资只能费用化，不形成新的固定资产原值。

对于非经营性项目，无论是否有营业收入都需要估算费用。在费用估算的要求和具体方法上可参照本节内容，同时应编制费用估算的相关报表。对于没有营业收入的项目，费用估算更显重要，可以用于计算单位功能费用指标，进行方案比选；还可以用来进行财务生存能力分析等。

第五节 财务评价案例

【例 8-1】 某开发商购得一宗商业用地使用权，期限为 40 年，拟建一商场出租经营。据估算，项目的开发建设期为 2 年，第 3 年即可出租。经过分析，得到以下数据。①项目建设投资为 2000 万元。第 1 年投资 1000 万元，其中资本金 400 万元；第 2 年投资 1000 万元，其中资本金 300 万元。每年资金缺口由银行借款解决，贷款年利率为 10%。建设期只计息不还款，第 3 年开始采用等额还本并支付利息的方式还本付息，分 3 年还清。②第 3 年租金收入、经营税费、经营成本分别为 2000 万元、130 万元、600 万元。从第 4 年起每年的租金收入、经营税费、经营成本分别为2500万元、150万元、650万元。③计算期（开发经营期）取20年。

请根据以上资料，完成下列工作：①编制项目资本金现金流量表（不考虑所得税）；②若该开发商要求的目标收益率12%，计算该投资项目的净现值（假设所有的投资和收入均发生在年末）。

解：(1) 借款需要量的计算表编制如表8-34所示。

表8-34　借款需要量计算表　万元

内容	年份	
	1年	2年
建设投资	1000	1000
资本金	400	300
银行借款	600	700

(2) 借款还本付息表、资本金现金流量表（税前）编制如表8-35，表8-36所示。

表8-35　借款还本付息表　万元

内容	年份				
	1年	2年	3年	4年	5年
年初借款累计	0	630	1428	952	476
当年借款	600	700			
当年应计利息	30	98			
当年还本			476	476	476
当年利息支付			142.8	95.2	47.6
年末借款累计	630	1428	952	476	0

表8-36　资本金现金流量表　万元

内容	年份					
	1年	2年	3年	4年	5年	6～20年
1.现金流入			2000	2500	2500	2500
租金流入			2000	2500	2500	2500
2.现金流出	400	300	1347.8	1370.2	1322.6	800
资本金	400	300				
经营成本			600	650	650	650
经营税金			130	150	150	150
本金偿还			475	475	475	
利息支付			142.8	95.2	47.6	
3.净现金流量	−400	−300	651.2	1128.8	1176.4	1700

(3) 财务净现值

$FNPV(12\%)=-400(P/F,12\%,1)-300(P/F,12\%,2)+651.2(P/F,12\%,3)$

$$+1128.8(P/F,12\%,4)+1176.4(P/F,12\%,5)$$
$$+1700(P/A,12\%,15)(P/F,12\%,5)$$
$$=-357.16-239.16+463.52+717.35+667.49+6569.66$$
$$=7821.7(\text{万元})$$

本章小结

(1) 财务评价应在项目财务效益与费用估算的基础上进行，其内容应根据项目的性质和目标确定，即对于经营性项目，财务评价应在国家现行财税制度和市场价格体系下，通过编制财务分析报表，计算财务指标，分析项目的盈利能力、偿债能力和财务生存能力，判断项目的财务可接受性，明确项目对财务主体及投资者的价值贡献，为项目决策提供依据。对于非经营性项目，财务评价应主要分析项目的财务生存能力。

(2) 财务评价的基本步骤如下：财务评价前的准备、进行融资前分析、进行融资后分析、财务评价结论。

(3) 财务分析基本报表包括现金流量表、利润与利润分配表、财务计划现金流量表、资产负债表、借款还本付息计划表。

(4) 财务效益与费用是财务分析的重要基础，其估算的准确性与可靠程度直接影响财务分析结论。财务效益和费用的估算表格属于财务分析的辅助报表，行业性很强。

(5) 财务效益估算主要包括营业收入估算和补贴收入估算。营业收入是指销售产品或者提供服务所获得的收入，是现金流量表中现金流入的主体，也是利润表的主要科目。某些项目还应按有关规定估算企业可能得到的补贴收入。补贴收入仅包括与收益相关的政府补助，与资产相关的政府补助不在此处核算。

(6) 财务费用估算主要包括总投资估算、总成本费用估算、经营成本估算、税费估算、维持运营投资估算等。

总投资估算包括建设投资估算、建设期利息估算、流动资金估算。建设投资估算方法包括建设投资概略估算方法、建设投资详细估算方法；流动资金估算的方法有流动资金分项详细估算法和流动资金扩大指标估算法。估算建设期利息，需要根据项目进度计划，提出建设投资分年计划，列出各年投资额，并明确其中的外汇和人民币。

总成本费用估算的方法有生产要素法、生产（服务）成本加期间费用法。

生产要素法下，经营成本的估算可通过求解外购原材料费、外购燃料及动力费、工资及福利费、修理费与其他费用的和进行；生产（服务）成本加期间费用法下，经营成本则是总成本费用扣除固定资产折旧费、无形资产摊销、其他资产摊销、维简费和利息支出后的余额。

在项目财务评价中涉及的税费主要包括关税、增值税、消费税、所得税、资源税、城市维护建设税和教育费附加等，有些行业还包括土地增值税。

某些项目在运营期需要投入一定的固定资产投资才能得以维持正常运营，不同类型和不同行业的项目投资的内容可能不同，如发生维持运营投资时应将其列入现金流量表作为现金流出，参与内部收益率等指标的计算。同时，也应反映在财务计划现金流量表中，参与财务生存能力分析。

(7) 财务评价的内容、步骤和财务效益与费用估算之间存在着内在逻辑关系。

练 习 题

一、简答题

1.什么是财务评价？

2.财务评价的基本步骤如何？

3.财务分析报表包括哪些？

4.财务效益和费用的估算步骤如何？

5.财务效益估算的主要内容是什么？

6.财务费用估算的主要内容是什么？

7.财务评价的内容、步骤和财务效益与费用估算之间存在着什么关系？

二、案例分析题

案例一：

某建设项目建设期2年，运营期6年。

(1) 项目建设投资2400万元，第1年投资1000万元，全部为自有资金，第2年投入1400万元，其中1000万元为银行贷款，贷款年利率为6%，贷款偿还方式为：第3年不还本付息，以第3年末的本息和为基准，从第4年开始，分4年等额还本、利息照付方式偿还。

(2) 项目建设投资中预计形成无形资产420万元，其余形成固定资产。固定资产使用年限为10年，预计净残值率为5%，按直线法折旧。无形资产在运营期6年中均匀摊入成本。

(3) 建设项目达到设计能力后，全厂定员为500人，工资和福利费按照每人每年2万元估算。每年其他费用为160万元（其中：其他制造费用为100万元）。年外购原材料、燃料、动力费用估算为2700万元。年均经营成本为1700万元，年营业费用为300万元，年修理费占年均经营成本10%，预付账款126.1万元。各项流动资金最低周转天数分别为：应收账款为30天，现金为40天，各项存货均为40天，应付账款为30天。

(4) 项目流动资金投资全部为自有资金。

(5) 项目第3年的总成本费用为1500万元，第4年至第8年的总成本费用均为2000万元。

(6) 项目设计生产能力为年产量50万件某产品，预计营运期第1年产量为设计生产能力年产量的70%，所需流动资金为800万元。以后各年产量均达到设计生产能力。产品售价为50元/件，税金附加费率为6%，所得税率为33%。

(7) 行业融资前税前财务基准收益率为8%。

计算结果表中保留三位小数，其余保留两位小数。

问题：

① 用分项详细估算法估算项目的流动资金；

② 计算项目各年的建设投资贷款还本付息额，并编制还本付息表；

③ 计算各年固定资产折旧额、无形资产摊销额和经营成本；

④ 编制项目投资现金流量表；

⑤ 计算项目投资财务净现值（所得税前）、静态投资回收期（所得税后），评价项目的可行性。

【解题思路】

(1) 首先要注意估算流动资金各公式的正确应用，掌握流动资金分项详细估算法相关公式。

(2) 编制建设投资借款还本付息表，注意建设期利息计算公式应用，确定建设期利息。在营运期，当年利息未付应作为本金继续生息。应还本金数的确定是关键。

(3) 确定固定资产原值。本案例建设投资形成固定资产和无形资产，已知无形资产为420万元，则固定资产原值：建设投资＋建设期利息－无形资产价值。应用直线法折旧计算公式计算年折旧额、无形资产年摊销额。根据经营成本计算公式确定各年经营成本，注意第3年的经营成本计算。

(4) 项目投资现金流量表的编制。特别注意调整所得税的确定，继而计算财务评价指标并评价项目的可行性。

案例二：

某企业拟投资建设一生产性项目，有关资料如下。

(1) 项目建设期1年，第2年开始投入生产运营，运营期8年。

(2) 项目建设投资为850万元，其中400万元贷款，贷款年利率6%，建设期利息用企业自有资金偿还。贷款偿还期为运营期前4年，按每年付息到期还本方式偿还。建设投资全部形成固定资产。固定资产使用年限为8年，预计净残值率为4%，固定资产按直线法折旧。

(3) 流动资金投入200万元，在运营期的前两年均匀投入，项目计算期末收回。

(4) 运营期第1年生产能力为设计能力的60%，以后各年均达到设计能力。

(5) 运营期内正常年份的年营业收入为450万元，经营成本为200万元。运营期第1年的年营业收入和经营成本均按正常年份的60%计算。

(6) 已知税金附加费率为6%，企业所得税率为33%，该行业融资前税后基准收益率为10%。

问题：

① 编制借款还本付息计划表；

② 编制该项目投资现金流量表；

③ 计算项目所得税后净现值和动态投资回收期；

④ 分析该项目的可行性。

【解题思路】

(1) 根据借款偿还方式，编制借款还本付息计划表。

(2) 项目投资现金流量表的编制。特别注意调整所得税的确定。

调整所得税=息税前利润×所得税率。

(3) 利用计算公式确定项目所得税后净现值；根据折现净现金流量、累计折现净现金流量项，计算动态投资回收期。

案例三：

1. 概述

某石化工程项目是新建项目。该项目经济评价是在可行性研究完成市场需求预测，生产规模，工艺技术方案，原材料、燃料及动力的供应，建厂条件和厂址方案，公用工程和辅助设施，环境保护，工厂组织和劳动定员以及项目实施规划诸方面进行研究论证和多方案比较后，确定了最佳方案的基础上进行的。

厂址位于城市近郊，占用一般农田250亩，由国家划拨。靠近铁路、公路、码头、交通运输方便。靠近主要原料和燃料产地，供应有保证。水、电供应可靠。

该项目主要设施包括主生产车间、与工艺生产相适应的辅助生产设施、公用工程以及有关的生产管理、生活福利等设施。

2. 基础数据

(1) 生产规模。生产规模为年产石蜡15.1万吨、微晶蜡3.2万吨及含氢气体0.08万吨。

(2) 实施进度。项目拟三年建成，第四年投产，当年生产负荷达到设计能力的70%，第五年达到90%，第六年达到100%。生产期按照14年计算，计算期为18年。

(3) 总投资估算及资金来源

① 固定资产投资估算。固定资产投资估算是依据中华人民共和国住房和城乡建设部（简称住建部）、中华人民共和国国家发展和改革委员会（简称国家发展改革委）以及中石油的有关规定及参考办法进行编制的。设备价格的计算参照投标公司的报价。固定资产投资估算详情见表。

基本预备费和价差预备费按以下方法计算确定（计算结果以万元为单位保留整数）：

$$基本预备费=工程费用\times 8\%$$

$$价差预备费=工程费用\times 4\%$$

项目筹建期间发生的各项筹建费用554万元、取得土地费用为715万元，均在固定资产投资估算表中的其他费用中列示。

② 流动资金估算。按分项详细估算法估算流动资金。

③ 资金来源。项目自有资金（资本金）为10000万元，其余为借款。固定资产投资部分由中国建设银行贷款，年利率为6%，流动资金由中国银行贷款，年利率为5.25%。投资分年使用计划按第一年25%，第二年50%，第三年25%的比例分配。

(4) 工资及福利费估算。工厂定员为104人，职工薪酬按每人每年25000元估算，全年职工薪酬为260万元。

(5) 自有资金运用。自有资金按投资比例全部用于建设投资。

(6) 成本费用估算依据（以100%生产负荷计）。

① 固定资产按平均年限法折旧，折旧年限为14年，预计净残值率为3%；

② 年固定资产大修理费按固定资产原值的5%计取；

③ 无形资产按10年摊销，递延资产按5年摊销；

④ 销售费用按年销售额的1%计算；

⑤ 其他管理费用以定员为基础按25000元/(人·年）计取；

⑥ 其他制造费用以定员为基础按10000元/(人·年）计取。

(7) 长期借款偿还。建设资金中的长期借款，按借款合同约定，从投产期开始，分5年等额偿还本息，当年长期借款的利息当年全额支付。如果项目现金不足偿还当期本息，可从银行借入1年期短期借款，用于偿还到期长期债务本息。银行短期借款年利率为5.25%。

(8) 税率。未特别说明的项目，增值税为17%；城市维护建设税为流转税额的7%，教育费附加为流转税额的3%；企业所得税税率为25%，盈余公积金和盈余公益金分别按税后利润的10%和5%计取。

(9) 基准折现率为12%。

(10) 价格。产品销售价格=参考单价×(1+2/100)；

主要原材料价格：直接采用单价作为原材料单价。

3. 要求

(1) 对此案例编制财务评价基本报表，进行财务分析。

(2) 计算项目内部收益率、NPV（基准收益率12%）。

(3) 计算项目静态投资回收期和动态投资回收期。

(4) 计算相关财务评价指标。

结合以上分析和计算，对投资项目进行定量评价。

计算过程中，所有金额数据均精确到元（除单价数据以外）。相应财务报表如表8-37～表8-40所示（未提供的报表自行编制）。

表8-37　固定资产投资估算表

序号	工程或费用名称	估算价值					占总值比/%
		建筑工程费/万元	设备购置费/万元	安装工程费/万元	其他费用/万元	总值/万元	
1	建设投资						
1.1	工程费用	6075	11388	1604		19067	
1.1.1	主要生产项目	3000	9251	1247		13498	
1.1.2	辅助生产车间	958	846	108		1912	
1.1.3	公用工程	407	354	63		824	
1.1.4	环境保护工程	628	751	186		1565	
1.1.5	总图运输	268	186			454	

续表

序号	工程或费用名称	估算价值					占总值比/%
		建筑工程费/万元	设备购置费/万元	安装工程费/万元	其他费用/万元	总值/万元	
1.1.6	厂区服务性工程	387				387	
1.1.7	生活福利工程	427				427	
1.2	其他费用				1269	1269	
	其中：土地费用				715	715	
	第一、二部分费用合计	6075	11388	1604	1269	20336	
1.3	预备费用						
1.3.1	基本预备费						
1.3.2	价差预备费						
2	建设期利息						
	合计(1+2)						

表 8-38　外购原材料及燃料动力费用估算表

序号	名称	正常年消耗量		参考单价		单价	第4年(70%)	第5年(90%)	第6年(100%)
		数量	单位	金额	单位	金额	消耗金额/万元	消耗金额/万元	消耗金额/万元
1	原材料								
1.1	原材 A	7.9	10^4t	2500	元/t				
1.2	原材 B	8	10^4t	2850	元/t				
1.3	原材 C	3	10^4t	4350	元/t				
1.4	原材 D	0.3	10^4t	6050	元/t				
	小计								
2	辅助材料								
2.1	新氢	439	10^4m^3	1	元/m^3	1			
2.2	白土	0.25	10^4t	1200	元/t	1200			
2.3	精制催化剂	19	t	16	万元/t	16			
2.4	保护剂	1.9	t	15.5	万元/t	15.5			
2.5	二甲基二硫	7	t	2.5	万元/t	2.5			
2.6	抗氧化剂	20	t	6	万元/t	6			
	小计								
3	外购原材料合计								
4	外购燃料动力								
4.1	水	105	10^4t	2	元/t	2			
4.2	电	759	10^4kW·h	0.53	元/(kW·h)	0.53			
4.3	净化风	150	10^4m^3	0.15	元/10^4m^3	0.15			
4.4	蒸汽	4	10^4t	95	元/t	95			
4.5	燃料气	0.2	10^4t	600	元/t	600			
	小计								

注：以上价格均为含税价格，除水的税率为13%以外，其余均为17%。

表 8-39　销售收入、税金及附加估算表

序号	项目	参考单价	单价/(元/t)	第 4 年(70%)		第 5 年(90%)		第 6 年(100%)	
				销量/10^4t	金额/万元	销量/10^4t	金额/万元	销量/10^4t	金额/万元
1	产品销售收入								
	产品 A	2950.00						7.30	
	产品 B	3350.00						7.80	
	产品 C	6040.00						3.00	
	产品 D	7350.00						0.20	
	产品 E	591.60						0.08	
2	销售税金及附加								
2.1	增值税								
2.1.1	销项税额								
2.1.2	进项税额								
2.2	城乡维护建设税								
2.3	教育费附加								

注：以上价格均为含税价格，产品税率均为 17%。

表 8-40　流动资金估算表

序号	项　　目	最低周转天数	周转次数	投产期/年		达到设计能力生产期/年				
				4	5	6	7	8	9	10
1	流动资产									
1.1	应收账款	30	12							
1.2	存货									
1.2.1	原材料、燃料、动力	3	120							
1.2.2	在产品	3	120							
1.2.3	产成品	12	30							
1.3	现金	15	24							
2	流动负债									
2.1	应付账款	45	8							
3	流动资金(1－2)									
4	流动资金本年增加额									

第九章　国民经济评价

本章学习目标：

（1）掌握国民经济效益费用流量的分析方法；

（2）熟悉国民经济费用和经济效益的识别方法；

（3）了解国民经济评价中价格的确定方法；

（4）熟练应用国民经济评价指标与方法。

第一节　国民经济评价概述

一、国民经济评价的概念

国民经济评价是按合理配置资源的原则，采用社会折现率、影子汇率、影子工资和货物影子价格等国民经济评价参数，从项目对社会经济所做贡献以及社会为项目付出代价的角度，考察项目的经济合理性。国民经济评价的理论基础是新古典经济学有关资源优化配置的理论。

二、国民经济评价的必要性

正常运作的市场通常是资源在不同用途之间和不同时间上配置的有效机制。

1. 市场正常运作的条件

① 所有资源的产权一般来说是清晰的。

② 所有稀缺资源必须进入市场，由供求来决定其价格。

③ 完全竞争。

④ 人类行为无明显的外部效应，公共物品数量不多。

⑤ 短期行为不存在。

2. 市场失灵

不满足以上条件，市场就不能有效配置资源，即市场失灵。严重的市场失灵包括以下几方面。

① 资源产权不完全或不存在。产权是有效利用、交换、管理资源等的先决条件。

② 无市场、薄市场（thin market）。导致资源的价格偏低或无价格，易造成资源浪费。

③ 外部效应（externalities，是指企业或个人行为对其外部所造成的影响）。它造成内部成本（直接成本或私人成本）和社会成本的不一致，导致实际价格不同于最优价格。

$$社会成本=内部成本+外部成本 \tag{9-1}$$

其中：外部成本是企业活动对外部造成影响而没有承担的成本。

④ 公共物品（public goods，是指只有外部效应的产品）。它有两个方面的特性：一是公共物品的消费没有机会成本，即个人对公共物品的消费并不影响其他消费者对同一公共物品的消费；二是供给的不可分性（jointness in supply），即为一个消费者生产公共物品就必须为所有消费者生产该物品。由于消费者不会为消费公共物品而付钱，企业就不愿意提供公共物品，因此，自由市场不能提供公共物品，或提供过少的公共物品和过多的私人物品。

⑤ 短视计划（myopia planning）。为满足当前消费而提前使用资源，不利于自然资源的保护和可持续发展。

在市场经济条件下，企业财务评价可以反映出建设项目给企业带来的直接效果，但由于市场失灵现象的存在，财务评价不可能将建设项目产生的效果全部反映出来。因此，正是由于国民经济评价关系到宏观经济的持续健康发展和国民经济结构布局的合理性，所以说国民经济评价是非常必要的。

三、国民经济评价的基本方法

（1）采取“有无对比”方法识别项目的效益和费用。

（2）采取影子价格理论方法估算各项效益和费用。

（3）国民经济评价采用费用效益分析或费用效果分析方法，寻求以最小的投入（费用）获取最大的产出（效益，效果）。

（4）经济费用效益分析采用费用效益流量分析方法，采用内部收益率、净现值等经济盈利性指标进行定量的经济效益分析。经济费用效果分析对费用和效果采用不同的度量方法，计算效果费用比或费用效果比指标。

四、国民经济评价的作用

（1）正确反映项目对社会经济的净贡献，评价项目的经济合理性。项目的财务盈利性至少在以下几个方面可能难以全面正确地反映项目的经济合理性。

① 国家给予项目补贴。

② 企业向国家缴税。

③ 某些货物市场价格可能扭曲。

④ 项目的外部效果。

（2）为政府合理资源配置提供依据。

① 对那些本身财务效益好，但经济效益差的项目进行调控；

② 对那些本身财务效益差，而经济效益好的项目予以鼓励。

（3）政府审批或核准项目的重要依据。重点是外部性和公共性。

（4）为市场化运作的基础设施等项目提供财务方案的制定依据。

（5）对比选和优化项目（方案）具有重要作用。

（6）有助于实现企业利益、地区利益与全社会利益有机地结合和平衡。

五、国民经济评价与财务评价的关系

1. 相同之处

（1）评价方法相同。它们都是经济效果评价，都使用基本的经济评价理论，即效益与费用比较的理论方法。

（2）评价的基础工作相同。两种分析都要在完成产品需求预测、工艺技术选择、投资估算、资金筹措方案等可行性研究内容的基础上进行。

（3）评价的计算期相同。

2. 区别

国民经济评价与财务评价的区别见表 9-1。

表 9-1 国民经济评价与财务评价的区别

内容	财务分析	国民经济评价
角度和基本出发点	站在项目的层次上，从项目的财务主体、投资者、未来的债权人角度，分析项目的财务效益和财务可持续性，投资各方的实际收益或损失，投资或贷款的风险及收益	国民经济评价则是站在国家的层次上，从全社会的角度分析评价比较项目对社会经济的效益和费用
含义和范围划分	根据项目直接发生的财务收支，计算项目的直接效益和费用	直接的效益和费用，间接的效益和费用。项目税金和补贴、国内银行贷款利息等不能作为费用或效益
价格体系	预测的财务收支价格	影子价格体系
内容	进行盈利能力分析，偿债能力分析，财务生存能力分析	只有盈利性的分析，即经济效率分析
基准参数	最主要：财务基准收益率	社会折现率
计算期	计算期可能短于国民经济评价	计算期可能长于财务分析

3. 联系

在很多情况下，国民经济评价是在财务分析基础之上进行，利用财务分析中的数据资料，以财务分析为基础进行调整计算。

国民经济评价也可以独立进行，即在项目的财务分析之前进行国民经济评价。

第二节 国民经济评价的效益与费用

一、项目的国民经济效益

1. 项目国民经济效益分析的含义

项目国民经济效益分析，又叫做项目国民经济评价，它是按照资源合理配置的原则，从国家整体角度考察项目的效益和费用，用货物影子价格、影子工资、影子汇率和社会折现率等经济参数，分析、计算项目对国民经济的净贡献，评价项目的经济合理性。

项目国民经济效益分析的作用表现在：

（1）有助于实现资源的合理配置；

（2）能够真实反映项目对国民经济的净贡献。市场价格存在“失真”的情况，需要用影子价格重新估算项目的效益与费用；

（3）有助于实现投资决策的科学化。

2. 项目国民经济效益分析与项目财务效益分析的关系

项目国民经济效益分析与项目财务效益分析二者之间既有共同之处，又有显著的区别。

两者的共同之处在于，都是从项目的“费用”和“效益”的关系入手，分析项目的利弊，进而得出项目可行与否的结论。

两者的区别在于：

(1) 二者的分析角度不同。

(2) 二者关于费用和效益的含义不同。项目财务效益分析是根据直接发生的财务收支来确定费用和效益的，补贴计为效益，税收和利息计为费用。项目国民经济效益分析是根据项目所消耗的资源和提供的产品来考察项目的费用和效益的。

(3) 二者关于费用和效益的范围不同。项目财务效益分析只考察直接费用和直接效益，而项目国民经济效益分析还要考察间接费用和间接效益。

(4) 二者计算费用和效益的价格基础不同。项目财务效益分析采用现行价格，而项目国民经济效益分析采用的是影子价格。

(5) 二者评判投资项目可行与否的标准（或参数）不同。项目财务效益分析采用的是行业基准收益率和官方汇率，而项目国民经济效益分析采用的是社会折现率和影子汇率。

由于项目国民经济效益分析与项目财务效益分析存在上述显著的区别，二者的结论有时一致，有时不一致。当二者的结论不一致时，一般应以项目国民经济效益分析的结论为主，决定项目的取舍。

3. 项目国民经济效益分析的具体步骤

项目国民经济效益分析既可以在项目财务效益分析的基础上进行，也可以直接进行。

在项目财务效益分析的基础上进行项目国民经济效益分析，应首先剔除在财务效益分析中已计算为效益或费用的转移支付，并识别在财务效益分析中未反映的间接效益和间接费用，然后用货物影子价格、影子工资、影子汇率和土地影子费用等，替代财务效益分析中的现行价格、现行工资、官方汇率和实际征地费用，对固定资产投资、流动资金、经营成本和销售收入（或收益）等进行调整，编制项目国民经济效益分析基本报表，最后以此为基础计算项目国民经济效益分析指标。

直接进行项目国民经济效益分析，应首先识别和计算项目的直接效益和直接费用，以及间接效益和间接费用，然后以货物影子价格、影子工资、影子汇率和土地影子费用等，计算项目的固定资产投资、流动资金、经营费用和销售收入（或效益），并编制项目国民经济效益分析基本报表，最后以此为基础计算项目国民经济效益分析指标。

二、费用和效益的识别

1. 识别费用和效益的基本原则

项目国民经济效益分析是从国民经济的角度出发，考察项目对国民经济的净贡献。识别费用和效益的基本原则是：

凡是对国民经济所作的贡献，即由于项目的兴建和投产给国民经济带来的各种效益，均应计为项目的效益；反之，凡是国民经济为项目所付出的代价，即国民经济为项目建设和生产所付出的全部代价，均应计为项目的费用。

(1) 对经济效益与费用进行全面的识别。考虑关联效果，对项目涉及的所有社会成员的有关效益和费用进行全面识别。

(2) 遵循有无对比的原则。

(3) 遵循效益和费用识别和计算口径对应一致的原则。

(4) 合理确定经济效益与费用识别的时间跨度。应足以包含项目所产生的全部重要效益和费用，不完全受财务分析计算期的限制。

(5) 正确处理“转移支付”。将不增加社会资源和不增加社会资源消耗的财务收入与支出视作社会成员之间的“转移支付”，在国民经济评价中不作为经济效益与费用。

(6) 遵循以本国社会成员作为分析对象的原则。对于跨越国界的项目，应重点分析项目给本国社会成员带来的效益和费用，项目对国外社会成员所产生的效果应予以单独陈述。

在项目国民经济效益分析中，项目的费用和效益可分为直接费用和直接效益及间接费用和间接效益。

2. 直接费用和直接效益

项目直接效益是指由项目产出物产生的并在项目范围内计算的经济效益，一般表现为项目为社会生产提供的物质产品、科技文化成果和各种各样的服务所产生的效益。

表现方式：

(1) 项目产出物满足国内新增加的需求时，表现为国内新增需求的支付意愿；

(2) 当项目的产出物替代其他厂商的产品或服务时，使被替代者减产或停产，从而使国家有用资源得到节约，这种效益表现为这些资源的节省；

(3) 当项目的产出物使得国家增加出口或减少进口，这种效益表现为外汇收入的增加或支出的减少；

(4) 不能体现在财务分析的营业收入中的特殊效益，例如交通运输项目产生的效益体现为时间节约的效果，教育项目、医疗卫生和卫生保健项目等产生的效益表现为对人力资本、生命延续或疾病预防等方面的影响效果。

项目的直接费用是在项目范围内计算，项目使用投入物所产生的经济费用，一般表现为投入项目的人工、资金、物料、技术以及自然资源等所带来的社会资源的消耗。

表现方式：

(1) 社会扩大生产规模用以满足项目对投入物的需求，项目直接费用表现为社会扩大生产规模所增加耗用的社会资源价值；

(2) 当社会不能增加供给时，导致其他人被迫放弃使用这些资源来满足项目的需要，项目直接费用表现为社会因其他人被迫放弃使用这些资源而损失的效益；

(3) 当项目的投入物导致进口增加或减少出口时，项目直接费用表现为国家外汇支出的增加或外汇收入的减少。

3. 间接费用和间接效益

外部效果是指项目的产出或投入给他人（生产者和消费者之外的第三方）带来了效益或费用，但项目本身却未因此获得收入或付出代价。习惯上也把外部效果分为间接效益（外部效益）和间接费用（外部费用）。

间接效益和间接费用就是由项目的外部性所导致的项目对外部的影响，而项目本身并未因此实际获得收入或支付费用。

(1) 概念。

① 间接效益是指由项目引起，在直接效益中没有得到反映的效益。

② 间接费用是指由项目引起而在项目的直接费用中没有得到反映的费用。

(2) 项目的间接效益和间接费用的识别通常可以考察以下几个方面。

① 环境及生态效果。一般用环境价值评估方法。

② 技术扩散效果。一般只做定性说明。

③“上、下游”企业相邻效果。项目对“上、下游”企业的相邻效果可以在项目的投入和产出物的影子价格中得到反映，不再计算间接效果。也有些间接影响难于反映在影子价格中，需要作为项目的外部效果计算。

④ 乘数效果。是指项目的实施使原来闲置的资源得到利用，从而产生一系列的连锁反应，刺激某一地区或全国的经济发展。须注意不宜连续扩展计算乘数效果。

(3) 项目的外部效果不能重复计算。

(4) 可以采用调整项目范围的办法，解决项目外部效果计算上的困难。

(5) 项目的外部效果往往体现在对区域经济和宏观经济的影响上，对于影响较大的项目，需要专门进行经济影响分析，同时可以适当简化经济费用效益分析中的外部效果分析。

三、转移支付的处理

项目的某些财务收益和支出，从国民经济角度看，并没有造成资源的实际增加或减少，而是国民经济内部的“转移支付”，不计做项目的国民经济效益与费用。转移支付的主要内容包括：

(1) 税金。将企业的货币收入转移到政府手中，是收入的再分配。

(2) 补贴。使资源的支配权从政府转移给了企业。

(3) 国内贷款的还本付息。仅代表资源支配权的转移。

(4) 国外贷款的还本付息。处理分以下三种情况：

① 评价国内投资经济效益的处理办法。在分析时，由于还本付息意味着国内资源流入国外，因而应当视作费用。

② 国外贷款不指定用途时的处理办法。这种情况下，与贷款对应的实际资源虽然来自国外，但受贷国在如何有效利用这些资源的问题上，面临着与国内资源同样的优化配置任务，因而应当对包括国外贷款在内的全部资源的利用效果作出评价。在这种评价中，国外贷款还本付息不视作收益，也不视作费用。

③ 国外贷款指定用途的处理办法。如果不上拟建项目，就不能得到国外贷款，这时便无需进行全部投资的经济效益评价，可只进行国内投资资金的经济评价。这是因为，全部投资经济效益评价的目的在于对包括国外贷款在内的全部资源、多种用途进行比较选优，既然国外贷款的用途已经唯一限定，无其他选择，也就没有必要对其利用效果作出评价。

四、效益与费用的估算价格

影子价格是进行项目国民经济评价专用的计算价格。

影子价格依据国民经济评价的定价原则测定，反映项目的投入物和产出物真实经济价值，反映市场供求关系、资源稀缺程度及资源合理配置的要求。

(一) 影子价格的概念、特点及作用

1. 影子价格的概念

影子价格 (shadow price)，又称最优计划价格或计算价格。它是指依据一定原则确定的，能够反映投入物和产出物真实经济价值、市场供求状况、资源稀缺程度，使资源得到合理配置的价格。也就是说，影子价格反映了社会经济处于某种最优状态下的资源稀缺程度和对最终产品的需求情况，有利于资源的最优配置。

作为项目国民经济效益分析的重要参数，广义的影子价格不仅包括一般商品货物的影子

价格，而且包括劳动力、土地、资金和外汇等主要要素的影子价格。其中，为方便确定影子价格，一般商品货物又分为外贸货物和非外贸货物。而劳动力、土地、资金和外汇的影子价格则分别称为影子工资、土地影子费用、社会折现率和影子汇率。

2. 影子价格的特点

(1) 考虑了资源的供求关系，反映了资源的稀缺性。它只受供求法则的支配，因而可作为资源的机会成本，用来衡量资源的真实价格。

(2) 影子价格具有边际性，它既等于资源最优规划下的边际成本，又等于资源的边际产出价值。

(3) 影子价格不是实际价格，而是一种虚拟价格，某一资源的影子价格不是一固定数值，而是随经济结构的改变而变化。

3. 影子价格的作用

(1) 国民经济评价采用影子价格的主要原因，由于我国市场经济不发达及经济管理体制、经济贸易政策和历史原因，价格扭曲变形严重，市场价格偏离实际价值的现象普遍存在。因此，现行不合理的市场价格不能作为资源配置的正确标准。

(2) 影子价格的作用，就是对扭曲的市场价格进行调整和纠正，以实现社会资源的最优配置和有效利用。

(二) 影子价格的确定方法

1. 外贸货物的影子价格

外贸货物是指其生产或使用将直接或间接影响国家进出口的货物。具体包括：项目产出物中直接出口（增加出口）、间接出口（替代其他企业产品使其增加出口）或替代进口（以产顶进，减少进口）者；项目投入物中直接进口（增加进口）、间接进口（挤占其他企业的投入物使其增加进口）或减少出口（挤占原可用于出口的国内产品）者。

外贸货物的影子价格以实际可能发生的口岸价格为基础确定。具体定价方法如下：

(1) 产出物的影子价格（即产出物的出厂价格）。

① 直接出口产品的影子价格 (SP)。

$$\text{SP}=\text{FOB}\times\text{SER}-(T_1+T_{r1}) \tag{9-2}$$

式中 FOB——离岸价格；

SER——影子汇率；

T_1——国内运输费用；

T_{r1}——贸易费用。

② 间接出口产品（内销产品，替代其他产品使其增加出口）的影子价格。

$$\begin{aligned}\text{SP}&=\text{FOB}\times\text{SER}-(T_1+T_{r1})+(T_2+T_{r2})-(T_3+T_{r3})\\&=\text{FOB}\times\text{SER}-[(T_1+T_{r1})-(T_2+T_{r2})]-(T_3+T_{r3})\end{aligned} \tag{9-3}$$

式中 (T_1+T_{r1})——原供应商到口岸的费用（运输和贸易）；

(T_2+T_{r2})——原供应商到用户的费用；

(T_3+T_{r3})——项目所在地到用户的费用。

$[(T_1+T_{r1})-(T_2+T_{r2})]$——原供应商改变销售渠道所产生的费用，其他符号同前。

③ 替代进口产品（内销产品、以产顶进、减少进口）的影子价格。

$$\text{SP}=\text{CIF}\times\text{SER}+(T_5+T_{r5})-(T_4+T_{r4}) \tag{9-4}$$

式中 CIF——到岸价格；

(T_5+T_{r5})——进口费用；
(T_4+T_{r4})——项目所在地到用户的费用，其他符号同前。

（2）投入物的影子价格（即投入物的到厂价格）。

① 直接进口产品的影子价格。

$$SP=CIF\times SER+(T_1+T_{r1}) \tag{9-5}$$

② 间接进口产品的影子价格。

$$SP=CIF\times SER+(T_5+T_{r5})-(T_3+T_{r3})+(T_6+T_{r6}) \tag{9-6}$$

式中　(T_5+T_{r5})——原用户的进口成本；
(T_3+T_{r3})——从供应商到原用户的成本；
(T_6+T_{r6})——从供应商到项目所在地的成本，其他符号同前。

③ 减少出口产品的影子价格。

$$SP=FOB\times SER-(T_2+T_{r2})+(T_6+T_{r6}) \tag{9-7}$$

式中　(T_2+T_{r2})——供应商的出口成本；
(T_6+T_{r6})——从供应商到项目所在地的成本，其他符号同前。

2. 非外贸货物的影子价格

非外贸货物是指其生产或使用不影响国家进出口的货物。除了所谓“天然”的非外贸货物如建筑、国内运输和商业等产品和服务外，还有由于运输费用过高或受国内外贸易政策和其他条件的限制不能进行外贸的货物。

非外贸货物的影子价格主要从供求关系出发，按机会成本和消费者支付意愿来确定，具体定价方法如下。

（1）产出物的影子价格。

① 增加供应数量满足国内消费的产出物。若供求均衡，按市场定价，若供不应求，可参照国内价格。

② 不增加国内供应数量的产出物。若产出物的质量与被替代产品相同，按被替代产品的可变成本分解定价。若产出物的质量高于被替代产品的，应再加上其所带来的额外国民经济效益定价。

（2）投入物的影子价格。

① 能通过原企业挖潜增加供应的，按可变成本分解定价。

② 需通过扩大生产规模增加供应的，按全部成本分解定价。

③ 无法通过扩大生产规模增加供应的，可按国内市场价格、国家统一价格加补贴中较高者定价。

（3）非外贸货物的成本分解法。

成本分解法是确定非外贸货物影子价格的一个重要方法，用成本分解法对某种货物的成本进行分解并用影子价格进行调整换算，得到该货物的分解成本。

具体步骤如下：

① 数据准备，按生产费用要素列出成本；

② 剔除税金；

③ 用影子价格对重要原材料、燃料等投入物的费用进行调整；

④ 工资、福利费和其他费用可以不予调整；

⑤ 计算单位货物总投资的资金回收费用（M）；

$$M=(I-S_V-W)(A/P,i_s,n)+(W+S_V)i_s \tag{9-8}$$

$$I=I_F+W \tag{9-9}$$

$$M=(I_F-S_V)(A/P,i_s,n)+(W+S_V)i_s \tag{9-10}$$

式中 I——换算为生产期初的全部投资；

I_F——换算为生产期初的固定资产投资；

W——流动资金占用额；

S_V——固定资产余值；

i_s——社会折现率；

n——生产期。

⑥ 必要时进行第二轮分解；

⑦ 得到分解成本。

3. 政府调控价格货物的影子价格

我国尚有部分产品或服务不完全由市场机制决定价格，而是由政府调控价格。政府调控价格包括：政府定价、指导价、最高限价、最低限价等。如：电价、水价、铁路运价等。

这类影子价格的测定方法主要有：成本分解法、消费者支付意愿和机会成本。

4. 特殊投入物的影子价格

项目的特殊投入物主要包括：劳动力、土地、自然资源。

(1) 影子工资。影子工资是劳动力的影子价格。它用于衡量国家和社会为投资项目使用劳动力而付出的代价。影子工资由劳动力的边际产出和劳动力就业或转移而引起的社会资源消耗两部分组成。其中，劳动力的边际产出指一个投资项目占用的劳动力在其他使用机会下可能创造的最大效益。在项目国民经济效益分析中，影子工资要作为费用计入项目的经营费用。

影子工资是将财务评价中使用的工资及提取的职工福利基金（合称名义工资）乘以影子工资系数求得的。影子工资系数的大小与国家的社会经济状况、各类劳动力的结构和供需情况等因素有密切关系。

影子工资换算系数是影子工资与财务评价中的职工个人实得货币工资加提取的福利基金之比。根据我国劳动力的状况、结构及就业水平，一般建设项目的影子工资换算系数为1。项目评价中可根据项目所在地区劳动力的充裕程度以及所用劳动力的技术熟练程度适当提高或降低影子工资换算系数。对于就业压力大的地区占用大量非熟练劳动力的项目，影子工资换算系数可小于1；对于占用大量短缺的专业技术人员的项目，影子工资换算系数可大于1。

(2) 土地影子费用。土地影子费用是土地的影子价格。土地是投资项目的特殊投入物。在项目国民经济效益分析中，土地的影子价格应包括拟建项目占用土地而使国民经济为此而放弃的效益（即土地机会成本），以及国民经济为投资项目占用土地而新增加的资源消耗（如拆迁费用、剩余劳动力安置费等）。

$$土地影子费用=土地机会成本+新增资源消耗费用 \tag{9-11}$$

实际征地成本为：

① 机会成本，如土地补偿费、青苗补偿费。

② 新增资源消耗费用，如拆迁费用、安置费用、养老保险费等。

③ 转移支付，如粮食开发基金、耕地占用税等。

土地影子价格的确定原则：

① 若项目占用的土地是没有用处的荒山野岭，其机会成本可视为零；

② 若项目占用的土地是农业用地，其机会成本为原来的农业净收益和拆迁费用和劳动力安置费；

③ 若项目占用的土地是城市用地，应以土地市场价格计算土地的影子价格，主要包括土地出让金、基础设施建设费、拆迁安置补偿费等。

(3) 自然资源影子价格。各种自然资源是一种特殊的投入物，项目使用的矿产资源、水资源、森林资源等都是对国家资源的占用和消耗。矿产等不可再生资源的影子价格按资源的机会成本计算，水和森林等可再生自然资源的影子价格按资源再生费用计算。

5. 社会折现率

社会折现率是资金的影子价格。它表示从国家角度对资金机会成本和资金时间价值的估量。社会折现率是项目国民经济效益分析的重要参数。在项目国民经济效益分析中，它既作为计算经济净现值的折现率，同时又是衡量经济内部收益率的基准值。此外，采用适当的社会折现率进行项目国民经济效益分析，也有助于调控投资规模，合理使用建设资金，实现资金在短期与长期项目之间的合理配置。

根据我国在一定时期内的投资收益水平、资金机会成本、资金供求状况、合理的投资规模以及项目国民经济效益分析的实际情况，社会折现率取为12%。

6. 影子汇率

影子汇率是外汇的影子价格。影子汇率也是项目国民经济效益分析的重要参数。它体现从国家角度对外汇价值的估量。在项目国民经济效益分析中，影子汇率既用于外汇与人民币之间的换算，同时又是经济换汇（节汇）成本的判据。

在项目国民经济效益分析中，一般用国家外汇牌价（或称官方汇率）乘以影子汇率换算系数得到影子汇率。根据我国现阶段的外汇供求状况、进出口结构和换汇成本，影子汇率换算系数取为1.08。

【例 9-1】 非外贸货物A是某项目的主要投入物，为保证对其供应，需新增投资扩大产量。经调查，生产每吨该种货物的固定资产投资为1250元（已调整），生产A货物的项目建设期2年，生产期20年，建设期投资平均分配，流动资金180元，社会折现率12%，其单位产品财务成本如表9-2所示，试确定A货物出厂的影子价格。

表 9-2　A货物单位产品成本表

成本构成	单位	耗用量	财务成本	说明
1. 外购材料M	m^3	1.25	537.5	外贸货物，直接进口，到岸价50美元/m^3
2. 外购燃料X	t	1.4	65.82	非外贸货物，产地影子价格144元/t
3. 电力	10^3kW·h	0.33	99	该地区电力影子价格0.4元/(kW·h)
4. 铁路货运			59.24	铁路货运转换系数2.6
5. 汽车货运			9.37	汽车货运转换系数1.26
6. 工资及福利			43.81	影子工资转换系数为1
7. 折旧费			58.2	资金恢复费用
8. 利息支出			7.24	流动资金利息
9. 其他费用			26.48	不予调整
10. 单位成本			906.7	

解：如表 9-3 所示。

表 9-3 A 货物单位产品全部成本分解表

成本构成	单位	耗用量	财务成本	分解成本
1.外购材料 M	m^3	1.25	537.5	50×8.6×1.08×1.06×1.25=615.33
2.外购燃料 X	t	1.4	65.82	144.8×1.06×1.4=214.88
3.电力	10^3kW·h	0.33	99	0.4×0.33×1000=132
4.铁路货运			59.24	59.24×2.6=154.02
5.汽车货运			9.37	9.37×1.26=11.81
6.工资及福利			43.81	43.81×1=43.81
7.折旧费			58.2	
8.利息支出			7.24	180×12%=21.6
9.其他费用			26.48	26.48
单位成本			906.7	1397.2

所以，A 货物出厂的影子价格为 1397.2 元/吨。

第三节 国民经济评价的指标及报表的编制

一、国民经济评价的指标

（一）项目国民经济净效益分析指标

国民经济评价以盈利能力为主，评价指标包括经济内部收益率和经济净现值。

1. 经济净现值（ENPV）

$$\mathrm{ENPV}=\sum_{t=0}^{n}(B-C)_t(1+i_s)^{-t} \tag{9-12}$$

式中 B——国民经济效益流量；

C——国民经济费用流量；

$(B-C)_t$——第 t 年的国民经济净效益流量；

i_s——社会折现率；

n——计算期。

评价准则：ENPV$\geqslant$0，可行；反之，不可行。

2. 经济内部收益率（EIRR）

$$\sum_{t=0}^{n}(B-C)_t(1+\mathrm{EIRR})^{-t}=0 \tag{9-13}$$

评价准则：EIRR$\geqslant i_s$，可行；反之，不可行。

按分析效益费用的口径不同，可分为整个项目的经济内部收益率和经济净现值，国内投资经济内部收益率和经济净现值。如果项目没有国外投资和国外借款，全部投资指标与国内投资指标相同；如果项目有国外资金流入与流出，应以国内投资的经济内部收益率和经济净现值作为项目国民经济评价的指标。

（二）项目经济外汇效果分析指标

涉及产品出口创汇及替代进口节汇的项目，应进行经济外汇效果分析。这方面的分析指标主要是经济外汇净现值、经济换汇成本和经济节汇成本。

1. 经济外汇净现值

经济外汇净现值是反映项目实施后对国家外汇收支直接或间接影响的重要指标，用以衡量项目对国家外汇真正的净贡献（创汇）或净消耗（用汇）。经济外汇净现值可通过经济外汇流量表计算求得。其表达式为：

$$ENPVF=\sum(FI-FO)_t(1+i_s)^{-t} \tag{9-14}$$

式中 ENPVF——经济外汇净现值；

FI——外汇流入量；

FO——外汇流出量；

$(FI-FO)_t$——第 t 年外汇净流量。

2. 经济换汇成本和经济节汇成本

当有产品直接出口时，应计算经济换汇成本。它是用货物影子价格、影子工资和社会折现率计算的为生产出口产品而投入的国内资源现值（以人民币表示）与生产出口产品的经济外汇净现值（通常以美元表示）之比，亦即换取 1 美元外汇所需要的人民币金额，是分析评价项目实施后在国际上的竞争力，进而判断其产品应否出口的指标。其表达式为：

$$经济换汇成本=\sum DR_t'(1+i_s)^{-t}/\sum(FI'-FO')_t(1+i_s)^{-t} \tag{9-15}$$

式中 DR_t'——项目在第 t 年为生产出口产品投入的国内资源（包括投资、原材料、工资、其他投入和贸易费用）；

FI'——生产出口产品的外汇流入；

FO'——生产出口产品的外汇流出（包括应由出口产品分摊的固定资产投资及经营费用中的外汇流出）；

i_s——社会折现率。

当有产品替代进口时，应计算经济节汇成本。它等于项目寿命期内生产替代进口产品所投入的国内资源的现值（以人民币表示）与生产替代进口产品的经济外汇净现值（以美元表示）之比，即节约 1 美元外汇所需要的人民币金额。其表达式为：

$$经济节汇成本=\sum DR_t''(1+i_s)^{-t}/\sum(FI''-FO'')_t(1+i_s)^{-t} \tag{9-16}$$

式中 DR_t''——项目在第 t 年为生产替代进口产品投入的国内资源（包括投资、原材料、工资、其他投入和贸易费用）；

FI''——生产替代进口产品所节约的外汇；

FO''——生产替代进口产品的外汇流出（包括应由替代进口产品分摊的固定资产投资及经营费用中的外汇流出），其他符号同前。

计算出来的经济换汇成本和经济节汇成本（元/美元）应与影子汇率对比。只有当经济换汇成本或经济节汇成本小于或等于影子汇率时，项目产品出口或替代进口才是有利的。

二、国民经济评价报表的编制

（一）项目投资经济费用效益流量表

综合反映项目计算期内各年的按项目投资口径计算的各项经济效益与费用流量及净效益流量，并可用来计算项目投资经济净现值和经济内部收益率指标（表 9-4）。

表 9-4 项目投资经济费用效益流量表

序号	项目	计算期								
		1	2	3	4	5	6	7	…	n
1	效益流量									
1.1	项目直接效益									
1.2	资产余值回收									
1.3	项目间接效益									
2	费用流量									
2.1	建设投资									
2.2	维持运营投资									
2.3	流动资金									
2.4	经营费用									
2.5	项目间接费用									
3	净效益流量									

（二）国内投资经济费用效益流量表

综合反映项目计算期内各年按国内投资口径计算的各项经济效益与费用流量及净效益流量。对于有国外资金的项目，应当编制该表，并计算国内投资经济净现值和经济内部收益率指标（表 9-5）。

表 9-5 国内投资经济费用效益流量表

序号	项目	计算期								
		1	2	3	4	5	6	7	…	n
1	效益流量									
1.1	项目直接效益									
1.2	资产余值回收									
1.3	项目间接效益									
2	费用流量									
2.1	建设投资中国内资金									
2.2	流动资金中国内资金									
2.3	经营费用									
2.4	流到国外的资金									
2.4.1	国外借款本金偿还									
2.4.2	国外借款利息偿还									
2.4.3	其他									
2.5	项目间接费用									
3	国内投资净效益流量									

表 9-4 的效益流量与表 9-5 基本相同，不同之处在于“费用流量”。由于要计算国内投资的经济效益，项目从国外的借款不在建设期列出，但需要在还款期费用流量中列出用于偿

还国外借款本息的支出。

（三）报表编制的两种方式

1. 直接进行效益和费用流量识别和计算，并编制国民经济评价报表

（1）识别（包括量化）经济效益和经济费用，包括直接效益、直接费用和间接效益、间接费用。

（2）分析确定各项投入和产出的影子价格，对各项产出效益和投入费用进行估算，同时可以编制必要的辅助表格。

（3）根据估算的效益和费用流量，编制项目投资经济费用效益流量表。

（4）对能够货币量化的外部效果，尽可能货币量化，并纳入经济效益费用流量表的间接费用和间接效益；对难以进行货币量化的产出效果，应尽可能地采用其他量纲进行量化；难以量化的，进行定性描述。

（5）采用直接编制经济费用效益流量表方式的项目，其直接效益一般比较复杂，而且与财务效益完全不同，可结合项目目标，视具体情况采用不同方式分别估算。

2. 在财务分析基础上调整编制国民经济评价报表

（1）调整内容。

① 效益和费用范围调整。

a. 剔除财务现金流量中属于转移支付的内容。国家对项目的各种补贴，项目向国家支付的大部分税金，国内借款利息（包括建设期利息和生产期利息，以及流动资金借款利息）。

b. 剔除流动资金中的不属于社会资源消耗的应收、应付、预收、预付款项和现金部分。

c. 剔除建设投资中的价差预备费。

d. 识别项目的外部效果，分别纳入间接效益和间接费用流量。

② 效益和费用数值调整。

a. 鉴别投入物和产出物的财务价格是否能正确反映其经济价值。如果项目的全部或部分投入和产出没有正常的市场交易价格，那么应该采用适当的方法测算其影子价格，并重新计算相应的费用或效益流量。

b. 投入物和产出物中涉及外汇的，需用影子汇率代替财务分析采用的国家外汇牌价。

c. 对项目的外部效果尽可能货币量化计算。

（2）具体调整方法。

① 调整直接效益流量。项目的直接效益大多为营业收入。选择适当的方法确定产出物影子价格，用影子价格计算营业收入，编制营业收入调整估算表。

出口产品用影子汇率计算外汇价值。

② 调整建设投资。

a. 将建设投资中价差预备费从费用流量中剔除。

b. 建设投资中的劳动力按影子工资计算费用，或者不调整。

c. 有进口用汇的应按影子汇率换算并剔除作为转移支付的进口关税和进口环节增值税。

d. 国内费用中的增值税按照供求关系调整。

e. 土地费用按土地的影子价格调整。

f. 其他投入可根据情况决定是否调整。

③ 调整经营费用。

a. 对需要采用影子价格的投入物，用影子价格重新计算。

b. 对一般投资项目，人工工资可不予调整，即取影子工资换算系数为 1。

c. 人工工资用外币计算的，应按影子汇率调整。

d. 对经营费用中的除原材料和燃料动力费用之外的其余费用，通常可不予直接调整。

④ 调整流动资金。财务分析中流动资金是采用扩大指标法估算的，国民经济评价中计算基数调整为以影子价格计算的营业收入或经营费用，再乘以相应的系数估算。

财务分析中流动资金是按分项详细估算法估算的，要用影子价格重新分项估算。将流动资产和流动负债中包括的现金、应收账款和应付账款等剔除。

⑤ 回收资产余值一般不作调整。

⑥ 识别间接效益和间接费用。

本章小结

(1) 国民经济评价是按合理配置资源的原则，采用社会折现率、影子汇率、影子工资和货物影子价格等国民经济评价参数，从项目对社会经济所做贡献以及社会为项目付出代价的角度，考察项目的经济合理性。

(2) 项目国民经济效益分析，是按照资源合理配置的原则，从国家整体角度考察项目的效益和费用，用货物影子价格、影子工资、影子汇率和社会折现率等经济参数，分析、计算项目对国民经济的净贡献，评价项目的经济合理性。

(3) 影子价格是依据国民经济评价的定价原则测定，反映项目的投入物和产出物真实经济价值，反映市场供求关系、资源稀缺程度及资源合理配置的要求。

(4) 项目投资经济费用效益流量表，综合反映项目计算期内各年的按项目投资口径计算的各项经济效益与费用流量及净效益流量。

练　习　题

一、单选题

1. 进行国民经济评价时采用的价格体系是（　　）。

A. 市场价格　　B. 计划价格　　C. 影子价格　　D. 调拨价格

2. 外贸货物的影子价格是以实际可能发生的（　　）为基础确定的。

A. 市场价格　　B. 口岸价格　　C. 不变价格　　D. 计划价格

3. 销售税金在国民经济评价中属于（　　）。

A. 直接费用　　B. 财务费用　　C. 转移支付　　D. 间接费用

4. 以下不属于国民经济评价的参数是（　　）。

A. 行业基准收益率　　B. 影子汇率

C. 社会贴现率　　D. 影子工资换算系数

5. 在国民经济评价中，以下不属于转移支付的是（　　）。

A. 税金　　B. 国内银行借款利息

C. 政府补贴　　D. 国外银行借款利息

6. 工程项目的经济效益主要由工程项目建设的（　　）体现。

A. 投资前时期　　B. 投资时间　　C. 生产时期　　D. 工程项目设计时期

7. 国民经济评价中涉及外汇与人民币之间的换算均应采用（　　）。

A. 影子汇率　　B. 外贸货物的影子价格

C. 非外贸货物的影子价格　　D. 基本汇率

8. 社会折现率表示从国家角度对资金（　　）和资金的时间价值的估量。

A. 机会成本　　B. 利用率　　C. 占用率　　D. 投资回报率

9. 非外贸货物影子价格应用国民经济的（　　）和供应关系来确定。

A. 影子价格　　B. 计划价格　　C. 不变价格　　D. 实际价值

10. 在财务评价中工资作为成本的构成内容，属于项目的费用支出，在国民经济评价中应采用（　　）计量劳动力的劳务费用。

A. 名义工资　　B. 影子工资　　C. 社会平均工资　　D. 社会效益

11. 国家发展改革委和住建部根据我国劳动力的状况、结构及就业水平等确定一般建设项目的影子工资换算系数为（　　）。

A. 1.0　　B. 1.2　　C. 1.5　　D. 0.8

12. 国民经济分析中所用的社会折现率就是资金的（　　）利率。

A. 名义　　B. 实际　　C. 官方　　D. 影子

13. 以下属于特殊投入物的是（　　）。

A. 固定资产投资　　B. 流动资金　　C. 技术　　D. 劳动力和土地

14. 在国民经济评价中，影子工资作为劳务费用计入（　　）。

A. 经营成本　　B. 管理费用　　C. 财务费用　　D. 其他费用

15. 以下不属于国民经济评价中盈利能力分析指标的是（　　）。

A. 经济内部收益率　　B. 经济净现值

C. 经济净现值率　　D. 经济换汇成本

16. 国民经济评价中，在计算项目的经济净现值时用的折现率为（　　）。

A. 经济内部收益率　　B. 社会折现率

C. 基准收益率　　D. 行业折现率

17. 项目的经济评价，主要包括财务评价和国民经济评价，两者考察问题的角度不同，国民经济评价是从（　　）角度考察项目的经济效果和社会效果。

A. 投资项目　　B. 企业　　C. 国家　　D. 地方

18. 当财务评价与国民经济评价的结论不一致时，应以（　　）的结论为决策依据。

A. 国民经济评价　　B. 财务评价　　C. 社会评价　　D. 综合评价

19. 从国家和整个社会的角度出发，系统地、全面地分析和评价工程项目的方法是（　　）。

A. 成本-收入法　　B. 费用-收益法

C. 成本-效益法　　D. 费用-效益法

20. 下列关于项目国民经济评价的表述错误的是（　　）。

A. 国民经济评价采用费用-效益分析法

B. 国民经济评价结论不可行的项目，一般应予以否定

C. 国民经济评价应从资源优化配置的角度考虑

D. 国民经济评价应同时进行盈利能力分析与清偿能力分析

21. 下列关于经济费用效益分析与财务分析两者区别的表述中，错误的是（　　）。

A. 经济费用效益分析使用影子价格，财务分析使用的预测的财务价格

B. 经济费用效益分析只进行盈利性分析，财务分析既要进行盈利能力分析，也要进行偿债能力分析

C. 经济费用效益分析必须在财务分析的基础上进行，财务分析可以独立进行

D. 经济费用效益分析要评价项目的经济合理性，财务分析要评价项目的财务可行性

22. 影子价格是进行项目（　　）专用的计算价格。

A. 资源分析　　B. 财务分析　　C. 国民经济分析　　D. 风险分析

23. 在经济分析中，下列支出中不作为费用的是（　　）。

A. 所得税　　B. 原材料费　　C. 工资　　D. 管理费

24. 在国民经济评价中，反映项目对国民经济净贡献的相对指标是（　　）。

A. 经济净现值　　B. 经济内部收益率

C. 社会折现率　　D. 投资收益值

二、多选题

1. 以下参数中属于国民经济评价参数的有（　　）。

A. 官方汇率　　B. 行业基准收益率　　C. 影子汇率

D. 影子工资　　E. 社会折现率

2. 下列关于经济分析基本方法的叙述中，正确的有（　　）。

A. 经济分析采用费用效益分析法，寻求以最小的投入获取最大产出

B. 经济分析采取“有无对比”方法识别项目的效益和费用

C. 经济分析采取固定市场价格体系估算各项效益与费用

D. 经济分析遵循效益与费用的计算范围对应一致的基本原则

E. 经济费用效益分析采用费用效益流量分析法，采用内部收益率、净现值、投资回收期等经济盈利性指标进行定量的经济效益分析

3. 在国民经济评价中，哪些选项既不能作为项目的费用，也非费用，只是国民经济各部门之间的转移支付（　　）。

A. 税金　　B. 国内银行借款利息　　C. 国外银行借款利息

D. 政府补贴　　E. 经营成本

4. 下列项目中，一般需要进行经济分析的是（　　）。

A. 国家参与投资的大型项目

B. 涉及国家安全的项目

C. 利用国际金融组织和外国政府贷款，需要政府主权信用担保的建设项目

D. 市场定价的竞争性项目

E. 私人投资项目

5. 经济效益与费用识别的基本要求包括（　　）。

A. 对经济效益与费用进行全面识别

B. 使用效益与费用比较的理论方法

C. 遵循“有无对比”的原则

D. 合理确定经济效益与费用识别的时间跨度

E. 正确处理“转移支付”

6. 下列各项中，作为项目经济分析的间接效益的有（　　）。

A. 邮电通信项目提供的邮电服务满足社会需求的效益

B. 运输项目提供运输满足人流、物流需要，节约时间的效益

C. 城市地下铁道的建设，使得地铁沿线附近的房地产升值的效益

D. 教育项目使人力资本增加的效益

E. 项目使用劳动力，使非技术劳动力经训练而转变为技术劳动力的效益

7. 经济分析与财务分析的相同之处表现在（　　）。

A. 都使用效益与费用比较的理论方法

B. 都遵循效益与费用识别的“有无对比”原则

C. 都根据资金时间价值原理，动态分析，计算内部收益率和净现值等指标

D. 分析角度相同

E. 项目效益与费用含义相同

8.经济费用效益分析与财务分析的区别是（　　）。

A. 经济费用效益分析更关注从利益群体各方的角度来分析项目，与国民经济评价和财务评价出发点不完全一样

B. 经济费用效益分析只考虑间接的费用和效益，不考虑直接的费用和效益

C. 经济费用效益分析使用市场价格体系

D. 经济费用效益分析通常只有清偿能力分析

E. 经济费用效益分析的理论基础是新古典经济学有关资源优化配置的理论

9.影子价格依据经济分析的定价原则测定，正确反映（　　）。

A. 市场供求关系　　B. 资源合理配置要求

C. 资源稀缺程度　　D. 国家宏观调控原则

E. 项目的投入物与产出物真实经济价值

10. 目前由政府调控价格的主要产品及服务有（　　）。

A. 水泥　　B. 铁路运输　　C. 汽车

D. 电力　　E. 钢材

11.我国尚有少部分产品或服务是由政府调控价格。政府调控价格包括（　　）。

A. 政府定价　　B. 政府指导价　　C. 最高限价

D. 最低限价　　E. 市场价

12.影子汇率对项目的影响有（　　）。

A. 对于主要产出物为外贸货物的建设项目，外汇的影子价格高低直接影响项目收益价值的高低

B. 影子汇率换算系数越高，外汇的影子价格越高，项目越易获得通过

C. 影子汇率换算系数越高，产品是外贸货物的项目的经济效益越好

D. 影子汇率换算系数越低，产品是外贸货物的项目的经济效益越好

E. 影子汇率的高低，会影响进口技术、设备、原料等的影子价格

13.关于影子价格陈述正确的是（　　）。

A. 反映在项目的产出上是一种消费者“支付意愿”

B. 反映在投入物上是指其“机会成本”

C. 一般要分外贸货物与非外贸货物来分别测算其影子价格

D. 劳动力的影子价格是指使别的项目放弃劳动力的边际产出

E. 外贸货物一般用国家规定的进出口指导价作为其影子价格

14.下列关于社会折现率的表述正确的是（　　）。

A. 社会折现率是国民经济评价中的专用参数

B. 我国目前的社会折现率取值为8%

C. 国家需要扩大投资规模时，可降低社会折现率

D. 社会折现率较低，不利于初始投资大而后期费用节省的方案

E. 社会折现率的测定应综合分析国民经济运行过程中的各类因素

15.项目经济费用效益分析应编制的报表有（　　）。

A. 项目投资经济费用效益流量表

B. 项目资本金经济费用效益流量表

C. 经济费用效益分析投资费用估算调整表

D. 国内借款偿还计划表

E. 利润与利润分配表

第十章 项目费用效果分析

本章学习目标：

（1）熟悉项目费用效果的相关概念与应用范围；

（2）了解费用效果分析的程序与方法；

（3）了解成本效用分析的计算；

（4）熟练应用费用效果分析的指标与方法。

第一节 项目费用效果分析概述

一、费用效果的概念与应用范围

1. 费用效果分析的基本概念

费用效果分析，也称成本效果分析，有着广义和狭义之分。广义的费用效果分析是指通过比较所达到的效果与所付出的耗费，分析判断所付出的代价是否值得。广义费用效果分析并不刻意强调采用何种计量方式，它是项目经济评价的基本原理。狭义的费用效果分析则专指费用采用货币计量，效果采用非货币计量的经济效果分析的方法。项目评价中一般采用狭义的概念。

采用费用效果分析的主要目的是为了向决策者提供方案优劣的定量信息，在达到既定目标的前提下，将花费的项目费用减少到最低限度，或在项目费用既定的前提下，使项目的效果达到最大。

如果某公益性项目的无形效果能够用单一的指标来衡量其大小，就可采用效果费用分析法。它是一种避免标价的方法，计算指标一般可用 $[E/C]$ 表示，即：

$$[E/C]=效果/费用 \tag{10-1}$$

2. 费用效果分析的应用范围

费用效果分析作为一种方法，它既可以用于财务分析，采用财务费用流量计算，也可以应用于经济分析，采用经济费用流量计算。若用于财务分析，主要在项目各个环节的方案比选、项目总体方案的初步筛选上进行采用；若用于经济分析，除了可以用于方案对比、筛选外，还可以用于评价项目主体的效益难以货币化的项目，如文化、教育、医疗、国防、公安、绿化等一些公共项目，采用费用效果分析的方法来取代费用效益分析，并作为经济分析的最终结论。

二、费用效益分析与费用效果分析的异同

费用效益分析的优点是单位统一、认可度高，结果易于被人们接受。在市场经济中，货

币是最为统一和被认可的参照物，在不同产出物（效果）的叠加计算中，各种产出物的价格往往是市场认可的公平权重。总收入、净现金流量等是效果的货币化表达。财务盈利能力、偿债能力分析必须采用费用效益分析方法。在项目经济分析中，当项目效果或其中主要部分易于货币化时，站在社会公众立场上所做的经济评价分析必须采用费用效益分析方法。

费用效果分析直接是用非货币化的效果指标与费用进行比较，方法相对简单，回避了效果定价的难题，最适用于效果难于货币化的领域。在项目经济费用效益分析中，当涉及代内公平（发达程度不同的地区、不同收入阶层等）和代际公平（当代人福利和未来人福利）等问题时，对效益的价值判断将十分复杂和困难。环境的价值、生态的价值、生命和健康的价值、自然和人类文化遗产等等，往往很难定价，而且采用不同的测算方法得出的结果也可能有数十倍的差距。勉强定价往往引起争议，降低评价的可信度。此外，在可行性研究的不同技术经济环节，如场址选择、工艺比较、设备选型、总图设计、环境保护、安全措施等等，无论进行财务分析，还是进行经济费用效益分析，都很难直接与项目最终的货币效益直接挂钩测算。在这些情况下，都适宜采用费用效果分析。

费用效果分析与费用效益分析评价的基本原则是相同的，即最大限度地节约稀缺资源，最大程度地提高经济效果。

第二节　费用效果分析的程序与方法

一、费用效果分析的要求与应用条件

1. 费用效果分析的要求

费用效果分析是将效果与费用采取不同的度量方法、度量单位和指标，即在采用货币度量费用的同时，采用某种非货币指标度量效果。

对单一方案的项目，由于费用与效果采取不同的度量单位和指标，不易直接评价其合理性。所以，采用费用效果分析应遵循多方案比选原则，通过对各种方案的费用和效果进行比较，选择最好或较好的方案。

2. 备选方案应具备的条件

费用效果分析只能比较不同方案的优劣，不能像费用效益分析一样，保证所选方案的效果大于费用，因此应遵循多方案比选的原则，使所分析的项目满足下列条件：

（1）备选方案不少于两个，且为互斥方案或可转换为互斥型的方案；

（2）备选方案应具有共同的目标，且满足最低效果的要求；

（3）备选方案的费用要求能够采用货币量化，且资金用量不突破预算限额；

（4）备选方案的效果应采用同一非货币单位计量。如果有多个效果，可通过加权的方法处理成单一的综合指标；

（5）备选方案应具有可比的计算期。

二、费用效果分析的基本程序

费用效果分析的基本程序如下：

（1）确定项目欲达到的目标。费用效果分析就是要确定一个最优方案来完成项目目标；

(2) 制定各种可行方案。根据项目目标探索不同的实现途径，构建比选方案；

(3) 建立各方案达到规定要求的度量指标，典型的这类指标有：功能、效率、可靠性、安全性、可维护性、可供应性等；

(4) 对项目方案的效果和费用进行识别与计量；

(5) 根据费用效果分析计算方法，综合比较、分析各个方案优点、缺点，从而推荐出最佳方案。采用的方法可以是固定效果法、固定费用法及费用效果比较法；

(6) 对分析的可靠性进行审查，分析各方面其他情况，最后做出决策。

三、费用效果分析的度量指标

1. 项目费用的度量

费用效果分析中的费用是指为实现项目预定目标所付出的财务代价或经济代价，采用货币计量。费用的投入主要包括两部分：

(1) 投资成本（C）。

$$C=C_f-C_p \tag{10-2}$$

式中 C_f——拟建公益性项目的等额年值投资成本；

C_p——用等额年值表示目前正在使用的设施余值。

(2) 运营成本（M）。

$$M=M_f-M_p \tag{10-3}$$

式中 M_f——拟建公益性项目的未来的年运营费；

M_p——目前正在使用的设施的运营费。

2. 项目效果的度量

项目的效果是指项目的结果所起的作用、效应或效能，使项目目标要实现的程度，一个项目可以选用一个或几个效果指标，其计算公式如式(10-4)。

$$B=U_p-U_f+I \tag{10-4}$$

式中 B——新项目带来的社会效果；

U_p——社会公众使用目前设施的年总成本；

U_f——相同的社会公众使用新设施后的年总成本；

I——投资主体取得的收益。

度量公益性项目的效益可以按照以下步骤进行：

(1) 估计每年将有多少人使用新建的设施；

(2) 假设这些人现在正使用旧设施，但新设施一旦建成，人们将肯定使用新设施；

(3) 估计人们使用旧设施的成本；

(4) 估计同样的人们使用新设施的成本；

(5) 计算人们使用新、旧设施的成本之差，确定公众享受到的好处。

3. 费用效果分析指标

费用效果分析可采用效果费用比为基本指标，其计算公式如式(10-5)。

$$R_{E/C}=\frac{E}{C} \tag{10-5}$$

式中 $R_{E/C}$——效果费用比；

E——项目效果；

C——项目用现值或年值表示的计算期费用。

费用应包含从项目投资开始到项目终结的整个期间内所发生的全部费用，可按费用现值（PC）或费用年值（AC）公式进行计算。

有时为方便或习惯起见，也可采用费用效果比指标，按式(10-6) 计算。

$$R_{C/E}=\frac{C}{E} \tag{10-6}$$

【例 10-1】 某病毒性流感免疫接种计划可使每 8 万个接种者中 5 人免于死亡，1 人在注射疫苗时有致命反映。该计划每人接种费用为 4 元，但因此可以不动用医院的病患救护车，每 8 万人可节省费用 4 万元。试用费用效果分析法决定是否应实施该计划?

解：净保健效果（E）：避免 5 人死亡减去造成 1 人死亡，即避免 4 人死亡。

费用(C)＝4×80000－40000＝280000(元)

效果/费用(E/C)＝4 人死亡/280000＝1 例死亡/70000(元)

结论：若社会认可用 70000 元代价去挽救一个生命时，则该计划可以实施。

【例 10-2】 设有一条公路，每年车祸造成 10 人死亡，现打算拓宽路面，扩建一个车道。扩建后可减少一半车祸，扩建投资 180 万元，使用期 30 年，设利率为 7%，路面保养费每年为投资的 3%，试评价拓宽路面的计划是否值得实施。

解：净保健效果（E）：避免 10/2＝5 人死亡，E＝10/2＝5（人）；

年成本费用(C)＝180×(A/P,7%,30)＋180×3%＝19.9(万元)

效果/费用(E/C)＝5/19.9＝1/3.98(人/万元)

结论：若政府认为每年用 3.98 万元的代价去挽救一个生命是值得的，则该扩建项目可以实施。

四、费用效果分析的方法

费用效果分析的判断准则为费用一定时效果最大，或效果一定时费用最小的方案为最佳方案。常用的分析方法有固定效果法、固定费用法及费用效果比较法三种。

1. 固定效果法

固定效果法，也称最小费用法，当项目目标是明确固定的，也即效果相同的条件下，选择能够达到效果的各种可能方案中费用最小的方案。这种满足固定效果寻求费用最小方案的方法称为固定效果法，也称最小费用法。例如优化一个满足特定标准的健身设施项目，比如一所健身房，其设施要达到的标准和可以放置的健身器材数事先确定下来，可以采用固定效果法。

【例 10-3】 某企业为了改进设备，需要进口起重机械设备 1 台，欲从英国三家该种机械设备公司进口，甲公司的这种起重机械设备的性能经测评各项指标的数值是适用性为 3，可靠性为 1，安全性为 2；乙公司这种机械设备的各项指标是适用性为 2，可靠性为 3，安全性为 1；丙公司这种机械设备的各项指标是适用性为 3，可靠性为 2，安全性为 1。适用性、可靠性和安全性的权重分别是 1/3：1/3：1/3。三家公司机械设备的费用分别为 70 万元、80 万元和 60 万元。三家公司该如何取舍?

解：各项指标的权重都相同，所以，三家公司这种机械设备的效果均相同。利用固定效果法判断：在效果一定的情况下，费用最少的一个为最优方案。因为丙公司的这种机械设备费用为 60 万元，小于甲、乙公司的这种机械设备的费用 70 万元和 80 万元，因此，应选择进口英国丙公司的起重机械设备。

【例 10-4】 某地区是洪水多发地，每年都有洪水灾害发生，并每隔几年就有一场较大的水灾。为了减轻水灾的威胁，政府决定修建一座水坝。但是修建水坝的位置不同，抵御洪水的效果不同，修建水坝的费用也不同。水坝该修建在什么位置？不同位置修建水坝的效果、费用数据见表 10-1。

表 10-1 不同位置修建水坝效果与费用数据

水坝位置	修建费用/万元	效果
A点	200	0.96
B点	140	0.87
C点	130	0.87
D点	145	0.93

解：采用固定效果法，水坝修建在B点和修建在C点效果相同，都是0.87，修建在C点的费用低于修建在B点的费用，所以淘汰修建在B点的方案；剩下修建在A点、C点还是D点，利用效果费用指标判断。

$$\frac{E}{C_{\text{A点}}}=\frac{0.96}{200}=0.0048$$

$$\frac{E}{C_{\text{C点}}}=\frac{0.87}{130}=0.0067$$

$$\frac{E}{C_{\text{D点}}}=\frac{0.93}{145}=0.0064$$

根据计算结果可以看出，水坝修建在河流C点的效果好于修建在河流的A点和D点，故选择将水坝修建在河流的C点。

2. 固定费用法

固定费用法，指将项目的费用固定，追求效果最大化的方法，也称最大效果法。例如用于某一贫困地区扶贫的资金通常是事先固定的，扶贫效用最大化是通常要追求的目标，也就是采用固定费用法。

【例 10-5】 某小区的物业公司为提高服务质量，提出了免费帮业主家照顾宠物、免费帮助照顾放学后的儿童、为小区业主提供免费室外篮球场、在小区内建设室内健身房四个方案。服务效果指标为群众满意度，四个方案的费用及推广的满意度见表 10-2。

表 10-2 物业公司提高服务质量方案费用及满意度表

方案	费用/万元	群众满意度
1. 照看宠物	1.2	0.86
2. 照顾放学儿童	1.2	0.95
3. 建设室外篮球场	1.4	0.88
4. 建设室内健身房	1.4	0.86

解：采用固定费用法，方案1、2费用相同，方案2的满意度高于方案1，所以淘汰方案1；方案3、4费用相同，方案3满意度高于方案4，所以淘汰方案4。剩下方案2、3，利用效果费用指标判断。

$$\frac{E}{C_{方案2}}=\frac{0.95}{1.2}=0.79$$

$$\frac{E}{C_{方案3}}=\frac{0.88}{1.4}=0.63$$

根据计算结果可以看出，单位投资方案 2 的效果高于方案 3，故选择方案 2。

3. 费用效果比较法

费用效果比较法，也称增量分析法，当备选方案效果和费用均不固定，且分别具有较大幅度的差别时，应比较两个备选方案之间的费用差额和效果差额，分析获得增量效果所花费的增量费用是否值得，不可盲目选择效果费用比大的方案或者费用效果比小的方案。

采用增量分析法时，需事先确定基准指标，例如 $[E/C]_0$ 或 $[C/E]_0$（也称截止指标）。如果增量效果超过增量费用，即 $\Delta E/\Delta C \geqslant [E/C]_0$ 或 $\Delta C/\Delta E \leqslant [C/E]_0$ 时可以选择费用高的方案，否则选择费用低的方案。

如果项目有两个以上的备选方案进行增量分析，应按以下步骤进行优选。

（1）将方案费用由小到大排列。

（2）从费用最小的两个方案开始比较，通过增量分析选择优胜方案。

（3）将优胜方案与紧邻的下一个方案进行增量分析，并选出新的优胜方案。

（4）重复第三步，直至最后一个方案，最终被选定的优势方案为最优方案。

【例 10-6】 某地区政府拟实行一个 3 年免疫接种计划项目，减少群众的死亡率。设计了 A、B、C 三个备选方案，效果为减少死亡人数，费用为方案实施的全部费用，三个方案实施期和效果预测期相同。拟通过费用效果比的计算，在政府财力许可情况下，决定采用何种方案。根据以往经验，设定基准指标 $[C/E]_0$ 为 400，即每减少死亡一人需要花费 400 元的疫苗费用。预测的免疫接种项目三个方案的费用和效果现值及其费用效果比见表 10-3。

表 10-3　方案费用效果比计算表

项目	A 方案	B 方案	C 方案
费用/万元	7400	8800	7200
效果/万元	22.5	26.5	17.5
费用效果比	329	332	411

解： C 方案的费用效果比明显高于基准值 400，不符合备选方案的条件，应予以放弃。A、B 两个方案费用效果比都低于基准值，符合备选方案的条件。计算 A、B 两个互斥方案的增量费用效果比：

$$\Delta C/\Delta E=\frac{8800-7400}{26.5-22.5}=350(元/人)$$

通过上述计算结果得出，A、B 两个方案的费用效果比都低于设定的基准值 400，计算的增量费用效果比的比值也低于基准值 400，说明两个方案均可行，并且费用高的 B 方案优于 A 方案，在政府经济条件允许的情况下可选择 B 方案，如果政府有资金限制，也可以选择 A 方案。

第三节 成本效用分析

一、成本效用分析的基本原理

成本效用分析是指把成本同工程项目的效用进行对比。效用主要是包括效能、质量、使用价值、效益等，这些标准通常无法用数量来衡量，且不具有可比性，所以评价效用的标准很难用绝对值进行表示。为了便于衡量，一般采用移动率、利用率、保养率和可靠程度等相对值来表示。

成本效用高低，是通过成本-效用量的公式来衡量的，它反映了单位效用量所支付的成本代价。对建设项目特别是公益性项目进行评价时，往往要采用多个指标来全面衡量项目的效果，这些指标既有定性的又有定量的，在定量的指标中有越大越好的，也有越小越好的，又有各种计量单位，对这类问题则可采用成本效用分析方法。

成本效用分析的评价指标一般可用 $[U/C]$ 来表示，即

$$[U/C]=\text{效用}/\text{成本} \tag{10-7}$$

其判断准则为，当不同投资方案的成本相等时，应以效用量高的方案为优；当不同投资方案的效用量相等时，应以成本低的方案为优；当效用提高而成本也加大时，应选择增效的单位追加成本低的方案。

二、效用系数的计算方法

1. 成本效用分析的基本程序

成本效用分析的基本程序如下。

(1) 对项目作系统分析。

(2) 计算成本。

(3) 构建指标体系。

(4) 确定评价体系。

(5) 定性指标的定量化。

(6) 计算效用系数（无量纲和同趋势化处理）。

(7) 确定指标权重。

(8) 计算 $[U/C]$。

2. 效用系数的确定

(1) 当指标要求越大越好时，其效用系数如式(10-8)。

$$U_j=(X_j-X_{j\min})/(X_{j\max}-X_{j\min}) \tag{10-8}$$

式中 U_j——效用系数；

X_j——第 j 个评价指标；

$X_{j\min}$——预先确定的第 j 个指标的最低值（不允许再小的值）；

$X_{j\max}$——预先而定的第 j 个指标的最大值；

j——评价指标的数目，$j=1,2,\cdots$。

(2) 当指标要求越小越好时，其效用系数如式(10-9)。

$$U_j=(X_{j\max}-X_j)/(X_{j\max}-X_{j\min}) \tag{10-9}$$

【例 10-7】　某水坝有四个方案可供选择，它们的有关数据如表 10-4 所示，已知年出现水灾的概率越小越好，其最大值为 0.2，最小值为 0.01；通航可能性为越大越好的指标，其最大值为 10，最小值为 0；娱乐指标也为越大越好，最大值为 275000，最小值为零，试选择最优方案。

表 10-4　相关方案指标值表

方案	费用现值	效果指标		
		出现水灾概率/年 权重 50%	通航可能性(0～10) 权重 30%	娱乐指标(人·日/年) 权重 20%
A	1.0	0.3	—	—
B	2.5	0.1	5	100000
C	3.7	0.06	7	150000
D	5.5	0.01	10	275000

解： A 方案中出现水灾的概率要大于事先规定的最大值，所以淘汰。

B 方案：

出现水灾概率的效应系数 $U_j=\dfrac{X_{j\max}-X_j}{X_{j\max}-X_{j\min}}=\dfrac{0.2-0.1}{0.2-0.01}=0.53$

通航可能性效用系数 $U_j=\dfrac{X_j-X_{j\min}}{X_{j\max}-X_{j\min}}=\dfrac{5-0}{10-0}=0.5$

娱乐效用系数 $U_j=\dfrac{X_j-X_{j\min}}{X_{j\max}-X_{j\min}}=\dfrac{100000-0}{275000-0}=0.36$

综合效用系数为 $U=0.53\times0.5+0.5\times0.3+0.36\times0.2=0.49$

$$[U/C]=\frac{0.49}{2.5}=0.196$$

C 方案：

出现水灾概率的效应系数 $U_j=\dfrac{X_{j\max}-X_j}{X_{j\max}-X_{j\min}}=\dfrac{0.2-0.06}{0.2-0.01}=0.74$

通航可能性效用系数 $U_j=\dfrac{X_j-X_{j\min}}{X_{j\max}-X_{j\min}}=\dfrac{7-0}{10-0}=0.7$

娱乐效用系数 $U_j=\dfrac{X_j-X_{j\min}}{X_{j\max}-X_{j\min}}=\dfrac{150000-0}{275000-0}=0.55$

综合效用系数为 $U=0.74\times0.5+0.7\times0.3+0.55\times0.2=0.69$

$$[U/C]=\frac{0.69}{3.7}=0.186$$

D 方案：

出现水灾概率的效应系数 $U_j=\dfrac{X_{j\max}-X_j}{X_{j\max}-X_{j\min}}=\dfrac{0.2-0.01}{0.2-0.01}=1$

通航可能性效用系数 $U_j=\dfrac{X_j-X_{j\min}}{X_{j\max}-X_{j\min}}=\dfrac{10-0}{10-0}=1$

娱乐效用系数 $U_j=\dfrac{X_j-X_{j\min}}{X_{j\max}-X_{j\min}}=\dfrac{275000-0}{275000-0}=1$

综合效用系数为$U=1\times0.5+1\times0.3+1\times0.2=1$

$$[U/C]=\frac{1}{5.5}=0.182$$

从综合评价的结果来看，应该选方案B。

本章小结

（1）广义的费用效果分析指通过比较所达到的效果与所付出的耗费，分析判断所付出的代价是否值得。它是项目经济评价的基本原理。狭义的费用效果分析专指费用采用货币计量，效果采用非货币计量的分析方法。而效果和耗费均用货币计量的称为费用效益分析。

（2）费用效益分析与费用效果分析的区别：费用效益分析的优点是简洁、明了、结果透明，易于被人们接受；费用效果分析回避了效果定价的难题，直接用非货币化的效果指标与费用进行比较，方法相对简单，最适用于效果难以货币化的领域。

（3）费用效果分析的应用范围：费用效果分析既可以用于财务分析，采用财务费用流量计算，也可以应用于经济分析，采用经济费用流量计算。

（4）费用效果分析的基本指标：$R_{E/C}=\frac{E}{C}$。其中，$R_{E/C}$是效果费用比；E是项目效果；C是项目的计算期费用，用现值或年值表示。也可采用费用效果比指标：$R_{C/E}=\frac{C}{E}$。

（5）费用效果分析的方法：固定效果法；固定费用法；费用效果比较法。

练　习　题

一、简答题

1.费用效果分析的含义是什么？

2.费用效果分析与费用效益分析的异同有哪些？

3.费用效果分析的方法有哪些？

4.在进行费用效果分析时应遵循哪些原则？

二、多选题

1. 下列关于费用效果分析适用方案的说法，正确的是（　　）。

A.备选方案应大于等于两个，且必须为互斥型方案或可转换为互斥型方案

B.备选方案应具有共同的目标，且满足最低效果的要求

C.备选方案的费用要求能够采用货币量化，且资金用量无预算限额

D.备选方案的效果需采用同一非货币单位计量

2. 下列分析方法中，可应用于费用效果分析的是（　　）。

A.固定效果法　　B.固定费用法　　C.增量分析法　　D.影响法

三、计算题

1.某社区为迎接新年，投票选择居民活动项目，分别选出了接力长跑、社区乒乓球赛、社区羽毛球赛、社区亲子游戏四项活动。活动的效果指标为群众的投票率。四项活动的费用及群众的投票率见表10-5，该社区应该选择哪个项目？

表10-5　社区活动方案费用及投票率表

活动名称	费用/万元	投票率	活动名称	费用/万元	投票率
接力长跑	1	0.63	社区羽毛球赛	1.1	0.87
社区乒乓球赛	1	0.87	社区亲子游戏	1.3	0.93

2. 某工厂面临优化机械设备的问题，有三种方案可以实施，利润情况是项目的效果指标。方案一是新增设备4台，费用是40万元，效果是0.119万元；方案2是淘汰原有设备直接换为其他型号，费用是70万元，效果是0.21万元；方案3是将原有设备用进口新型同种类机械设备替换，扩大生产规模，费用是120万元，效果是0.27万元。设定基准值为400，则此工厂应该如何选择？

3. 某城市拟对新建道路规划绿化带，现有黑松、红松、垂柳以及银针杨四个品种可供选择。已知四种树木单位面积栽种成本分别为350元、370元、370元及390元，而四种树木单位种植面积每天可吸收二氧化碳量分别为0.39kg、0.38kg、0.39kg、0.40kg，设定基准指标 $[C/E]_0$ 为1000，请对上述树种进行对比选用。

4. 某上市公司拟在年底发放员工福利，现有储值购物卡、华为手机、东南亚5日游三种方案可供选择，三种方案对应成本分别为4000元、4400元、4300元。根据此前进行的员工调查问卷显示，公司员工对三种方案的支持率分别为93.85%、95.71%、94.8%。设定基准指标 $[C/E]_0$ 为4500，请对上述方案进行对比选用。

第十一章　工程项目的可行性研究

本章学习目标：

（1）熟悉可行性研究的概念与作用、基本程序；

（2）了解可行性研究报告编制的依据和内容；

（3）了解市场调查的方法和市场预测中定性分析的方法；

（4）掌握市场预测中移动平均法、一次指数平滑法及一元线性回归预测法。

第一节　可行性研究的概述

可行性研究是在投资项目拟建之前，通过对与项目有关的市场、资源、工程技术、经济和社会等方面的问题进行全面综合的分析、论证和评价，从而确定项目是否可行或选择最佳实施方案的工作。可行性研究是项目投资前期阶段中的一项重要工作，是研究和控制的重点。通过项目的可行性研究，可以避免和减少项目投资决策的失误、强化投资决策的科学性和客观性，提高项目的综合效益。

可行性研究是建设项目前期工作的重要内容，是建设项目投资决策的重要依据。政府投资项目必须进行可行性研究，按照要求编制和报批可行性研究报告，其内容和深度参照国家相关规定。其他投资项目应参照行业、地区、国家或国际组织有关规定或规范，根据项目性质及建设地点等具体情况编制。可行性研究的成果是可行性研究报告。

一、可行性研究的含义

可行性研究（feasibility study），是指在调查的基础上，运用多种科学手段，通过市场分析、技术分析、财务分析和国民经济分析，对各种投资项目建设的必要性，技术上的先进性、适用性与经济上的合理性、盈利性，进行技术经济论证的综合科学。

可行性研究的基本任务是对建设项目的主要问题从技术经济角度进行全面的分析研究，并对其建成后的经济效果进行预测，在既定的范围内进行方案论证和选择，以便最合理地利用资源，达到预定的社会效益和经济效益。

可行性研究必须从系统总体出发，对技术、经济、财务、商业以至环境保护、法律等多个方面进行分析和论证，以确定建设项目是否可行，为正确进行投资决策提供科学依据。项目的可行性研究是对多因素、多目标系统进行不断的分析研究、评价和决策的过程。它需要各领域的专业人才合作才能完成，不仅可应用于建设项目，还可应用于科学技术和工业发展的各个阶段和各个方面。

国外开展可行性研究工作较早。1902 年，美国为了改善河道，根据河港法要求，对水域资源工程项目进行评价。20 世纪 30 年代，美国在开发田纳西河流域时就把可行性研究列入开发程序，成为项目开发的重要阶段，在促使项目最终开发顺利进行、提高项目投资效益和优化项目开发方案过程中发挥了重要作用。第二次世界大战后，西方工业发达国家普遍将这一方法应用到各个领域，同时也使其不断地充实和完善，逐步形成了一整套较系统的科学研究方法。此后，经过数十年的发展，伴随着电子计算机的发展和普及，可行性研究已经渗透到许多领域，成为世界各国项目投资决策前期的重要工作内容。

可行性研究自诞生以来，大致经历了四个发展阶段。

第一阶段是从 20 世纪初到 50 年代初期，西方国家主要采用可行性研究进行项目的财务评价，从微观的角度即主要从企业立场出发，通过对项目收入和支出的比较来判断项目的优劣，此时可行性研究的本质就是简单的财务评价。但随着社会的发展，简单的财务评价已不能满足社会、政府和企业对项目投资决策的多元化需求，它不能对公用事业项目给国家及社会带来的经济效益问题进行有效的评价和分析。法国工程师让尔·杜比在 1844 年发表《公共工程效用的评价》一文，针对财务分析方法不能正确评价公共事业项目对整个社会的经济效益问题，提出了“消费者剩余”的思想。这种思想引起了英国经济学家 A. 马歇尔的兴趣，他从多方面研究，正式提出了“消费者剩余”概念。随后，这种思想发展成社会净收益的概念，成为现在费用-效益分析的基础，构成可行性研究的雏形，强调政府在进行公共工程项目投资时，要从整个社会角度衡量投资的得失。

第二阶段是从 20 世纪 50 年代初到 60 年代末期，在费用-效益分析被普遍认同后，可行性研究逐渐从侧重微观财务分析发展到同时从微观和宏观两个角度评价项目的经济效果。1950 年在美国发表《内河流域项目经济分析的实用办法》一文中规定了研究效益、费用比率的原则、程序、评价项目效益与国民生产总值之间的关系。随后，诺贝尔经济学奖获得者荷兰计量经济学家丁伯根于 1958 年首次提出影子价格，对完善经济分析理论起到了重要作用。20 世纪 60 年代，美国实行《规划计划预算制度》（PPBS）要求政府机关对各项计划方案都要从费用-效益的角度来审查其是否合理。1968 年，牛津大学著名福利经济学家 I. 利特尔和经济数学家 J. 米尔理斯联合为经济合作和发展组织编写了《发展中国家工业项目分析手册》，该书中的方法被称为 L-M 法。此后，世界银行和联合工业发展组织都在其贷款项目评价中使用财务分析和经济分析两种方法。

第三阶段是 20 世纪 60 年代末期到 80 年代，社会分析这一新方法被提出，把可行性研究及项目评价的水平又提高到了一个新的高度。社会分析是以国民福利最大化为目标，被认为是最理想的项目评价方法。1972 年联合国工业发展组织委托伦敦经济学教授 P. 达斯戈普塔和哈佛大学教授 S. 玛尔果林等编写了《项目评价准则》一书，该书所使用的方法被称为 UNIDO 法，也称传统法。UNIDO 法与 L-M 法分别代表了当今项目评价中的两个主要派别在经济分析中价格问题上的两种处理方法。1975 年世界银行研究人员 L. 斯光尔和 H. 万德塔克，共同发表了重要著作《项目的经济分析》，该书中的方法被称作 S-V-T 法或 S/T 法，该书对影子价格的计算和社会分析中的权重都进行了详细的推导。该书认为，项目评价的程序是先进行财务分析，然后进行经济分析，再进行社会分析，财务分析是项目决策的依据。S-V-T 法和 L-M 法在主要问题上的观点是一致的。1978 年，为了向发展中国家提供一个提高投资建议质量的工具，为发展中国家的工业项目可行性研究的标准化作出贡献，联合国工业发展组织编著了《工业可行性研究编制手册》，该书 1991 年又出版最新修订及增补版。书中正式规定了可行性研究的主要内容和计算方法。至此，可行性研究理论框架初步形成，并成为世界各国订立可行性分析标准的基础。各国根据《工业可行性研究编制手册》中的方法对建设项目进行可行性研究和应用。同时，国际性金融机构如国际货币基金组织、世界银行、国际开发协会和国际金融公司等都把可行性研究作为申请贷款的必要条件，各国要获得国际金融机构的贷款必须提交可行性研究报告，否则将无法获得国际银行的资助，这种做法也使各国在新建、改建、扩建项目中大都进行可行性研究，在此过程中，可行性研究得到了推广普及。

第四阶段是从20世纪80年代以来，可行性研究理论逐步向各专业领域渗透，与各专业理论进行交叉和融合，可行性研究在基础理论、方法和应用方面得到了更为广泛的发展。各国专家和学者在项目投资领域中对预测、风险、评价等方面进行了较有成效的研究，这些丰硕的成果为可行性研究发展提供了理论基础和应用案例。

我国进行可行性研究起步比较晚。改革开放以后，西方可行性研究的概念和方法逐渐引进，国家有关部门和高等院校多次举办学习、培训活动，培养了一批骨干。同时国家经济建设主管部门对一些重大建设项目多次组织专家进行可行性分析和论证。此后的20多年，我国主要沿用苏联的技术经济论证方法来进行项目的可行性分析。我国从20世纪80年代初大量出现外商企业，开始重视项目可行性研究，从只允许有资格的机构发展到现在投资人自己或一些政府机构以及很多的中介机构都可以编制可行性研究报告。我国工业项目可行性研究编制的主流模式主要参照1978年联合国工业发展组织的《工业可行性研究编制手册》。国家计委于1981年正式下文并明确规定“把可行性研究作为建设前期工作中一个重要技术论证阶段，纳入基本建设程序”之后，中国投资银行编写了《工业贷款项目评估手册》，并于1984年正式开始实施。国家计委（1983）编写了《关于建设项目进行可行性研究的试行管理办法》，规定大中型工业交通项目、重大技术改造项目、利用外资项目、技术和设备引进的项目都必须进行可行性研究。并对可行性研究的原则、编制程序、编制内容、审查办法等做了详细规定。在这之后，国家计委又于1987年、1993年颁布了《建设项目经济评价方法与参数》第一版、第二版，为规范工程项目的可行性研究和科学决策工程项目投资提供了指导原则。

进入21世纪以后，国家发展计划委员会在2001年9月委托中国国际工程咨询公司编写《投资项目可行性研究指南》，为我国新世纪各类投资项目的可行性研究指明了方向。为了进一步贯彻落实《投资项目可行性研究指南》的各项内容，国内专家又共同编著了全面系统的投资项目决策工作业务指导书——《投资项目可行性研究方法与案例应用手册》。2004年《国务院关于投资体制改革的决定》指出，为体现投资自主权，对于企业不使用政府投资建设的项目，一律不再实行审批制，区别不同情况实行核准制和备案制。凡《政府核准的投资项目目录》中规定“由国务院投资主管部门核准”的项目，由国务院主管部门会同行业主管部门核准，其中重要项目报国务院核准；《政府核准的投资项目目录》中规定“由地方政府投资主管部门核准”的项目，由地方政府投资主管部门会同同级行业主管部门核准。其中，政府仅对重大项目和限制类项目从维护社会公共利益角度进行核准，其他项目无论规模大小，均实行备案制。对企业投资建设实行核准的项目，仅需向政府提交项目申请报告，不再经过批准项目建议书、可行性研究报告和开工报告等程序。对于企业使用政府补助、转贷、贴息投资建设的项目，政府只审批资金申请报告。2006年，按照国家投资体制改革的总体要求，国家发改委会同建设部对《建设项目经济评价方法与参数》第二版进行了修订，颁布了《建设项目经济评价方法与参数》第三版。

二、可行性研究的类型

根据建设项目的用途，目前我国可行性研究主要分为以下类型：城市基础设施项目可行性研究、房地产项目可行性研究、公共建筑项目可行性研究、公路项目可行性研究、港口项目可行性研究、民航机场项目可行性研究、城市轨道交通项目可行性研究、铁路项目可行性研究、水利水电项目可行性研究、农业综合开发项目可行性研究、种植业项目可行性研究、畜牧养殖业及畜产品加工业项目可行性研究、一般工业项目可行性研究等。下面对房地产项目可行性研究作简要阐述。

房地产开发项目是以房地产作为项目产品，通过购买土地、建筑设计、施工建设等行为，向社会提供特殊商品并获取期望收益的一次性活动。房地产开发商为了确保货币资本投入某一项目后，获得预期的投资收益，同样需要进行房地产项目的可行性研究。房地产项目可行性研究具有以下特点：一是房地产项目对投资环境具有较强的敏感性，可行性研究必须对项目的性质、特点、规模、合作伙伴等受投资环境的影响程度做出分析和判断；二是房地产投资一般需要的资金量大、投资回收周期长，因此，投资风险相对较大；三是房地产项目的开发与社会经济发展密切联系，必须服从城市整体规划和以社会经济发展的大环境作为背景，可行性研究必须分析社会经济和社会生活的总体趋势，并考虑其他如基础设施、土地获取和环境保护等的影响；四是房地产开发项目以经济效益为主，在经济效益中又以财务效益为主。

三、可行性研究的作用

可行性研究目的是通过运用科学的方法对拟进行的工程项目进行全面的、综合的技术经济分析，解决项目在技术上是否可行，经济上是否有生命力，财务上是否有利可图，需要多少投资，资金来源能否保证，建设周期多长，需要多少物力、人力资源等问题，进而判断该项目“行”还是“不行”；建设，还是放弃。一项好的可行性研究，还要探讨从各种具有实际意义的可能方案中遴选出最佳方案，以提高项目投资决策的水平，提高项目的投资经济效益。

具体来说，项目的可行性研究具有以下作用。

(1) 可行性研究是投资决策的基本依据。可行性研究对项目进行深入细致的研究，有助于决策者认识和分析工程建设项目的各个影响因素，从而为项目决策提供科学、可靠的信息，有助于分析和认识这些因素，并依据分析论证的结果提出可靠的或合理的建议，从而为项目的决策提供强有力的依据。同时，通过可行性研究可以构造和分析多种投资方案，决策者据此可以了解投资活动所涉及的各方面问题，并在此基础上进行比较与选择，降低投资风险，提高投资效益。

(2) 可行性研究是向银行等金融机构和社会筹集资金的依据。一个项目能否获得融资，其依据不仅是融资主体本身的资产、信用及效益情况，还要考察项目本身，这个项目是否能按期足额归还贷款本息。金融机构只有在对融资项目的可行性研究报告进行全面细致的分析评价之后，才能确认是否给予贷款。例如，世界银行等国际金融组织都把项目的可行性研究报告作为项目申请贷款的先决条件。在我国，众多银行进行大额贷款时，一般也要审查项目的可行性研究报告。

(3) 可行性研究是编制科研试验计划和新技术、新设备需用计划以及大型专用设备生产与安排的依据。项目拟采用的重大新技术、新设备必须经过周密慎重的技术经济论证，确认可行后，才能据此拟定研究和制造计划、进行施工组织和进度安排。

（4）可行性研究是签订有关合同、协议的依据。项目的可行性研究是项目投资者与其他单位进行谈判，签订供水、供电、供气、运输、通讯、原材料、燃料等供应协议的重要依据。

（5）可行性研究为项目工程建设提供基础资料。建设项目的可行性研究报告，是项目工程建设的重要基础资料。项目建设过程中的任何技术性和经济性更改，都可以在原可行性研究报告的基础上通过认真分析得出项目经济效益指标变动程度的信息。

（6）可行性研究是项目机构设置、职工培训、生产组织的依据。根据批准的可行性研究报告，进行与建设项目有关的生产组织工作，包括设置组织机构、进行职工培训、合理地组织生产等工作安排。

（7）可行性研究是环保部门审查项目环境影响的依据，也是向项目所在地政府和规划部门申请建设执照的依据。一方面，可行性研究报告是工程建设项目的审批依据；另一方面，较大的项目在进行投资时，一般都需要向项目所在地政府有关部门，如规划部门、环保部门、土地管理部门、建设管理部门等申请各种许可，可行性研究报告是向政府有关部门申请许可的重要材料。

（8）可行性研究是项目进行后评价的依据。工程建设项目的后评价是在工程项目建成竣工验收并运行一段时间以后，对该项目决策、实施和运营，以及项目的产出效益、发挥的作用和产生的影响所做的系统客观的分析总结。后评价的主要作用之一是检验项目预期投资目标的实现程度，故可行性研究报告就是项目后评价的重要依据。

第二节 可行性研究报告的编制

一、工程项目可行性研究的基本要求

可行性研究作为项目的一个重要阶段，不仅起细化项目目标承上启下的作用，而且其研究报告是项目决策的重要依据。只有正确的、符合实际的可行性研究，才可能有正确的决策，具体要求有。

（1）大量调查研究。以第一手资料为依据，客观地反映和分析问题，不应带任何主观观点和其他意图，可行性研究的科学性常常是由调查的深度和广度决定的。项目的可行性研究应从市场、法律和技术经济的角度来论证项目可行或不可行，而不是对已决定上马的项目，找一些依据证明决定的正确性。

（2）可行性研究应详细、全面，定性和定量分析相结合。用数据说话，多用图、表表示分析依据和结果，可行性研究报告应透彻明了。常用的方法有：数学方法、运筹学方法、经济统计和技术经济分析方法等。

（3）多方案比较。无论是项目的构思，还是市场战略、产品方案、项目规模、技术措施、场（厂）址的选择、时间安排、筹资方案等，都要进行多方案比较。对构想的各种方案，进行精心的研究论证，按照既定目标对备选方案进行评估，以选择经济合理的方案。

（4）要加强风险分析。在可行性研究中，许多考虑是基于对将来情况的预测基础上的，

而预测结果中包含着很大的不确定性，例如项目的产品市场、项目的环境条件，投资者的技术、经济、财务等各方面都存在风险，所以要加强风险分析。

（5）可行性研究的结果作为项目的一个中间研究和决策文件，在项目立项后应作为设计和计划的依据，在项目后评价中又作为项目实施成果评价的依据。可行性研究报告经上级审查、评价、批准、项目立项，这是项目生命周期中最关键的一步。可行性研究报告应在以下方面达到使用要求。

① 可行性研究报告应能充分反映项目可行性研究工作的成果，内容齐全，结论明确，数据准确，论据充分，满足决策者确定方案和项目决策的要求。

② 可行性研究报告中选用主要设备的规格、参数应能满足订货的要求，引进技术设备的资料应能满足合同谈判的要求。

③ 可行性研究报告中的重大技术、经济方案，应有两个以上方案的比选。

④ 可行性研究报告中确定的主要工程技术数据，应能满足项目初步设计的要求。

⑤ 可行性研究报告中构造的融资方案，应能满足银行等金融部门信贷决策的需要。

⑥ 可行性研究报告中应有可行性研究过程中出现的某些方案的重大分歧及未被采纳的理由，以供委托单位或投资者权衡利弊进行决策。

⑦ 可行性研究报告应附有评估、决策（审批）所必需的合同、协议、意向书、政府批复文件等。

二、可行性研究的阶段

投资项目要经历三个时期：投资前期（建设前期或规划期）、投资期（建设期或实施期）、生产期。投资前期是决定项目效果的关键时期，是研究的重点。投资前期可分为四个阶段：投资机会研究、初步可行性研究（又称为预可行性研究）、可行性研究（又称为详细可行性研究）、评估和投资决策。

1. 投资机会研究

该阶段的主要任务是对可能的投资机会或工程设想进行鉴定，以确定投资方向，即在一定的区域内，以自然资源和市场的调查预测为基础，寻找最有利的投资机会。机会研究比较粗略，主要依靠笼统的估计而不是依靠详细的分析。该阶段投资估算的精确度为（实际投资的）±30%，所需费用占投资总额的0.2%～1.0%。如果机会研究证明投资项目是可行的，就可以进行下一阶段的研究。一般投资机会研究需要时间较短。

2. 初步可行性研究

初步可行性研究，又称选择阶段。在进行详细可行性研究之前，要进行初步可行性研究。它与可行性研究内容基本相同，是在投资机会研究的基础上，进一步对项目建设的可能性与潜在的效益进行论证分析，它们只是在深度和精度上有所区别。初步可行性研究阶段投资估算的精确度可达±20%，所需费用占投资总额的0.25%～1.5%。一般初步可行性研究大约需要1～3个月的时间。

3. 详细可行性研究

详细可行性研究是初步可行性研究的深化和提高，它的好坏直接影响项目决策的成败。在决策前对与项目有关的工程、技术、经济、环境、政策等方面的情况做详尽、系统、全面的调查研究与分析，对各种可能的建设方案和技术方案进行充分的比较论证，对项目完成后的经济效益、国民经济效益和社会效益进行预测和评价，是项目评估和决策的依据。这一阶段要求投资估算的精确度在±10%。小型项目进行详细可行性研究所需费用约占总投资的1%～3%，大型复杂的工程进行详细可行性研究所需费用占总投资的0.8%～1.0%。一般详细可行性研究需要3～6个月或更长时间。

4. 评估和投资决策

评估和投资决策，又称决定阶段。在可行性研究的基础上，由第三方根据政策、法规、条例、方法和参数等因素，从项目的国民经济、社会影响的角度出发，对项目的必要性、条件、市场、技术、环境、效益等进行全面评价，判断其是否可行，审查可行性研究报告的可靠性、真实性和客观性，为审批项目提供决策依据，对项目在技术上、经济上进行综合评价，决定项目的取舍。在这部分工作中，还要考虑到一些不能量化而只能定性说明的因素。这一阶段要求估算精度达到±10%，一般评估和投资决策需要时间为1～3个月或更长时间。

三、可行性研究的依据

可行性研究报告的编制一般依据以下文件和资料进行。

1. 项目建议书及其批复文件

项目建议书是在投资决策前对工程建设项目的总体设想，主要论证项目建设的必要性，并对项目的可行性进行初步分析论证，提出项目建设的建议，因此，项目建议书是项目可行性研究报告编制的主要依据。项目建议书必须经过有关部门的批准才能生效，一般基础性和公益性项目的建议书需要经国家主管部门同意，并列入建设前期的工作计划后，方可开展项目的可行性研究工作。可行性研究确定的规模和标准原则上不应突破批复的项目建议书提出的指标。

2. 国家和地方国民经济和社会发展规划

国家和地方国民经济和社会发展规划是一个时期国民经济发展的纲领性文件，对项目建设具有指导作用，并为项目的建设提供了依据。另外，行业或部门发展规划同样可作为项目建设可行性研究的依据，如江河流域开发治理规划、铁路公路路网规划、电力电网规划、土地利用规划、城市规划等。

3. 项目业主、投资人的决定与委托合同要求

按照我国现行投资体制，企业的投资主体地位已经确立，绝大多数的投资项目都是由企业自主决策的，企业的决策层做出的进行项目可行性研究的决定是开展可行性研究工作的依据。自行进行可行性研究的项目业主单位编制可行性研究报告的依据是本单位的有关决定，而受托进行项目可行性研究的组织开展此项工作并编制可行性研究报告的依据是可行性研究委托合同。

4. 有关技术规范、标准、定额和经济评价方法

技术规范、标准是工程建设项目在技术方案制定时应考虑或遵守的规则，有些规范为“强制性规范”，必须严格遵守。例如预算定额，是工程建设项目进行投资估算和方案技术经济比较的依据，国家发改委和建设部颁布的《建设项目经济评价方法与参数》（第三版）是项目经济评价的基本依据。

5. 项目的基础资料

基础资料是进行可行性研究报告编制的基础，是进行项目位置（厂址）选择、工程设计、技术经济分析等的依据。基础资料的内容视建设项目的性质而定，一般包括项目所在区域的自然、地理、水文、气象、地质、社会等方面的情况。有些基础资料需通过专业机构现场勘探或从有关行业部门获得，如地形图的测绘、地质情况勘测等。

6. 国家有关法律、法规和政策

国家有关法律法规是应严格遵守的制度，可行性研究报告编制人员必须认真解读并了解相关规定，使项目的建设不违背国家的有关规定，如税收制度、环境保护的法律与政策、国家产业发展的指导性政策文件等。

四、工程项目可行性研究的步骤

可行性研究的基本工作步骤大致可以概括为以下几个阶段。

1. 签订委托协议

可行性研究编制单位与委托单位，应就项目可行性研究工作的范围、内容、重点、深度要求、完成时间、经费预算和质量要求交换意见，并签订委托协议，据此开展可行性研究各阶段的工作。具备条件和能力的单位也可以在机构内部委托职能部门开展可行性研究工作。

2. 组建工作小组

根据委托项目可行性研究的范围、内容、技术难度、工作量、时间要求等组建项目可行性研究工作小组。一般工业项目和交通运输项目可分为市场组、工艺技术组、设备组、工程组、总图运输及公用工程组、环保组、技术经济组等专业组，各专业组的工作一般应由项目负责人统筹协调。

3. 制定工作计划

工作计划的内容包括各项研究工作开展的步骤、方式、进度安排、人员配备、工作保证条件、工作质量评定标准和费用预算，并与委托单位交换意见。

4. 市场调查与预测

市场调查的范围包括地区及国内外市场、有关企事业单位和行业主管部门等，主要搜集项目建设、生产运营等各方面所必需的信息资料和数据。市场预测主要是利用市场调查所获得的信息资料，对项目产品未来市场供应和需求信息进行定性与定量分析。

5. 方案研制与优化

在调查研究、搜集资料的基础上，针对项目的建设规模、产品规格、厂址、工艺、设备、总图运输、原材料供应、环境保护、公用工程和辅助工程、组织机构设置、实施进度等，提出备选方案。进行方案论证、比选、优化后，提出推荐方案。

6. 项目评价

对推荐方案进行财务评价、国民经济评价、环境评价及风险分析等，以判别项目的财务、环境可行性，经济合理性和抗风险能力。当有关评价指标结论不足以支持项目方案成立时，应重新构想方案或对原设计方案进行调整，有时甚至完全否定该项目。

7. 编写并提交可行性研究报告

项目可行性研究各专业方案，经过技术经济论证和优化之后，由各专业组分工编写，经项目负责人衔接协调综合汇总，提出可行性研究报告初稿。与委托单位交换意见，修改完善后，向委托方提交正式的可行性研究报告。

五、可行性研究报告的内容

项目可行性研究的内容，因项目的性质不同、行业特点而异。可行性研究的重点是研究论证项目建设的可行性，必要时还需进一步论证项目建设的必要性。项目的可行性研究，其内容主要包括以下几个方面。

（1）项目建设的必要性。从两个层次进行分析，一是结合项目功能定位，分析拟建项目对实现企业自身发展，满足社会需求，促进国家、地区经济和社会发展等方面的必要性；二是从国民经济和社会发展角度，分析拟建项目是否符合合理配置和有效利用资源的要求，是否符合区域规划、行业发展规划、城市规划的要求，是否符合国家产业政策和技术政策的要求，是否符合保护环境、安全生产、可持续发展、社会稳定的要求等。

（2）市场与竞争力分析。调查、分析和预测拟建项目产品（或服务）和主要投入物的国际、国内市场的供需状况和销售价格；研究确定产品的目标市场；在竞争力分析的基础上，预测可能占有的市场份额，研究产品的营销策略，提出市场风险。

（3）建设方案。主要包括产品方案与建设规模，工艺技术和主要设备方案，场（厂）址，主要原材料、辅助材料、燃料供应，总图运输和土建方案，公用工程，节能、节水措施，环境保护治理措施方案，安全、职业卫生措施和消防设施方案，项目的组织机构与人力资源配置等，对政府投资项目还应包括招标方案和代建制方案等，提出技术、装备、环境、安全等相关风险。

（4）投资估算与融资方案。在确定项目建设方案工程量的基础上估算项目的风险建设投资，分别估算建筑工程费、设备及工器具购置费、安装工程费、工程建设其他费用、基本预备费、价差预备费，还要估算建设期利息和流动资金。在投资估算确定融资的基础上，研究分析项目的融资主体，资金来源的渠道和方式，资金结构及融资重要的成本、融资风险等。结合融资方案的财务分析，比较、选择和确定融资方案。

（5）财务分析（也称财务评价）与经济分析（也称国民经济评价）。按规定科目详细估算营业收入和成本费用，预测现金流量，编制现金流量表等财务报表，计算相关指标，进行财务盈利能力、偿债能力分析以及财务生存能力分析，评价项目的财务可行性。对于财务现金流量不能全面、真实地反映其经济价值的项目，应进行经济分析。从社会经济资源有效配置的角度，识别与估算项目产生的直接和间接的经济费用与效益，编制经济费用效益流量表，计算有关评价指标，分析项目建设对社会经济所做出的贡献以及项目所耗费的社会资源，评价项目的经济合理性。对于非营利性项目以及基础设施、服务性工程等，主要分析投资效果以及财务可持续性分析，提出项目持续运行的条件。

（6）经济影响分析。对于行业、区域经济及宏观经济影响较大的项目，还应从行业影响、区域经济发展、产业布局及结构调整、区域财政收支、收入分配以及是否可能导致垄断等角度进行分析。对于涉及国家经济安全的项目，还应从产业技术安全、资源供应安全、资本控制安全、产业成长安全、市场环境安全等角度进行分析。

（7）资源利用分析。对于高耗能、耗水、大量消耗自然资源的项目，如石油天然气开采、石油加工、发电等项目，应分析能源、水资源和自然资源利用效率；一般项目也应进行节能、节水、节地、节材分析；所有项目都要提出降低资源消耗的措施。

（8）土地利用及移民搬迁安置方案分析。对于新增建设用地的项目，应分析项目用地情况，提出节约用地措施。涉及搬迁和移民的项目，还应分析搬迁方案和移民安置方案的合理性，该部分内容还涉及社会稳定风险分析与评估。

（9）社会评价或社会影响分析。对于涉及社会公共利益的项目，要在社会调查的基础上，分析拟建项目的社会影响，分析主要利益相关者的需求，对项目的支持和接受程度，分析项目的社会风险，提出需要防范和解决社会问题的方案。

（10）风险分析。对项目主要风险因素进行识别，采用定性和定量分析方法估计风险程度，研究提出防范和降低风险的对策措施。

项目的环境影响评价、安全预评价和节能评估是由环境影响评价机构，安全预评价、节能评估机构具体执行的，是与项目可行性研究工作并行的重要工作。可行性研究报告中项目建设方案里提出的环境保护治理和保障建设和运行安全以及节能的措施与方案应充分体现环评、安评和能评的具体要求。

（11）研究结论与建议。推荐方案总体描述；推荐方案优缺点描述；主要对比方案；结论与建议。

第三节 市场调查的方法

市场调查是市场预测的基础，是工程项目可行性研究的起点。市场调查是运用适当的方法，有目的、系统地搜集整理市场信息资料，以分析市场的客观实际情况。

1. 观察法

观察法是市场调查研究的最基本的方法。它是由调查人员根据调查研究的对象，利用眼睛、耳朵等感官以直接观察的方式对其进行考察并搜集资料。

2. 实验法

实验法由调查人员跟进调查的要求，用实验的方式，将调查的对象控制在特定的环境条件下，对其进行观察以获得相应的信息。

3. 访问法

访问法可以分为结构式访问、无结构式访问和集体访问。结构式访问是利用事先设计好的、有一定结构的访问问卷进行访问。调查人员要按照事先设计好的调查表或访问提纲进行访问，要以相同的提问方式和记录方式进行访问。提问的语气和态度也要尽可能地保持一致。无结构式访问的没有统一问卷，由调查人员与被访问者自由交谈的访问。它可以根据调查的内容，进行广泛的交流。集体访问是通过集体座谈的方式听取被访问者的想法，收集信息资料。

4. 问卷法

问卷法是通过设计调查问卷，让被调查者填写调查表的方式获得所调查对象的信息。在调查中将调查的资料设计成问卷后，让被调查对象将自己的意见或答案，填入问卷中。一般实地调查中，以问卷法采用最广泛。

第四节 市场预测的方法

一、概述

市场预测是在市场调查的基础上，通过对市场调查资料的分析研究，运用科学的方法和手段推测市场未来的前景。市场预测主要有定性和定量预测两大类。

二、定性预测方法

定性预测法也称经验判断法。主要是利用市场调查得到的各种信息，根据预测者个人的知识、经验和主观判断，对市场的未来发展趋势做出估计和判断。这种方法的优点是时间短，费用省，简单易行，能综合多种因素。缺点是主观随意性较大，预测结果不够准确。常用的定性预测方法有综合意见法、专家会议法和德尔菲法。

1. 综合意见法

综合意见预测法又称集合判断预测法，是指对某个预测问题先由有关的专业人员做出预测，然后综合全体成员所提供的预测信息做出最终的预测结论。许多预测问题只凭预测者个人的知识和经验进行预测往往具有局限性，而综合意见法则能集思广益，克服个人预测的局限性，有利于提高预测的质量。

2. 专家会议法

专家会议法也称专家座谈法，是指对预测对象由知识和经验较丰富的人员组成专家小组进行座谈、讨论，互相启发、集思广益，最终形成预测结果的方法。具体组织形式有以下几种。

（1）头脑风暴法。也称非交锋式会议。会议不带任何限制条件，鼓励与会专家独立、任意地发表意见，没有批评或评论，以激发灵感，产生创造性思维。

（2）交锋式会议法。与会专家围绕一个主题，各自发表意见，并进行充分讨论，最后达成共识，取得比较一致的预测结论。

（3）混合式会议法。也称质疑头脑风暴法，是对头脑风暴法的改进。它将会议分为两个阶段，第一阶段是非交锋式会议，产生各种思路和预测方案；第二阶段是交锋式会议，对上一阶段提出的各种设想进行质疑和讨论，也可提出新的设想，相互不断启发，最后取得一致的预测结论。

专家会议有助于专家们交换意见，通过互相启发，可以弥补个人意见的不足；通过内外信息的交流与反馈，产生“思维共振”，进而将产生的创造性思维活动集中于预测对象，在较短时间内得到富有成效的创造性成果，为决策提供预测依据。但是，专家会议也有不足之处，如有时心理因素影响较大，易屈服于权威或大多数人意见，易受劝说性意见的影响，不愿意轻易改变自己已经发表过的意见等。

3. 德尔菲法

德尔菲法也称专家调查法，其本质上是一种反馈匿名函询法，其大致流程是在对所要预测的问题征得专家的意见之后，进行整理、归纳、统计，再匿名反馈给各专家，再次征求意见，再集中，再反馈，直至得到一致的意见。

德尔菲法是在 20 世纪 40 年代由赫尔默（Helmer）和戈登（Gordon）首创，1946 年，美国兰德公司为避免集体讨论存在的屈从于权威或盲目服从多数的缺陷，首次用这种方法进行定性预测，后来该方法被迅速广泛采用。

德尔菲法的具体实施步骤。

（1）组成专家小组。按照预测题目所需要的知识范围，确定专家。专家人数的多少，可根据预测题目的大小和涉及面的宽窄而定，一般不超过 20 人。

（2）向所有专家提出所要预测的问题及有关要求，并附上有关这个问题的所有背景材料，同时请专家提出还需要什么材料。然后，由专家做书面答复。

(3) 各个专家根据他们所收到的材料，提出自己的预测意见，并说明自己是怎样利用这些材料并提出预测值的。

(4) 将各位专家第一次判断意见汇总，列成图表，进行对比，再分发给各位专家，让专家比较自己同他人的不同意见，修改自己的意见和判断。也可以把各位专家的意见加以整理，或请身份更高的其他专家加以评论，然后把这些意见再分送给各位专家，以便他们参考后修改自己的意见。

(5) 将所有专家的修改意见收集起来，汇总，再次分发给各位专家，以便做第二次修改。逐轮收集意见并为专家反馈信息是德尔菲法的主要环节。收集意见和信息反馈一般要经过三、四轮。在向专家进行反馈的时候，只给出各种意见，但并不说明发表各种意见的专家的具体姓名。这一过程重复进行，直到每一个专家不再改变自己的意见为止。

(6) 对专家的意见进行综合处理。德尔菲法的优点主要是简便易行，具有一定科学性和实用性，可以避免会议讨论时产生的害怕权威、随声附和，或固执己见，或因顾虑情面不愿与他人意见冲突等弊病；同时也可以使大家发表的意见较快收敛，参加者也易接受结论，具有一定程度综合意见的客观性。德尔菲法的主要缺点是过程比较复杂，花费时间较长。德尔菲法应用从最初的科技领域，后来逐渐拓展到军事预测、人口预测、医疗保健预测、经营和需求预测、教育预测等领域。此外，还可用来进行评价、决策、管理沟通和规划工作。

三、定量预测方法

定量预测方法是运用数学工具对事物规律进行定量描述，预测其发展趋势的方法。下面介绍几种主要的定量预测方法。

(一) 移动平均法

移动平均法是用分段逐点推移的平均方法对时间序列数据进行处理，找出预测对象的历史变动规律，并据此建立预测模型的一种时间序列预测方法。

1. 一次移动平均值的计算

实际的观测对象时间序列数据为 $y_t(t=1,2,3,\cdots)$，设 $M_t^{[1]}$ 为观测数据一次预测值，则一次移动平均值的计算公式为：

$$M_t^{[1]}=\frac{1}{n}(y_t+y_{t-1}+\cdots y_{t-n+1}) \tag{11-1}$$

式中 $M_t^{[1]}$——第 t 周期的一次移动平均值；

n——计算移动平均值所取的数据个数。

采用移动平均法进行预测，用来求平均数的时期数 n 的选择非常重要，这也是移动平均的难点。事实上，不同 n 的选择对所计算的平均数影响较大。n 值越小，表明对近期观测值预测的作用越重视，预测值对数据变化的反应速度也越快，但预测的修匀程度较低，估计值的精度也可能降低；反之，n 值越大，预测值的修匀程度越高，但对数据变化的反应程度较慢。因此，n 值的选择无法二者兼顾，应视具体情况而定。

不存在一个确定的时期 n 值的规则。n 一般在 3～200 之间，视序列长度和预测目标情况而定。一般情况下，如果数据历史序列的基本发展趋势变化不大，则 n 应取大一点；对于具有趋势性或阶跃型特点的数据，为提高预测值对数据变化的反应速度，减少预测误差，n 值取较小一些；如果预测目标的趋势正在不断发生变化，则应选小一点，以使移动平均值更能反映目前的发展变化趋势。如果数据始终围绕一条水平线上下波动，则 n 值的选取较为随意。

【例 11-1】 某品牌电视机 2019 年 7～12 月销量如表 11-1 所示，请用一次移动平均法预测 2020 年 1 月销售量。(n=3)

表 11-1 某品牌电视机销售量

序号	月份	实际销售量/万台
1	7 月	30
2	8 月	31
3	9 月	32
4	10 月	36
5	11 月	43
6	12 月	47

解：

$$M_3^{[1]}=\frac{1}{3}(30+31+32)=31(\text{万台})$$

$$M_4^{[1]}=\frac{1}{3}(31+32+36)=33(\text{万台})$$

$$M_5^{[1]}=\frac{1}{3}(32+36+43)=37(\text{万台})$$

$$M_6^{[1]}=\frac{1}{3}(36+43+47)=42(\text{万台})$$

则该品牌电视机 2020 年 1 月的销售数量为 42 万台。

2. 二次移动平均值的计算

二次移动平均值要在一次移动平均值序列的基础上进行，计算公式为：

$$M_t^{[2]}=\frac{1}{n}\left(y_t^{[1]}+y_{t-1}^{[1]}+\cdots+y_{t-n+1}^{[1]}\right) \tag{11-2}$$

式中 $M_t^{[2]}$——第 t 周期的二次移动平均值，其他符号同前。

【例 11-2】 根据表 11-1 中的数据，取 n=3，计算二次移动平均值。

解：

$$M_5^{[2]}=\frac{1}{3}(31+33+37)=33.67(\text{万台})$$

$$M_6^{[2]}=\frac{1}{3}(33+37+42)=37.33(\text{万台})$$

3. 利用一次、二次移动平均值序列作预测

预测模型为：

$$\hat{y}_{t+T}=a_t+b_t\cdot T \tag{11-3}$$

其中

$$a_t=2M_t^{[1]}-M_t^{[2]}$$

$$b_t=\frac{1}{n-1}(M_t^{[1]}-M_t^{[2]})$$

式中 T——由目前到预测周期的周期间隔数；

$\hat{y}_{t+T}$——第 $t+T$ 周期的预测值；

a_t——线性预测模型的截距；

b_t——线性预测模型的斜率，即每周期预测值的变化量，其他符号同前。

【例 11-3】 根据表 11-1 中的数据建立预测方程，预测 2020 年 1 月该品牌电视机的销售数量。

解： 通过以上计算得到

$$M_6^{[1]}=\frac{1}{3}(36+43+47)=42(\text{万台})$$

$$M_6^{[2]}=\frac{1}{3}(33+37+42)=37.33(\text{万台})$$

$$a_6=2M_6^{[1]}-M_6^{[2]}=2\times42-37.33=46.67$$

$$b_6=\frac{1}{n-1}(M_6^{[1]}-M_6^{[2]})=\frac{1}{3-1}\times(42-37.33)=2.335$$

预测 2020 年 1 月的销售量

$$y=46.67+2.335\times1=49.005(\text{万台})$$

（二）指数平滑法

指数平滑法又称指数加权平均法，实际是加权移动平均法的一种变化，它是选取各时期权重数值为递减指数数列的均值方法。指数平滑法解决了移动平均法需要 n 个观测值和不考虑 $t-n$ 前时期数据的缺点，通过某种平均方式，消除历史统计序列中的随机波动，找出其中主要的发展趋势。

1. 指数平滑法公式

根据平滑次数的不同，指数平滑有一次指数平滑、二次指数平滑、三次指数平滑和高次指数平滑。

对时间序列 $x_1,x_2,x_3,\dots,x_t$，一次平滑指数公式为：

$$F_t=\alpha x_t+(1-\alpha)F_{t-1} \tag{11-4}$$

其中，α 是平滑系数，$0<\alpha<1$；x_t 是历史数据序列 x 在 t 时的观测值；F_t 和 F_{t-1} 是 t 时和 $t-1$ 时的平滑值。

一次指数平滑法（single exponential smoothing）又称简单指数平滑，是一种较为灵活的时间序列预测方法，这种方法在计算预测值时对于历史数据的观测值给予不同的权重。这种方法与移动平均法相似，都能够提供简单适时的预测。两者之间的区别在于简单指数平滑法对先前预测结果的误差进行了修正。

一次指数平滑法适用于市场观测呈水平波动，无明显上升或下降趋势情况下的预测，它以本期指数平滑值作为下期的预测值，预测模型为：

$$x'_{t+1}=F_t \tag{11-5}$$

亦即：

$$x'_{t+1}=\alpha x_t+(1-\alpha)x'_t \tag{11-6}$$

2. 平滑系数 α

平滑系数 α 实际上是前一预测值（或观测值）和当前预测值（或观测值）之间的权重。当 α 接近于 1 时，新的预测值对前一个预测值的误差进行了较大的修正；当 $\alpha=1$ 时，$F_{t+1}=x_t$，即 t 期平滑值就等于 t 期预测值；而当 α 接近于 0 时，新预测值只包含较小的误差修正因素；当 $\alpha=0$ 时，$F_{t+1}=F_t$，即本期预测值就等于上期预测值。研究表明，大的 α 值导致较小的平滑效果，而较小的 α 值会产生客观的平滑效果。因此，在简单指数平滑方法的应用过程中，α 值对预测结果所产生的影响不亚于移动平均法中 n 的影响。

一般情况下，观测值呈较稳定的水平发展，α 值取 0.1～0.3 之间；观测值波动较大时，α 值取 0.3～0.5 之间；观测值波动很大时，α 值取 0.5～0.8 之间。

3. 初始值 F_0 的确定

从指数平滑法的计算公式可以看出，指数平滑法是一个迭代计算过程，用该法进行预测，首先必须确定初始值 F_0，实质上它应该是序列起点 $t=0$ 以前所有历史数据的加权平均值。由于经过多期平滑，特别是观测期较长时，F_0 的影响作用就相当小，故在预测实践中，一般采用这样的方法处理：当时间序列期数在 20 个以上时，初始值对预测结果的影响很小，可用第一期的观测值代替，即 $F_0=x_1$；当时间序列期数在 20 个以下时，初始值对预测结果有一定的影响，可取前 3～5 个观测值的平均值代替，如：$F_0=(x_1+x_2+x_3)/3$。

【例 11-4】 某企业上一年 1～12 月用电消耗量如表 11-2 所示。请用一次指数平滑法预测明年 1 月电力需求量。($\alpha=0.5$)

表 11-2 某企业电力消耗表

月份	月消耗量/(10^4kW·h)	月份	月消耗量/(10^4kW·h)
1	35.55	7	69.91
2	45.90	8	70.52
3	52.67	9	72.34
4	56.89	10	75.82
5	58.44	11	79.78
6	63.67	12	80.45

解：首先计算初始平滑值：

$F_0=(x_1+x_2+x_3)/3=(35.55+45.90+52.67)/3=44.71\times10^4(\text{kW}\cdot\text{h})$

由一次指数平滑法的计算公式可得：

$F_1=\alpha x_1+(1-\alpha)F_0=0.5\times35.55+(1-0.5)\times44.71=40.13\times10^4(\text{kW}\cdot\text{h})$

$F_2=\alpha x_2+(1-\alpha)F_1=0.5\times45.90+(1-0.5)\times40.13=43.02\times10^4(\text{kW}\cdot\text{h})$

$F_3=\alpha x_3+(1-\alpha)F_2=0.5\times52.67+(1-0.5)\times43.02=47.85\times10^4(\text{kW}\cdot\text{h})$

……

$F_{12}=78.40\times10^4(\text{kW}\cdot\text{h})$

由以上计算可得出今年 1 月的电力需求量 $x'_{13}=F_{12}=78.40\times10^4(\text{kW}\cdot\text{h})$，见表 11-3。

表 11-3 指数平滑表

月份	月消耗量/(10^4kW·h)	一次指数平滑值 F_t 月消耗量/(10^4kW·h)	预测值/(10^4kW·h)
		44.71	
1	35.55	40.13	44.71
2	45.90	43.02	40.13
3	52.67	47.85	43.02

续表

月份	月消耗量/(10^4kW·h)	一次指数平滑值 F_t 月消耗量/(10^4kW·h)	预测值/(10^4kW·h)
4	56.89	52.37	47.85
5	58.44	55.41	52.37
6	63.67	59.54	55.41
7	69.91	64.73	59.54
8	70.52	67.63	64.73
9	72.34	69.99	67.63
10	75.82	72.91	69.99
11	79.78	76.35	72.91
12	80.45	78.40	76.35
明年1月			78.40

（三）一元线性回归预测法

回归分析预测法，是根据预测变量（因变量）与相关因素（自变量）之间存在的因果关系，借助数理统计中的回归分析原理，确定因果关系，建立回归模型并进行预测的一种定量预测方法。回归分析预测分为一元回归模型预测和多元回归模型预测，下面是采用一元线性回归模型预测的过程。

1. 建立一元线性回归方程

一元线性回归方程如下：

$$y=a+bx \tag{11-7}$$

式中　y——因变量，即拟进行预测的变量；

x——自变量，即引起因变量 y 变化的变量；

a、b——回归系数，即表示 x 与 y 之间关系的系数。

2. 用最小二乘法拟合回归曲线

利用普通最小二乘法对回归系数 a、b 进行计算，即：

$$a=\frac{1}{n}\left(\sum y_i-b\sum x_i\right)=\overline{y}-b\overline{x} \tag{11-8}$$

$$b=\frac{\sum x_i y_i-\overline{x}\sum y_i}{\sum x_i^2-\overline{x}\sum x_i} \tag{11-9}$$

式中　n——样本数目。

对于每一个自变量 x 的数值都有拟合值：

$$y_i'=a+bx_i \tag{11-10}$$

3. 回归检验

（1）相关系数检验。相关系数是描述两个变量之间的线性相关关系的密切程度的数量指标，用 R 表示。

$$R=\frac{\sum_{i=1}^{n}(x_i-\overline{x})(y_i-\overline{y})}{\sqrt{\sum_{i=1}^{n}(x_i-\overline{x})^2\cdot\left[\sum_{i=1}^{n}(y_i-\overline{y})^2\right]}} \tag{11-11}$$

R 在-1和1之间，当$R=1$时，变量x和y完全正相关；当$R=-1$时，为完全负相关；当$0<R<1$时，为正相关；当$-1<R<0$时，为负相关；当$R=0$时，变量x和y没有线性关系。所以R的绝对值越接近1，表明其线性关系越好；反之，R的绝对值越接近0，表明其线性关系越不好。只有当R的绝对值达到一定程度时，才能采用线性回归模型进行预测。在计算出R值后，可以查相关系数检验表（表11-8），进行比较。在自由度$(n-2)$和显著性水平a（一般取$a=0.05$）下，若R大于临界值，则变量x和y之间的线性关系成立；否则，两个变量不存在线性关系。

（2）t检验。即回归系数的显著性检验，以判定预测模型变量x和y之间线性假设是否合理。因为要使用参数t，故称为t检验。回归常数a是否为0的意义不大，通常只检验参数。

$$t_b=\frac{b}{S_b}=b\sqrt{\frac{\sum(x_i-\overline{x})^2}{\sum(y_i-y_i')^2/(n-2)}} \tag{11-12}$$

其中，n为样本数目，S_b是参数b的标准差；

$$S_b=S_y/\sqrt{\sum(x_i-\overline{x})^2}$$

S_y为回归标准差，

$$S_y^2=\sum(y_i-y_i')^2/(n-2) \tag{11-13}$$

也可以表达为：

$$t_b=\frac{b\sqrt{(x_i-\overline{x})^2}}{S_y} \tag{11-14}$$

t_b服从t分布，可以通过t分布表查得显著性水平为a，自由度为$n-2$的数值$t(a/2, n-2)$。与之比较，若t_b的绝对值大于t，表明回归系数显著性不为0，参数的t检验通过，说明变量x和y之间线性假设合理。若t_b的绝对值小于或等于t，表明回归系数为0的可能性较大，参数的t检验未通过，回归系数不显著，说明变量x和y之间线性假设不合理。

（3）点预测与区间预测。点预测是在给定了自变量的未来值x_0后，利用回归模型求出因变量的回归值y_0'，也成为点预测。

$$y_0'=a+bx_0$$

通常点预测的实际意义并不大，由于现实情况的变化和各种环境因素的影响，预测的实际值总会与预测值产生或大或小的偏差，如果仅根据一点的回归就做出预测结论，这几乎是荒谬的。因此预测不仅要得出点预测值，还要得出可能偏离的范围。于是，以一定的概率$(1-a)$预测的y在y_0'附近变动的范围，称为区间预测。

数理统计分析表明，对于预测值y_0'而言，在小样本统计下（样本数据组n小于30时），置信水平为$100(1-a)\%$的预测区间为：

$$y_0'\pm t(a/2,n-2)S_0$$

其中，$t(a/2, n-2)$可以查t检验表得出。通常取显著水平$a=0.05$。

此外，根据概率论中的3σ原则，可以采取简便的预测去见近似解法，当样本很大时，在置信度为68.2%，95.4%，99.7%的条件下，预测区间分别为：$(y_0'-S_y, y_0'+S_y)$，

$(y'_0-2S_y,\ y'_0+2S_y)$，$(y'_0-3S_y,\ y'_0+3S_y)$。

【例 11-5】 A 市 2018 年某型号钢板消耗量为 22.12 吨，它是钢铁、家电等行业的原材料。2018—2009 年该种钢板与同期第二产业产值如表 11-4 所示，按规划 A 市 2016—2020 年期间第二产业增速为 6.7%。请用一元线性回归法预测 2020 年 A 市该种钢板的消耗量。

表 11-4　2018—2009 年 A 市某型号钢板消耗量与第二产业产值

年份	某型号钢板消耗量/万吨	第二产业产值/千亿元
2009	7.5	1.681
2010	8.5	1.886
2011	11	1.931
2012	13.45	2.028
2013	15.32	2.274
2014	16.22	2.435
2015	17.13	2.532
2016	19	2.599
2017	21.01	2.614
2018	22.12	2.835

解：

（1）建立回归模型。设钢板的消耗量与第二产业产值之间存在线性关系，钢板消耗量为因变量 y，第二产业产值为自变量 x，建立一元回归模型：

$$y=a+bx$$

（2）计算 a、b 值。

$$b=\frac{\sum x_i y_i-\overline{x}\sum y_i}{\sum x_i^2-\overline{x}\sum x_i}=12.87$$

$$a=\frac{1}{n}\left(\sum y_i-b\sum x_i\right)=\overline{y}-b\overline{x}=-14.23$$

（3）相关性检验。

$$R=\frac{\sum_{i=1}^{n}(x_i-\overline{x})(y_i-\overline{y})}{\sqrt{\sum_{i=1}^{n}(x_i-\overline{x})^2\cdot\left[\sum_{i=1}^{n}(y_i-\overline{y})^2\right]}}=0.978$$

在 $\alpha=0.05$ 时，自由度 $=n-2=10-2=8$，查相关系数表，得 $R_{0.05}=0.632$。

因为 $R=0.978>R_{0.05}$

所以在 $\alpha=0.05$ 的显著性检验水平上，通过 R 检验，说明 x 与 y 线性关系合理。

（4）t 检验。

$$t_b=\frac{b}{S_b}=b\sqrt{\frac{\sum(x_i-\overline{x})^2}{\sum(y_i-y'_i)^2/(n-2)}}=13.309$$

在 $\alpha=0.05$ 时，自由度 $=n-2=10-2=8$，查 t 检验表，得 $t(a/2,\ n-2)=t(0.025,\ 8)=2.306$

因为 $t_b=13.309>2.306$

所以在 $\alpha=0.05$ 的显著性检验水平上，通过 t 检验，说明 x 与 y 线性关系明显。

(5) 需求预测。

根据 A 市第二产业年均增速 6.7%，则 2020 年 A 市第二产业产值可达到：

$$x_{(2020)}=(1+r)^2\times x_{(2018)}=(1+6.7\%)^2\times 2.835=3.228(\text{千亿元})$$

所以，2020 年该型号钢板消耗量点预测为：

$$y_{(2020)}=-14.23+12.869\times 3.228=27.311(\text{万吨})$$

区间预测：$S_0=S_y\sqrt{1+\frac{1}{n}+\frac{(x_0-\overline{x})^2}{\sum(x_i-\overline{x})^2}}=2.007$

所以，在 $\alpha=0.05$ 的显著性检验水平上，2020 年该种型号钢板的需求量的置信区间为：

$$\begin{aligned}y_0'\pm t(a/2,\ n-2)S_0&=27.311\pm t(0.025,\ 8)\times 2.007\\&=27.311\pm 2.306\times 2.007=27.311\pm 4.628\end{aligned}$$

即 2020 年该种型号钢板的需求量有 95% 可能在 (22.683，31.939) 万吨区间内。

本章小结

(1) 可行性研究是指在调查的基础上，运用多种科学手段，通过市场分析、技术分析、财务分析和国民经济分析，对各种投资项目的必要性、技术上的先进性、适用性与经济上的合理性、盈利性，进行技术经济论证的综合科学。

(2) 工程项目可行性研究的作用表现在以下几个方面：作为经济主体投资决策的依据；作为向银行等金融机构或金融组织申请贷款、筹集资金的依据；作为编制科研试验计划和新技术、新设备需用计划以及大型专用设备生产与安排的依据；作为签订有关合同、协议的依据；作为该项目工程建设的基础资料；作为项目机构设置、职工培训、生产组织的依据；作为项目进行后评价的依据；作为环保部门审查项目环境影响的依据，也作为向项目所在地政府和规划部门申请建设执照的依据。

(3) 市场预测方法主要有两大类方法，即定性和定量分析法。其中应重点掌握移动平均法、指数平滑法、一元线性回归分析预测法。

练　习　题

一、简答题

1. 什么是可行性研究？

2. 项目可行性研究有什么作用？

3. 可行性研究的基本工作程序是怎样的？

4. 什么是德尔菲法？德尔菲法的程序如何？

二、单选题

1. 关于一元线性回归分析中相关系数的说法，正确的是（　　）。

A. 相关系数 R 越大，变量间的线性关系越弱

B. 相关系数 R 越小，变量间的线性关系越弱

C. 相关系数 R 越远离 0，变量间的线性关系越强

D. 相关系数 R 越接近 0，变量间的线性关系越强

2. 经验证，某地区近 10 年用水需求量（10^8m^3）与地区人口数量（万人）的关系符合一元线性回归模

型，回归系数为0.012。2010年该地区人口为100万人，用水总量为$1.8\times10^8 m^3$。预计未来两年该地区年平均人口增长速度为1%，则2012年该地区用水需求量为（　　）$\times10^8 m^3$。

A. 1.824　　B. 1.836　　C. 2.024　　D. 2.036

三、计算题

1.某产品历年的销售量如表11-5所示。$n=3$，请用一次、二次移动平均法，预测该产品2020年的销售量。

表11-5　某产品历年销售量统计表

年份	2013	2014	2015	2016	2017	2018	2019
销售量/万吨	2.25	3.15	3.90	4.66	5.87	7.34	8.89

2.某品牌平衡车销售额如表11-6所示，用一次指数平滑法预测2020年该品牌平衡车的销售额。($\alpha=0.2$)

表11-6　某产品销售量统计表

年份	2012	2013	2014	2015	2016	2017	2018	2019
销售额/万元	4000	4700	5000	5200	6600	6200	6800	6900

3.根据对历史数据观测，某市的地板销量与同期的商品房销量存在相关关系，2007—2019年销售量统计如表11-7所示，相关系数临界值表如表11-8所示。

(1) 求出一元线性回归方程。

(2) 进行R检验。

(3) 根据规划2020年该市商品房销量将达到200万平方米，使用一元线性回归法预测该市2020年地板销售量。

表11-7　某市地板和商品房销售量统计表

年份	商品房销量/$10^4 m^2$	地板销量/$10^4 m^2$
2007	20	0.2
2008	40	0.26
2009	60.5	1.2
2010	96	1.8
2011	102.5	2.49
2012	110	3.98
2013	116.4	4.12
2014	118.6	4.07
2015	120.8	4.2
2016	133.6	4.88
2017	143.5	5.19
2018	145	5.17
2019	146.4	5.32

表 11-8 相关系数临界值表

$n-2$	α		$n-2$	α	
	0.05	0.01		0.05	0.01
1	0.997	1.000	21	0.413	0.526
2	0.950	0.990	22	0.404	0.515
3	0.878	0.959	23	0.396	0.505
4	0.811	0.917	24	0.388	0.496
5	0.754	0.874	25	0.381	0.487
6	0.707	0.834	26	0.374	0.478
7	0.666	0.798	27	0.367	0.470
8	0.632	0.765	28	0.361	0.463
9	0.602	0.735	29	0.355	0.456
10	0.576	0.708	30	0.349	0.449
11	0.553	0.684	35	0.325	0.418
12	0.532	0.661	40	0.304	0.393
13	0.514	0.641	45	0.288	0.372
14	0.497	0.623	50	0.273	0.354
15	0.482	0.606	60	0.250	0.325
16	0.468	0.590	70	0.232	0.302
17	0.456	0.575	80	0.217	0.283
18	0.444	0.561	90	0.205	0.267
19	0.433	0.549	100	0.195	0.254
20	0.423	0.537	200	0.138	0.181

第十二章　设备更新分析

本章学习目标：

(1) 了解设备磨损的类型与补偿方式；

(2) 了解设备更新的概念；

(3) 掌握设备经济寿命的确定方法；

(4) 掌握设备更新方案比选方法；

(5) 掌握设备租赁与设备购买分析。

第一节　设备磨损与补偿

一、设备磨损类型

设备是企业生产的重要物质条件，企业为了进行生产，必须花费一定的投资，用以购置各种设备。设备购置后在其寿命期内，无论是使用还是闲置过程中都会逐渐发生磨损。磨损是设备陈旧落后的主要原因，根据设备的磨损程度确定设备是否需要更新。设备磨损分为两大类，四种形式。

(一) 设备有形磨损

1.有形磨损类型

有形磨损又称为物质磨损，是指设备在使用过程中或闲置在自然环境下造成的设备实体的内在磨损。设备有形磨损又可分为第Ⅰ种有形磨损和第Ⅱ种有形磨损。

(1) 第Ⅰ种有形磨损。设备在使用过程中，在外力的作用下而运转产生的摩擦、振动、疲劳，致使设备零部件实体产生的磨损、变形和损坏，称为第Ⅰ种有形磨损。这种磨损的程度与使用强度大小和使用时间的长短有关，使用强度越大，使用时间越长磨损的程度越高。影响磨损发展程度的主要因素有：设备的质量、负荷程度、操作工人的技术水平、工作环境、维护修理质量与周期等。

(2) 第Ⅱ种有形磨损。设备在闲置过程中受自然力的作用而产生的设备实体磨损，如金属件生锈、腐蚀、橡胶件老化等，称为第Ⅱ种有形磨损。这种磨损与闲置的时间长短、闲置期间的维护情况和所处环境有关。设备闲置中的化学磨损比设备使用中的物理磨损更明显。

上述两种有形磨损都会造成设备的性能、精度等的降低。由于设备的精度降低，劳动生产率的下降，设备的功能因此下降，导致设备在使用中故障频发、报废率升高，使得设备的运行成本和维修成本增加，效率低下，反映了设备使用价值的降低。

2.有形磨损的规律

设备的有形磨损是有一定规律的。一般情况下，在设备的运转过程中，随着使用时间的推移，设备磨损程度由初期磨损阶段到正常磨损阶段再到剧烈磨损阶段递进。磨损程度与时间的关系图如图 12-1 所示。

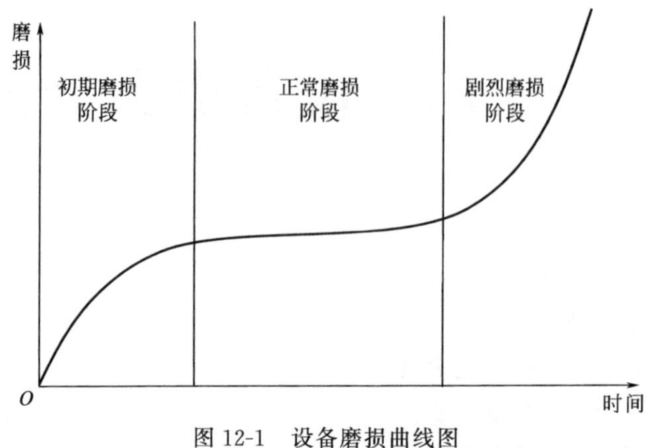

图 12-1 设备磨损曲线图

(1) 初期磨损阶段。初期磨损阶段，也称磨合磨损阶段，是新设备或大修理后设备在早期故障期的磨损状态。新设备本身需要磨合才能达到最佳使用状态，设备使用者对新设备不习惯或操作不熟练等原因造成磨损速度加快，但这段时间较短。

(2) 正常磨损阶段。正常磨损阶段也称自然磨损阶段，在设备的正常磨损阶段，机器的零件之间处于最佳配合阶段，工人操作逐渐熟练，零件的磨损趋于缓慢，磨损量基本上随时间均匀增加，这段时间较长，是磨损的“量变”过程，设备进入最佳的技术状态，设备的生产率、产品质量最有保证。

(3) 剧烈磨损阶段。在设备的剧烈磨损阶段，磨损超过一定限度，零件之间的配合关系受到破坏，设备精度、性能和生产效率迅速下降，设备的故障率增大。此时，如果不停止使用设备，并进行修理的话，设备将会损坏或者报废。这段时间较短，是磨损的“质变”过程。

(4) 针对磨损规律应采取的措施。

① 设备的正常磨损阶段要加强对设备的合理使用，精心维护保养，尽量延长设备的最佳技术状态的延续时间，以保证优质、高产，提高经济效益。

② 加强对设备的日常检查和定期检查，掌握磨损情况的发展变化，在设备进入剧烈磨损阶段以前，及时进行修理，防止影响生产。

③ 研究、掌握各类设备的磨损规律，准确把握各类零件的使用期限，进行预防性的计划修理。

3. 有形磨损的度量

设备有形磨损程度直接取决于设备零部件的破损量，这里可以用技术经济指标来度量。设设备的平均磨损程度为 α_p，且 α_p 是在综合单个零件磨损程度的基础上确定的，设备零部件有形磨损度量的方法有三种。

(1) 第一种方法

$$\alpha_p=\frac{\sum_{i=1}^{n}\alpha_i k_i}{\sum_{i=1}^{n}k_i} \tag{12-1}$$

式中　α_p——设备零部件的有形磨损量；

α_i——零件 i 的实体磨损量，包括设备因摩擦、疲劳发生的磨损；

n——设备零部件个数（$i=1,2,\cdots,n$）；

k_i——设备零部件 i 的价值。

（2）第二种方法

$$\alpha_p=\frac{R}{K} \tag{12-2}$$

式中　α_p——设备零部件的有形磨损量；

R——修复全部磨损零部件所用的修理费用；

K——在修复时具有同等效率的该种设备零部件的再生产价值。

（3）第三种方法

$$\alpha_p=\frac{T_u\times q}{T_s} \tag{12-3}$$

式中　α_p——设备零部件的有形磨损量；

T_u——全部设备零部件所用的修理费用；

T_s——按有形磨损规定的设备零部件服务期；

q——设备零部件已使用年数的强度系数。

4. 设备故障的规律

设备故障规律是设备在寿命期内故障的发展变化规律，与设备的有形磨损是紧密相关的。设备在其寿命期内，故障的发展变化分为三个时期，初期故障期、偶发故障期和磨损故障期。设备故障规律可用设备故障曲线表示，由于曲线呈浴盆形状，故称为浴盆曲线，如图12-2所示。

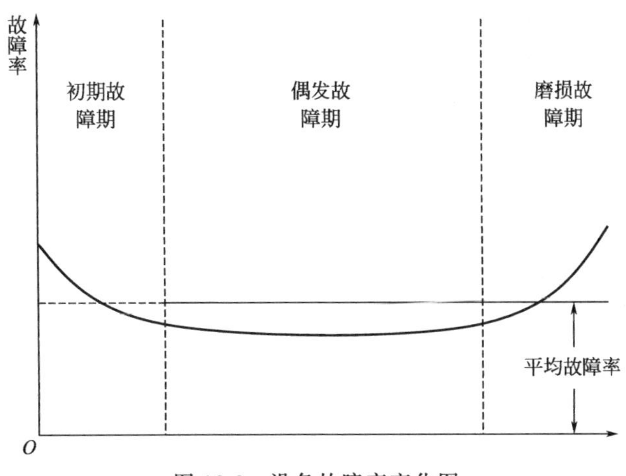

图 12-2　设备故障率变化图

（1）初期故障期。在这一阶段，设备刚刚投入生产，由于暴露出设计、制造中的缺陷或操作上的不熟悉，往往会发生较多的故障。随着使用时间增加、设备的调整，故障很快下降到允许故障率内。此阶段重点是研究操作方法，并将设计、制造中的缺陷反馈给设备制造厂。

（2）偶发故障期。此时设备处于正常运转时期，发生故障的原因主要是由于操作失误所致，因此主要对策是加强操作管理，做好日常维护和保养。

(3) 磨损故障期。磨损故障期是故障的多发期。由于设备的某些零件，已达到使用寿命，因此主要对策是进行预防性维修，还应在适当时期进行设备的技术改造。

(二) 设备无形磨损

设备在使用中除遭受有形磨损外，还遭受无形磨损，又称为精神磨损或经济磨损。设备无形磨损不是由生产过程中使用或自然力的作用造成的，而是由于社会经济环境变化造成的设备价值贬值，是技术进步的结果，原有设备的价值不取决于最初的生产消耗，而是取决于再生产时的消耗，而且这种消耗也是不断下降的。无形磨损有两种形式。

1. 无形磨损类型

(1) 第Ⅰ种无形磨损。设备的技术结构和性能并没有变化，但由于技术进步，设备制造工艺不断改进，社会劳动生产率水平的提高，同类设备的再生产价值降低，因而设备的市场价格也降低了，致使原设备相对贬值。这种磨损称为第Ⅰ种无形磨损。这种无形磨损的后果只是现有设备原始价值部分贬值，设备本身的技术特性和功能即使用价值并未发生变化，故不会影响现有设备的使用。因此，不产生提前更换现有设备的问题。

(2) 第Ⅱ种无形磨损。第Ⅱ种无形磨损是由于科学技术的进步，不断创新出结构更先进、性能更完善、效率更高、耗费原材料和能源更少的新型设备，使原有设备相对陈旧落后，其经济效益相对降低而发生贬值。第Ⅱ种无形磨损的后果不仅是使原有设备价值降低，而且由于技术上更先进的新设备的发明和应用会使原有设备的使用价值局部或全部丧失，这就产生了是否用新设备代替现有陈旧落后设备的问题。第Ⅱ种无形磨损也称功能性磨损。

有形和无形两种磨损都引起设备原始价值的贬值，这一点两者是相同的。不同的是遭受有形磨损的设备，特别是有形磨损严重的设备，在修理之前，常常不能工作；而遭受无形磨损的设备，并不表现为设备实体的变化和损坏。即使无形磨损很严重，其固定资产物质形态却可能没有磨损，仍然可以使用，只不过继续使用它在经济上是否合算，需要分析研究。

2. 无形磨损度量

设备的无形磨损也可以度量。其度量公式为：

$$\alpha_I=\frac{K_0-K_1}{K_0}=1-\frac{K_1}{K_0} \tag{12-4}$$

式中 α_I——设备的无形磨损程度；

K_0——设备的原始价值；

K_1——等效设备的再生价值。

在计算设备的无形磨损程度时，K_1 必须反映两个方面的技术进步：一是相同设备再生产价值的降低；二是具有较好功能和更高效率的新设备的出现对现有设备的影响。

(三) 设备的综合磨损

设备的综合磨损是指同时存在有形磨损和无形磨损的损坏和贬值的综合情况。对任何特定的设备来说，这两种磨损必然同时发生和同时互相影响。某些方面的技术要求可能加快设备有形磨损的速度，例如高强度、高速度、大负荷技术的发展，必然使设备的物质磨损加剧。同时，某些方面的技术进步又可提供耐热、耐磨、耐腐蚀、耐振动、耐冲击的新材料，使设备的有形磨损减缓，但是其无形磨损加快。

设备综合磨损的度量可以按照如下的方法进行：假设设备遭受有形磨损后的尚余部分或剩余残值部分（用百分比表示）为 $1-\alpha_p$，设备遭受无形磨损后尚余部分或剩余残值部分

(用百分比表示）为 $1-\alpha_I$，设备遭受综合磨损后尚余部分或剩余残值部分（用百分比表示）为 $(1-\alpha_p)(1-\alpha_I)$。若 α 为设备的综合磨损程度，则设备的综合磨损程度公式为：

$$\alpha=1-(1-\alpha_p)(1-\alpha_I) \tag{12-5}$$

若设备在任一时期遭受综合磨损后的净值为 K，即 $K=(1-\alpha)K_0$。将式(12-5）综合磨损代入得：

$$\begin{aligned} K &=(1-\alpha)K_0=[1-1+(1-\alpha_p)(1-\alpha_I)]K_0 \\ &=\left(1-\frac{R}{K_1}\right)\left(1-\frac{K_0-K_1}{K_1}\right)K_0=K_1-R \end{aligned} \tag{12-6}$$

从式(12-6）可以看出，设备遭受综合磨损后的净值等于等效设备的再生价值减去修理费用。

二、设备磨损的补偿

由于设备总是同时遭受到有形磨损和无形磨损。因此，对其综合磨损后的补偿形式应进行更深入的研究，以确定恰当的补偿方式，以恢复设备的生产能力。由于设备遭受磨损的形式不同，补偿磨损的方式也不一样。设备磨损的补偿分为局部补偿和完全补偿，设备有形磨损的局部补偿是修理，设备无形磨损的局部补偿是现代化改装。设备有形磨损和无形磨损的完全补偿是设备更新。具体形式见图 12-3。

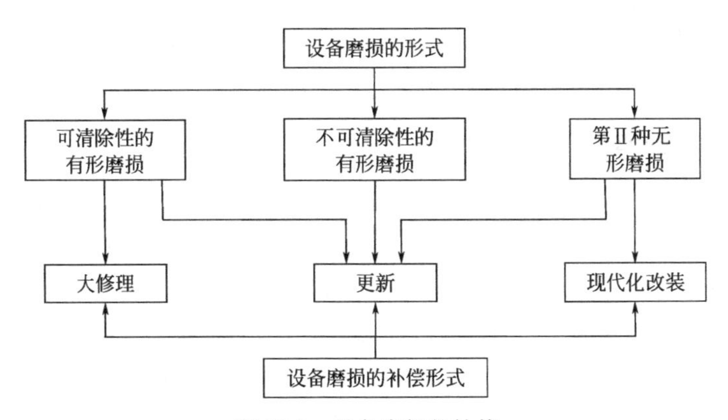

图 12-3　设备磨损的补偿

1. 设备大修理

设备大修理是更换部分已磨损的零部件和调整设备，以恢复设备的生产功能和效率为主。通过修理，更换已经磨损、老化和腐蚀的零部件，使得设备性能得到恢复。按照修理的程度和工作量的大小，修理分为大修、中修和小修。大修、中修和小修修理的内容不同，间隔时间也不同，所花费的资金及资金来源也不同。中修和小修所需要的资金一般直接计入生产成本，而大修费用则由大修费用专项资金开支。

设备大修时通过调整、修复或更换磨损的零部件的办法，恢复设备的精度、生产效率，恢复零部件及整机的全部或接近全部的功能，以达到出厂的标准精度。设备中修、小修是通过调整、修复和更换易损件的办法，以达到工艺要求。

2. 现代化改装

设备现代化改装是对设备的结构做局部的改进和技术上的革新，如增添新的、必需的零部件，以增加设备的生产功能和效率为主。对整机性能尚可，有局部缺陷，个别技术经济指标落后的设备，应选择适应技术进步的发展需要，吸收国内外的新技术，不断地加以改造和现代化改装。

3. 设备更新

设备更新是对整个设备进行更换。对于陈旧落后的设备，即消耗高、性能差、使用操作条件不好、对环境污染严重的设备，应当用较先进的设备尽早替代。

第二节 设备更新概述

一、设备更新的概念

设备更新是对旧设备的整体更换，就其本质来说，可分为原型设备更新和新型设备更新。原型设备更新是简单更新，就是用结构相同的新设备去更换有形磨损严重而不能继续使用的旧设备。这种更新主要是解决设备的损坏问题，不具有更新技术的性质。新型设备更新是以结构更先进、技术更完善、效率更高、性能更好、能源和原材料消耗更少的新型设备来替换那些技术上陈旧、在经济上不宜继续使用的旧设备。

通常所说的设备更新主要是指后一种，它是技术发展的基础。因此，就实物形态而言，设备更新是用新的设备替换陈旧落后的设备；就价值形态而言，设备更新是设备在运动中消耗掉的价值的重新补偿。设备更新是消除设备有形磨损和无形磨损的重要手段，目的是为了提高企业生产的现代化水平，尽快地形成新的生产能力。

二、设备更新策略

设备更新分析是企业生产发展和技术进步的客观需要，对企业的经济效益有着重要的影响。过早的设备更新，无论是由于设备暂时出故障就报废的草率决定，还是片面追求现代化，购买最新式设备的决定，都将造成资金的浪费，失去其他的收益机会；对一个资金十分紧张的企业可能走向另一个极端，采取拖延设备的更新，这将造成生产成本的迅速上升，失去竞争的优势。因此，设备是否更新？何时更新？选用何种设备更新？既要考虑技术发展的需要，又要考虑经济方面的效益。这就需要不失时机地做好设备更新分析工作，采取适宜的设备更新策略。

设备更新策略应在系统全面了解企业现有设备的性能、磨损程度、服务年限、技术进步等情况后，分轻重缓急，有重点有区别地对待。凡修复比较合理的，不应过早更新；可以修中有改进，通过改进工装就能使设备满足生产技术要求的，不要急于更新；更新个别关键零部件就可达到要求的，不必更换整台设备；更换单机能满足要求的，不必更换整条生产线。通常优先考虑更新的设备是：

① 设备损耗严重，大修后性能、精度仍不能满足规定工艺要求的；

② 设备耗损虽在允许范围之内，但技术已经陈旧落后，能耗高、使用操作条件不好、对环境污染严重，技术经济效果很不好的；

③ 设备役龄长，大修虽然能恢复精度，但经济效果上不如更新的。

三、设备更新方案的比选原则

确定设备更新必须进行技术经济分析。设备更新方案比选的基本原理和评价方法与互斥型投资方案比选相同。但在实际设备更新方案比选时，应遵循如下原则。

① 设备更新分析应站在客观的立场分析问题。设备更新问题的要点是站在客观的立场上，而不是站在旧设备的立场上考虑问题。若要保留旧设备，首先要付出相当于旧设备当前市场价值的投资，才能取得旧设备的使用权。例如，两台新、旧设备进行比较时，不能把旧设备的销售收入作为新设备的现金流入，而应作为购买旧设备的费用。

② 不考虑沉没成本。沉没成本是既有企业过去投资决策发生的，不受现在决策的影响，已经计入过去投资费用回收计划的费用。由于沉没成本是已经发生的费用，不管企业生产什么和生产多少，这项费用都不可避免地要发生。因此，现在的决策对它不起作用。在进行设备更新方案比选时，原设备的价值应按目前实际价值计算，而不考虑其沉没成本。即：

$$沉没成本=设备账面价值-当前市场价值 \tag{12-7}$$

或

$$沉没成本=(设备原值-历年折旧费)-当前市场价值 \tag{12-8}$$

③ 逐年滚动比较。该原则是指在确定最佳更新时机时，应首先计算比较现有设备的剩余经济寿命和新设备的经济寿命，然后利用逐年滚动计算方法进行比较。

【例 12-1】 某设备 4 年前的原始成本是 70000 元，目前的账面价值是 30000 元，现在的市场价值仅为 16000 元，则该设备的沉没成本为多少元？

解： 在进行设备更新分析时，旧设备往往会产生一笔沉没成本，是过去投资发生的而与现在更新决策无关，目前该设备的价值等于市场价值 16000 元，则：

$$\begin{aligned}该设备的沉没成本&=设备账面价值-当前市场价值\\&=30000-16000=14000(元)\end{aligned}$$

【例 12-2】 假设某施工企业 3 年前花 4500 元购买了一台搅拌机 A，估计还可以使用 6 年。第 6 年末估计残值为 300 元，年运行成本为 1000 元。现在市场上出现了一种新型的搅拌机 B，售价为 7000 元，估计可以使用 10 年，第 10 年年末估计残值为 400 元，年运营成本为 800 元。现有两个互斥方案甲和乙。方案甲是继续使用搅拌机 A；方案乙是把旧的搅拌机 A 以 1000 元卖掉，然后购买新搅拌机 B。若基准折现率为 12%，问：该施工企业应选择哪个方案？

解： 根据设备更新方案比选原则，站在客观立场分析且不考虑沉没成本。3 年前搅拌机 A 的购买价格为 4500 元，是已发生的费用消耗，与现在的方案比选决策无关，是沉没成本；现在旧的搅拌机 A 的市场价值为 1000 元，相当于花 1000 元去购买旧搅拌机 A，则旧搅拌机 A 的初始费用为 1000 元。因此，两个方案的现金流量图如图 12-4 所示。

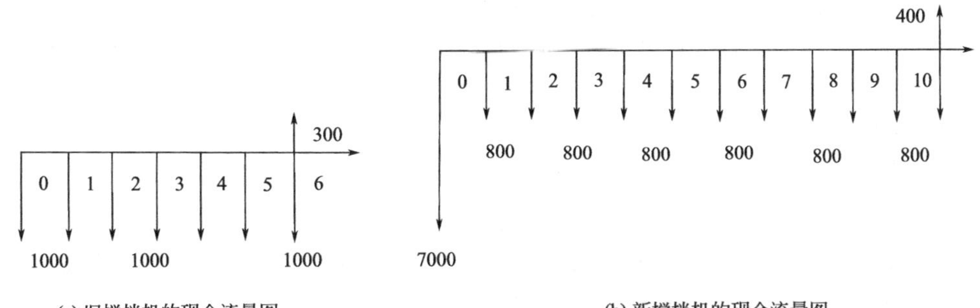

图 12-4　新、旧搅拌机的现金流量图

依据图 12-4(a) 计算旧搅拌机 A 的年平均使用成本为：

AC_A＝1000＋1000 (A/P，12％，6)－300 (A/F，12％，6)＝1206.24 (元)

依据图 12-4(b) 可以计算搅拌机 B 的年平均使用成本为：

AC_B＝800＋7000 (A/P，12％，6)－400 (A/F，12％，6)＝2453.12 (元)

由于 AC_A＜AC_B，所以应选择方案甲，继续使用旧搅拌机 A。

第三节 设备经济寿命的确定

设备在使用过程中，由于遭受到有形磨损和无形磨损的共同作用，在设备使用到一定期限时，就需要利用新设备进行更新。这种更新取决于设备使用寿命的效益或成本的高低。

一、设备寿命的概念

设备的寿命在不同需要情况下有不同的内涵和意义。现代设备的寿命，不仅要考虑自然寿命，而且还要考虑设备的技术寿命、折旧寿命和经济寿命。

1. 设备的自然寿命

设备的自然寿命，也称为物理寿命。它是指设备从投入使用开始，直到因物质磨损严重而不能继续使用、报废为止所经历的全部时间。它主要是由设备的有形磨损所决定的。做好设备维修和保养可延长设备的物理寿命，但不能从根本上避免设备的磨损，任何一台设备磨损到一定程度时，都必须进行更新。因为随着设备使用时间的延长，设备不断老化，维修所支出的费用也逐渐增加，从而出现恶性使用阶段，即经济上不合理的使用阶段。因此，设备的自然寿命不能成为设备更新的估算依据。

2. 设备的技术寿命

设备的技术寿命是指设备从投入使用到因技术落后而被淘汰所延续的时间，也即是指设备在市场上维持其自身价值而不显陈旧落后的全部时间，故又称为有效寿命。例如一台电脑，即使完全没有使用过，它的功能也会被更为完善、技术更为先进的电脑所取代，这时它的技术寿命可以认为等于零。由此可见，技术寿命主要是由设备的无形磨损所决定的，它一般比自然寿命要短，而且科学技术进步越快，技术寿命越短。所以在估算设备寿命时，必须考虑设备技术寿命期限的变化特点及其使用的制约或影响。

3. 设备的折旧寿命

设备的折旧寿命，即设备折旧年限，是指按现行会计制度规定的折旧方法和原则，将设备的原值通过折旧的形式转入产品成本，直到提取的折旧费与设备的原值相等的全部时间，它与提取折旧的方法有关，一般不等于设备的物理寿命。

4. 设备的经济寿命

经济寿命是指设备从开始使用到其年平均使用成本最低年份的延续时间长短，是从成本或效益的经济观点确定的设备更新的最佳时刻。它是由设备维护费用的提高和使用价值的降低决定的。设备使用年限越长，所分摊的设备年资产消耗成本越少。但是随着设备使用年限的增加，一方面需要更多的维修费维持原有功能；另一方面设备的操作成本及原材料、能源耗费也会增加，年运行时间、生产效率、质量将下降。因此，年资产消耗成本的降低，会被年度运行成本的增加或收益的下降所抵消。

在整个变化过程中存在着某一年份，设备年平均使用总成本最低，经济效益最好，如图12-5所示，在 N_0 年时，设备年平均使用总成本达到最低值。人们称设备从开始使用到其年平均使用总成本最小（或年盈利最高）的使用年限 N_0 为设备的经济寿命。

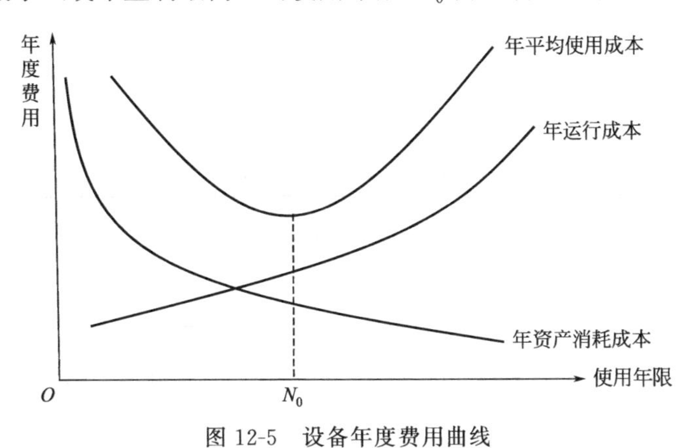

图 12-5　设备年度费用曲线

5. 设备寿命期限的影响因素

影响设备寿命期限的因素较多，其中主要有：

（1）设备的技术构成，包括设备的结构及工艺性，技术进步；

（2）设备的购置费及年运行成本，设备的维护质量和所处的环境要求；

（3）设备的加工对象、生产类型、工作班次及设备操作人员的操作水平；

（4）产品质量。

二、设备经济寿命的估算

（一）设备经济寿命的确定原则

（1）使设备在经济寿命内平均每年净收益或纯利润达到最大。

（2）使设备在经济寿命内一次性投资和各种经营费总和达到最小。

（二）设备经济寿命的确定方法

对于设备的经济寿命，按照是否考虑资金的时间价值，确定设备经济寿命的方法可以分为静态分析和动态分析两种。

（1）静态分析：静态模式下设备经济寿命的确定方法，就是在不考虑资金时间价值的基础上计算设备年平均使用成本 AC_N。使年平均使用成本 AC_N 为最小的 N_0 就是设备的经济寿命。静态分析法是假设设备的年平均使用成本由设备的平均年度资产消耗成本和设备年平均运行成本组成，其公式如下。

$$AC_N = \frac{P - L_N}{N} + \frac{1}{N}\sum_{t=1}^{N} C_t \tag{12-9}$$

式中　AC_N——N 年内设备的年平均使用成本；

P——设备目前实际价值，如果是新设备包括购置费和安装费，如果是旧设备包括旧设备现在的市场价值和继续使用旧设备追加的投资；

C_t——第 t 年的设备运行成本；

L_N——第 N 年末的设备净残值。

在式(12-9) 中，设备的年平均运行成本包括人工费、材料费、能源费、维修费、停工损失、废次品损失等；如果年限 N 为变量，则当 N_0 $(0<N_0<N)$ 为经济寿命时，应满足最小。

① 列表法：在不考虑资金的时间价值，设备的年运行成本逐年增加但不呈规律变化，且每年的残值也不相等时采用列表法。

【例 12-3】 某设备目前实际价值为 30000 元，设备各年的年运行成本和年末残值详见表 12-1，设备继续使用年限为 7 年，若不考虑利息，试计算该设备的经济寿命。

表 12-1 设备年使用成本

继续使用年限 t/年	1	2	3	4	5	6	7
年运行成本/元	5000	6000	7000	9000	11500	15000	16500
年末残值/元	15000	7500	3800	1875	1000	1000	1000

解： 由表 12-1 可知，已知 $P=30000$ 元，按照公式(12-9) 列表计算设备各年的年平均使用成本。

$$AC_1=\frac{P-L_N}{N}+\frac{1}{N}\sum_{t=1}^{N}C_t=30000-15000+5000=20000(\text{元})$$

$$AC_2=\frac{P-L_N}{N}+\frac{1}{N}\sum_{t=1}^{N}C_t=\frac{30000-7500}{2}+\frac{5000+6000}{2}=16750(\text{元})$$

其余各年的年平均使用成本见表 12-2。

表 12-2 设备在不同使用年限时的静态年平均成本

使用年限 N/年	资产消耗成本 $(P-L_N)$/元	平均年资产消耗成本 (3)=(2)/(1)/元	年度运行成本 C_t/元	运行成本累计/元	平均年度运行成本 (6)=(5)/(1)/元	年平均使用成本 AC_N (7)=[(3)+(6)]/元
(1)	(2)	(3)	(4)	(5)	(6)	(7)
1	15000	15000	5000	5000	5000	20000
2	22500	11250	6000	11000	5500	16750
3	26200	8733	7000	18000	6000	14733
4	28125	7031	9000	27000	6750	13781
5	29000	5800	11500	38500	7700	13500
6	29000	4833	15000	53500	8917	13750
7	29000	4143	16500	70000	10000	14143

从表 12-2 的计算过程可以看出，设备的年平均使用成本在该设备使用第 5 年时最低，其平均使用成本为 13500 元。因此，该设备的经济寿命为 $N_0=5$ 年。

② 低劣化数值法：随着设备使用时间越长，设备遭受的磨损程度加剧，相应的修理费用越多，这种逐年递增的费用称为设备的低劣化。用低劣化数值表示设备损耗的方法称为低劣化数值法。该方法是假设每年设备的劣化增量是均等的，每年的劣化值 λ 呈线性增长。如设备第一年的使用成本为 C_1，那么就可以计算设备的经济寿命。因此，设备的年平均使用成本为：

$$AC_N=\frac{P-L_N}{N}+C_1+\frac{\lambda+2\lambda+3\lambda+\cdots+(N-1)\lambda}{N}$$

$$=\frac{P-L_N}{N}+C_1+\frac{\frac{1}{2}(N-1)(N-1+1)\lambda}{N}$$

$$=\frac{P-L_N}{N}+C_1+\frac{\lambda}{2}(N-1) \tag{12-10}$$

根据导数性质，要使 AC_N 为最小，就需要对公式(12-10) 求导数并令其等于零，然后求解。即可得到下列等式：

$$\frac{dC}{dN}=-\frac{P-L_N}{N^2}+\frac{\lambda}{2}=0$$

求得设备的经济寿命为：

$$N_0=\sqrt{\frac{2(P-L_N)}{\lambda}} \tag{12-11}$$

设备在经济寿命时的年平均使用成本为：

$$AC_N=\frac{P-L_N}{N_0}+C_1+\frac{\lambda}{2}(N_0-1) \tag{12-12}$$

【例 12-4】 有一台车床设备，目前实际价值 $P=8000$ 元，预计残值 $L_N=800$ 元，第一年的设备运行成本 $C_1=600$ 元，每年设备的劣化增量是均等的，年劣化值 $\lambda=300$ 元，求该设备的经济寿命，并计算设备在经济寿命时该车床的年平均使用成本。

解：根据公式(12-11) 得

车床设备的经济寿命 $N_0=\sqrt{\frac{2\ (P-L_N)}{\lambda}}=\sqrt{\frac{2\times\ (8000-800)}{300}}=7$ (年)；

经济寿命时车床设备的年平均使用成本为：

$$AC_N=\frac{P-L_N}{N_0}+C_1+\frac{\lambda}{2}(N_0-1)=\frac{8000-800}{7}+600+\frac{300}{2}\times(7-1)=2528.57(\text{元})$$

(2) 动态分析：动态模式下设备经济寿命的确定方法，就是在考虑资金时间价值的基础上计算设备平均使用成本 AC_N。其具体形式有两种，一种是设备年运行成本逐年增加且呈等差序列变化，现金流量图如图 12-6 所示；另一种是设备年运行成本逐年增加但不呈规律变化，且每年的残值也不相等，现金流量图如图 12-7 所示。

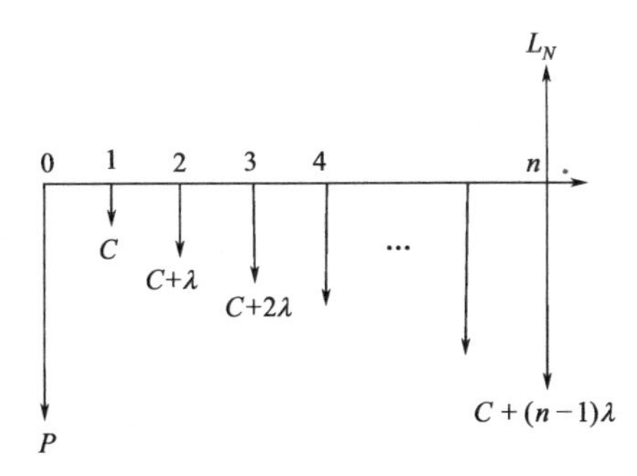

图 12-6　等差表达式的现金流量图

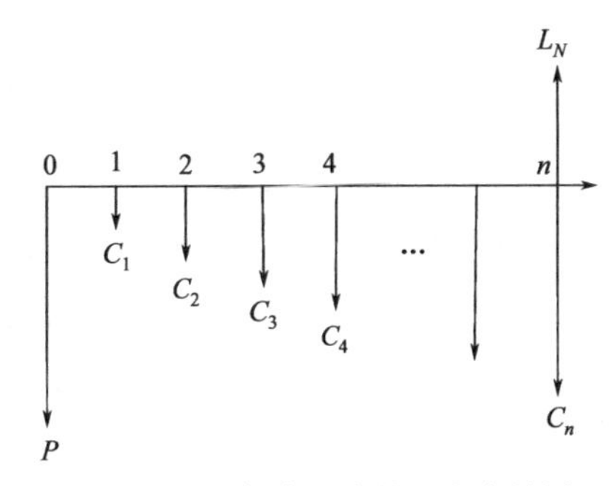

图 12-7　一般表达式的现金流量图

① 设备年运行成本逐年增加且呈等差序列变化。从动态上计算设备的经济寿命，这时不能用公式计算，那么设备的年平均使用成本为：

$$AC_N = P(A/P,i,n) - L_N(A/F,i,n) + C_1 + \lambda(A/G,i,n) \quad (12\text{-}13)$$

式中 L_N——设备第 n 年的残值；

$(A/P,i,n)$——等额支付偿债基金系数；

$(A/F,i,n)$——等额支付资本回收系数；

$(A/G,i,n)$——梯度系数；

i——基准折现率。

【例 12-5】 有一台挖土机，目前市场实际价值为 60000 元，每年的残值估计见表 12-3。该挖土机第一年的运行成本为 10000 元，以后每年以 2000 元的数值递增。若基准折现率为 6%，试计算挖土机的经济寿命。

表 12-3 挖土机年残值估计

年份	1	2	3	4	5	6	7	8	9
年末估计残值/元	30000	15000	7500	3750	2650	2000	2000	1500	1000

解：根据已知条件，有 $P=60000$ 元，$C_1=10000$ 元，$\lambda=2000$ 元，按照公式(12-13)计算挖土机的经济寿命，计算过程详见表 12-4。

表 12-4 挖土机的经济寿命计算过程表

年份	$P(A/P,6\%,n)$/元	L_N/元	$L_N(A/F,6\%,n)$/元	$C_1+\lambda(A/G,6\%,n)$/元	AC_N/元
1	63600	30000	30000	10000	43600
2	32724	15000	7281	10970	36413
3	22446	7500	2355.75	11922	32012
4	17316	3750	857.25	12854	29313
5	14244	2650	470.11	13767	27540.89
6	12204	2000	286.80	14660	26577.20
7	10746	2000	238.20	15534	26041.80
8	9660	1500	151.50	16390	25898.50
9	8820	1000	87	17226	25959

从表 12-4 的计算可以看到，挖土机使用到第 8 年时年平均使用成本最低，为 25898.50 元。因此，该挖土机的经济寿命为 $N_0=8$ 年。

② 设备年运行成本逐年增加但不呈规律变化，且每年的残值也不相等。则设备年平均使用成本公式如下：

$$AC_N = P(A/P,i,n) - L_N(A/F,i,n) + \left[\sum_{t=1}^{n} C_N(P/F,i,n)\right](A/P,i,n) \quad (12\text{-}14)$$

式中所有符号含义与前面相同。

【例 12-6】 有一台设备，每年的使用成本和年末残值见表 12-5，其自然寿命为 7 年，原始价值为 60000 元，当考虑资金利息时，如基准折现率为 6%时，计算该设备的经济寿命。

表 12-5 设备每年的使用成本和年末残值

费用	年份						
	1	2	3	4	5	6	7
年使用成本/元	10000	12000	14000	18000	23000	28000	34000
年末残值/元	30000	15000	7500	3750	2000	2000	2000

解：按照公式(12-14)所列各项内容列表计算该设备的经济寿命，计算过程见表12-6。

表12-6　设备经济寿命计算过程

年份	1	2	3	4	5	6	7
L_N/元	30000	15000	7500	3750	2000	2000	2000
C_N/元	10000	12000	14000	18000	23000	28000	34000
$P(A/P,6\%,n)$/元	63600	32724	22446	17316	14244	12204	10746
$L_N(A/F,6\%,n)$/元	30000	7281	2355.8	857.25	354.8	286.8	238.2
$C_N(P/F,6\%,n)$/元	9434	10680	11755	14257.7	17186.9	19738.9	22611.9
$\Sigma C_N(P/F,6\%,n)$/元	9434	20114	31869	46126.7	63313.6	83052.3	105664.4
$[\Sigma C_N(P/F,6\%,n)](A/P,6\%,n)$/元	10000	10970.2	11922.2	13312.2	15030.6	16892.9	18924.5
AC_N/元	43600	36413.2	32012.4	29770.9	28919.8	28810.1	29432.3

由表12-6的计算可以看出，该设备第6年的平均使用成本最低，为28810.1元。因此，该设备的经济寿命为$N_0=6$年。

(三) 几种特殊情况下设备经济寿命的确定

1. 年运行成本固定不变

如果年运行成本在设备的使用年限内一直保持不变，且不考虑资金的时间价值和期末残值，则设备年度使用成本为：

$$AC_N=\frac{P}{N}+\text{年运行成本(常数)}$$

此时，AC_N始终不会取得最小值，只有在寿命期结束时才会达到最小值，如图12-8所示，机器设备也不需要更新，只需在寿命期结束时更新即可。

2. 年折旧费固定不变

假设设备在使用年限中每年的磨损程度相同，且年折旧额相等或固定不变时，设备随着使用年限的增加，年平均运行成本逐渐增加。此时，设备的年平均成本只有在设备使用一年时最低，在这种情况下设备的经济寿命是1年，如图12-9所示。

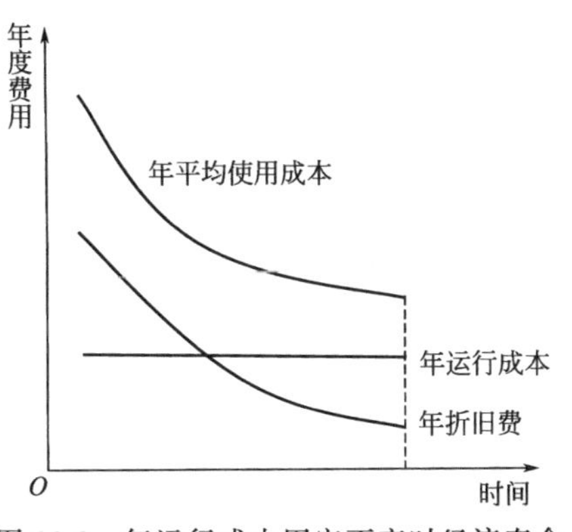

图12-8　年运行成本固定不变时经济寿命

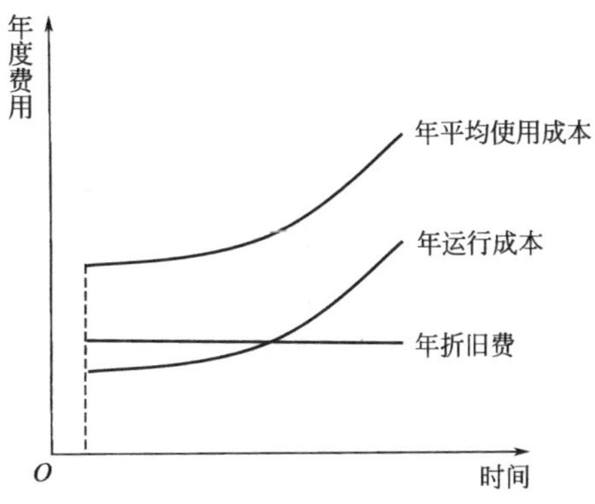

图12-9　年折旧额相等时的经济寿命

3. 年运行成本呈不规则变化

如果设备在使用年限中，不论设备的年折旧额是固定不变的还是逐渐减少的，只要年运行成本呈不规则变化，忽高忽低，两项费用之和就没有最小值，设备就不存在经济寿命。设备的年平均成本没有最低点。因此，不存在经济寿命。

第四节 设备更新方案的比选方法

设备更新方案的比选就是对新设备方案与旧设备方案进行比较分析，也就是决定现在马上购置新设备、淘汰旧设备，还是至少保留使用旧设备一段时间，再用新设备替换旧设备。导致设备更新的主要原因是设备的大修费用过高；设备磨损加剧，经济寿命到期；出现了技术更新更好的新设备，使现有的旧设备陈旧落后，技术寿命到期。

设备更新方案一般有继续使用旧设备；旧设备大修理；用原型新设备更新；用高效率的新设备更新；设备现代化改装5种方案。设备在寿命期内选择何种方案可使经济效果达到最佳，需通过对各方案进行经济分析。

一、旧设备是否更新的经济分析

对于现有已用过一段时间的旧设备，是否需要更新，以及在什么时机更新最经济？这里采用边际成本法进行分析，边际成本法的步骤如下：

（1）计算旧设备的年度边际成本。

$$MC_N = C_N + (L_{N-1} - L_N) + L_{N-1} i \tag{12-15}$$

式中 C_N——第 N 年旧设备的运行成本以及损失额；

L_{N-1}——第 N 年资产折旧费；

$L_{N-1}i$——资产占用资金的成本；

MC_N——第 N 年旧设备的年度边际成本，其他符号同前。

（2）计算新设备的年平均使用成本；

（3）根据计算结果进行更新比较，当 MC_N(旧)$>AC_N$(新) 时，需要更新旧设备；当 MC_N(旧)$<AC_N$(新) 时，应继续使用旧设备。

【例 12-7】 某设备年运行成本为1200元，继续使用一年的损失为10300元，旧设备现在出售价格为9600元，一年后出售价格为8200元；现有的新设备价格为50000元，寿命期为15年，年运行成本为1800元，残值为4000元，折现率为10%。试分析是否应对旧设备进行更新？

解：(1) 根据公式(12-15) 计算旧设备边际成本

$$旧设备的资产折旧费 = 9600 - 8200 = 1400(元)$$

$$继续使用资产占用的资金成本 = 9600 \times 10\% = 960(元)$$

$$旧设备\ MC_N = 1200 + 10300 + 1400 + 960 = 13860(元)$$

(2) 计算新设备的年平均使用成本：

$$AC_N = [50000 - 4000(P/F, 10\%, 15)](A/P, 10\%, 15) + 1800 = 8249.1(元)$$

(3) 比较方案：因 MC_N(旧)$>AC_N$(新)，所以更新旧设备。

二、旧设备大修理的经济分析

由于设备在使用过程中发生磨损，需要进行临时性的修理或定期大修理。因此，设备会由维修过多而引起更新，一般来说采用设备大修理的方法来恢复设备原有的功能与制造新设备相比具有一定的优越性，但是劣化程度随着大修次数的增加，设备性能会逐渐降低。

如图 12-10 所示设备在使用过程中，其性能是沿着 AB 曲线下降的，经过了 t_1 时间使用后，性能由 A 下降到 B。如果在 B 点进行大修理，其性能可能恢复到 C，自该点继续使用，其性能又会继续劣化，当降到 D 点时，又需第二次修理，当性能下降到 H 点时，设备就不能再进行修理了。随着大修理次数的增加，大修理费用也越来越多。

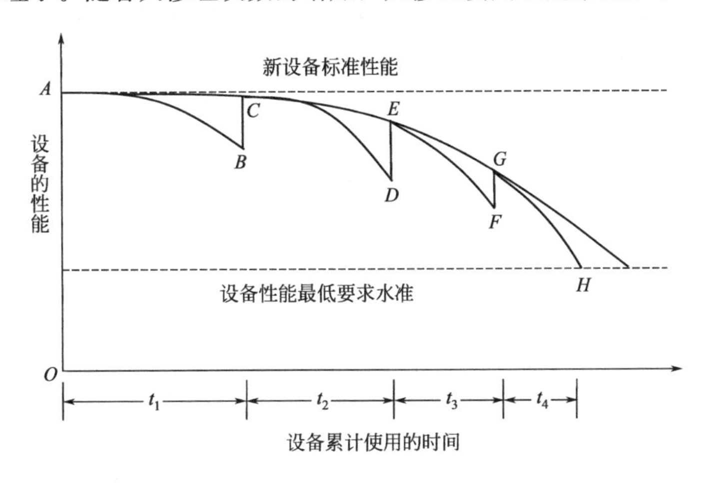

图 12-10　每次大修理时设备性能劣化曲线

从经济角度出发，设备是否需要大修，需判断是否超出其经济界限。设备大修理的经济界限是大修理经济合理性的基本条件，是指设备某次大修理费用不能超过同种设备的重置价格，否则该次大修理不具有经济合理性，而应考虑设备更新。常用的大修理决策方法由两个条件判据组成。

(1) 经济界限表达式为：

$$I \leqslant P-L \tag{12-16}$$

式中　I——本次大修理费用；

P——同种设备的重置价格；

L——设备本次大修理时的残值。

注：由上式进行判断时要求大修理后的设备在技术性能上与同种设备的性能大致相同时，才能成立，否则应把旧设备卖掉，购置新设备使用。

(2) 设备经过大修理后的单位产品生产成本不能高于同种新设备的单位产品成本，否则大修理不具备经济合理性。其表达式为：

$$C_j \leqslant C_n \tag{12-17}$$

式中　C_j——设备第 j 次大修理后生产单位产品的计算费用；

C_n——具有相同用途新设备生产单位产品计算费用。

三、原型设备的更新分析

原型设备更新指更换的仍为同一设备，其更新决策是以设备经济寿命期为依据，最优更新时机是设备达到经济寿命年限时，以原型新设备替代原有设备。

【例 12-8】 某公司现有一台设备 A，估计 A 设备还可以使用 5 年，A 设备的年运行成本及残值见表 12-7，现公司打算用原型设备进行更新，假设基准收益率为 10%，试计算设备 A 何时更新?

解：采用最小年费用法确定设备的经济寿命，此时为设备 A 的更新时机。

根据公式逐年计算：

$$AC_N=[P-L_N(P/F,i,n)](A/P,i,n)+[\sum_{t=1}^{n}C_N(P/F,i,n)](A/P,i,n)$$

$$AC_1=[P-L_1(P/F,10\%,1)+C_1(P/F,10\%,1)](A/P,10\%,1)$$

$$=(14000-9900\times 0.9091+3300\times 0.9091)\times 1.10=8800(元)$$

如此类推，可计算出 A 设备各年平均使用成本，计算结果如表 12-7 所示。

表 12-7 A 设备各年平均使用成本计算表

N 年末	第 N 年残值/元	N 年期间运行成本/元	年平均使用成本/元
0	14000		
1	9900	3300	8800
2	8800	5500	8224
3	6600	6050	8497
4	5500	8800	8943
5	3300	9900	9549

根据计算结果可知：设备 A 年使用成本最低为 8224 元，其经济寿命为 2 年。因此，当设备使用 2 年后可用原型设备进行更新。

四、新型设备的更新分析

在企业的生产经营活动中，有时虽然设备既没有技术上的陈旧落后，也没有经济上的不可行，仅是因为设备的生产能力不足而满足不了市场需求，这时需要采用新型高效的设备进行更新。新型设备的更新比原来的设备技术上更先进，生产成本更低。在设备更新决策中，继续使用旧设备方案的寿命期与购置新设备方案的寿命期常常不同，对于寿命期不同的更新方案的比选，最简捷的方法是采用年值法进行比较。

【例 12-9】 设备 A 目前的净残值为 8000 元，还能继续使用 5 年，相关数据如表 12-8 所示。现市场上出现新设备 B，购置费为 35000 元，经济寿命为 10 年，10 年末残值为 4000 元，平均年使用成本为 500 元，基准折现率为 12%，公司现在预计用设备 B 更新设备 A，试分析设备 A 是否需要更新，若更新何时更新经济效益最佳?

表 12-8 设备 A 相关数据表

继续使用年数	1	2	3	4	5
年末净残值/元	6500	5000	3500	2000	1000
年运行成本/元	3000	4000	5000	6000	7000

解：因新旧设备的寿命期不同，采用年值法计算。

(1) 判断设备 A 是否需要更新。

① 继续使用旧设备 A，则：

$AC_A=[8000-1000(P/F,12\%,5)+3000(P/F,12\%,1)+4000(P/F,12\%,2)+5000(P/F,12\%,3)+6000(P/F,12\%,4)+7000(P/F,12\%,5)](A/P,12\%,5)=6836.22$(元)

② 购置新设备 B，则：

$AC_B=[35000-4000(P/F,12\%,10)](A/P,12\%,10)+500=6467.02$(元)

因 $AC_A>AC_B$ 此，设备 A 需要更新。

(2) 分别计算继续使用设备 A 的费用年值，与设备 B 的费用年值比较。

① 继续使用 1 年：

$AC_{A1}=[8000-6500(P/F,12\%,1)+3000(P/F,12\%,1)](A/P,12\%,1)=5460$(元)

$AC_{A1}<AC_B$，设备 A 继续使用，不更新。

② 继续使用 2 年：

$AC_{A2}=[8000-5000(P/F,12\%,2)+3000(P/F,12\%,1)+4000(P/F,12\%,2)](A/P,12\%,2)=5846.88$(元)

$AC_{A2}<AC_B$，设备 A 继续使用，不更新。

③ 继续使用 3 年：

$AC_{A3}=[8000-3500(P/F,12\%,3)+3000(P/F,12\%,1)+4000(P/F,12\%,2)+5000(P/F,12\%,3)](A/P,12\%,3)=6218.27$(元)

$AC_{A3}<AC_B$，设备 A 继续使用，不更新。

④ 继续使用 4 年：

$AC_{A4}=[8000-2000(P/F,12\%,4)+3000(P/F,12\%,1)+4000(P/F,12\%,2)+5000(P/F,12\%,3)+6000(P/F,12\%,4)](A/P,12\%,4)=6574.23$(元)

$AC_{A4}>AC_B$，设备 A 需要更新，即设备 A 使用 3 年后更新效益最佳。

五、设备现代化改装的经济分析

设备现代化改装是现有企业技术改造的有效措施，在技术上能克服现有设备的技术落后状态，促进设备技术进步，扩大生产能力，提高设备质量；在经济上可节约资金。现代化改装具有很强的针对性和适应性，现代化改装与设备更新不同的是，一般改造方案只有一个，所以改造方案需要与设备更新方案进行比较，才能进行决策。现代化改装决策的分析方法一般采用最低总费用现值法和追加投资回收期法，这里主要采用最低总费用现值法。

最低总费用现值法计算公式：

$$PC=\frac{1}{\alpha}[P+\sum_{t=1}^{n}C_N(P/F,i,n)-L_N(P/F,i,n)] \tag{12-18}$$

式中　P——该方案需要的投资；

C_N——该方案各年的运行成本；

L_N——该方案使用到第 N 年的残值；

α——生产效率指数，将原型设备的生产效率指数定为基准值，即 $\alpha=1$。

【例 12-10】 某公司现有一设备已经使用了很多年，随着市场上出现了更新更好的设备后，该设备在技术上已经陈旧落后，为更好地达到经济效益，公司针对旧设备提出了 5 种更新方案。更新方案各项费用的原始数据如表 12-9 所示。基准收益率为 10%，试选择最佳方案。

表 12-9 某旧设备各种更新方案各项费用的原始数据表

方案	投资 P/元	α	参数	1	2	3	4	5	6
A 继续使用旧设备	3000	0.7	C_N/元	1600	1800	2000			
			L_N/元	1200	600	300			
B 用原型设备更新	15000	1	C_N/元	450	550	650	750	850	950
			L_N/元	9360	8320	7280	6240	5200	4160
C 用新型设备更新	20000	1.3	C_N/元	350	420	490	560	630	700
			L_N/元	11520	10240	8600	7250	5700	4700
D 设备现代化改装	11000	1.2	C_N/元	550	680	810	940	1070	1200
			L_N/元	9000	8000	6700	5700	4700	3700
E 设备大修理	7000	0.98	C_N/元	700	950	1200	1450	1700	1950
			L_N/元	6400	5800	5200	4700	3800	3000

解： 计算继续使用旧设备方案各年的费用现值：

$$\mathrm{PC}_1=\frac{1}{0.7}\times[3000+1600\times(P/F,10\%,1)-1200\times(P/F,10\%,1)]$$

$$=\frac{1}{0.7}\times(3000+1600\times0.9091-1200\times0.9091)=4805.2(\text{元})$$

$$\mathrm{PC}_2=\frac{1}{0.7}\times[3000+1600\times(P/F,10\%,1)+1800\times(P/F,10\%,2)-600\times(P/F,10\%,2)]$$

$$=\frac{1}{0.7}\times(3000+1600\times0.9091+1800\times0.8264-600\times0.8264)=7842.06(\text{元})$$

$$\mathrm{PC}_3=\frac{1}{0.7}\times[3000+1600\times(P/F,10\%,1)+1800\times(P/F,10\%,2)+2000\times(P/F,10\%,3)-300\times(P/F,10\%,3)]$$

$$=\frac{1}{0.7}\times(3000+1600\times0.9091+1800\times0.8264+2000\times0.7513-300\times0.7513)$$

$$=10405.84(\text{元})$$

设备其余 4 个方案的费用现值见表 12-10。

表 12-10 某旧设备各种更新方案费用现值计算表

方案	年份					
	1	2	3	4	5	6
A/元	4805.20	7842.06	10405.84			
B/元	6889.92	8987.97	10957.63	12602.30	13795.11	15579.93
C/元	7573.40	9386.50	11209.30	12664.70	14052.20	15037.90
D/元	2765.20	4542	6363.90	7849.50	9215.50	10471.50
E/元	1855.30	3702.10	5526.80	7248.20	9193.40	10996.20

由表 12-10 计算结果可得结论：若公司设备只使用 1 年，应选 A 方案，即继续使用旧设备；若设备使用 2～5 年，应选 E 方案，即将旧设备进行大修理；若设备使用 6 年以上，应选方案 D，即将设备进行技术改造，进行现代化改装。

第五节　设备租赁与购买方案的比选分析

在企业生产经营管理中，设备租赁常见于企业设备投资决策。在什么情况下企业选择租赁设备或直接购买设备，做出何种抉择取决于投资决策者对二者的费用与风险的全面综合比较分析。

一、设备租赁的概念

1. 设备租赁的概念

设备租赁是设备使用者按照租赁合同规定向设备所有者，即承租人向出租人按期支付一定费用而取得设备使用权的一种经济活动。设备租赁具有把融资和融物结合起来的特点，这使得租赁能够提供及时而灵活的资金融通方式，是企业取得设备进行生产经营的一个重要手段。

2. 设备租赁与设备购买的优缺点

从承租人角度出发，设备租赁与设备购买相比具有一定的优越性。同时，设备租赁也存在一定的不足。

（1）设备租赁的优点。

① 企业在资金短缺的情况下，可通过较少资金获得技术上先进的、生产上急需的设备，以此获得良好的技术服务。

② 可以保持资金的流动状态，防止企业资产负债状况的恶化。

③ 可避免通货膨胀和利率波动的冲击，减少投资风险。

④ 设备租金可在所得税前扣除，能享受税费上的利益。

（2）设备租赁的不足。

① 在租赁期间承租人对租用设备只有使用权，无所有权，无权对设备进行改造、处置、担保和抵押。

② 承租人在租赁期间支付的租金总额一般高于直接购买设备。

③ 长年支付租金，形成长期负债。

④ 融资租赁合同规定严格，毁约要赔偿损失，罚款较多等。

二、设备租赁的形式

设备租赁一般有融资租赁和经营租赁两种方式。

1. 融资租赁

（1）融资租赁概念。融资租赁，也称为金融租赁或购买性租赁，它是目前国际上应用最普遍、最基本的非银行金融形式。指出租人、承租人、供货人三方依据租赁合同和买卖合同进行的三边交易。出租人与供货人按照承租人的要求买卖设备，由供货人向承租人提供设备，承租人向出租人分期支付租金。贵重的设备（如重型机械设备等）宜采用这种方法。

（2）融资租赁特点。

① 出租人按承租人要求购买设备。

② 租赁双方承担确定时期的租让和付费义务。

③ 租赁期长，不得任意中止和取消租约。

④ 设备的所有权与使用权长期分离。

⑤ 承租人承担设备的保险、保养、维护等费用及设备过时的风险。

⑥ 租赁期满后，承租人对设备拥有留购、续租或退租三种选择权。

(3) 融资租赁业务主要形式。

① 直接融资。单一投资者租赁，体现着融资租赁的基本特征，是融资业务中采用最多的形式。而融资的其他形式是在此基础上，结合了某一信贷特征而派生出来的。

② 转租赁。指由两家租赁公司同时继承性的经营一笔融资租赁业务，即由出租人 A 根据最终承租人的要求先以承租人的身份从出租人 B 租进设备，然后再以出租人身份转租给用户使用的一项租赁交易。

③ 售后回租。又称返租赁，指由设备的所有者将自己原来拥有的部分财产卖给出租人以获得融资便利，然后再以支付租金为代价，以租赁的方式，再从该公司租回已售出财产的一种租赁交易。对承租企业而言，当其急需现金周转，售后回租是完善企业财务状况的一种有效手段，承租人通过对那些能够升值的设备进行售后回租，还可获得设备溢价的现金收益。

④ 杠杆租赁。杠杆租赁又称平衡租赁，是融资租赁的一种高级形式，适用于价值在几百万美元以上，有效寿命在 10 年以上的高度资本密集型设备的长期租赁业务，如飞机、船舶、海上石油钻井平台、通信卫星设备和成套生产设备等。

2. 经营租赁

(1) 经营租赁概念。经营租赁又称为服务租赁或运行租赁，是融资租赁的对称。为满足承租人临时使用设备的需要而安排的不完全支付式租赁。它是一种纯粹的、传统意义上的租赁。由出租人向承租人出租设备，承租人向出租人分期支付租金。承租人租赁资产只是为了满足经营上短期的、临时的或季节性的需要，并没有添置资产上的企图。临时使用的设备（如车辆、仪器等）通常采用这种方式。

(2) 经营租赁特点。

① 出租的设备由租赁人自行选定。

② 租赁期短，租赁双方的任何一方可以随时以一定方式在通知对方后的规定期限内取消或中止租约。

③ 出租人拥有租赁物件的所有权。

④ 出租人承担设备的保险、保养、维护等一切利益与风险。

⑤ 租赁期满后出租设备由出租人收回。

3. 融资租赁和经营租赁的区别

(1) 融资租赁的租金是使用资金的对价，租金由取得贷款的本金、利息和出租人赚取的利差构成。假如使用等额本金法计算租金，由于利息随着本金的减少而减少，租金是逐年递减的。

(2) 经营租赁的租金是使用物件的对价，与出租人取得设备的资金成本无直接联系。但是，出租人收取的租金应足以计提设备折旧和支付税金，还必须足以支付出租人购置该设备租金的利息，以及取得合理的利润。

(3) 在经营租赁中，设备由出租人购买提供给承租人使用，也可以由出租人按承租人的指定购买来供承租人使用，租金额和租赁期限不能饱和。在租赁开始日，最低租金付款额现值或最低收款额限制不得大于租赁资产原账面价值的 90%。租赁期不得超过租赁资产尚可使用年限的75%。经营租赁的留购价格按照市场公允价值计算。

三、设备租赁与购买的影响因素

企业在决定进行租赁或购买设备的投资决策之前，其投资方案如何为企业节约尽可能多的支出费用，实现最好的经济效益，需要考虑影响设备租赁或设备购买的影响因素，包括二者共同考虑的投资因素和分别考虑的因素。

1.设备投资的影响因素

(1) 技术方案的寿命期。

(2) 企业占用设备的期限，是长期还是短期。如果企业短期使用某种设备，那么可以采用经营租赁的方式获得设备的使用权，待租期满后可以将设备归还给出租人，不再续租，企业可以避免设备陈旧带来的风险损失。

(3) 设备的经济寿命，技术性能和生产效率，以及技术过时的风险。

(4) 设备对项目工程质量的保证程度，设备生产的安全性及耐用性、环保性，维修的难易程度和提交设备的进度。

(5) 设备的筹资方式，设备的资本预算计划、资金可获量（包括自有资金和融通资金），融通资金时借款利息或利率高低。企业决策者应该主要考虑是愿意消耗时间得到低息贷款，还是希望以其他筹资方式尽早获得设备，以便尽快地取得经济效益。

2.设备租赁的影响因素

(1) 设备租赁期长短和租金额，租金额包括总租金额和每租赁期租金额。

(2) 租金支付方式，包括租赁期起算日、支付日期、支付币种。租赁设备需要支付租金；借款需要按期支付利息、到期还本；分期购买需要支付利息和部分本金。另外，还需要进一步考虑分几次交钱、每期间隔时间、每次交付多少等。决策者主要考虑哪一种方式的成本较低。

(3) 企业经营费用减少与折旧费和利息减少的关系，租赁的节税优惠。

(4) 预付资金（定金）、租赁保证金和租赁担保费用。

(5) 设备维修服务的承担方和租赁期满后资产的处理方式。

(6) 租赁机构的信用度、经济实力，与承租人的配合情况。

3.设备购买的影响因素

(1) 设备的购置价格、设备价款的支付方式，支付币种和支付利率等。

(2) 设备的年运转费用和维修方式、维修费用。

(3) 保险费，包括购买设备的运输保险费和使用过程中各种财产保险费。

四、设备租赁与购买方案的比选分析

企业在投资决策过程中，是选择租赁设备还是购买设备，主要取决于在技术上对两个方案进行经济分析。比较分析的方法与一般的互斥投资方案的比选方法相同。

（一）设备租赁与购买方案的比选步骤

(1) 根据企业生产经营目标和技术状况，提出设备配置的建议。

(2) 拟定若干设备租赁和设备购买方案。融资租赁和经营租赁的设备租赁方案，一次支付和分期支付的设备购买方案。

(3) 定性分析并筛选方案。包括企业财务能力分析和设备方案技术分析，企业财务能力分析主要是分析企业的支付能力，而在设备方案技术分析时对技术过时风险大、保养维护复杂、使用时间短的设备，可以考虑经营租赁方案；对技术过时风险小、使用时间长的大型专用设备，则融资租赁方案或购置方案均是可以考虑的方式。

（4）定量分析并优选方案。定量分析是通过计算寿命周期费用现值和投资回收期等指标，结合设备参数、性能、对产品质量的保证程度等因素，择优选取设备方案。

（二）设备租赁与购买方案的比选

1. 设备租赁费用

设备租赁费用是租赁合同签订后，承租人按照协议向出租人支付的费用。主要包括租赁保证金、担保费、租金。

（1）租赁保证金。为保证租赁合同的有效运行，承租人预先缴纳的，在合同结束时退还给承租人或在偿还最后一期租金时加以抵消的金额。其额度一般按合同金额的一定比例计取，或是某一基期数的金额，如一个月的租金额。

（2）担保费。出租人一般要求承租人请担保人对该租赁交易进行担保，当承租人由于财务危机付不起租金时，由担保人代为支付租金。一般情况下，承租人需要付给担保人一定数目的担保费。

（3）租金。租金是租赁双方签订租赁合同的一项重要内容，直接关系到出租人与承租人双方的经济利益。出租人要从取得的租金中收回租赁资产的购进原价、贷款利息、经营费用和一定的利润。承租人则要比照租金核算成本。影响租金的因素很多，如设备的价格、融资的利息及费用、各种税金、租赁保证金、运费、租赁利差、各种费用的支付时间，以及租金采用汇率等。

2. 租金的计算

（1）附加率法。在租赁资产的设备货价或概算成本上再加上一个特定的比率来计算租金。

$$R=P\frac{1+ni}{n}+Pr \tag{12-19}$$

式中 P——租赁资产的价格；

n——租赁期数，其值取决于租赁资产预计使用寿命；

i——与租赁期数相对应的利率；

r——附加率（额外服务，增加租金的收益）。

【例 12-11】 租赁公司拟出租给某企业一台设备，设备的价格为 78 万元，租期为 5 年，每年年末支付租金，折现率为 12%，附加率为 4%，问每年租金为多少？

解： 根据公式(12-19)，可得

$$R=78\times\frac{1+5\times12\%}{5}+78\times4\%=28.08(\text{万元})$$

（2）年金法。将一项租赁资产价值按动态等额分摊到未来各租赁期间内的租金计算方法，有期末支付和期初支付租金之分。

① 期末支付。在每期期末等额支付租金。期末等额支付租金计算是等额系列现值计算的逆运算，其支付方式的现金流量如图 12-11(a) 所示，每期租金 R_a 的表达式为：

$$R_a=P\frac{i(1+i)^n}{(1+i)^n-1} \tag{12-20}$$

式中 R_a——每期期末支付的租金额；

P——租赁资产的价格；

n——租赁期数，租赁期可按月、季、半年、年计；

i——与租赁期数相对应的利率或折现率。

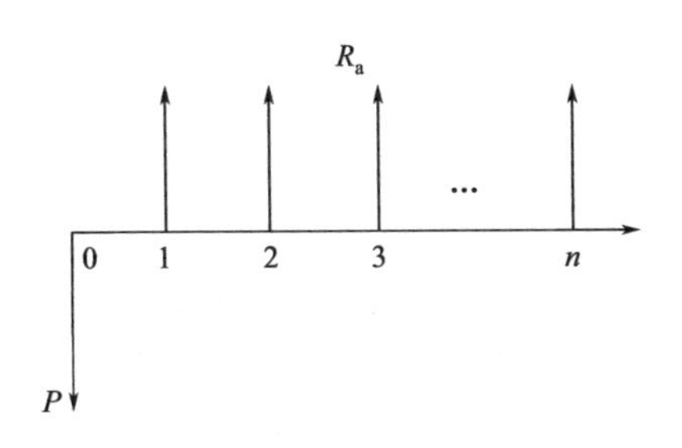

(a) 年金法期末支付流量图

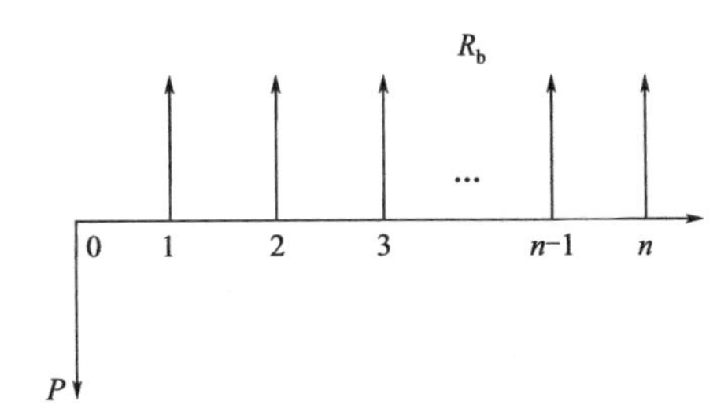

(b) 年金法期初支付流量图

图 12-11 年金法支付流量图

② 期初支付。在每期期初等额支付租金，期初支付要比期末支付提前一期支付租金，其支付方式的现金流量如图 12-11(b) 所示，每期租金 R_b 的表达式为：

$$R_b=P\frac{i(1+i)^{n-1}}{(1+i)^n-1} \tag{12-21}$$

式中 R_b——每期期初支付的租金额，其他符号同前。

【例 12-12】 租赁公司拟出租给某企业一台设备，设备的价格为 68 万元，租期为 5 年，折现率为 12%。试分别按每年年末支付、每年年初支付方式计算租金。

解：(1) 期末支付租金为

$$R_a=P\frac{i(1+i)^n}{(1+i)^n-1}=68\times\frac{12\%\times(1+12\%)^5}{(1+12\%)^5-1}=18.86(万元)$$

(2) 期初支付租金为

$$R_b=P\frac{i(1+i)^{n-1}}{(1+i)^n-1}=68\times\frac{12\%\times(1+12\%)^4}{(1+12\%)^5-1}=16.84(万元)$$

3. 设备租赁与购买方案的比选方法

进行设备租赁与设备购买方案的经济比选，必须详细地分析各方案寿命期内各年的现金流量情况，据此分析方案的经济效果，确定以何种设备投入方式才能获得最佳效益。设备租赁与购买方案的经济比选也是互斥方案选优问题，依据寿命期是否相同可采用净现值法和净年值法，成本较少或收益较大的方案为宜。

(1) 设备经营租赁的净现金流量为：

净现金流量＝营业收入－租赁费用－经营成本－应纳增值税及附加－(营业收入－租赁费用－经营成本－应纳增值税及附加)×所得税率

(2) 设备融资租赁的净现金流量为：

净现金流量＝营业收入－租赁费用－经营成本－应纳增值税及附加－(营业收入－租赁费用－经营成本－应纳增值税及附加)×所得税率－租赁期末购置费

(3) 设备购买方案的净现金流量为：

净现金流量＝营业收入－设备购置费－经营成本－贷款利息－应纳增值税及附加－(营业收入－经营成本－贷款利息－折旧－应纳增值税及附加)×所得税率

设备租赁与购买方案的经济比选，最简单的方法是在假设所得到设备的营业收入相同的条件下，将租赁方案和购买方案的费用进行比较。根据互斥方案比选的增量原则，只需比较它们之间的差异部分，则简化后的净现金流量为：

（1）设备经营租赁：

净现金流量＝租赁费用－租赁费用×所得税率

（2）设备融资租赁：

净现金流量＝租赁费用－租赁费用×所得税率－租赁期末购置费

（3）设备购买：

净现金流量＝设备购置费－(贷款利息＋折旧)×所得税率-贷款利息

由于企业依据利润总额上缴所得税，按财务制度规定，租赁设备的租金允许计入成本；购买设备每期计提的折旧费也允许计入成本；若贷款购买设备，其每期支付的利息也可以计入成本。在其他费用保持不变的情况下，计入成本越多，则利润总额越少，企业缴纳的所得税也越少。因此，在充分考虑各种方式的税收优惠影响下，应选择税后收益更大或税后成本更小的方案。

【例 12-13】 A 公司现需要使用某种设备，其购置费为 7000 元，预计该设备的使用寿命为 6 年，6 年后残值为 800 元，基准收益率为 12%，所得税税率为 25%。A 公司拟定自有资金购买、融资租赁、经营租赁三个方案，各方案数据见表 12-11，试分析 A 公司应该选择哪个方案。

表 12-11 设备租赁与购买方案原始数据 单位：元

方案	设备购置费	年租金	年折旧费	残值	租赁期满后购买价格
1.购买设备	7000		1000	800	
2.经营租赁		2000			
3.融资租赁		2300			100

解： AC_1＝设备购置费－所得税率×折旧＋残值

$=7000\ (A/P,\ 12\%,\ 6)-25\%\times1000+800(A/F,\ 12\%,\ 6)=1550.96$（元）

AC_2＝租赁费－所得税率×租赁费

$=2000\ (1+12\%)-25\%\times2000=1740$（元）

AC_3＝租赁费－所得税率×租赁费－租赁期末购置费

$=2300\ (1+12\%)-25\%\times2300-100(A/F,\ 12\%,\ 6)=1988.68$（元）

因 $AC_1<AC_2<AC_3$，所以 A 公司应购买该设备。

本章小结

（1）设备有形磨损又称为物质磨损，是指设备在使用过程中或在闲置在自然环境下造成的设备实体的内在磨损。设备无形磨损不是由生产过程中使用或自然力的作用造成的，而是由于社会经济环境变化造成的设备价值贬值，是技术进步的结果，原有设备的价值不取决于最初的生产消耗，而是取决于再生产时的消耗，而且这种消耗也是不断下降的。

（2）设备遭受磨损的形式不同，补偿磨损的方式也不一样。设备磨损的补偿分为局部补偿和完全补偿，设备有形磨损的局部补偿是修理，设备无形磨损的局部补偿是现代化改装。设备有形磨损和无形磨损的完全补偿是设备更新。

(3) 设备经济寿命是指设备从开始使用到其年平均使用成本最低年份的延续时间长短，是从成本或效益的经济观点确定的设备更新的最佳时刻。它是由设备维护费用的提高和使用价值的降低决定的。人们称设备从开始使用到其年平均使用总成本最小（或年盈利最高）的使用年限 N_0 为设备的经济寿命。

(4) 设备更新是对旧设备的整体更换，就其本质来说，可分为原型设备更新和新型设备更新。就实物形态而言，设备更新是用新的设备替换陈旧落后的设备；就价值形态而言，设备更新是设备在运动中消耗掉的价值的重新补偿。设备更新是消除设备有形磨损和无形磨损的重要手段，目的是为了提高企业生产的现代化水平，尽快地形成新的生产能力。

(5) 设备更新方案的比选就是对新设备方案与旧设备方案进行比较分析，导致设备更新的主要原因是设备的大修费用过高；设备磨损加剧，经济寿命到期；出现了技术更新更好的新设备，使现有的旧设备陈旧落后，技术寿命到期。设备更新方案一般有继续使用旧设备；旧设备大修理；用原型新设备更新；用高效率的新设备更新；设备现代化改装 5 种方案。设备在寿命期内选择何种方案可使经济效果达到最佳，需通过对各方案进行经济分析。

(6) 设备租赁是设备使用者按照租赁合同规定向设备所有者，即承租人向出租人按期支付一定费用而取得设备使用权的一种经济活动。有经营租赁和融资租赁两种。融资租赁主要形式有直接租赁；转租赁；售后回租；杠杆租赁。

(7) 设备融资租赁，也称为金融租赁或购买性租赁，它是目前国际上应用最普遍、最基本的非银行金融形式。指出租人、承租人、供货人三方依据租赁合同和买卖合同进行的三边交易。

(8) 设备经营租赁，又称为服务租赁或运行租赁，是融资租赁的对称。为满足承租人临时使用设备的需要而安排的不完全支付式租赁，由出租人向承租人出租设备，承租人向出租人分期支付租金。

练 习 题

一、简答题

1. 设备的磨损类型及补偿方式有哪些？
2. 设备有形磨损的阶段？
3. 什么是设备更新？
4. 设备更新应遵循哪些原则？
5. 什么是设备的经济寿命？
6. 设备更新方案有哪几种？
7. 设备租赁的形式及特点？
8. 设备租赁与购买方案的比选步骤？

二、计算题

1. 某企业 4 年前出资 22000 元购置了 A 设备，目前设备 A 的剩余寿命为 8 年，寿命终了时的残值为 2000 元，设备 A 每年的运营费用为 7000 元，设备 A 现在的市场价值为 6000 元。现在又出现了同类型设备 B，其购置费为 24000 元，寿命期为 8 年，残值为 3000 元，每年运营费用为 4000 元。设基准收益率为 15%，试判断现在公司应保留设备 A，还是用设备 B 更新设备 A。

2. 某设备目前市场价值为 16000 元，估计寿命为 7 年，其各年设备残值及年运行成本如表 12-12 所示，分别采用静态分析和动态分析方法求该设备合理的更新期。

表 12-12 某设备原始数据表

使用年数	1	2	3	4	5	6	7
年运行成本 C_N/元	2000	2500	3500	4500	5500	7000	9000
残值 L_N/元	10000	6000	4500	3500	2500	1500	1000

3.某设备目前的净残值为 9000 元，估计可继续使用 4 年，相关数据如表 12-13 所示。新设备的原始费用为 35000 元，经济寿命 10 年，第 10 年年末的净残值为 3500 元，平均年使用费为 950 元，基准折现率是 12%，问旧设备是否需要更换，如需更换何时更换为宜?

表 12-13 某旧设备原始数据

继续使用年数	1	2	3	4
年末净产值/元	6500	5000	3500	2000
年运行成本/元	3000	4000	5000	6000

4.某钢铁集团公司现有高速线材生产线 A，生产线 A 是 10 年前建造的，其剩余寿命估计为 10 年，到期残值为 100 万元，目前市场上有厂家愿意以 700 万元收购，生产线今后一年的经营成本为 20 万元，以后每年递增 5 万元。由于市场需求量的增加，为满足市场需求量公司制定两种方案：

方案一：保留现有生产线 A 的基础上，3 年后再上一条生产线 B，使生产能力增加一倍；B 生产线 3 年后建设，总投资 6000 万元，寿命期 20 年，到期残值 1000 万元，每年经营成本为 10 万元。

方案二：放弃现在的生产线 A，直接上一条生产线 C，使生产能力增加一倍。C 生产线目前建设，投资 8000 万元，寿命期 30 年，到期残值为 1200 万元，年运营成本为 8 万元。假设基准收益率 10%，试比较方案优劣，研究期为 10 年。

第十三章　价值工程

本章学习目标：

（1）了解价值工程的基本概念、特点和工作程序；

（2）熟悉价值工程对象选择的方法；

（3）了解功能定义、功能整理；

（4）掌握功能目标的确定方法；

（5）了解价值工程方案的创造和评价。

第一节　价值工程概述

价值工程（Value Engineering，VE）又称价值分析，20 世纪第二次世界大战后发展于美国军事工业，后应用于设计、工艺、生产领域。我国价值工程的运用始于 20 世纪 70 年代末。1984 年国家经济委员会将价值工程作为企业现代化管理办法之一。

一、价值工程概念

价值工程（VE）是以最低的寿命周期成本，可靠地实现所研究对象的必要功能，从而提高对象价值的思想方法和管理技术。价值工程的对象是指凡为获取功能而发生费用的事物，如产品、工艺、工程、服务或它们的组成部分。

价值工程中“工程”的含义是指为实现提高价值的目标，所进行的一系列分析研究活动。价值工程中所述的“价值”也是一个相对的概念，是指作为某种产品（或作业）所具有的功能与获得该功能的全部费用的比值。它不是对象的使用价值，也不是对象的交换价值，而是对象的比较价值，是作为评价事物有效程度的一种尺度。这种尺度可以表示为一个数学公式：

$$V=F/C \tag{13-1}$$

式中　V——价值；

F——研究对象的功能，广义讲是指产品或作业的功用和用途；

C——成本，即寿命周期成本。

这里的成本是指为实现物品功能耗费的成本，包括劳动占用和劳动消耗，是产品寿命周期的全部费用，是产品的科研、设计、试验、试制、生产、销售、使用、维修直到报废所花费用的总和。

价值的大小取决于功能和成本的比较。产品的价值高低表明产品合理有效利用资源的程度和产品物美价廉的程度。产品价值高就是好产品，其资源利用程度就高；价值低的产品表明其资源没有得到有效利用，应设法改进和提高。由于“价值”的引入，产生了对产品新的评价形式，即把功能与成本、技术与经济结合起来进行评价。提高价值是广大消费者利益的要求，也是企业和国家利益的要求。因此，企业应当千方百计地提高产品的价值，创造物美价廉的产品。

二、价值工程特征

由价值工程的概念可知，价值工程涉及价值、功能和寿命周期成本三个基本要素，它具有以下特点：

（1）价值工程的目标着眼于提高价值，即以最低的寿命周期成本实现必要功能的创造性活动。任何事物都有其产生、发展和消亡的过程。事物从产生到其消亡为止，即为事物的寿命周期。就建筑产品而言，其寿命周期是指从规划、勘察、设计、施工建设、使用、维修，直到报废为止的整个时期。产品的整个寿命周期过程中所发生的全部成本，称为寿命周期成本，由生产成本和使用及维护成本组成。产品生产成本是指发生在生产企业内部的成本，也是用户购买产品的费用，包括产品的科研、实验、设计、试制、生产、销售等费用及税金等；而产品使用及维护成本是指用户在使用过程中支付的各种费用的总和，包括使用过程中的能耗费用、维修费用、人工费用、管理费用等，有时还包括报废拆除所需费用（扣除残值）。

寿命周期成本的降低，不仅关系到生产企业的利益，同时也是满足用户的要求并与社会节约程度密切相关。

（2）价值工程的核心，是对产品进行功能分析。价值工程中的功能是指对象能够满足某种要求的一种属性，具体来说功能就是某种特定效能、功用或效用。对于一个具体的产品来说，“它是干什么用的?”问题答案就是产品的功能，例如电脑的功能是办公、游戏等。用户向生产企业购买产品，是要求生产企业提供这种产品的功能。而企业生产的目的，也是通过生产获得用户所期望的功能，而结构、材质等是实现这些功能的手段。假如产品不具备功能，则产品将失去存在的价值。因此，价值工程分析产品，首先不是分析它的结构，而是分析它的功能，在分析功能的基础之上，再去研究结构、材质等问题，以达到保证用户所需功能的同时降低成本，实现价值提高的目的。

（3）价值工程将产品价值、功能和成本作为一个整体同时考虑。现实生活中，人们一般对产品（或作业）有“物美价廉”的要求，“物美”就是反映产品（或作业）的性能和质量水平，即功能水平；“价廉”就是反映产品（或作业）的成本水平。价值工程致力于正确处理功能与成本的对立统一关系，提高它们之间的比值水平，研究产品功能和成本的最佳配置。因此，价值工程对价值、功能、成本的考虑，不是片面和孤立的，而是在确保产品功能的基础上综合考虑生产成本和使用及维护成本，兼顾生产者和用户的利益，创造出总体价值最高的产品。

（4）价值工程强调不断改革和创新。价值工程通过开拓新构思和新途径，获得新方案，创造新功能载体，从而简化产品结构，节约原材料，提高产品的技术经济效益。

（5）价值工程要求将功能定量化。即将功能转化为能够与成本直接相比的量化值。

（6）价值工程是以集体智慧开展的有计划、有组织、有领导的管理活动。价值工程研究的问题涉及产品的设计、生产、采购和销售等过程，涉及面广，研究过程复杂。因此，提高产品价值不能靠个人，要经过许多部门和环节的配合，才能收到良好的效果。企业在开展价值工程活动时，必须集中人才，要组织科研、设计、生产、管理、采购、供销、财务，甚至用户等各方面有经验的人员参加，共同研究，发挥集体经验和智慧，避免片面性和盲目性，有计划、有领导、有组织地开展活动，以达到提高方案价值的目的。

三、价值工程的工作步骤

价值工程具有独特的工作程序。一般工作阶段分为准备阶段、分析阶段、创新阶段、实施阶段。在各个阶段对应设计工作程序、拟定工作步骤，并且通过提问来寻找答案，从而解决问题，达到目的。因此在工程建设中，价值工程的工作程序，实质就是针对工程产品（或作业）的功能和成本提出问题、分析问题、解决问题的过程。其工作步骤如表 13-1 所示。

表 13-1　价值工程的工作步骤

<table>
<tr><td rowspan="2">工作阶段</td><td rowspan="2">设计程序</td><td>1.工作步骤</td><td rowspan="2">1.对应问题</td></tr>
<tr><td>2.操作步骤</td></tr>
<tr><td rowspan="2">准备阶段</td><td rowspan="2">制定工作计划</td><td>3.工作对象选择</td><td rowspan="2">2.价值工程的设计对象是什么</td></tr>
<tr><td>4.信息资料搜集</td></tr>
<tr><td rowspan="5">分析阶段</td><td rowspan="5">功能评价</td><td>5.功能定义</td><td rowspan="2">3.这是干什么用的</td></tr>
<tr><td>6.功能整理</td></tr>
<tr><td>7.功能成本分析</td><td>4.成本是多少</td></tr>
<tr><td>8.功能评价</td><td rowspan="2">5.价值是多少</td></tr>
<tr><td>9.确定改进范围</td></tr>
<tr><td rowspan="5">创新阶段</td><td>初步设计</td><td>10.方案改造</td><td>6.有无其他方法实现同样功能</td></tr>
<tr><td rowspan="3">评价各设计方案,改进,优化方案</td><td>11.概略评价</td><td rowspan="3">7.新方案的成本是多少</td></tr>
<tr><td>12.调整完善</td></tr>
<tr><td>13.详细评价</td></tr>
<tr><td>方案书面化</td><td>14.提出方案</td><td>8.新方案能满足功能的要求吗</td></tr>
<tr><td rowspan="3">实施阶段</td><td rowspan="3">检查实施情况并评价活动成果</td><td>15.方案审批</td><td rowspan="3">9.偏离目标了吗</td></tr>
<tr><td>16.方案实施与检查</td></tr>
<tr><td>17.成果评价</td></tr>
</table>

在分析问题过程中要避免问题一般化、概念化，要做具体分析。收集一切可用的成本资料；使用最可靠的情报；打破现有常规、进行创新和提高；发挥真正的独创性；找出障碍，克服障碍；充分利用有关专家，扩大知识面。

第二节　价值工程对象选择与信息收集

一、对象选择

在工程建设中，并不是对所有的工程产品（或作业）都进行价值分析，而是主要根据企业的发展方向、市场预测、用户反映、存在问题、薄弱环节以及提高劳动生产率、提高质量、降低成本等方面来选择分析对象。因此，价值工程的对象选择过程就是收缩研究范围的过程，最后明确分析研究的目标即主攻方向。一般说来，从以下几方面考虑价值工程对象的选择。

（1）从设计方面看，对结构复杂、性能和技术指标差、体积和重量大的工程产品进行价值工程活动，可使工程产品结构、性能、技术水平得到优化，从而提高工程产品价值。

（2）从施工生产方面看，对量大面广、工序繁琐、工艺复杂、原材料和能源消耗高、质量难于保证的工程产品，进行价值工程活动可以用最低的寿命周期成本可靠地实现必要功能。

（3）从市场方面看，选择用户意见多和竞争能力差的工程产品进行价值工程活动，以赢得消费者的认同，占领更大的市场份额。

（4）从成本方面看，选择成本高或成本比重大的工程产品，进行价值工程活动可降低工程产品成本。价值工程对象选择的方法有很多种，不同方法适宜于不同的价值工程对象，根据企业条件选用适宜的方法，就可以取得较好效果。常用的方法有因素分析法、ABC分析法、强制确定法、百分比分析法、价值指数法等。

二、信息资料收集

价值工程所需的信息资料，应视具体情况而定。对于一般工程产品（或作业）分析来说，应收集以下几方面的信息资料。

（1）用户方面的信息资料。如用户性质、经济能力；使用产品的目的、使用环境、使用条件；所要求的功能和性能；对产品外观要求，如造型、体积、色彩等；对产品价格、交货期、构配件供应、技术服务等方面的要求等。

（2）市场方面的信息资料。如产品产销量的演变及目前产销情况、市场需求量及市场占有率的预测；产品竞争的情况，目前有哪些竞争企业和产品，其产量、质量、价格、销售服务、成本、利润、经营特点、管理水平等情况；同类企业和同类产品的发展计划、拟增投资额、规模大小、重新布点、扩建改建或合并调整情况等。

（3）技术方面的信息资料。如与产品有关的学术研究或科研成果、新结构、新工艺、新材料、新技术以及标准化方面的资料；该产品研制设计的历史及演变、本企业产品及国内外同类产品有关的技术资料等。

（4）经济方面的信息资料。包括产品及构配件的工时定额、材料消耗定额、机械设备定额、各种费用定额、企业历年来各种有关成本费用数据、国内外其他厂家与价值工程对象有关的成本费用资料等。

（5）本企业的基本资料。包括企业的内部供应、生产、组织以及产品成本等方面的资料。如生产批量、生产能力、施工方法、工艺装备、生产节拍、检验方法、废次品率、运输方式等。

（6）环境保护方面的信息资料。包括环境保护的现状，“三废”状况，处理方法和国家标准；改善环境和劳动条件，减少粉尘、有害液体和气体外泄、减少噪声污染、减轻劳动强度、保障人身安全等相关信息。

（7）外协方面的信息资料。如原材料及外协或外购件种类、质量、数量、交货期、价格、材料利用率等情报；供应与协作部门的布局、生产经营情况、技术水平、价格、成本、利润等；运输方式及运输经营情况等。

（8）政府和社会有关部门的法规、条例等方面的信息资料。信息资料的收集不是一项简单的工作，应收集何种信息资料很难完全列举出来。但收集的信息资料要求准确可靠，并且要求经过归纳、鉴别、分析、整理、剔除无效资料，使用有效资料，以利于价值工程活动的分析研究。

第三节 功能分析、整理和评价

功能分析是价值工程活动的核心和基本内容，它是指通过分析信息资料，明确功能特性要求，并绘制功能系统图，从而准确地掌握用户的功能要求。

一、功能定义

功能定义就是根据收集的信息资料，透过对象产品或构配件的物理特征（或现象），找出其效用或功能的本质因素，并逐项加以区分和规定，以简洁的语言描述出来。通常用一个动词加一个名词表述，如传递荷载、分隔空间、保温、采光等。这里要求描述的是产品“功能”，而不是对象的结构、外形或材质。因此，对产品功能进行定义，必须对产品的作用有深刻的认识和理解。功能定义的过程就是解剖分析的过程。

二、功能分析

任何产品的存在是由于它们具有能满足用户需求的特有功能，这是存在于产品中的一种本质。人们购买产品的实质是为了获得产品的功能。为了弄清功能的定义，根据功能的不同特性，可以先将功能分为以下几类。

（1）基本功能和辅助功能。基本功能是要达到这种产品的目的所必不可少的功能，是产品的主要功能。例如承重外墙的基本功能是承受荷载；内墙的基本功能是分隔空间。基本功能一般可以从以下方面来确定：产品基本功能的作用为什么是必不可少的；其重要性如何表达；其作用是不是产品的主要目的；如果作用变化了则相应的工艺和构配件是否要改变。辅助功能是为了更有效地实现基本功能而添加的功能，是次要功能，是为了实现基本功能而附加的功能。如墙体的隔声、隔热就是墙体的辅助功能。辅助功能可以从它是不是对基本功能起辅助作用，它的重要性和基本功能的重要性相比，是不是起次要作用等方面来确定。

（2）使用功能和品位功能。使用功能从功能的内涵上反映其使用属性（包括可用性、可靠性、安全性、易维修性等），如住宅的使用功能是提供人们居住的功能；桥梁的使用功能是交通，使用功能最容易为用户所了解。而品位功能是从产品外观（造型、形状、色彩、图案等）反映功能的艺术属性。产品的使用功能和品位功能要根据产品的特点而有所侧重。有的产品应突出其使用功能，例如地下电缆、地下管道等；有的应突出其品位功能，例如墙纸、陶瓷、壁画等。当然，有的产品如房屋建筑、桥梁等二者功能兼而有之。

（3）必要功能和不必要功能。价值工程强调产品的功能水平必须符合用户的要求。必要功能是指用户所要求的功能以及与实现用户所需求功能有关的功能，使用功能、品位功能、基本功能、辅助功能等均为必要功能；不必要功能是指不符合用户要求的功能。不必要的功能包括三类：一是多余功能，二是重复功能，三是过剩功能。不必要的功能必然产生不必要的费用，这不仅增加了用户的经济负担，而且还浪费资源。因此，价值工程的功能，一般是指必要功能，即充分满足用户必不可少的功能要求。

（4）过剩功能与不足功能。过剩功能是指某些功能在数量上远远超过了用户要求或标准功能水平，虽然属于必要功能但导致成本增加，给用户造成不合理的负担。不足功能是相对于过剩功能而言的，表现为产品整体功能或构配件功能水平在数量上低于标准功能水平，不能完全满足用户需要，影响产品正常安全使用，最终也将给用户造成不合理的负担。因此，不足功能和过剩功能要作为价值工程的对象，通过设计进行改进和完善。

（5）总体功能和局部功能。总体功能和局部功能是目的与手段的关系，产品各局部功能是实现产品总体功能的基础，而产品的总体功能又是产品各局部功能要达到的目的。

（6）并列功能和上下位功能。并列功能是指产品功能之间属于并列关系，如住宅必须具有遮风、避雨、保温、隔热、采光、通风、隔声、防潮、防火、防震等功能，这些功能之间属于并列关系。上下位功能也是目的与手段的关系，上位功能是目的性功能，下位功能是实现上位功能的手段性功能。如住宅的最基本功能是居住，是上位功能；而上述所列的并列功能则是实现居住目的所必需的下位功能。但上下位关系是相对的，如为达到居住的目的必须通风，则居住是目的，是上位功能；通风是手段，是下位功能。而为了通风必须组织自然通风，则通风又是目的，是上位功能；组织自然通风是手段，是下位功能。

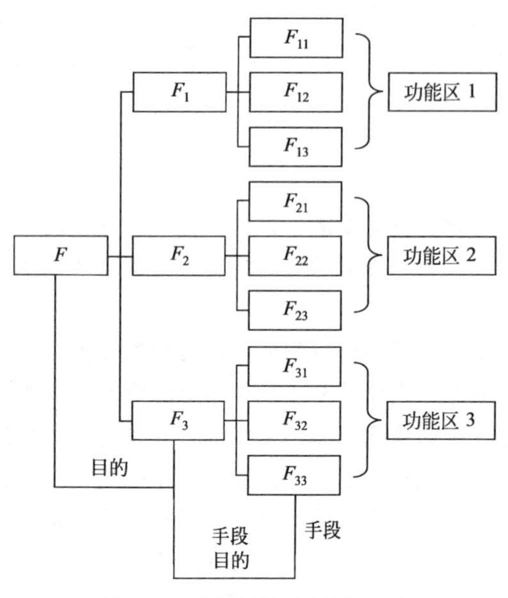

图 13-1 功能系统示意图（一）

价值工程正是抓住产品功能这一本质，通过对产品功能的分析研究，正确、合理地确定产品的必要功能、消除不必要功能，加强不足功能、削弱过剩功能，改进设计，降低产品成本。因此，可以说价值工程是以功能为中心，在可靠地实现必要功能的基础上来考虑降低产品成本的。

三、功能整理

产品中各功能之间都是相互配合、相互联系的，都在为实现产品的整体功能而发挥各自的作用。因此，功能整理是用系统的观点将已经定义了的功能加以系统化，找出各局部功能相互之间的逻辑关系是并列关系还是上下位置关系，并用图表形式表达（图 13-1），以明确产品的功能系统，从而为功能评价和方案构思提供依据。

四、功能评价

功能评价是在功能定义和功能整理完成之后，在已定性问题的基础上进一步作定量的确定，即评定功能的价值。功能价值 V 的计算方法可分为功能成本法与功能指数法。

1. 功能成本法

功能评价程序中价值工程的成本有两种，一种是现实成本，是指目前的实际成本；另一种是目标成本。功能评价就是找出实现功能的最低费用作为功能的目标成本，以功能目标成本为基准，通过与功能现实成本的比较，求出两者的比值（功能价值）和两者的差异值（改善期望值），然后选择功能价值低、改善期望值大的功能作为价值工程活动的重点对象。功能系统示意图如图 13-2 所示。

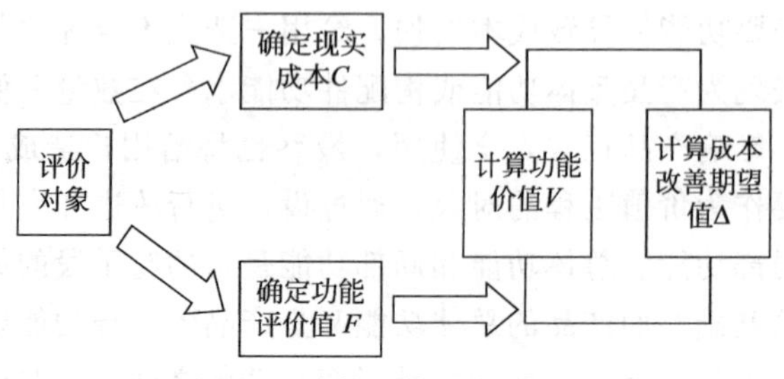

图 13-2 功能系统示意图（二）

功能现实成本的计算与一般传统的成本核算既有相同点，也有不同之处。两者相同点是指它们在成本费用的构成项目上是完全相同的；而两者的不同之处在于功能现实成本的计算是以对象的功能为单位。而传统的成本核算是以产品或构配件为单位。因此，在计算功能现实成本时，就需要根据传统的成本核算资料，将产品或构配件的现实成本换算成功能的现实成本。具体地讲，当一个构配件只具有一个功能时，该构配件的成本就是它本身的功能成本；当一项功能要由多个构配件共同实现时，该功能的成本就等于这些构配件的成本之和。当一个构配件具有多项功能或同时与多项功能有关时，就需要将构配件成本分摊给各项有关功能，而分摊的方法和分摊的比例，可根据具体情况决定。

对象的功能评价值 F（目标成本），是指可靠地实现用户要求功能的最低成本，可以根据图纸和定额，也可根据国内外先进水平或根据市场竞争的价格等来确定。它可以理解为是企业有把握，或者说应该达到的实现用户要求功能的最低成本。从企业目标的角度来看，功能评价值可以看成是企业预期的、理想的成本目标值，常用功能重要性系数评价法计算。

计算功能价值 V，分析功能成本的合理匹配程度，应用功能成本法计算功能价值 V，是通过一定的测算方法，测定实现应有功能所必须消耗的最低成本。同时计算为实现应有功能所耗费的现实成本，经过分析、对比，求得对象的价值系数和成本降低期望值，确定价值工程的改进对象。其表达式如下：

$$V_i = F_i / C_i \tag{13-2}$$

式中 V_i——第 i 个评价对象的价值系数；

F_i——第 i 个评价对象的功能评价值（目标成本）；

C_i——第 i 个评价对象的现实成本。

【例 13-1】 某项目施工方案 A 的生产成本 500 万元，在相同条件下，其他项目生产成本 450 万元。这可以表示为：

施工方案 A 功能评价值： 450 万元

施工方案 A 功能的实际投入： 500 万元

施工方案 A 的价值系数： 450/500=0.9

如果施工方案 B 花费 450 万元能完成该项目施工，则

施工方案 B 功能评价值： 450 万元

施工方案 B 功能的实际投入： 450 万元

施工方案 B 的价值系数： 450/450=1

从例 13-1 可以看出，最恰当的价值应该为 1，因为满足用户要求的功能最理想最值得的投入是与实际投入一致。但在一般情况下价值往往小于 1，因为技术不断进步，“低成本”战略将日趋重视，竞争也将更激烈。随之，同一产品的功能评价值也将降低。

根据公式（13-2)，功能的价值系数不外乎以下几种结果。

$V_i=1$，表示功能评价值等于功能现实成本。这表明评价对象的功能现实成本与实现功能所必需的最低成本大致相当，说明评价对象的价值为最佳，一般无须改进。

$V_i<1$，此时功能现实成本大于功能评价值。表明评价对象的现实成本偏高，而功能要求不高，一种可能是存在着过剩的功能；另一种可能是功能虽无过剩，但实现功能的条件或方法不佳，致使实现功能的成本大于功能的实际需要。

$V_i>1$，说明该评价对象的功能比较重要，但分配的成本较少，即功能现实成本低于功能评价值。应具体分析，可能功能与成本分配已较理想，或者有不必要的功能，或者应该提高成本。

$V_i=0$ 时，因为只有分子为 0，或分母为∞时。才能使 $V=0$。根据上述对功能评价值 F 的定义，分子不应为 0，而分母也不会为∞，要进一步分析。如果是不必要的功能，则取消该评价对象；但如果是最不重要的必要功能，要根据实际情况处理。

确定价值工程对象的改进范围可以从以上分析看出，对产品进行价值分析，就是使产品每个构配件的价值系数尽可能趋近于 1。为此，确定的改进对象是：

（1）F_i/C_i 值低的功能。计算出来的 $V_i \leqslant 1$ 的功能区域，基本上都应进行改进，特别是 V_i 值比 1 小的较多的功能区域，力求使 $V_i=1$。

（2）$\triangle C_i=(C_i-F_i)$ 值大的功能。$\triangle C_i$ 是成本降低期望值，也是成本应降低的绝对值。当 n 个功能区域的价值系数同样低时，就要优先选择 $\triangle C_i$ 数值大的功能区域作为重点对象。

（3）复杂的功能区域，说明其功能是通过很多构配件（或作业）来实现的，通常复杂的功能区域其价值系数也较低。

（4）问题多的功能。尽管在功能系统图上的任何一级改进都可以达到提高价值的目的，但是改进的多少、取得效果的大小却是不同的。越接近功能系统图的末端，改进的余地越小，只能做结构上的改变；相反，越接近功能系统图的前端，功能改进就可以越大，就更加有可能做原理上的改变，从而带来显著效益。

2. 功能指数法

（1）0～1 评分法。0～1 评分法的特点是两指标（或功能）相比较时，无论两者的重要性相差多大，较重要的得 1 分，较不重要的得 0 分，在运用 0～1 评分法时还需注意，采用 0～1 评分法确定指标重要程度得分时，会出现得分为 0 的指标（或功能），需要将各指标得分分别加 1 进行修正后再计算其权重。

【例 13-2】 某产品各零部件功能重要程度采用 0～1 评分法，评分的结果见表 13-2。表 13-2、表 13-3 中要分析的对象（零部件）自己与自己不得分，用×表示。

表 13-2 各零部件 0～1 评分法评分表

零部件	A	B	C	D	E
A	×				
B	0	×			
C	1	0	×		
D	0	1	0	×	
E	0	1	1	0	×

试计算各零部件的功能重要性指数。

解：计算结果见表 13-3。为了避免不重要的功能得零分，可将各功能累计得分加 1 分进行修正，用修正后的总分分别去除各功能累计得分，得到各功能的重要性指数。

表 13-3 各零部件功能重要性指数表

零部件	A	B	C	D	E	功能总分	修正得分	功能重要性指数
A	×	1	0	1	1	3	3+1=4	0.27
B	0	×	1	0	0	1	1+1=2	0.13
C	1	0	×	1	0	2	2+1=3	0.20
D	0	1	0	×	1	2	2+1=3	0.20
E	0	1	1	0	×	2	2+1=3	0.20
合计						10	15	1.00

（2）0～4评分法。0～4评分法规定两个功能因素比较时，相对重要程度有以下三种基本情况：很重要的功能因素得4分，另一很不重要的功能因素得0分；较重要的功能因素得3分，另一较重要的功能因素得1分；同样重要的功能因素各得2分。最后以各部件功能得分占总分的比例确定各部件功能评价指数。如果功能评价指数大，说明功能重要；功能评价指数小，说明功能不太重要。

【例13-3】 某产品包含5个零部件A、B、C、D、E，经评价得到结论，A和C同样重要，D和E同样重要，B相对于D很重要，B相当于A较重要，试计算各零部件的功能重要性指数。

解： 各零部件功能重要性指数计算结果见表13-4。

表13-4　功能重要性指数计算表

零部件	A	B	C	D	E	得分	功能重要性指数
A	×	1	2	3	3	9	0.225
B	3	×	3	4	4	14	0.350
C	1	2	×	3	3	9	0.225
D	0	1	1	×	2	4	0.100
E	0	1	1	2	×	4	0.100
合计						40	1.00

第四节　方案创造与评价

一、方案创造

为了提高产品的功能和降低成本，有效地利用资源，需要寻求最佳的代替方案。寻求或构思这种最佳方案的过程就是方案的创造过程。创造也可以理解为“组织人们通过对过去经验和知识的分析与综合以实现新的功能”。价值工程活动能否取得成功，关键是功能分析评价之后能否构思出可行的方案。这是一个创造、突破、精制的过程。为了便于大家提方案时能够解放思想，常采用以下方法。

1. 头脑风暴法（BS法）

这种方法以开小组会的方式进行。具体做法是事先通知议题，开会时要求应邀参加会议的各方面专业人员在会上自由的思考，提出不同的方案，多多益善，但不评价别人的方案，并且鼓励与会者在别人的建议方案的基础上进行改进，提出新的方案。

2. 模糊目标法（哥顿法）

这种方法是美国人哥顿在20世纪60年代提出来的，所以也称哥顿法。其特点是与会人员会前不知道议题，在开会讨论时也只是抽象地讨论，不接触具体的实质性问题，以免束缚与会人员的思想。待讨论到一定程度以后才把研究的对象提出来，以作进一步研究。

3. 专家意见法（德尔菲法）

专家意见法又称德尔菲法，是由组织者将研究对象的问题和要求函寄给若干有关专家，使他们在互不商量的情况下，提出各种建议和设想，专家反馈设想意见，经整理分析后，归纳出若干较合理的方案和建议。再函寄给有关专家征求意见，再回收整理。如此经过几次反复后，专家意见趋向一致，从而最后确定出新的功能，实现方案。这种方法的特点是专家们彼此不见面，研究问题时间充裕，可以无顾虑不受约束的，从各种角度提出意见和方案。其缺点是花费时间较长，缺乏面对面的交谈和商议。

4. 专家检查法

专家检查法是指由主管设计的工程师做出设计，提出完成所需功能的办法和生产工艺，然后按顺序请各方面的专家进行审查。这种方法先由熟悉的人进行审查，以便提高效率。

二、方案评价

方案评价是在方案创造的基础上对若干新构思的方案进行技术、经济、社会效果等几方面的评价，以便于选择最佳方案。方案评价分为概略评价和详细评价两个阶段。

1. 概略评价

概略评价是对新构思方案进行初步研究，其目的是从众多的方案中进行粗略的筛选，以减少详细评价的工作量，使精力集中于优秀方案的评价。

2. 详细评价

详细评价是对经过筛选后的少数方案再具体化，通过进一步的调查、研究和评价，最后选出最令人满意的方案。其评价结论是方案审批的依据。

方案评价不论概略评价和详细评价都包括技术评价、经济评价、社会评价和环境评价四方面。其中，技术评价围绕功能进行，内容是方案能否实现所需功能以及实现程度，包括功能实现程度（性能、质量、寿命等）、可靠性、可维修性、可操作性、安全性、系统协调性、环境协调性等。经济评价围绕经济效果进行，内容是以成本为代表的经济可行性，包括费用的节省、对企业或公众产生的效益，同时还应考虑产品的市场情况，同类竞争企业、竞争产品，产品盈利的多少和能保持盈利的年限。社会评价围绕社会效果进行，内容是方案对社会有利或有害的影响。环境评价围绕环境效果进行，内容是方案对环境的影响，如污染、噪声、能源消耗等。最后进行综合评价，选出最佳方案。

第五节 价值工程的应用

【例 13-4】 承包商B在某高层住宅楼的现浇楼板施工中拟采用钢木组合模板体系或小钢模体系施工。经有关专家讨论，决定从模板总摊销费用（F_1）、楼板浇筑质量（F_2）、模板人工费（F_3）、模板周转时间（F_4）、模板装拆便利性（F_5）等五大技术经济指标出发对两个方案进行评价，并采用0～1评分法对各技术经济指标的重要程度进行评分，其部分结果见表13-5，两方案各技术经济指标的得分见表13-6。

表 13-5 0～1评分表

	F_1	F_2	F_3	F_4	F_5
F_1	×	0	1	1	1
F_2		×	1	1	1
F_3			×	0	1
F_4				×	1
F_5					×

表 13-6　技术经济指标得分表

指标	方案	
	钢木组合模板	小钢模
总摊销费用	10	8
楼板浇筑质量	8	10
模板人工费	8	10
模板周转时间	10	7
模板装拆便利性	10	9

经造价工程师估算，钢木组合模板在该工程的总摊销费用为 40 万元，每平方米楼板的模板人工费为 8.5 元；小钢模在该工程的总摊销费用为 50 万元，每平方米楼板的模板人工费为 5.5 元。该住宅楼的楼板工程量为 2.5 万 m^2。

(1) 试确定各技术经济指标的权重（计算结果保留三位小数）。

(2) 若以楼板工程的单方模板费用作为成本比较对象，试用价值指数法选择较经济的模板体系（功能指数、成本指数、价值指数的计算结果均保留二位小数）。

(3) 若该承包商准备参加另一幢高层办公楼的投标，为提高竞争能力，公司决定模板总摊销费用仍按本住宅楼考虑，其他有关条件均不变。该办公楼的现浇楼板工程量至少要达到多少平方米才应采用小钢模体系（计算结果保留二位小数）。

解：

(1) 根据 0～1 评分法的计分办法，两指标（或功能）相比较时，较重要的指标得 1 分，另一较不重要的指标得 0 分。例如，在表 13-7 中，F_1 相对于 F_2 较不重要，故得 0 分（已给出），而 F_2 相对于 F_1 较重要，故应得 1 分（未给出）。各技术经济指标得分和权重的计算结果见表 13-7。

表 13-7　技术经济指标得分和权重计算表

	F_1	F_2	F_3	F_4	F_5	得分	修正得分	权重
F_1	×	0	1	1	1	3	4	4/15=0.267
F_2	1	×	1	1	1	4	5	5/15=0.333
F_3	0	0	×	0	1	1	2	2/15=0.133
F_4	0	0	1	×	1	2	3	3/15=0.200
F_5	0	0	0	0	×	0	1	1/15=0.067
合计						10	15	1.000

(2) ① 两方案的功能指数计算结果见表 13-8。

表 13-8　功能指数计算表

技术经济指标	权重	钢木组合模板	小钢模
总摊销费用	0.267	10×0.267=2.67	8×0.267=2.14
楼板浇筑质量	0.333	8×0.333=2.66	10×0.333=3.33
模板人工费	0.133	8×0.133=1.06	10×0.133=1.33
模板周转时间	0.200	10×0.200=2.00	7×0.200=1.40
模板装拆便利性	0.067	10×0.067=0.67	9×0.067=0.60
合计	1.000	9.06	8.80
功能指数		9.06/(9.06+8.80)=0.51	8.80/(9.06+8.80)=0.49

② 计算两方案的成本指数。

钢木组合模板的单方模板费用为：40/2.5+8.5=24.5（元/m^2）

小钢模的单方模板费用为：50/2.5+5.5=25.5（元/m^2）

则钢木组合模板的成本指数为：24.5/(24.5+25.5)=0.49

小钢板的成本指数为：25.5/(24.5+25.5)=0.51

③ 计算两方案的价值指数

钢木组合模板的价值指数为：0.51/0.49=1.04

小钢板的价值指数为：0.49/0.51=0.96

因为钢木组合模板的价值指数高于小钢模板价值指数，故应选用钢木组合模板体系。

(3) 单方模板费用函数为：$C=C_1/Q+C_2$

式中 C——单方模板费用，元/m^2；

C_1——模板总摊销费用，万元；

C_2——每平方米楼板的模板人工费，元/m^2；

Q——现浇楼板工程量，万 m^2。

则钢木组合的单方模板费用为：$C_x=40/Q+8.5$

小钢模的单方模板费用为：$C_x=50/Q+5.5$

令该两模板体系的单方模板费用之比（即成本指数之比）等于其功能指数之比，有：$(40/Q+8.5)/(50/Q+5.5)=0.51/0.49$

即：$51(50+5.5Q)-49(40+8.5Q)=0$

所以，$Q=4.32$ 万 m^2

因此，该办公楼的现浇楼板工程量至少达到 4.32 万 m^2，才应采用小钢模体系。

本章小结

(1) 价值工程以功能分析为核心，是用最低的成本来实现其必要功能的一项有组织的活动。因此，应用价值工程，既要研究技术，又要研究经济，把提高功能和降低成本统一在最佳方案之中。

(2) 价值工程的目的是力图以最低的成本使产品或作业具有适当的价值，即实现其应该具备的必要功能。因此，价值、功能和成本三者之间的关系为：价值=功能/成本。

(3) 价值工程的对象选择是逐步缩小研究范围、寻找目标、确定主攻方向的过程。正确选择工作对象是价值工程成功的第一步，能起到事半功倍的效果。对象选择的一般原则是：市场反馈迫切要求改进的产品；功能改进和成本降低潜力较大的产品。对象选择的方法有因素分析法、百分比分析法、价值指数法和 ABC 分析法。

(4) 功能分析包括功能定义、功能整理、功能评价和功能目标确定。价值工程进行功能分析的关键是确定功能目标，本书分为功能改进目标的确定和功能最优目标的确定。

(5) 价值工程还包括方案创造和方案评价两个过程。方案创造是为了提高对象的功能和降低成本，达到有效利用资源的目的，寻求或构思最佳推荐方案。方案评价是在方案创造的基础上对新构思方案的技术、经济和社会效果等方面进行的评估，以便选择最佳方案。

练 习 题

一、简答题

1.什么是价值工程？价值工程中价值的含义是什么？

2.什么是功能？功能如何分类？

3.什么是功能评价？常用的评价方法有哪些？

4.什么是价值工程对象的选择？

二、单选题

1. 价值工程的目标是（ ）。

A. 以最低的生产成本实现最好的经济效益

B. 以最低的生产成本实现使用者所需的功能

C. 以最低的寿命周期成本实现使用者所需最高功能

D. 以最低的寿命周期成本可靠地实现使用者所需的必要功能

2.价值工程的核心（ ）。

A. 功能分析 B. 成本分析 C. 价值分析 D. 寿命周期成本分析

3.价值工程中功能一般是指产品的（ ）。

A. 基本功能 B. 使用功能 C. 主要功能 D. 必要功能

4.价值工程中总成本是指（ ）。

A. 生产成本 B. 产品寿命成本 C. 使用成本 D. 使用和维修费用成本

5.在价值工程的方案创造阶段，为了激发出有价值的创新方案，会议主持人在开始时并不摊开所要解决的问题，只是对会者进行抽象地笼统地介绍，要求大家提出各种设想，这种方案的创造方法称为（ ）。

A. 德尔菲法 B. 哥顿法 C. 头脑风暴法 D. 强制确定法

6.在建设项目的决策规划和设计施工竣工验收各阶段中，采用价值工程提高建设项目经济效果的关键环节为（ ）。

A. 决策阶段和规划、设计阶段 B. 规划、设计阶段和施工阶段

C. 规划阶段与设计阶段 D. 决策阶段与施工阶段

三、案例分析题

某开发公司在某公寓建设工作中采用价值工程的方法对其施工方案进行了分析。现有三个方案，经有关专家的分析论证得到如表 13-9 所示的信息：

表 13-9 各方案相关信息

方案功能	重要性系数	得 分		
		A	B	C
F_1	0.227	9	10	9
F_2	0.295	10	10	8
F_3	0.159	9	9	10
F_4	0.205	8	8	9
F_5	0.114	9	7	8
单方造价/(元/m^2)		1420	1230	1150

试计算各方案的功能系数、成本系数、价值系数并进行方案选择。

参 考 文 献

[1] 项勇. 工程经济学 [M]. 北京：机械工业出版社，2018.
[2] 王贵春. 工程经济学 [M]. 重庆：重庆大学出版社，2018.
[3] 顾永才. 建设法规 [M]. 武汉：华中科技大学出版社，2019.
[4] 李慧民. 工程经济与项目管理 [M]. 北京：科学出版社，2019.
[5] 王振坡，王丽艳. 建设工程经济学 [M]. 重庆：重庆大学出版社，2019.01.
[6] 全国一级建造师执业资格考试用书编写委员会. 建设工程经济 [M]. 北京：中国建筑工业出版社，2019.
[7] 隋海波. 工程建设法规与法律实务 [M]. 北京：机械工业出版社，2013.
[8] 陆菊春，徐莉. 工程经济学 [M]. 北京：清华大学出版社，2017.
[9] 刘新梅. 工程经济学 [M]. 北京：北京大学出版社，2017.
[10] 王华. 建设项目评估 [M]. 北京：北京大学出版社，2017.
[11] 刘宁. 工程经济学 [M]. 北京：化学工业出版社，2017.
[12] 王锋宪，李猛. 建设项目经济评价 [M]. 成都：西南交通大学出版社，2016.
[13] 杨帆，侯蕊，王珍吾. 工程经济学 [M]. 武汉：华中科技大学出版社，2016.
[14] 于立君. 工程经济学 [M]. 北京：清华大学出版社，2015.